KB045115

한국어

질병 표현 어휘 사전

한국어

질병 표현 어휘 사전

주요 사망원인 질병 표현을 중심으로

김양진 엮음

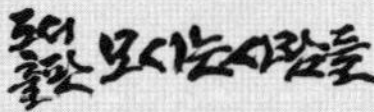

머리말

2018년 9월 19일 통계청의 기록에 따르면 한국인의 '2017년 사망원인 통계' 가운데 인구 1,000명당 한국인 여자 사망원인은 1위 암(116.9명), 2위 심장 질환(61.8명), 3위 뇌혈관 질환(46.1명), 4위 폐렴(36.3명), 5위 당뇨병(18.2명), 6위 고혈압성 질환(15.6명), 7위 알츠하이머병(14.3명), 8위 자살(13.8명), 9위 만성 하기도질환(9.6명), 10위 패혈증(9.2명)의 순서이며 인구 1,000명당 한국인 남자 사망원인은 1위 암(191.1명), 2위 심장 질환(58.6명), 3위 뇌혈관 질환(42.7명), 4위 폐렴(39.4명), 5위 자살(34.9명), 6위 간 질환(20.0명), 7위 당뇨병(17.6명), 8위 만성 하기도질환(16.7명). 9위 운수사고(14.6명), 10위 추락(7.5명)의 순서로 높은 빈도로 나타나고 있다.

이 통계치에 따르면 여자의 경우 질병 외적 사망으로 '자살(1.38%)'이 10위 안(8위)에 포함되기는 하였지만 대부분 '암(11.69%), 심장 질환(6.18%), 뇌혈관 질환(4.61%), 폐렴(3.63%), 당뇨병(1.82%), 고혈압성 질환(1.56%), 알츠하이머병(1.43%), 만성 하기도질환(0.96%), 패혈증(0.92%)' 등 주요 질병에 의한 사망률(도합 32.8%)이 매우 높고, 남자의 경우도 '자살(3.49%, 5위), 운수사고(1.46%, 9위), 추락(0.75%, 10위)' 등 질병 외적 사망의 순위가 높기는 하지만 '암(19.11%), 심장 질환(5.85%),

뇌혈관 질환(4.27%), 폐렴(3.94%), 간 질환(2%), 당뇨병(1.76%), 만성 하기도질환(1.67%)' 등의 주요 질병에 의해 사망하는 비율(도합 38.6%)이 매우 높음을 알 수 있고 았다.

이 가운데 '암, 심장 질환, 뇌혈관 질환, 폐렴'은 남녀 모두 사망원인 1~4위에 해당하는 높은 순위를 보였고 '당뇨병, 만성 하기도질환'이 남녀 모두 사망원인 10위 안에 포함되었다. 한편 남자는 '간 질환'으로 사망하는 경우가 우세하고 여자는 '고혈압성 질환, 알츠하이머병, 패혈증' 등이 주요한 질병 사망 원인이어서 남자의 경우는 '음주'와 같은 생활성 질병이 많고 여성은 '고혈압, 알츠하이머' 등 유전적 질병이 우세한 것으로 볼 수 있다. 한국의 여성들이 '패혈증'에 자주 걸리는 이유는 여성들이 남성들에 비해 노화와 함께 면역력이 약화하는 비율이 상대적으로 높은 것과 상관된다고 할 수 있다.

이러한 이유로 한국인의 사망원인 가운데 가장 중요한 질병인 '1.암, 2.심장 질환, 3.뇌혈관 질환(뇌졸중), 4.폐렴, 5.당뇨병, 6.만성 하기도질환(기관지염), 7.간 질환(간염), 8.고혈압, 9.알츠하이머(치매)' 등의 질병 표현 어휘를 모아 집대성함으로써 이 방면의 원활한 의사 소통의 도구로 활용할 사전이 필요하다고 보고 본 사전을 기획하였다. 먼저 앞서 언급한 한국인의 사망률이 높은 주요 질병을 중심으로 질병 표현 관련 어휘를 모으고 여기에 한국인이 일상에서 가장 자주 걸리는 질병이라 할 수 있는 10.위장 질환(위염 등)' 및 '11.알레르기 질환'을 포함한 11가지 질병 관련 어휘와 표현을 포함하였다. 여기에 이들 각 주요 질병들에 공통으로 사용되는 통증 관련 표현 500여 항목을 포함하여 전체 2,600여 항목의 『한국어 질병 표현 어휘 사전-주요 사망원인 질병 표현을 중심으로』를 구축하였다.

이 사전을 만들게 된 계기는 앞서 2020년 10월에 출간된 『화병의 인문학-전통편』(김양진·염원희, 모시는사람들, 2020)의 부록 〈화병 관련 어휘/표현 모음〉과 관련이 있다. 가장 한국적인 질병으로 알려진 '화병'의 어휘 지도가 어떻게 되었는지를 짐작하고자 할 때 1차적으로 참조할 자료를 표방하여 구축된 이 자료들은 명사류(명사 112단어, 명사구 22항목), 동사류(동사 34단어, 동사구 63항목), 형용사류(형용사 9단어, 형용사구 2항목), 속담류(3항목) 도합 245항목의 표제항을 국어사전의 형식을 빌려 집필하였는데, 기존의 질병 어휘를 포함하는 의학 사전들이 대개 개념어 위주의 전문어 풀이에 한정되었던 점과 비교해 보면 다양한 동사, 형용사 등의 실질적 질병 표현 언어를 담고 있다는 점에서 차별화

되는 목록을 제공하고 있다. 이러한 목록을 작성해 본 경험을 토대로, 이를 '화병'에 대한 어휘 표현에 한정하지 않고 한국어로 표현되는 질병 관련 어휘 및 표현 전체로 확장해 볼 필요성을 확인하게 되었다. 이에 따라 전체 2,600여 항목에 달하는 『한국어 질병 표현 어휘 사전-주요 사망원인 질병 표현을 중심으로』를 구축하기에 이른 것이다.

이 사전을 만들기 위해, 먼저 기존의 대사전류(표준국어대사전, 의학대사전, 동의학대사전 등) 및 질병 어휘 관련 논문, 각종 말뭉치와 온라인 언어 자료 등을 통해 어휘/표현을 모으고 각 단어의 용법을 중심으로 해당 질병과 관련한 언어 표현(관용 표현, 속담, 유의어, 반의어, 상위어 등)을 집대성하였다. 이를 위해 국립국어원에서 구축한 〈모두의 말뭉치〉, 고려대학교 민족문화연구원 〈형태 분석 말뭉치〉, 인터넷 검색 등을 통해 각 단어와 표현의 적절한 용례(3개 기준)를 선택하였는데, 사전의 전체적인 기준은 『화병의 인문학-전통편』(김양진·염원희, 모시는사람들, 2020)의 부록으로 제시된 〈화병 관련 어휘/표현 모음〉의 어휘/표현 제시 기준에 따랐다.

이 사전이 기존의 질병 관련 어휘 사전들과 다른 점은 기존의 사전들이 대개는 명사 중심의 개념어를 위주로 하여 편집되었다면 이 사전에는 통증이나 치료 등과 관련한 동사, 형용사 등의 서술어, 혹은 관형어와 부사어와 명사구, 동사구, 형용사구 등에 이르기까지 다양한 질병 관련 언어 표현들을 모아서 제시하였다는 점이다.

또 하나의 장점은, 이 사전에서는 해당 표제의 실제 용례를 찾아서 제시하고자 하였다는 점이다. 용례가 없는 사전은 생명력이 있다고 하기 어렵다. 해당 단어가 실제 문맥에서 어떻게 사용되는지를 생생하게 보여주어야만 그 단어의 실제 의미를 이해해서 일상생활에 가져다 쓸 수 있을 터인데, 질병 표현 어휘 사전은 그러한 목적을 충분히 달성할 수 있도록 용례를 밝혀 넣으려고 노력하였다.

되도록 모든 표제어의 사·용례를 찾아 넣어서 일상생활에 활용 가능하게 하고자 하였으나 그러한 내용이 충분히 정리되지 못한 측면도 있다. 그럼에도 불구하고 주요(한국 사람이 가장 많이 죽은 심각한) 질병의 표현의 어휘들에 한정되었지만 이들이 여타의 질병 표현에도 통용해서 쓰일 수 있다는 점을 고려한다면 이 한 권의 사전만으로도 한국어의 질병 표현에 대해 충분히 이해할 수 있을 것으로 기대한다.

이 사전은 경희대학교 인문학연구원의 인문한국플러스 HK+ 통합의료

인문학단의 사업의 일환으로 〈한국인의 질병 어휘 사전 집성〉의 연속적 사업의 첫 번째 기획에 따라 구축되었다. 이 사전을 만드는 일의 총책임은 필자가 맡았지만, 일의 전체적인 관리는 경희대학교 박사과정의 김근애 선생이 궂은 일을 도맡아 해 주었고, 경희대학교 국어국문학과 학부생 6명(이예은, 도지현, 사예린, 임세연, 정다연, 정민기)이 연구보조원으로 참여하여 사전을 기초 자료를 구축해 주었다.

실제 업무에서 연구책임자는 (1) 출판 사업 전체를 총괄 (2) 모임 일정 등 조절 (3) 사전의 거시/미시 구조 결정 (4) 사전 집필의 통일성, 전문성, 체계성을 맡아 관리하였고 김근애 연구원은 (1) 연구보조원 관리 (2) 연구보조원들의 연구 진척 사항 검토 및 조절 (3) 효율적 업무를 위한 엑셀 포맷 등 결정 (4) 일반 통증 어휘 정리(1차 정리)-기존 논저 활용 등의 일을 맡았다. 각 연구 보조원은 (1) 질병 분야를 2개씩 맡아서 해당 질병과 관련한 동서양의 어휘와 한국어에서의 관용 표현 수집 (2) 기존의 권위 있는 문헌(의학전문어사전, 동의학사전, 위키백과 등)의 뜻풀이 요약 정리 (3) 동의어, 유의어, 상위어 등 관련 어휘 정리(상위어는 필요한 경우에만. 동의어/유의어 구별은 회의를 통해 결정함) (4) 용례 검색 및 추가(단어당 3~5. 용례가 없는 것은 생략함) 등으로 역할을 분담하였다. 시작부터 마무리까지 약 6개월간의 자료 조사와 6개월간의 통일성 제고 작업까지 꼬박 1년간의 작업을 통해 사전을 구축하였다.

〈한국인의 질병 어휘 사전 집성〉의 연속적 사업은 1권 『한국어 질병 표현 어휘 사전 - 주요 사망원인 질병 표현을 중심으로』, 2권 『한국어 질병 표현 어휘 사전2 - 한국인이 자주 걸리는 질병을 중심으로』, 3권 『한국어 질병 표현 어휘 사전3 - 한국인의 전염병』, 4권 『한국어 질병 표현 어휘 사전4 - 환자 부류에 따른 질병을 중심으로』, 5권 『한국어 질병 표현 어휘 사전5 - 방언에서의 질병 표현』을 주제로 하여 기획되었다. 『한국어 질병 표현 어휘 사전 - 주요 사망원인 질병 표현을 중심으로』는 그 첫 번째 결과물로서 이후에 출간될 사전들의 전범으로 제시된 것이다. 물론 이 사전에서 부족하게 처리된 부분들이 이후의 사전들에는 좀 더 정밀하고 효율적인 양상으로 적용될 것이다. 궁극적으로 이들 5편이 하나의 전체로 통합되어 한국어의 질병 표현 어휘의 전모가 잘 드러나는 사전이 마련되기를 기대한다.

이 사전이 만들어지는 데에는 경희대학교 인문한국플러스 HK+통합의료인문학단 단장인 박윤재 교수의 지지가 가장 컸다. 박윤재 단장은 『화병의 인문학-전통편』의 부록으로 제시된 〈화병 관련 어휘/표현 모음〉(245항목)으로부터 이 사전의 기획이 이루어지던 초기 단계 이전부터 한국어의 질병 표현 어휘에 대한 종합적인 사전이 있어야 할 필요성을 필자에게 강조하고, 이 사전이 기획되었을 때 연구단의 그 누구보다 적극적으로 호응해 주었다. 출판을 맡아준 도서출판 모시는사람들의 박길수 대표에게도 감사의 마음을 전한다. 원고의 마감 시간을 자꾸 넘기는 집필자의 부실함을 묵묵히 참아주고 한 권의 책으로 옹골지게 엮어 주신 소경희 편집장님에게도 진심을 다해 감사드린다. 무엇보다 이 사전의 구축되던 초기의 기본 자료를 정리해 준 김근애 선생과 여섯 명의 경희대학교 국어국문학과 학부생들(예은, 지현, 예린, 세연, 다연, 민기)에게 더할 수 없는 감사의 인사를 전한다. 이 사전은 사실상 바로 이들이 만든 사전이다.

2023년 3월

김양진

한국어 질병 표현 어휘 사전

차례

일러두기

※ 전신 질병 부위

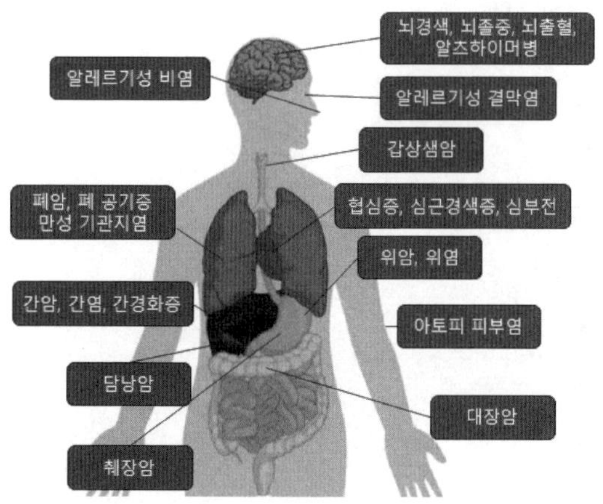

Ⅰ. 사전의 구조

1. 거시구조 : 겉표지 - 내지 - 속표지 - 일러두기 - 사전본문(ㄱ~ㅎ) - 부록1(출처) - 부록2(논저목록)
2. 미시구조 : 표제항(원어) [발음] 품사 《전문분야》〈질병종류〉 뜻풀이. ¶용례. 〈관련어휘〉

Ⅱ. 표제항

1. 이 사전의 표제어는 한국인의 질병 가운데 '(1)암, (2)심장 질환, (3)뇌혈관 질환

(뇌졸중), (4)폐렴, (5)당뇨병, (6)만성 하기도질환(기관지염), (7)간 질환(간염), (8)고혈압, (9)알츠하이머(치매)' 등 한국인의 사망률이 가장 높은 질병과 한국인이 가장 일상적으로 걸리는 질병이라 할 수 있는 '(10)위장 질환(위염 등)', '(11)알레르기 질환'을 포함한 11가지 질병 관련 어휘와 표현을 대상으로 한다.

〈사례〉

(1) 갑상선암(甲狀腺癌)[갑쌍서남] 명《의학》**〈암〉** 갑상샘암의 전 용어. ¶갑상선암에는 유두 암, 여포 암, 수질 암, 역형성 암이 있다.

(2) 가슴 심장막염(가슴心臟膜炎)명구《의학》**〈심장 질환〉** 심장막염을 동반한 가슴막염. 〈유〉흉막 심낭염(胸膜心囊炎) ¶가슴 통증의 이유를 알아보니 가슴 심장막염이었다.

(3) 고혈압 뇌증(高血壓腦症)명구《의학》**〈뇌졸중〉** 혈압이 갑자기 높아져 발생하는 뇌증. 특히 확장기 혈압이 급격히 상승하여 일시적인 두통, 경련 발작, 시력 장애 따위의 증상이 나타난다.

(4) 급성 **폐렴**(急性肺炎)명구《의학》**〈폐렴〉** 증상이 빠르게 진행되는 폐렴. ¶감염으로 인한 급성 폐렴이 회복된 환자가 길게는 1년 이상 여러 증상을 호소하는 현상이 이어졌다.

(5) 단백뇨 당뇨병(蛋白尿糖尿病)명구《의학》**〈당뇨〉** 당뇨병 환자에서 신장 기능이 저하되어 오줌에 단백질이 섞여 나오는 상태. ¶당뇨병이 오랫동안 지속되면서 신장의 혈액 여과를 담당하는 사구체가 손상되는 바람에 합병증으로 단백뇨 당뇨병을 앓게 되었다.

(6) 당김 기관지 확장증(당김氣管支擴張症)명구《의학》**〈만성 하기도질환〉** 기관지와 세기관지가 주변 폐 섬유화나 탄성 반동의 증가에 의해 끌려서 열리는 현상. ¶무기폐 섬유화는 당김 기관지 확장증을 유발한다.

(7) 디형 간염(D型肝炎)명구《보건일반》**〈간 질환〉** 증식에 비형 간염 바이러스를 필요로 하는 불완전 알엔에이(RNA) 바이러스인 위성 바이러스, 델타형 간염 바이러스에 의하여 일어나는 급성 또는 만성 간염. ¶D형 간염은 B형 간염 바이러스 감염과 밀접한 관계를 가지며, B형 간염 바이러스가 있어야만 D형 간염이 발병할 수 있다.

(8) 동맥 고혈압(動脈高血壓)명구《의학》**〈고혈압〉** 일시적 혹은 지속적으로 전신 동맥압이 상승하여 심장 혈관계를 손상하거나 다른 부작용을 유발하는 상태. 〈유〉동맥성 고혈압(動脈性高血壓) ¶만성 동맥고혈압은 치매 발병의 주요 위험요인으

로 알려졌지만, 고혈압과 그에 대한 치료가 인지기능과 어떻게 연관됐는지에 대한 이해는 아직 부족하다.

(9) 디지털 치매 증후군(digital癡呆症候群)명구《심리》〈알츠하이머〉 디지털 기기의 사용이 증가함에 따라 지능, 기억 따위가 상실되는 증상을 통틀어 이르는 말. ¶디지털 치매 증후군은 디지털 기기에 익숙한 10대 후반에서 30대 중반의 연령층에서 두드러진다.

(10) 로타바이러스 위장염 (rotavirus胃腸炎)명구《의학》〈위장병〉 로타바이러스의 감염으로 생기는 전염병. 주로 젖먹이 어린아이들에게 많이 나타나는 것으로, 메스꺼움·구토·설사·복통 따위의 위장 장애 증상이 나타난다.

(11) 갑각류 알레르기(甲殼類Allergie)명구《의학》〈알레르기〉 게, 새우, 가재 따위의 갑각류를 섭취하였을 때 나타나는 알레르기 반응. 갑각류에 함유된 트로포미오신, 키틴 등에 대한 인체의 이상 면역 반응에 의하여 일어난다. ¶글루코사민은 게나 새우 등 갑각류의 껍질을 원재료로 사용하므로, 갑각류 알레르기가 있는 사람은 섭취에 유의하는 것이 좋다.

(12) 가슴앓이-하다[가스마리하다]동〈화병〉 안타까워서 마음속으로만 애달파하다. ¶혼자 가슴앓이하다/아무한테도 말 못 하고 가슴앓이하는 내 심정을 누가 알까.

2. 표제어의 선택에는 명사, 동사, 형용사, 부사, 관용구, 속담 등 범주를 가리지 않는다.

〈사례〉
갑상선암 명
게우다 동
치매하다 형
콜록 부
혈압을 높이다 관용
횃김에 서방질한다 문(속담)

3. 표제어의 배열은 가나다순에 따르되, 동음이의어는 〈표준국어대사전〉의 배열 기준에 따른다.

〈사례〉

비통1(鼻痛)명《한의》 감기 때문에 코가 막히고 아픈 병.

비통2(臂痛)명《한의》 팔이 저리거나 아픈 증상.

위장염1(胃腸炎)명《의학》 위와 창자에 생기는 염증.

위장염2(胃臟炎)명《의학》 위 점막에 생기는 염증성 질환을 통틀어 이르는 말.

치통1(痔痛)명 치질 때문에 생기는 통증.

치통2(齒痛)명《의학》 이가 아파서 통증(痛症)을 느끼는 증세.

4. 표제항에 딸린 각 단어의 미시 정보는 "(1)표제어 (2)(원어) (3)[발음] (4)품사 (5)《전문분야》 (6)뜻풀이. (7)〈관련어휘〉. (8)¶용례"의 순서로 배열한다.

〈사례〉

각혈(咯血)[가켤]명《한의》〈폐렴〉 혈액이나 혈액이 섞인 가래를 토함. 또는 그런 증상. 결핵, 암 따위로 인해 발생한다. 〈유〉객혈. 〈참〉토혈(吐血) ¶복실이는 폐병으로 각혈이 심하여서 고향으로 병 치료하러 돌아갔다.

5. 비표준어/방언/북한어의 경우 표준어 표제어의 뜻풀이에 '지역에 따라 ~라고 쓰기도 한다'의 형식으로 추가한다.

6. 표제어와 현저히 다른 방언형의 경우는 표제어에 포함시킨다.

III. 원어

1. 원어는 표제어 뒤에 괄호 ( )를 열어 고유어의 경우는 비워 두되 어원을 확인할 수 있는 경우는 어원의 최초형과 출전을 밝히고 한자어, 외래어, 혼종어의 경우는 해당 단어의 원래 언어에서의 표기를 밝혀 보인다.

〈사례〉

가래( )

갑상선암(甲狀腺癌)

게우다(〈개오다[훈몽자회])

글리메피리드(glimepiride)
계란 알레르기(鷄卵Allergie)

2. 해당 표제어가 고유어와의 결합에 의한 혼종어의 경우는 원어에 고유어 부분도 한글로 제시한다.

〈사례〉
기름 흐름 습진(기름흐름濕疹)
납작심장증(납작心臟症)

3. 원어는 고유어, 한자, 로마자로 표기하고 그 밖의 문자는 로마자화하여 표기한다. 로마자의 경우 기본적으로 소문자로 표기하지만 고유 명사나 원래의 언어에서 대문자로 쓰는 경우는 대문자 그대로 표기한다. 문자별 표기가 달라질 때는 한 칸 띄어 구별한다.

〈사례〉
가와사키 천식(Kawasaki[川崎] 喘息)
감염성 알레르기(感染性 Allergie)
네프로제(Nephrose)
모야모야병(Moyamoya)

IV. 발음

1. (원어)란 뒤의 [발음] 란에는 해당 표제어의 표준 발음을 밝혀 적는다. 표준 발음은 표제어의 표기와 일대일 대응이 되는 경우에도 모두 밝히는 것을 원칙으로 한다.

〈사례〉
가슴앓이( ) [가스마리]
간장약(肝臟藥)[간:장냑]
과당뇨증(果糖尿症)[과:당뇨쯩]

갑상선암(甲狀腺癌)[갑쌍서남]
망막-염(網膜炎)[망망념]
트릿하다( )[트리타다]
암(癌) [암]

2. 단어가 아닌 관용구 혹은 속담 등의 경우 및 외래어와 외래어가 포함된 복합어는 발음을 보이지 않는다.

〈사례〉
심장에 파고들다
홧김에 서방질한다
아토피(atopy)
카타르-기(catarrh期)

3. 표준어 규정에 따라 발음이 둘 이상으로 될 경우에 '/'을 사용하여 병기하였다. '/'의 왼쪽에는 원칙적인 발음을, 오른쪽에는 허용되는 발음을 제시한다.

〈사례〉
뇌동맥(腦動脈)[뇌동맥/눼동맥]
꽃가룻-병(꽃가룻病)[꼳까루뼝/꼳까룯뼝]

V. 품사

1. [발음] 란 뒤에는 (품사)란을 두어 단어 범주와 구 이상의 범주 및 문장 범주를 표시할 수 있다.

〈사례〉
당뇨-진(糖尿疹)[당뇨진] (명)
따갑다[따갑따] (형)
발진-하다(發疹하다)[발찐하다] (동)
쿨룩[쿨룩] (부)

쿠싱 증후군(Cushing症候群) 명구
헛배가 부르다 형구
담 걸리다 동구
심장에 불을 지피다 관용
홧김에 서방질한다 문(속담)

2. 단어의 경우 각각 '명사 → 명, 동사 → 동, 형용사 → 형, 부사 → 부' 등으로 표기한다.

〈사례〉
당뇨-진(糖尿疹)[당뇨진] 명
따갑다[따갑따] 형
발진-하다(發疹하다)[발찐하다] 동
쿨룩[쿨룩] 부

3. '구'의 경우 각각 '명사구 → 명구, 동사구 → 동구, 형용사구 → 형구, 부사구 → 부구' 등으로 표기한다.

〈사례〉
쿠싱 증후군(Cushing症候群) 명구
헛배가 부르다 형구
담 걸리다 동구

4. 속담 등 문장이 표제어로 선택된 경우 품사란에 문으로 표기한다.

〈사례〉
홧김에 서방질한다 문

5. 표제어가 둘 이상의 품사로 쓰이는 경우 표제어를 품사별로 각각 나누어 제시한다.

〈사례〉
근질근질-하다[근질근질하다] 동(몸이) 자꾸 가려운 느낌이 들다. ¶왜 이리 등이 근질근질하는지 모르겠네.
근질근질-하다[근질근질하다] 형(몸이) 매우 가렵다. ¶가을이 되니 피부가 건조해서 몸이 근질근질하다.
따끔따끔-하다[따끔따끔하다] 동(신체 일부가) 뾰족한 것에 찔리거나 살짝 꼬집히는 것처럼 자꾸 아픈 느낌이 들다. ¶해변가에 갔다 온 이후 햇볕에 익은 피부가 따끔따끔한다.
따끔따끔-하다[따끔따끔하다] 형(신체 일부가) 뾰족한 것에 찔리거나 살짝 꼬집힌 것처럼 자꾸 아프다. ¶살갗이 벗겨져 따끔따끔하다.

VI. 《전문분야》

1. 《전문분야》는 《표준국어대사전》의 전문어 정보에 따라 《의학》, 《한의》, 《약학》, 《화학》, 《보건일반》, 《물리》 등 단어의 전문 분야 요건에 알맞은 것을 택하여 밝힌다.

〈사례〉
간암(肝癌)[가남] 명《**의학**》
간열(肝熱)[가:녈] 명《**한의**》
간장약(肝臟藥)[간:장냑] 명《**약학**》
글루시톨(glucitol)명《**화학**》
간염(肝炎)[가:념] 명《**보건일반**》
방사선(放射線)[방사선] 명《**물리**》

※《생물(학)》과 《생명(과학)》은 '《생명(학)》'으로 통일함.
※《표준국어대사전》 및 《우리말샘》의 《보건일반》, 《공학일반》, 《자연일반》, 《고유명일반》 등은 《보건일반》으로 통일함.
※'방사선 《물리》'처럼 전문 분야 정보가 하나밖에 없는 단어도 있음에 유의할 것.

2. 《전문분야》가 여럿인 경우, '/'를 사용하여 복수로 전문 분야를 밝히되 전문 분야의 배열은 가나다순에 따른다.

〈사례〉
담(痰)[담ː] 명《의학》/《한의》
설파닐아마이드(sulfanilamide)명《약학》/《화학》

3. 《전문분야》의 하위 질병 종류로 〈암〉, 〈심장 질환〉, 〈뇌혈관 질환〉, 〈폐렴〉, 〈당뇨병〉, 〈만성 하기도질환〉, 〈간 질환〉, 〈고혈압〉, 〈알츠하이머〉, 〈위장 질환〉, 〈알레르기 질환〉, 〈화병〉 등이 포함되며 배열 원칙은 《전문분야》와 같다.

〈사례〉
갑상선암(甲狀腺癌)[갑쌍서남] 명《의학》**〈암〉**
가슴 심장막염(가슴心臟膜炎)명구《의학》**〈심장 질환〉**
고혈압 뇌증(高血壓腦症)명구《의학》**〈뇌졸중〉**
급성 폐렴(急性肺炎)명구《의학》**〈폐렴〉**
단백뇨 당뇨병(蛋白尿糖尿病)명구《의학》**〈당뇨〉**
당김 기관지 확장증(당김氣管支擴張症)명구《의학》**〈만성 하기도질환〉**
디형 간염(D型肝炎)명구《보건일반》**〈간 질환〉**
동맥 고혈압(動脈高血壓)명구《의학》**〈고혈압〉**
디지털 치매 증후군(digital癡呆症候群)명구《심리》**〈알츠하이머〉**
로타바이러스 위장염 (rotavirus胃腸炎)명구《의학》**〈위장병〉**
갑각류 알레르기(甲殼類Allergie)명구《의학》**〈알레르기〉**

Ⅶ. 뜻풀이

1. 뜻풀이는 표제어의 품사에 맞게 명사는 명사형으로, 동사는 동사형으로, 형용사는 형용사형으로 풀이한다. 그리고 정보가 더 필요한 경우 자세한 설명을 덧붙일 수 있다.

〈사례〉
대장-염(大腸炎)[대ː장념] 명《의학》 대장에 생기는 **염증**. 아랫배가 아프며 설사가 잦고 대변에 혈액이나 점액이 섞이며 배변 후에 불쾌감이 따른다.
발진-하다(發疹하다)[발찐하다] 동《의학》 피부 부위에 작은 종기가 광범위하게

돋다. 약물이나 감염으로 인해 발생한다.

알짝지근-하다[알짝찌근하다] 형 (살이) 따끔따끔 찌르는 듯이 **아프다**.

2. 관용구나 속담 등은 상위 언어로 풀이한다.

〈사례〉

심장에 새기다 관용 '가슴에 새기다'**를 강조하여 이르는 말.**

화가 홀아비 동심(動心)하듯 문 화가 수시로 불끈 일어나는 모양을 홀아비가 여성을 볼 때마다 마음이 동하는 모습에 **비유하여 이르는 말.**

3. 뜻풀이는 해당 표제어를 참고한 본래 출처에서의 뜻풀이를 존중하되 언중들이 이해하기 쉽게 가공하여 풀이할 수 있다.

〈사례〉

배통(背痛)[배:통] 명《한의》 가슴막염, 폐결핵 따위로 등이 심하게 아픈 증상. 폐에 병이 생기면 숨이 차고 기침이 나며 기(氣)가 치밀어 오르고 어깨와 등이 아프며 땀이 난다. 또 사기(邪氣, **사람의 몸에 병을 일으키는 여러 가지 외적 요인**)가 신(腎, **신장**)에 있으면 어깨와 등과 목이 아프다.

4. 뜻풀이가 둘 이상인 다의어의 경우, 해당 질병과 관련한 뜻만 제시한다.

〈사례〉

구체(久滯)[구:체] 명《한의》 1. 오랫동안 내버려 둠. 2. 오랫동안 한곳에 쌓여 있거나 머무름. **3. 오래된 체증. 만성 위장병을 통틀어 이르는 말이다.**

→ 구체(久滯)[구:체] 명《한의》 **오래된 체증. 만성 위장병을 통틀어 이르는 말.**

5. 뜻풀이가 둘 이상인 다의어의 경우, 해당 질병과 관련한 뜻만 제시하되 비유적인 뜻은 취하지 않는다. 반대로 비유적인 뜻에서만 해당 질병 관련 의미를 지닐 때는 기본 의미를 취하지 않고 비유적인 뜻만 취할 수도 있다.

〈사례〉

따끔따끔하다[따끔따끔하다] 동 **1. (신체 일부가) 뾰족한 것에 찔리거나 살짝 꼬집**

히는 것처럼 자꾸 아픈 느낌이 들다. 2. (마음이) 어떤 자극이나 가책을 받아 따가운 듯한 느낌이 자꾸 들다.

→ 따끔따끔하다[따끔따끔하다] 동 **(신체 일부가) 뾰족한 것에 찔리거나 살짝 꼬집히는 것처럼 자꾸 아픈 느낌이 들다.**

근질근질하다[근질근질하다] 동1. **(몸이) 자꾸 가려운 느낌이 들다.** 2. (사람이) 참기 어려울 정도로 어떤 일을 자꾸 몹시 하고 싶어하다.

→ 근질근질하다[근질근질하다] 동 **(몸이) 자꾸 가려운 느낌이 들다.**

Ⅷ. 용례

1. 용례는 실제 쓰임이 확인되는 서술형 문장을 용례 표시 '¶'의 뒤에 제시하되 최대한 3개까지 '/'로 구분하여 제시한다.(용례의 사례가 다양한 경우, 3개가 넘어가는 것도 허용한다.)

〈사례〉

고혈압(高血壓)[고혀랍] 명《의학》〈고혈압〉혈압이 정상 수치보다 높은 증상. 최고 혈압이 150~160mmHg 이상이거나 최저 혈압이 90~95mmHg 이상인 경우인데, 콩팥이 나쁘거나 갑상샘 또는 부신 호르몬에 이상이 있어 발생하기도 하고 유전적인 원인으로 발생하기도 한다.〈유〉고혈압증(高血壓症), 혈압 항진증(血壓亢進症) ¶갑자기 고혈압 환자가 급증하고 있다. / 할아버지는 십 년 전 고혈압으로 쓰러질 때 반신마비와 함께 완전한 언어 장애를 일으켰다. / 이 오골계를 가지고 탕을 만들어 먹는데 중풍 고혈압에 너무나 신기하게 잘 듣는다.

2. 용례를 제시하기 어려운 표제어는 굳이 용례를 제시하지 않는다.

〈사례〉

간성(肝性)[간:성] 명《의학》〈간 질환〉 어떤 병이 간 기능의 장애 때문에 생기는 성질.

3. 뜻풀이가 둘 이상인 경우, 해당 질병과 관련한 용례가 있는 경우만 제시한다.

〈사례〉

쓰리다[쓰리다] 형 〈통증〉 1.(몸이) 쑤시는 것처럼 아프다. 2.(뱃속이) 몹시 시장하거나 과음하여 쓸어내리듯 아프다. ¶1. 뜨거운 모래가 허벅지에 닿아서 살갗이 몹시 쓰리고 아팠다. / 이미 실밥까지 뽑아낸 다 아문 상처는 새살이 빨갛게 돋아나서 조금만 스쳐도 불에 덴 듯이 쓰리고 아프다. 2. 하루 종일 굶었더니 속이 너무 쓰리네. / 어제 빈속에 술을 너무 많이 마셨나 봐. 속이 쓰려.

IX. 관련어휘

1. 뜻풀이의 뒤에는 '유의어, 본말, 준말, 참고 어휘' 등의 관련 어휘를 각각 〈유〉, 〈본〉, 〈준〉, 〈참〉으로 표기한다.

〈사례〉

충수암(蟲垂癌)[충수암] 명 《의학》 막창자의 아래쪽에 있는 막창자꼬리에 생기는 악성 종양. **〈유〉 막창자꼬리암** ¶폐색 충수염은 대변덩이나 충수암으로 막힌 충수 내강의 뒷부분에 남아 있는 분비물이 감염되어 발생하는 급성 충수염이다.

당뇨(糖尿)[당뇨] 명 《의학》 1. 혈액 속에 포도당이 많아져서 오줌에 당(糖)이 지나치게 많이 나오는 현상이 오랫동안 계속되는 병. 당분을 분해하는 요소인 인슐린이 부족하여 생기는 것으로, 오줌의 분량이 많아지고 목이 마르고 쉽게 피로해지며, 여러 가지 합병증을 유발한다. 2. 당분이 많이 섞여 나오는 오줌. 1. **〈본〉 당뇨병(糖尿病)** ¶1. 당뇨가 있는 엄마에게서 태어난 아이는 황달을 일으키기 쉽다.

무지근하다[무지근하다] 형 머리가 띵하고 무겁거나 가슴, 팔다리 따위가 무엇에 눌리는 듯이 무겁다. **〈준〉 무직하다** ¶어제 온종일 혼자 큰물이 휩쓸어 버린 둑에서 돌을 들어 올렸더니 팔다리가 무지근하고 허리가 뻑적지근하여 아무 일도 하고 싶지가 않았다. ≪문순태, 타오르는 강≫

간세포 암(肝細胞癌) 명구 《의학》 간세포로부터 생긴 암. 간 비대, 동통, 체중 감소, 식욕 감퇴, 복수(腹水) 따위가 특징이다. **〈참〉 간암(肝癌)** ¶간에서 발생하는 악성 종양의 약 90%는 간세포암이고, 약 10%는 담관세포암이며, 그 외 아주 일부가 기타 암입니다.

2. 큰말-작은말, 센말-거센말-여린말 등은 참고 어휘에 포함시켜 〈참〉으로 표시한다.

〈사례〉

새큰하다[새큰하다] 형(신체의 일부나 뼈마디가) 조금 쑤시고 저린 느낌이 있다. **〈참〉 시큰하다**(큰말), **새근하다**(여린말) ¶한의원에서 침을 맞았더니 손목의 새큰한 느낌이 사라졌다. / 다친 발목이 새큰하다.

쩌릿-하다[쩌리타다] 형(몸이나 몸의 일부가) 피가 잘 돌지 못하거나 전기가 통하여 몹시 감각이 무디고 아린 느낌이 있다. **〈참〉 저릿하다**(여린 말), **짜릿하다**(작은 말) ¶무릎을 꿇고 오래 앉아 있었더니 종아리가 쩌릿하다.

Ⅹ. 출처

개별 표제항 및 용례의 출처를 일일이 표시하지 않고 사전의 끝부분에 참고한 자료 및 주요 사이트의 목록을 〈부록1〉로 따로 보인다.

ㄱ

가닐대다( )[가닐대다]동〈통증〉(몸이나 그 일부가) 살갗이 간지럽고 자릿한 느낌이 자꾸 나다.〈유〉가닐가닐하다, 가닐거리다〈참〉그닐대다

가래( )[가래]명《의학》〈폐렴〉허파에서 후두에 이르는 사이에서 생기는 끈끈한 분비물. 잿빛 흰색 또는 누런 녹색의 차진 풀같이 생겼으며 기침 따위에 의해서 밖으로 나온다.〈유〉가래침, 담 ¶가래는 기도로 들어오는 불순물을 잡아서 기관지를 보호한다.

가래(가) 끓다( )동구〈통증〉가래가 목구멍에 붙어서 숨 쉬는 대로 소리가 나다.

가렵다( )[가렵따]형〈통증〉(몸이) 근지러워 긁고 싶은 느낌이 있다. ¶나는 모기한테 물린 곳이 가려워서 참을 수가 없었다. / 등 한가운데가 가려운데 아무리 손을 비틀어도 닿지 않는다.

가면 고혈압(假面高血壓)명구《의학》〈고혈압〉집에서 측정하였을 때에는 고혈압으로 인지되지만 병원 진료 시에는 발견되지 않는 고혈압.

가성 치매(假性癡呆)명구《의학》〈알츠하이머〉치매와 비슷한 전반적 감정둔마를 나타내지만 실제의 지능저하는 볼 수 없고 기질적 뇌질환이 없다.〈유〉가치매(假癡呆)

가속 고혈압(加速高血壓)명구《의학》〈고혈압〉예후가 좋지 않은 고도의 중증 고혈압. 안저에 삼출성 및 출혈성 병터를 수반한 유두 부종, 소동맥 및 세소동맥의 중막 비후, 좌심실 비대를 특징으로 한다.

가스 걸림(gas걸림)명구《의학》〈만성 하기도질환〉완전히 내뱉지 못한 날숨으로 인하여 폐에 공기가 남아 있는 비정상적인 상태. 천식 등에서 잘 나타난다.〈유〉가스 잔류(gas殘溜) ¶가스 걸림은 종종 CT 촬영을 통해 우연히 진단되곤 한다.

가스가 차다( )동구〈통증〉소화 기관 내에서 내용물이 부패·발효하여 기체가 발생하다 ¶소화가 안 되는지 배 속에 가스가 찼다.

가슴 심장막 잡음(가슴心臟膜雜音)명구《의학》〈심장 질환〉심장막 영역에서

들리는 가슴막 마찰음. 심장막 마찰음과 비슷하다.

가슴 심장막염(가슴心臟膜炎)명구《의학》〈심장 질환〉심장막염을 동반한 가슴막염. 〈유〉흉막 심낭염(胸膜心囊炎) ¶가슴 통증의 이유를 알아보니 가슴 심장막염이었다.

가슴 조임 통증(가슴조임痛症)명구《의학》〈심장 질환〉심장 근육에 산소를 공급하는 관상 동맥이 좁아져 갑작스럽게 발생하는 가슴의 통증. 환자는 대부분 급성 통증을 느끼거나 운동할 때 통증을 느낀다. 흔히 가슴을 쥐어짜는 것 같다거나 가슴이 싸한 느낌이 든다고 호소하는데, 가슴의 정중앙이나 약간 좌측 부위에 통증을 느끼는 경우가 많다. 〈유〉협심 통증(狹心痛症) ¶가슴 조임 통증이 30분간 지속되었다.

가슴막(가슴膜)[가슴막]명《의학》〈폐렴〉좌우 허파를 각각 둘러싸고 있는 두 겹의 얇은 막. 〈유〉폐막, 허파막, 흉막 ¶가슴막은 폐를 중심으로 안팎으로 감싸고 있는 두 겹의 장막을 말하며, 폐를 둘러싸는 내장쪽가슴막과 가슴벽 안쪽을 둘러싸는 벽쪽가슴막으로 구성됩니다.

가슴쓰림( )[가슴쓰림]명《의학》〈통증〉명치 부위가 화끈하고 쓰린 증상. 흔히 위의 신물이 식도로 역류할 때 생기며 신물이 입안으로 올라올 때도 있다. 〈유〉가슴앓이

가슴앓이( )[가스마리]명《의학》〈통증〉위에서 식도에 이르는 상복부 및 인두 근처까지 고열이 나는 듯하거나 송곳으로 찌르는 것같이 아픈 증상. 식도 아래의 염증, 위액의 식도 안으로의 역류, 식도 아래쪽의 신전(伸展), 극도의 긴장감 등이 원인이 된다. 〈유〉흉복통(胸腹痛), 가슴쓰림

가와사키 천식(Kawasaki[川崎]喘息)명구《의학》〈알레르기〉1982년 일본 가와사키의 임해 공업 단지에서 공장 먼지와 자동차 배기가스의 복합 오염으로 인하여 발생한 기관지 질병.

가운데 심장증(가운데心臟症)명구《의학》〈심장 질환〉심장의 위치가 흉곽의 중심부에 있는 상태. 이 위치는 태아 시기에는 정상적이나 출생 후에는 비

정상적이다. 〈유〉가운데 심장, 정중 심장(正中心腸), 정중 심장증(正中心腸症) ¶아이가 태어나 보니 가운데 심장증이었다.

가족 비대 심장 병증(家族肥大心臟病症)명구《의학》〈심장 질환〉심실 벽이 두꺼워져 심장 기능의 이상을 초래하는 유전 질환의 하나. ¶할아버지부터 내려오는 우리 가족의 유전 질환은 가족 비대 심장 병증이다.

가쪽 뇌실(가쪽腦室)명구《의학》〈뇌졸중〉좌우 대뇌 반구의 내부에 각각 하나씩 있어, 투명한 뇌척수액이 가득 차 있는 부분. 〈유〉측뇌실

가통(加痛)[가통]명〈통증〉1. 환자의 병이 심해져서 고통이 더함. 2. 열병이나 중병이 재발하거나 다른 증세가 생겨서 몹시 앓음.

가통하다(加痛하다)[가통하다]동〈통증〉1. 환자의 병이 심해져서 고통이 더하다. 2. 열병이나 중병이 재발하거나 다른 증세가 생겨서 몹시 앓다.

각기공심(脚氣攻心)[각끼공심]명《한의》〈심장 질환〉각기 증상이 심해져 심장을 앓게 되는 병. 가슴이 답답하고 명치에 무엇이 치미는 듯하며 호흡이 곤란해진다. 〈유〉각기-입심(脚氣入心), 각기-충심(脚氣衝心)

각기병 심장(脚氣病心臟)명구《의학》〈심장 질환〉비타민의 하나인 티아민 결핍으로 인해 심장 기능이 상실된 상태. 〈유〉각기 심장(脚氣心臟)

각기입심(脚氣入心)[각끼입씸]명《한의》〈심장 질환〉각기 증상이 심해져 심장을 앓게 되는 병. 가슴이 답답하고 명치에 무엇이 치미는 듯하며 호흡이 곤란해진다. 〈유〉각기-공심(脚氣攻心), 각기-충심(脚氣衝心)

각기충심(脚氣衝心)[각끼충심]명《한의》〈심장 질환〉각기 증상이 심해져 심장을 앓게 되는 병. 가슴이 답답하고 명치에 무엇이 치미는 듯하며 호흡이 곤란해진다. 〈유〉각기-공심(脚氣攻心), 각기-입심(脚氣入心)

각심통(脚心痛)[각씸통]명《한의》〈통증〉발바닥의 한가운데가 아픈 증상. 〈유〉족심통(足心痛)

각차단(脚遮斷)[각차단]명《의학》〈심장 질환〉심장의 자극 전달 장애의 하나. 심실 안의 좌우 두 가닥으로 갈라지는 자극을 전달하는 통로에 장애가

생겨 좌우 심실이 동시에 수축하지 않는 상태를 이른다.〈유〉다발 갈래 차단

각통(脚痛)[각통]명〈통증〉다리의 아픔.

각혈(咯血)[가켤]명《한의》〈폐렴〉혈액이나 혈액이 섞인 가래를 토함. 또는 그런 증상. 결핵, 암 따위로 인해 발생한다.〈유〉객혈〈참〉토혈(吐血) ¶복실이는 폐병으로 각혈이 심하여서 고향으로 병 치료하러 돌아갔다.

간(肝)[간]명《의학》〈암〉가로막 바로 밑의 오른쪽에 있는 기관. 탄수화물을 저장하고, 단백질이나 당의 대사를 조절하며, 해독 작용을 한다. ¶간을 졸이다.

간 고름집(肝고름집)명구《의학》〈간 질환〉화농균(化膿菌)이나 아메바의 침입으로 간에 고름이 생기는 병.

간 급통증(肝急痛症)명구《의학》〈간 질환〉간에서 발생하는, 강렬한 통증을 동반하는 발작.

간 기능 검사(肝機能檢查)명구《의학》〈간 질환〉병의 진단이나 경과 관찰을 위하여 간의 여러 가지 기능을 과학적으로 살펴보는 일. 쓸개즙 배설 기능 검사, 색소 배설 기능 검사, 단백 대사 검사, 당질 대사 검사 따위의 200여 가지가 있다. ¶간기능검사는 간에서 생산, 배설되거나 간 손상에 의해 영향을 받는 효소나 단백질 등을 측정하여 간의 손상이나 이상여부를 발견하고 평가하기 위해 시행할 수 있는 검사입니다.

간 기능 부전(肝機能不全)명구《의학》〈간 질환〉간세포가 많이 죽어서 간의 기능이 극도로 저하된 상태. 물질대사를 제대로 못 하여 혈액 속에 필요한 물질을 공급하지 못하고, 해독 작용을 못 하여 유독 물질이 혈액 속에 그대로 남아 있게 되므로 간성 혼수, 황달, 복수(腹水), 출혈 따위가 나타난다.〈유〉간 기능 상실, 간 부전 ¶간기능 부전이 발생하면 정상 간에서 이루어지던 혈액 내 독성물질에 대한 처리 기능이 떨어지면서, 이에 따라 독성물질의 수치가 상승하여 뇌와 다른 장기에 영향을 미치게 된다.

간 꽈리(肝꽈리)(명구)《의학》〈간 질환〉간문맥과 간동맥의 마지막 가지의 분포를 받는 간의 기능적 단위. 두 개의 중심 정맥 사이에 있는 두 간 소엽의 부분을 포함한다.〈유〉간 샘포(肝샘胞), 간 선포(肝腺胞), 간 세엽(肝細葉), 간포(肝胞)

간 꿰맴술(肝꿰맴術)(명구)《의학》〈간 질환〉간의 상처를 꿰매는 수술.〈유〉간 봉합술(肝縫合術)

간 독성(肝毒性)(명구)《의학》〈간 질환〉간세포에 대한 파괴성이나 독성을 가지고 있는 성질.〈유〉간세포 독성 ¶국내에서 가장 많이 처방되고 있는 고혈압 치료제인 '피마사르탄'을 복용한 후 간독성이 보고돼 정기적인 간기능 검사가 필요하다는 경고가 나와 주목된다.

간 동정맥 샛길(肝動靜脈샛길)(명구)《의학》〈간 질환〉간동맥과 간문맥 또는 간정맥 사이의 비정상적인 통신.〈유〉간 동정맥루

간 둔탁음(肝鈍濁音)(명구)《의학》〈간 질환〉복부 타진 시 간 부위에서 들리는 둔탁음.

간 렌즈핵 변성(肝lens核變性)(명구)《의학》〈간 질환〉간이나 뇌에 구리가 비정상적으로 쌓여 일어나는 유전성 질병. 간경변증이나 신경 증상이 따르는데, 손 떨림이나 언어 장애가 생기고 눈의 각막 주위에 녹갈색 고리가 나타난다. 영국의 신경과 의사 윌슨(Wilson, S. A. K.)이 분류한 병이다.〈유〉윌슨병 ¶윌슨병 또는 간 렌즈핵 변성은 선천적 대사장애 질환의 하나로 구리 결합 단백질인 셀룰로플라즈민의 합성저하로 인해 구리가 정상적으로 대사되지 못하고 말초조직에 축적되어 뇌 기저핵의 진행성 변성, 각막 주위에 갈색 고리 형성, 간세포가 점점 섬유조직으로 대치되는 등의 증상을 초래한다.

간 모세선충(肝毛細線蟲)(명구)《생명》〈간 질환〉설치류와 인간을 포함한 포유류의 간에 모세선충증을 일으키는 기생선충. ¶간모세선충(C. hepatica)은 기본적으로 쥐의 기생충으로 알려져 있지만, 사실 어떤 동물에도 감염이 가능한 기생충이다.

간 모세포종(肝母細胞腫)명구《의학》〈간 질환〉3세 이하 어린이의 간에 발생하는 모세포종. 악성 종양이다. ¶연구 결과 2006년 이전에 치료받은 소아 간모세포종 환자군의 생존율은 58.6%였던 반면 2006년 이후 환자군의 생존율은 90.8%로 나타났다.

간 목정맥 역류(肝목靜脈逆流)명구《의학》〈간 질환〉간이 물리적으로 압박을 받을 때 목정맥으로 혈류가 모이는 증상. 심장 기능 상실 때 일어날 수 있으며 울혈성 심부전 환자에서 흔히 보인다. 〈유〉간 경정맥 역류(肝頸靜脈逆流) ¶간에 압력을 가하여 목정맥압을 인위적으로 높일 수도 있다. 간 목정맥 역류는 간에 압력을 가하여 목정맥압을 인위적으로 높이는 방법이며 목정맥압을 찾아 목동맥의 맥박과 구별하는 데 사용된다.

간 배꼽 돌출(肝배꼽突出)명구《의학》〈간 질환〉간이 배꼽 근방의 복벽을 통하여 돌출된 상태.

간 배꼽 탈장(肝배꼽脫腸)명구《의학》〈간 질환〉배꼽을 통해 간의 일부가 빠져나오는 일.

간 보호제(肝保護劑)명구《약학》〈간 질환〉간의 기능 장애를 예방하고 개선하는 약. 비타민 비(B)군, 황 함유 화합물, 간장 엑스트랙트, 부신 겉질 스테로이드 따위가 있다.

간 복막염(肝腹膜炎)명구《의학》〈간 질환〉간을 싸고 있는 복막의 염증.

간 봉합술(肝縫合術)명구《의학》〈간 질환〉간의 상처를 꿰매는 수술. 〈유〉간 꿰맴술(肝꿰맴術)

간 부전(肝不全)명구《의학》〈간 질환〉간세포가 많이 죽어서 간의 기능이 극도로 저하된 상태. 물질대사를 제대로 못 하여 혈액 속에 필요한 물질을 공급하지 못하고, 해독 작용을 못 하여 유독 물질이 혈액 속에 그대로 남아 있게 되므로 간성 혼수, 황달, 복수(腹水), 출혈 따위가 나타난다. 〈유〉간 기능 상실 ¶간 부전은 간을 손상시키는 질환 또는 물질에 의해 발생합니다.

간 비대(肝肥大)명구《의학》〈간 질환〉간이 비정상적으로 커진 상태. 대개 간에 병이 생겼다는 징표가 된다. 〈유〉간 종대, 간 종창 ¶간 비대가 있는 경우 심하면 복부 촉진을 통해 만져지며 초음파, CT 등 여러가지 검사를 통해 확인할 수 있습니다.

간 비장 비대(肝脾臟肥大)명《의학》〈간 질환〉간과 비장의 확대. 〈유〉간 지라 비대(肝지라肥大), 간비 비대(肝脾肥大)

간 사르코이드(肝sarcoid)명구《의학》〈간 질환〉원인을 알 수 없는 육아종 질환.

간 샘종(肝샘腫)명구《의학》〈간 질환〉간에 발생하는 양성 종양의 하나. 주로 간의 우엽에 나타나며 피임제를 복용한 여성에게 많이 발생한다. 혈관 분포가 많아 자주 출혈을 동반한다.

간 샘창자 연결술(肝샘창자連結術)명구《의학》〈간 질환〉간관과 샘창자 사이에 외과적으로 통로를 만들어 연결하는 수술. 〈유〉간 십이지장 연결술(肝十二指腸連結術)

간 생검(肝生檢)명구《의학》〈간 질환〉'간 생체 검사'를 줄여 이르는 말. ¶간이 위치한 복벽, 갈비뼈 사이로 바늘을 삽입해서 간조직을 채취하는 것을 간생검이라고 해요.

간 생체 검사(肝生體檢査)명구《의학》〈간 질환〉살아 있는 사람의 간 조직을 일부 떼어 내어 병이 있는지 검사하는 일. ¶간 생체검사는 간에서 아주 작은 조각을 떼내어 질병이나 손상이 있는지를 현미경으로 보는 시술입니다.

간 세동이(肝세동이)명구《의학》〈간 질환〉간에서 고전 간 소엽 사이 결합 조직 공간에 혈관 주위 섬유 피막에 함께 싸여 있는 쓸개관과 간문맥 및 간동맥의 가지.

간 세엽(肝細葉)명구《의학》〈간 질환〉간문맥과 간동맥의 마지막 가지의 분포를 받는 간의 기능적 단위. 두 개의 중심 정맥 사이에 있는 두 간 소엽의 부분을 포함한다. 〈유〉간 꽈리(肝꽈리), 간 샘포(肝샘胞), 간 선포(肝腺胞), 간포(肝胞)

간 스캔(肝scan)명구《의학》〈간 질환〉간의 쿠퍼 세포를 쉽게 추적할 수 있는 방사성 물질을 정맥 내로 주입하여, 간의 크기·모양·밀도를 측정하는 비침습적 검사. ¶간 스캔은 간의 기능과 상태를 확인하기 위해 방사성 동위원소를 혈관으로 주사하고 간이 흡수한 상태를 영상으로 확인하는 검사예요.

간 실질상(肝實質像)명구《의학》〈간 질환〉간의 박동을 맥파계로 기록하는 일.

간 연화증(肝軟化症)명구《의학》〈간 질환〉간 질환에 의해 간이 물러지는 증세.

간 옹(肝癰)명구《한의》〈간 질환〉간에 종기가 생기는 병. 습열(濕熱)과 열독(熱毒)이 원인이며 오른쪽 옆구리가 은근하게 아프고 오슬오슬 춥고 열이 난다.

간 위 연결술(肝胃連結術)명《의학》〈간 질환〉간관과 위를 연결하는 수술.

간 위축증(肝萎縮症)명구《의학》〈간 질환〉간의 조직이 갑자기 심하게 파괴되어 간의 용적(容積)이 줄어드는 병. 원인은 분명하지 않은데 중증(重症) 간염으로 이행하여 열이 몹시 오르며 황달이나 의식 혼탁(混濁)이 따르고 며칠 안에 죽는 수가 많다.

간 이식(肝移植)명구《의학》〈간 질환〉간이 좋지 아니한 사람에게 건강한 사람의 간을 옮겨 붙여 간의 기능을 회복하도록 하는 일. ¶생체 간 이식을 받을 환자는 수술 날짜가 정해지면 입원하여 각종 검사를 받습니다.

간 이자 주름(肝胰子주름)명구《의학》〈간 질환〉온간동맥이 뒤 배벽에서 작은 그물막으로 뻗어 나갈 때 형성되는 초승달 모양의 복막 주름.

간 자색반병(肝紫色斑病)명구《의학》〈간 질환〉간의 실질 조직 안에 생긴 충혈 때문에 간이 자색으로 얼룩지는 병.

간 적혈구 조혈 포르피린증(肝赤血球造血porphyrin症)명구《의학》〈간 질환〉상염색체성 열성 질환으로 포르피린이나 그 전구물질이 과잉으로 생성되어 간에서 일어나는 포르피린증. 광선 과민증 따위를 유발하며 급성 간헐성 포르피린증, 반상 포르피린증, 유전성 코프로포르피린증을 포함한다.

간 절개(肝切開)명구《의학》〈간 질환〉간 안쪽으로 절개하는 수술.〈유〉간 절개술(肝切開術)

간 절제(肝切除)명구《의학》〈간 질환〉간의 일부 또는 전체를 제거하는 외과적 수술. ¶간암 치료의 표준으로 인정받는 간 절제 수술과 치료 효과는 비슷한 반면, 부작용은 방사선 색전술이 더 적은 것으로 밝혀졌다.

간 종대(肝腫大)명구《의학》〈간 질환〉간이 비정상적으로 커진 상태. 대개 간에 병이 생겼다는 징표가 된다.〈유〉간 비대

간 종창(肝腫脹)명구《의학》〈간 질환〉간이 비정상적으로 커진 상태. 대개 간에 병이 생겼다는 징표가 된다.〈유〉간 비대, 간 종대

간 주위염(肝周圍炎)명구《의학》〈간 질환〉간을 싸는 장막에 생긴 염증. ¶최근의 연구에서는 골반염 환자의 5~30%에서 간 주위염이 생기는 것으로 보고되고 있으며 드물게 남성에게서도 나타날 수 있지만 주로 젊은 여성들에게 잘 나타난다.

간 지라 비대(肝지라肥大)명구《의학》〈간 질환〉간과 지라가 함께 커진 상태.〈유〉간 비장 비대(肝脾臟肥大), 간비 비대(肝脾肥大)

간 지라 조영술(肝지라造影術)명구《의학》〈간 질환〉조영제를 정맥에 주사하여 간과 지라를 방사선으로 촬영하는 검사 방법.〈유〉간 비장 조영술(肝脾臟造影術)

간 지라염(肝지라炎)명구《의학》〈간 질환〉간과 지라에 생긴 염증.〈유〉간 비장염(肝脾臟炎)

간 질환(肝疾患)명구《의학》〈간 질환〉간의 기능 이상으로 생기는 병.〈참〉간 질환자(肝疾患者) ¶보통 안색이 푸른빛을 띨 때 간의 질병을 의심하지만 간 질환은 마지막 단계에 가서야 검푸른 안색이 나타나기 때문에 실제 푸른빛 안색을 띠는 환자를 보기는 어려우며 간암이나 간경화 환자들의 경우도 이런 안색을 띠는 사람들이 많다. / 과도한 음주는 비만, 고혈압, 간 질환을 일

으키거나 악화시킨다.

간 창냄술(肝窓냄術)명구《의학》〈간 질환〉간에 구멍을 내는 수술.〈유〉간 개공술(肝開孔術)

간 창자 연결술(肝창자連結術)명구《의학》〈간 질환〉간관과 장 사이에 인공적으로 구멍을 만들어 연결하는 수술.〈유〉간 소장 연결술(肝小腸連結術), 간담관 소장 연결술(肝膽管小腸連結術), 간담관 장 문합술(肝膽管腸吻合術), 간쓸개관 창자 연결술(肝쓸개管창자連結術)

간 처짐증(肝처짐症)명구《의학》〈간 질환〉간의 위치가 아래로 내려온 증상.〈유〉간 하수증(肝下垂症)

간 출혈(肝出血)명구《의학》〈간 질환〉간으로부터의 혈액이 누출되는 현상. ¶간 출혈은 간 공간을 점유하는 병변에 의해 발생하거나 간 손상으로 인해 발생할 수 있다.

간 콩팥 비대(肝콩팥肥大)명구《의학》〈간 질환〉간과 콩팥이 함께 커진 상태.〈유〉간신 비대(肝腎肥大)

간 콩팥 증후군(肝콩팥症候群)명구《의학》〈간 질환〉간이나 담도에 질환이 있는 환자에게 나타나는, 콩팥 기능이 급격히 떨어지거나 없어지는 증상.〈유〉간 신장 증후군(肝腎臟症候群), 간신 증후군(肝腎症候群)

간 탈출(肝脫出)명구《의학》〈간 질환〉복간의 일부가 복벽이나 가로막을 통하여 돌출된 상태.〈유〉간 낭종(肝囊腫), 간류(肝瘤)

간 통증(肝痛症)명구《의학》〈간 질환〉간의 통증. ¶간 통증의 원인은 과음부터 간암 같은 심각한 질환에 이르기까지 여러 가지이다.

간 파열(肝破裂)명구《의학》〈간 질환〉간의 일부가 파열되는 일.

간결석(肝結石)[간:결썩]명《의학》〈간 질환〉간의 내부나 간 안에 있는 관에 생긴 돌.〈유〉간-돌(肝돌)

간결석 절제술(肝結石切除術)명구《의학》〈간 질환〉간관을 절개하여 결석을 제거하는 수술.〈유〉간결석 제거술(肝結石除去術), 간돌 절제술(肝돌切除

術), 간돌 제거술(肝돌除去術)

간결석 제거술(肝結石除去術)명구《의학》〈간 질환〉간관을 절개하여 결석을 제거하는 수술. 〈유〉간결석 절제술(肝結石切除術), 간돌 절제술(肝돌切除術), 간돌 제거술(肝돌除去術)

간결석증(肝結石症)[간ː결썩쯩]명《의학》〈간 질환〉간에서 결석이 존재하는 상태. 〈유〉간돌증

간경(肝經)[간ː경]명《한의》〈간 질환〉십이 경맥의 하나. 간에 속하고 담에 이어진다. 〈유〉족궐음간경 ¶둥그레졌던 김 승지의 눈이 실눈이 되며 간경에 바람 든 놈같이 겉으로 싱긋싱긋 웃는다.

간경변증(肝硬變症)[간경변쯩]명《의학》〈암〉〈간 질환〉간의 섬유 조직이 많이 자라 굳어지면서 오그라들고, 표면에 이상한 융기가 생겨 울퉁불퉁해지는 병. 바이러스 간염이나 알코올의 과다 섭취가 주된 원이며, 복수·황달·체중 감소·빈혈 따위의 증상이 일어난다. ¶간경변증 환자의 경우 1~7%에서 간암이 발생한다. / 간경변증은 만성적인 염증으로 인해 정상적인 간 조직이 재생결절 등의 섬유화 조직으로 바뀌어 간의 기능이 저하되는 것을 의미한다.

간경풍(肝經風)[간ː경풍]명《한의》〈간 질환〉간경의 열(熱)과 허(虛)로 인하여 손발이 뒤틀리고 눈이 뒤집히는 등 경련이 일어나는 병.

간경화(肝硬化)[간ː경화]명《의학》〈간 질환〉광범위한 간세포 파괴와 섬유 조직의 증식과 결절 형성이 일어나는 간 질환. 바이러스에 의한 간염, 술, 비만, 당뇨병 따위로 인한 만성 지방간의 악화 따위로 인해 발생하는데, 간의 섬유화는 서서히 진행된다. 〈유〉간-경변(肝硬變), 간-경화증(肝硬化症) ¶간경화의 임상 양상은 병기에 따라서 다양하게 나타납니다.

간관(肝管)[간ː관]명《의학》〈간 질환〉간에서 생성된 담즙이 지나는 통로로 간에서 직접 담즙을 운반하는 관을 말한다. ¶간에서 만들어진 담즙은 간관, 쓸개주머니관을 거쳐서 쓸개에 보관되었다가 온쓸개관을 통해서 샘창자로

보내진다.

간관 온쓸개관 절개술(肝管온쓸개管切開術)명구《의학》〈간 질환〉간관의 절개과 온쓸개관의 절개를 함께 시행하는 수술.〈유〉간관 총담관 절개

간관 절개(氣管切開)명구《의학》〈간 질환〉간관 속의 돌 따위를 제거하기 위하여 간관을 여는 수술.〈유〉간관 절개술(肝管切開術)

간관 창냄술(肝管窓냄術)명구《의학》〈간 질환〉간에서 담즙을 운반하는 주관에 일시적 또는 영구적인 구멍을 만드는 외과적 수술.

간관 총담관 절개(肝管總膽管切開)명구《의학》〈간 질환〉간 절개술과 담낭 절개술이 합쳐진 수술.〈유〉간관 온쓸개관 절개

간궐(肝厥)[간:궐]명《한의》〈간 질환〉간기가 치밀어 정신을 잃고 쓰러지는 병. 손발이 싸늘해지고 토하며 현기증이 나고 간질 발작 때와 같이 정신을 잃기도 한다.

간기(肝氣)[간기]명《한의》〈간 질환〉1.간의 정기(精氣). 2.간의 기능 3.간기가 원활하게 소통되지 못하고 한곳에 몰려 있는 증상. 양 옆구리가 그득하고 빼근하며, 우울하고 화를 잘 낸다. 3.〈유〉간기울결 ¶1. 간의 정기가 눈과 통하여 있으므로 간기가 고르면 눈이 맑고 잘 보인다.

간기 불화(肝氣不和)명구《한의》〈간 질환〉간기가 조화되지 못한 것. 성질이 조급해져 성을 잘 내고 가슴과 옆구리가 그득하며 아프다.

간기울결(肝氣鬱結)[간기울결]명《한의》〈간 질환〉간기가 원활하게 소통되지 못하고 한곳에 몰려 있는 증상. 양 옆구리가 그득하고 빼근하며, 우울하고 화를 잘 낸다.〈유〉간기 ¶간기울결에 쓰는 대표적인 처방은 '시호소간탕'이다.

간내 결석(肝內結石)명구《의학》〈간 질환〉간 내부의 담도에 결석이 생기는 것.〈유〉간내 담석 ¶간내 결석은 서구에서는 전체 결석의 1~2.5%만을 차지하지만 한국을 포함한 동아시아 지역에서는 3-50% 정도로 높게 보고되고 있다.

간내 담석(肝內膽石)명구《의학》〈간 질환〉간 내부의 담도에 결석이 생기는 것.〈유〉간내 결석 ¶담석이 생기는 위치에 따라서 구분하면 담낭 담석, 총담관 담석, 간내 담석 등으로 구분한다.

간농양(肝膿瘍)[간:농양]명《의학》〈간 질환〉'간 고름집'의 전 용어. ¶간농양이란 세균이나 기생충이 간에서 증식하여 농양을 형성하여 질병을 일으키는 것을 말합니다.

간담 습열(肝膽濕熱)명구《한의》〈간 질환〉간담에 습열이 몰려서 생긴 병. 입이 쓰며 옆구리와 배가 아프고, 메스꺼워 토하며 헛배가 부르다. ¶간담습열증이란 간담(肝膽)에 습열(濕熱)이 엉기어 있는 상태를 말한다.

간독소(肝毒素)[간:독쏘]명《의학》〈간 질환〉간에서 만들어진 독물이나 유해물질.

간동맥(肝動脈)[간:동맥]명《의학》〈간 질환〉배안 동맥에서 일어나 간(肝) 안으로 들어가는 동맥. 간에 영양과 산소를 공급한다. ¶카테터가 간동맥에 들어가면 혈관 조영제를 주사하면서 간동맥 조영 사진을 얻어 종양의 위치, 크기 및 혈액 공급 양상 등 치료에 필요한 정보를 얻습니다.

간동맥 색전술(肝動脈塞栓術)명구《의학》〈간 질환〉항암제나 색전 물질을 이용하여 간의 혈류를 차단하여 암의 크기를 줄이고 성장속도를 늦추기 위한 시술.

간동맥 화학 색전술(肝動脈化學塞栓術)명구《의학》〈간 질환〉간의 종양세포가 자라나는 데 필요한 산소와 영양을 공급하는 간동맥을 찾아 항암제를 투여하고, 색전 물질로 혈류를 차단하여 선택적으로 종양을 괴사시키는 시술. ¶현재 우리나라에서 간세포암의 첫 치료법으로 가장 많이 시행되고 있는 것이 간동맥 화학색전술(transcatheter arterial chemoembolization, TACE)이다.

간디스토마(肝distoma)명《생명》〈간 질환〉후고흡충과의 하나. 몸의 길이는 1~2.5cm이며, 납작하고 긴 나뭇잎 모양이다. 우렁이나 민물고기 따위의 중간 숙주를 거쳐 포유류의 간에 기생한다.〈유〉간-흡충(肝吸蟲), 간장-디스토마(肝臟distoma) ¶간디스토마(간흡충증)는 민물고기를 날로 먹거나 덜 익혀 먹어서 감염되는 식품 매개성 기생충 질환입니다.

간디스토마병(肝distoma病)명《의학》〈간 질환〉간디스토마가 몸속에 기생하여 생기는 병. 민물고기를 익히지 않고 먹는 것이 원인이 되며 간 비대, 설사, 빈혈 따위의 증상이 나타난다.〈유〉간디스토마-증(肝distoma症), 간장디스토마-병(肝臟distoma病), 간흡충-증(肝吸蟲症)

간로(肝勞)[갈:로]명《한의》〈간 질환〉오로(五勞)의 하나. 정신적인 자극으로 간기(肝氣)가 손상되어 생기는데, 양 옆구리가 켕기며 눈이 잘 보이지 않고 자주 눈물이 난다.

간만(肝滿)[간:만]명《한의》〈간 질환〉간경(肝經, 십이 경맥의 하나)에 사기(邪氣, 사람의 몸에 병을 일으키는 여러 가지 외적 요인)가 몰려 그득해지는 증상. 양 옆구리가 빼근하고 잠을 잘 자지 못하며, 오줌이 잘 나오지 않고 몸이 붓는다.

간문(肝門)[간:문]명《의학》〈간 질환〉간에서 혈관, 신경, 간관, 림프관 따위가 드나드는 곳. ¶의학계에서는 주위 혈관으로 암이 침범해 수술로 절제할 수 없는 진행성 간문부 담도암 환자 치료에 항암치료, 광역학 치료, 스텐트 시술 등 개별적인 치료법을 이용했지만, 환자의 평균 생존기간이 1년 이내에 불과해 표준 치료법이 정립되지 않은 상황이었다.

간문맥(肝門脈)[간:문맥]명《의학》〈간 질환〉간(肝)과 장(腸)에 퍼져 있는 정맥(靜脈). 다른 정맥계(靜脈系)가 모세 혈관을 하나만 이루는 것과는 달리, 창자에서 오는 위 창자간막 정맥과 지라에서 오는 지라 정맥이 만나 하나의 정맥 줄기를 이루고 간으로 들어가 나뉘어 모세 혈관 그물을 이루는데, 이 줄기 정맥과 그 가지를 말한다. ¶간은 75%의 혈액을 간문맥으로부터 받아들이고 혈액은 간을 떠나 간정맥을 통해 심장으로 들어간다.

간문맥계(肝門脈系)[간:문맥꼐/간:문맥께]명《의학》〈간 질환〉위, 비장, 십이지장, 췌장 및 장의 모세혈관에서 간으로 혈액을 운반하는 척추동물의 혈관 배열. 〈유〉간문맥 계통(肝門脈系統) ¶과음은 간에 지방을 끼게 할 뿐만 아니라 간문맥계의 압력을 증가시켜서 치핵이 붓게 하고 항문 출혈을 유발할 수 있다.

간밑(肝밑)[간ː믿] 명 《의학》〈간 질환〉간의 밑. ¶출혈되는 조직을 확인하여 출혈을 없게한 후 2개의 배농관을 우측 간밑 부분과 좌측 횡경막밑 부분에 삽입하였다.

간바깥(肝바깥) 형 《의학》〈간 질환〉간 바깥에 위치하거나 발원하는 것. ¶선천성 담관폐쇄증은 간 바깥에 위치하는 담관(간 외 담관)의 전체 또는 일부분이 폐쇄되어 담즙이 배설되지 못하는 질환입니다.

간병(肝病) 명 《의학》〈간 질환〉간의 질병. 간 질환.

간비 종대(肝脾腫大) 명구 《의학》〈고혈압〉간과 지라가 커진 상태. 급성 간염이나 정맥성 고혈압에 의해 발생할 수 있다.

간비장 티세포 림프종(肝脾臟T細胞lymph腫) 명구 《의학》 〈간 질환〉간, 비장, 골수에 발생하는 희귀하고 빠르게 진행되는 림프종. 염증성 장질환과 같은 질병에 면역억제제를 복용하는 환자에게서 확인되었다. ¶간비장 티세포 림프종은 간, 비장 그리고 골수의 동모양혈관에 림프종세포가 침범하며 림프절 비대는 없다.

간성(肝性)[간ː성] 명 《의학》〈간 질환〉어떤 병이 간 기능의 장애 때문에 생기는 성질.

간성 구루병(肝性佝僂病) 명구 《의학》〈간 질환〉장내 미네랄 흡수의 감소와 담즙성 간 질환(CLD)이 있는 어린이에서 발생하는 병.

간성 혼수(肝性昏睡) 명구 《의학》〈간 질환〉간의 병 때문에 간세포가 많이 죽거나 약해져서 간 기능 상실이 생겨 정신이 혼미해지는 증상. 간병(肝病)의 말기에 자주 나타난다. ¶그는 간성 혼수에서 끝내 깨어나지 못하고 숨을 거두고 말았었다.

간세포(肝細胞)[간ː세포] 명 《생명》〈간 질환〉간을 이루는 세포. ¶세포가 종류별로 각각 특이한 유전자 발현 양상을 갖고 있기 때문에 간을 잘라 내면 간세포가 다시 자라고 피부가 벗겨지면 피부세포가 증식해 새살이 돋아난다.

간세포 암(肝細胞癌)명구《의학》〈간 질환〉간세포로부터 생긴 암. 간 비대, 동통, 체중 감소, 식욕 감퇴, 복수(腹水) 따위가 특징이다. 〈참〉간암(肝癌) ¶간에서 발생하는 악성 종양의 약 90%는 간세포암이고, 약 10%는 담관세포암이며, 그 외 아주 일부가 기타 암입니다.

간세포 암종(肝細胞癌腫)명구《의학》〈암〉만성 간 질환이나 간경화증 환자에게서 발생하는 간의 악성 종양. 샘암종으로 변형된 간세포로부터 유래한다. ¶원발성 간암에는 간세포암종과 담관상피암종, 간모세포종, 혈관육종 등 다양한 종류가 있다.

간세포줄(肝細胞줄)[간ː세포줄]명《의학》〈간 질환〉간을 구성하는 간세포가 서로 접하여 그물 모양을 형성한 것. 중심 정맥을 중심으로 방사형으로 뻗어 있다. 〈유〉간세포-삭(肝細胞索)

간심통(肝心痛)[간ː심통]명《한의》〈간 질환〉〈통증〉간의 이상으로 생기는 가슴앓이. 얼굴빛이 퍼렇게 되고 숨을 제대로 쉬지 못한다. ¶궐심통으로 얼굴이 불 꺼진 재처럼 검푸르고 심호흡을 하지 못하는 것은 간기(肝氣)가 궐역(厥逆, 가슴과 배가 아프면서 팔, 다리가 싸늘해지고 가슴이 답답하며 음식을 먹지 못하는 병증)함으로 인하여 발생한 심통(心痛)이므로 간심통(肝心痛)이다.

간쓸개 섬광 조영술(肝쓸개閃光造影術)명구《의학》〈간 질환〉쓸개즙의 흐름 경로를 추적할 수 있는, 방사성 핵종 진단 조영술. 간쓸개 계통, 창자를 단계적으로 조영함으로써 간의 기능을 평가하고, 쓸갯길이 열려 있음을 확인하는 데에 유용한 방법이다. 〈유〉간담낭 섬광 조영술(肝膽囊閃光造影術), 간담도 섬광 조영술(肝膽道閃光造影術)

간쓸개관 주머니 샘창자 연결술(肝쓸개管주머니샘창자連結術)명구《의학》〈간

질환〉간쓸개관 주머니를 샘창자와 연결하는 수술.〈유〉간담관담낭 십이지장 연결술(肝膽管膽囊十二指腸連結術)

간쓸개관 창냄술(肝쓸개管窓냄術)명구《의학》〈간 질환〉간 안의 쓸개관으로부터 복벽을 통하게 하거나 장관에 통로를 만들어 주는 수술.〈유〉간담관 누설치술(肝膽管瘻設置術)

간쓸개관 창자 연결술(肝쓸개管창자連結術)명구《의학》〈간 질환〉간관과 장 사이에 인공적으로 구멍을 만들어 연결하는 수술.〈유〉간 소장 연결술(肝小腸連結術), 간 창자 연결술(肝창자連結術), 간담관 소장 연결술(肝膽管小腸連結術), 간담관 장 문합술(肝膽管腸吻合術)

간쓸개관염(肝쓸개管炎)[간ː쓸개관념]명《의학》〈간 질환〉간과 쓸개관의 염증.〈유〉간담관-염(肝膽管炎)

간쓸개주머니(肝쓸개주머니)[간ː쓸개주머니]명《의학》〈간 질환〉간과 쓸개를 아울러 이르는 말.〈유〉간-담낭(肝膽囊)

간쓸개즙(肝쓸개汁)[간ː쓸개즙]명《의학》〈간 질환〉간에 의해 만들어지고 방출되어 담낭에 저장되는 체액.〈유〉간담즙

간암(肝癌)[가ː남]명《의학》〈간 질환〉〈암〉간에 생기는 암. 처음부터 간에 생기는 원발성(原發性) 간암과 다른 곳에서 생긴 암이 옮아 일어나는 전이성(轉移性) 간암이 있는데, 암종(癌腫)이 커지면 간 비대·상복부통(上腹部痛)·복수(腹水)·황달·빈혈 따위의 증상이 나타난다.〈유〉간세포 암(肝細胞癌) ¶간장의 종양 중에서 가장 많고 가장 치료가 어려운 것이 간암이다.

간양(肝陽)[가ː냥]명《한의》〈간 질환〉간의 양기(陽氣). 주로 위로 올라 퍼지고 막힌 것을 소통시키는 기능을 한다.

간양 상승(肝陽上昇)명구《한의》〈간 질환〉간양(肝陽)이 성하여 위로 오르는 일. 간신음이 부족하여 간의 양기를 제약하지 못하거나 간기가 몰려 화(火)로 변하여 생기는데, 머리가 아프고 어지러우며 얼굴이 벌겋게 달아오르고 눈앞이 아찔하게 된다.〈유〉간양 상항

간열(肝熱)[가ː널]명《한의》〈간 질환〉간에 열사(熱邪)가 있거나 기울(氣鬱)이 되어서 생기는 병. 가슴이 답답하고 옆구리가 아프며 입이 쓰고 마르며 손발이 달아오르고 오줌 색이 붉어진다. ¶간열은 다혈질이면서 업무량을 잘 처리하고 의욕이 넘치는 사람들에게 상대적으로 많이 발생합니다.

간염(肝炎)[가ː념]명《보건일반》〈간 질환〉간에 생기는 염증을 통틀어 이르는 말. 발열·황달·전신 권태·소화 장애의 증상을 보이는데, 주된 원인은 음식물과 혈액을 통한 바이러스의 감염이며 그 밖에 약물, 알코올, 알레르기 따위가 원인인 것도 있다. ¶피부가 날카로운 것에 긁히거나 세균감염으로 붓고 화끈거리는 염증 상태가 생긴 경우는 '간염'으로 생각할 수 있다.

간염 바이러스(肝炎virus)명구《보건일반》〈간 질환〉바이러스 간염의 병원체. 에이(A)형, 비(B)형, 시(C)형이 있다. ¶현재까지 알려져 있는 간염 바이러스는 A형, B형, C형, D형, E형, G형 등인데 우리나라에서 주로 문제가 되는 것은 A형, B형, C형이며, 이 중 만성 간질환을 유발할 수 있는 것은 B형과 C형입니다.

간염 항원 검사(肝炎抗原檢査)명구《생명》〈간 질환〉혈청 속에 간염을 일으키는 바이러스 단백 성분이 있는지를 알아보는 검사.

간염성 이질(肝炎性痢疾)명구《의학》〈간 질환〉간 질환과 관련된 이질.

간엽(肝葉)[가ː녑]명《의학》〈간 질환〉좌우로 나누어진 간의 한쪽 부분. 〈유〉간잎 ¶사람의 조직발생과정에서 내, 외, 중배엽이 분화하는데 이 가운데서 중배엽으로부터 간엽이 분화하게 됩니다.

간유(肝兪)[가ː뉴]명《한의》〈간 질환〉방광경(膀胱經)에 속하는 혈(穴) 이름. 제9등뼈 극상 돌기와 제10등뼈 극상 돌기 사이에서 양옆으로 각각 두 치 나간 곳으로, 간염·눈병 따위에 침을 놓는 자리이다.

간음(肝陰)[가ː늠]명《한의》〈간 질환〉주로 간장의 혈액과 간장 자체의 음액(陰液)을 이르는 말.

간잘록창자(肝잘록창자)명《의학》〈간 질환〉간과 결장을 아울러 이르는

말.〈유〉간결장

간장디스토마(肝臟distoma)명《생명》〈간 질환〉후고흡충과의 하나. 몸의 길이는 1~2.5cm이며, 납작하고 긴 나뭇잎 모양이다. 우렁이나 민물고기 따위의 중간 숙주를 거쳐 포유류의 간에 기생한다.〈유〉간디스토마

간장디스토마병(肝臟distoma病)명《의학》〈간 질환〉간디스토마가 몸속에 기생하여 생기는 병. 민물고기를 익히지 않고 먹는 것이 원인이 되며 간 비대, 설사, 빈혈 따위의 증상이 나타난다.〈유〉간디스토마증

간장약(肝臟藥)[간ː장냑]명《약학》〈간 질환〉간장의 기능을 돕는 약제.〈유〉강간제 ¶간세포의 다양한 대사활동을 돕는 효소와 그 대사의 중간산물들이 간장약으로 쓰인다.

간적(肝積)[간ː적]명《한의》〈간 질환〉간기(肝氣)가 잘 통하지 못하거나, 간에 어혈이 몰려서 생긴 적취(積聚). 얼굴색이 퍼렇고 왼쪽 옆구리 아래에 덩어리가 만져진다.

간접 검사(間接檢査)명구《의학》〈알레르기〉어떤 사람에게 즉시 과민 반응이 있는지를 확인하는 검사. 예를 들어 아토피 피부염이 있는 사람의 혈청을 정상인의 피부 속에 주사하였을 때, 만약 아토피 피부염 환자의 즉시 과민 반응의 원인이 의심되는 항원이 있다면 주사를 놓은 지 24~48시간 뒤에 보통 팽진과 발적이 일어나는 것을 확인할 수 있다.

간정맥(肝靜脈)[간ː정맥]명《의학》〈간 질환〉간문맥과 간동맥이 간에 분포한 후 그 혈액을 다시 모아 심장 쪽으로 나가는 정맥. ¶간정맥은 간 내에 분포하는 정맥으로 간문맥과 간동맥에서 혈액을 모아 하대정맥으로 혈액을 보냅니다.

간지라병증(肝지라病症)명구《의학》〈간 질환〉간과 지라에 동시에 침범하는 병증.〈유〉간비장 병증(肝脾臟病症)

간질(間質)[간ː질]명《의학》〈폐렴〉폐포를 둘러싸고 폐포를 구분하는 조직.

간질 세포(間質細胞)명구《생명》〈암〉어떤 기능을 하는 조직 세포 사이에 끼

어서 다른 작용을 하는 세포. ¶위암에는 위의 간질 세포에서 발생하는 간질성 종양이 포함된다.

간질 위염(間質胃炎)명구《의학》〈위장병〉점막밑 조직과 근육 막에 침투하는 위염의 한 종류.〈유〉사이질 위염

간질 치매(癎疾癡呆)명구《의학》〈알츠하이머〉간질을 앓고 있는 사람에게 생기는 치매. 오래된 발작, 간질로 인하여 생기는 뇌 병변, 또는 항간질 약물 투여로 인하여 생길 수 있다.

간질 폐렴(間質肺炎)명구《의학》〈폐렴〉허파 꽈리 사이나 허파 안의 사이질 조직, 혈관 주위 조직에 염증이 생기는 폐렴. 허파에 섬유 조직이 늘어나면서 허파가 굳어지고 허파 꽈리 공간이 줄어들어 호흡 곤란과 기침의 증상이 나타나는 만성병이다.〈유〉사이질 폐렴

간질성 치매(癎疾性癡呆)명구《의학》〈알츠하이머〉간질을 오래 앓을 때 뇌의 기질적 변화 때문에 생기는 지능 장애.

간찢김(肝찢김)[간:찓낌]명《의학》〈간 질환〉간이 외상 등에 의에 찢어진 상태.〈유〉간열상

간착(肝着)[간:착]명《한의》〈간 질환〉간 질환의 하나. 가슴과 옆구리가 더부룩하면서 답답하고 불쾌감이 있으며 심하면 아프다.

간창(肝脹)[간:창]명《한의》〈간 질환〉간과 관련되어 생기는 창만(脹滿). 옆구리가 그득하고 아랫배까지 당기면서 아프다.

간철 침착증(肝鐵沈着症)명구《의학》〈간 질환〉간경변과 혈색소증 환자에게서 발견되는 과도한 철분 침전. ¶만발성 피부 포르피린증을 가진 사람들은 간에 철이 축적되는 간철 침착증과 간에 지방이 축적되는 지방증과 같은 문제가 발생할 수 있습니다.

간철증(肝鐵症)[간:철쯩]명《의학》〈간 질환〉간에서 발생하는 혈액 색소 침착증.

간친화(肝親和)형구《의학》〈간 질환〉간에 특별한 친화력을 가지거나 특정한

효과를 발휘하는 것.

간콩팥(肝콩팥)명《의학》〈간 질환〉간과 콩팥을 아울러 이르는 말.〈유〉간신(肝腎)

간탓 숨 냄새(肝탓숨냄새)명구《의학》〈간 질환〉간 질환 환자가 숨을 내쉴 때 나는 특유의 입 냄새.〈유〉간성 구취(肝性口臭), 간성 악취(肝性惡臭), 간탓 악취(肝탓惡臭)

간토질(肝土疾)[간ː토질]명《한의》〈간 질환〉'간디스토마증'을 한방에서 이르는 말. ¶간토질을 사전에 예방하기 위해서는 민물고기를 날것으로 섭취하는 것을 가급적이면 피하는 것이 좋아요.

간폐(肝肺)[간ː폐/간ː페]명《의학》〈간 질환〉간과 허파를 아울러 이르는 말.〈유〉간허파

간풍(肝風)[간ː풍]명《한의》〈간 질환〉병의 진행 과정에서 온몸이 떨리고 어지러우며 경련이 일어나는 따위의 풍(風) 증상.〈유〉간풍내동 ¶병리변화의 과정에서 몸이 떨리고, 머리가 어지러우며 경련(痙攣)이 일어나는 등 풍(風)이 움직인 증상이 나타나는 것을 간풍(肝風)이라 하는데, 외풍(外風)과 구별하기 위하여 간풍내동(肝風內動)이라 부른다.

간풍내동(肝風內動)[간ː풍내동]명《한의》〈간 질환〉병의 진행 과정에서 온몸이 떨리고 어지러우며 경련이 일어나는 따위의 풍(風) 증상.〈유〉간풍 ¶간풍내동이 생기는 이유는 간에 열이 너무 많거나 간에 혈이 너무 부족하기 때문이다.

간한(肝寒)[간ː한]명《한의》〈간 질환〉간의 기능이 허약해져서 생기는 한증(寒症). 아랫배와 음낭에 찬 느낌이 있고 켕기면서 아프거나 붓는다.

간해(肝咳)[간ː해]명《한의》〈간 질환〉간의 기능 장애로 오는 기침. 간화(肝火)가 허파에 영향을 주어 생기는 것으로, 기침이 나며 양 옆구리가 그득하고 아프며 심하면 돌아누울 수가 없다.

간허(肝虛)[간ː허]명《한의》〈간 질환〉간의 기혈(氣血)이 부족하여 생긴 병.

머리가 어지럽고 아프며 시력 장애나 청력 장애가 온다.

간헐 당뇨병(間歇糖尿病)명구《의학》〈당뇨〉비교적 정상적인 탄수화물 대사가 진행되다가 당뇨병 상태가 재발되는 당뇨병.

간화(肝火)[간ː화]명《한의》〈간 질환〉간기(肝氣)가 지나치게 왕성하여 생기는 열. 머리가 아프고 어지러우며 얼굴과 눈이 붉어지고 입이 쓰며 마음이 조급해지고 쉽게 노한다. ¶간(肝)의 소설(疏泄)기능 장애로 막혔던 간기(肝氣)가 화(火)로 변하여 간화(肝火)가 왕성해지면서 위로 치밀어 올라 폐(肺)에 영향을 주어서 생긴다.

간흡충(肝吸蟲)[간ː흡충]명《생명》〈간 질환〉후고흡충과의 하나. 몸의 길이는 1~2.5cm이며, 납작하고 긴 나뭇잎 모양이다. 우렁이나 민물고기 따위의 중간 숙주를 거쳐 포유류의 간에 기생한다.〈유〉간디스토마 ¶간흡충(肝吸蟲, Clonorchis sinensis)은 후고흡충과에 속하는 편형동물이다.

간흡충증(肝吸蟲症)[간ː흡충쯩]명《의학》〈간 질환〉간디스토마가 몸속에 기생하여 생기는 병. 민물고기를 익히지 않고 먹는 것이 원인이 되며 간 비대, 설사, 빈혈 따위의 증상이 나타난다.〈유〉간디스토마증 ¶간흡충증은 민물고기를 날로 먹거나 덜 익혀 먹어서 감염되는 식품 매개성 기생충 질환입니다.

갈근(葛根)[갈근]명《한의》〈폐렴〉'칡뿌리'를 한방에서 이르는 말. 열을 내리고 땀을 내는 데에나 갈증(渴症), 두통, 요통, 항강(項強) 따위에 쓴다.〈유〉건갈 ¶복지부는 6일 감초, 녹용, 갈근 등 사용빈도가 높은 한약재 36종의 경우 규격포장이 되지 않은 제품은 유통을 금지한다는 내용의 고시를 관보에 게재했다.

갈근해기탕(葛根解肌湯)[갈근해기탕]명《한의》〈폐렴〉갈근과 여러 가지 약재를 넣어서 만드는 탕약. 유행성 감기나 급성 폐렴에 쓴다.〈참〉갈근탕(葛根湯) ¶갈근해기탕의 적응증은 삼양병(三陽病)이 합병하여 일어나는 두통·발열·심번(心煩)·불면·목동(目疼), 코가 마름(鼻燥), 목이 마름(咽乾), 귀가 먹먹함(耳聾), 오한, 땀이 안 남 등의 증후와 열독으로 피부에 반점이 생긴 것과 열[身熱]·헛소리[譫語]·발광(發狂) 등이 있다.

갈색 폐(褐色肺)(명구)《의학》〈만성 하기도질환〉목화 가루, 아마, 대마 따위에 노출되어 천식과 함께 나타나는 폐쇄성 기도 질환. ¶경증의 갈색 폐 환자는 주말 이후 첫 출근 날 '월요병'을 겪는 것처럼 가슴이 답답하고 숨이 가쁨을 느낄 수 있다.

감각 실어증(感覺失語症)(명구)《의학》〈알츠하이머〉언어 중추의 파괴로 인하여, 스스로 언어를 말할 수는 있으나 다른 사람의 말은 소리를 들을 뿐 뜻은 이해하지 못하는 장애. 독일의 정신 병리학자 베르니케가 발견하였다. 〈유〉 감각성 실어증, 베르니케 실어증

감각성 망실(感覺性忘失)(명구)《의학》〈알츠하이머〉신체의 감각이 병적일 만큼 둔하여지거나 상실되는 증상.

감각성 실어증(感覺性失語症)(명구)《의학》〈알츠하이머〉언어 중추의 파괴로 인하여, 스스로 언어를 말할 수는 있으나 다른 사람의 말은 소리를 들을 뿐 뜻은 이해하지 못하는 장애. 독일의 정신 병리학자 베르니케가 발견하였다. 〈유〉감각실어증

감로(疳癆)[감노](명)《한의》〈폐렴〉감병(疳病)의 하나. 소화 기능의 장애로 영양이 불량하고 심신이 극히 쇠약하여 기침과 식은땀이 나고 얼굴이 창백해지는 어린이의 폐결핵, 만성 기관지 카타르 따위를 이른다.

감산증(減酸症)[감ː산쯩](명)《의학》〈위장병〉위산의 분비가 잘 안 되는 병. 위축 위염, 위암, 위 수술 따위로 일어나며 가벼운 설사가 나거나 식후에 위가 거북하고 불쾌하다. 〈유〉위산 감소증

감수(疳嗽)[감수](명)《한의》〈폐렴〉감질(疳疾, 만성 영양장애성 병증)의 하나로 감질 때 기침을 하는 병증. 허열(虛熱, 몸이 허약하여 나는 열)이 폐기(肺氣)를 장애하여 생기는데 감질 증상과 함께 기침을 하고 가래가 나오며 가슴이 답답하고 숨결이 빠르며 식은땀, 손발바닥 중심에 열이 남과 동시에

가슴이 답답하고 불안해하는 증상 등이 있다.

감염 습진 모양 피부염(感染濕疹模樣皮膚炎)명구《의학》〈알레르기〉어떤 감염원이 있고 그곳으로부터 만성적으로 분비물이 흐르는 것이 원인이 되어 그 주위에 피부염이 발생하는 병. 대표적으로 중이염 후 귀 주위에 발생하는 습진이 있다.

감염 위염(感染胃炎)명구《의학》〈위장병〉감염을 일으키는 인자에 의하여 발생하는 위염. 위 나선균에 감염되어 생기는 위염이 대표적이다.

감염성 습진 모양 피부염(感染性濕疹模樣皮膚炎)명구《의학》〈알레르기〉감염된 부위 주위에 번진 피부의 염증 반응. 자가 감염에 의하여 번진 것으로 추측된다.

감염성 알레르기(感染性Allergie)명구《의학》〈알레르기〉감염된 후 면역 반응을 기반으로 일어나는 알레르기 반응.

감정둔마(感情鈍痲)[감:정둔마]명《심리》〈알츠하이머〉감수성이 무디어져서 감정을 느끼지 못하는 상태. 전반적인 경우와 부분적인 경우가 있다.

갑각류 알레르기(甲殼類Allergie)명구《의학》〈알레르기〉게, 새우, 가재 따위의 갑각류를 섭취하였을 때 나타나는 알레르기 반응. 갑각류에 함유된 트로포미오신, 키틴 등에 대한 인체의 이상 면역 반응에 의하여 일어난다. ¶글루코사민은 게나 새우 등 갑각류의 껍질을 원재료로 사용하므로, 갑각류 알레르기가 있는 사람은 섭취에 유의하는 것이 좋다.

갑갑하다( )[갑까파다]형〈통증〉가슴이나 배 속이 꽉 막힌 듯이 불편하다. ¶소화가 안 돼서 속이 갑갑하다

갑상샘(甲狀샘)[갑쌍샘]명《의학》〈암〉목 앞쪽에 있는 내분비샘. 갑상샘 호르몬을 분비하여 대사율을 조절한다. ¶갑상샘의 기능이 너무 왕성해도 문제이나 기능이 떨어지는 저하증도 병이다.

갑상샘 결절(甲狀샘結節)명구《의학》〈암〉갑상샘에 생긴 작은 혹. 거의 모든 갑상샘 질환에서 나타나는데, 갑상샘암의 95% 이상은 갑상샘 결절로 나타

난다. 결절의 크기가 몇 년 동안 변동이 없으면 양성일 가능성이 높고, 서서히 성장하면 악성일 가능성이 높다. ¶갑상샘암 의심 결절이 있을 경우 갑상샘 결절에 대한 세포검사가 중요한데 갑상샘 주변의 중심 경부는 물론 측경부 림프절에 대한 검사도 반드시 실시해야 한다.

갑상샘 심장병(甲狀샘心臟病)명구《의학》〈심장 질환〉갑상샘 과다증으로 인한 심장병.

갑상샘 저하증(甲狀샘低下症)명구《의학》〈암〉혈액 속에 갑상샘 호르몬이 부족하여서 생기는 병. 몸속의 물질대사가 잘 이루어지지 않아 몸이 나른하고 기력이 없어지며 동작이 느슨해지는 증상이 나타난다. ¶리오티로닌은 갑상샘 저하증의 치료에 사용하는 약물이다.

갑상샘 중독 심장병(甲狀샘中毒心臟病)명구《의학》〈심장 질환〉과도한 교감 신경 자극에 의한 갑상샘의 과잉 활동 때문에 발생하는 심장의 증상, 징후 및 생리적 장애.

갑상샘 항진성 심장병(甲狀샘亢進性心臟病)명구《의학》〈심장 질환〉갑상샘 항진증으로 인한 심장 질환.

갑상샘암(甲狀샘癌)[갑쌍새맘]명《의학》〈암〉갑상샘에 발생하는 암을 통틀어 이르는 말. 90% 이상이 발육이 느린 암이다. ¶갑상샘암은 국내 발병률 1위의 암이지만 다른 암에 비해 진행이 느리고 예후도 좋아 비교적 치료가 쉬운 암으로 꼽힌다.

갑상선(甲狀腺)[갑쌍선]명《일반》〈암〉갑상샘의 전 용어. ¶갑상선 주사를 통해 작은 종양을 발견했다.

갑상선 항진성 심장병(甲狀腺亢進性心臟病)명구《의학》〈심장 질환〉'갑상샘 항진성 심장병'의 전 용어. 〈유〉심장 갑상샘 항진증

갑상선암(甲狀腺癌)[갑쌍서남]명《의학》〈암〉갑상샘암의 전 용어. ¶갑상선암에는 유두 암, 여포 암, 수질 암, 역형성 암이 있다.

강간제(強肝劑)[강간제]명《약학》〈간 질환〉간장의 기능을 돕는 약제. 〈유〉간

장약

강심장(強心臟)[강심장]명〈심장 질환〉웬만한 일에는 겁내거나 부끄러워하지 아니하는 대담한 성질. 또는 그런 성질을 가진 사람. ¶아무리 강심장이라 해도 그 영화를 보면 놀라지 않을 수 없다 / 장모님께서 홍 여사를 족대기는데 내가 아무리 강심장이기로 뭉개고 앉아 있을 수 있겠어요?

강압제(降壓劑)[강:압쩨]명《약학》〈고혈압〉병적인 고혈압을 혈관 확장에 의하여 내리게 하는 약.〈유〉혈압 강하제(血壓降下劑) ¶한번 고혈압환자가 되면 완치되기 어렵기 때문에 발병 후 평생 강압제를 복용해야 한다.

객담(喀痰)[객땀]명《일반》〈암〉가래를 뱉음. 또는 그 가래.〈유〉각담 ¶객담이 밴 그 더러운 마스크를 왜 진작 버리지 못했을까를 생각하자.

객혈(喀血/略血)[개결]명《의학》〈암〉혈액이나 혈액이 섞인 가래를 토함. 또는 그런 증상. 결핵, 암 따위로 인해 발생한다.〈유〉각혈, 폐출혈 ¶민규는 숨을 헐떡거리고 가끔씩 객혈을 했다.

거대 세포 폐렴(巨大細胞肺炎)명구《의학》〈폐렴〉드물게 홍역의 합병증으로 생기는 폐렴. 사망 후에 허파 꽈리를 둘러싸는 핵에서 많은 거대 세포의 침윤이 관찰된다.

거대 심장(巨大心腸)명구《의학》〈심장 질환〉심장이 보통보다 크기가 큰 상태. ¶흉부 x-선 소견상 거대 심장 소견을 보이며, 1/3에서 늑막 삼출액도 동반된다.

거미막밑 공간(거미膜밑空間)명구《의학》〈뇌졸중〉거미막과 연질막(軟質膜) 사이에 뇌척수액이 들어 있는 공간.〈유〉거미막하 공간, 지주막하강

거미막밑 출혈(거미膜밑出血)명구《의학》〈뇌졸중〉뇌척수액이 차 있는 거미막밑 공간으로 혈액이 새 나가는 것. 갑자기 머리가 아프고 토하거나 의식을 잃고 경련을 일으키는 따위의 뇌중풍과 비슷한 증상이 나타난다.〈유〉거미막하 출혈, 지주막하 출혈

거미막하 공간(거미膜下空間)명구《의학》〈뇌졸중〉거미막과 연질막(軟質膜)

사이에 뇌척수액이 들어 있는 공간. 〈유〉 거미막밑 공간

거미막하 출혈(거미膜下出血)명구《의학》〈뇌졸중〉뇌척수액이 차 있는 거미막밑 공간으로 혈액이 새 나가는 것. 갑자기 머리가 아프고 토하거나 의식을 잃고 경련을 일으키는 따위의 뇌중풍과 비슷한 증상이 나타난다. 〈유〉 거미막밑 출혈, 지주막하출혈

거부 반응(拒否反應)명구《의학》〈알레르기〉조직이 잘 맞지 않는 장기를 이식하였을 때, 그것을 배제하려고 일어나는 생체 반응. 이식 후 처음 7~10일은 문제가 없어 보이나 곧 염증이나 괴사를 일으키게 된다. 〈유〉 거절반응 ¶그것은 수용자 신체 내에서의 항체(抗體) 형성에 의한 거부반응 때문에 이식된 장기가 제대로 기능을 발휘하지 못하고 환자를 얼마 못가서 사망하게 하는 것이다.

거북하다( )[거:부카다]형〈통증〉몸이 찌뿌드드하고 괴로워 움직임이 자연스럽지 못하거나 자유롭지 못하다. ¶나는 속이 거북해서 점심을 걸렀다.

거위배( )[거위배]명《한의》〈통증〉회충으로 인한 배앓이. 〈유〉 충복통(蟲腹痛), 회복통(蛔腹痛), 회통(蛔痛), 횟배(蛔배), 횟배앓이(蛔배앓이) ¶저놈이 거위배를 앓느냐 왜 배를 문질러.

거절 반응(拒絕反應)명구《의학》〈알레르기〉조직이 잘 맞지 않는 장기를 이식하였을 때, 그것을 배제하려고 일어나는 생체 반응. 이식 후 처음 7~10일은 문제가 없어 보이나 곧 염증이나 괴사를 일으키게 된다. 〈유〉 거부반응

거짓 고혈압(거짓高血壓)명구 《의학》〈고혈압〉동맥탄력성감소와 나이 증가에 따른 동맥경화로 인해 간접혈압측정이 부정확해질 수 있는데, 이 때 cuff에 의한 측정은 고혈압이지만 직접적 측정법에 의하면 정상인 경우를 말한다.

거짓 당뇨병(거짓糖尿病)명구《의학》〈당뇨〉소변 내 당이 있는 것처럼 보이는 거짓 양성 결과가 나타나는 상태.

거짓 심장막염(거짓心臟膜炎)명구《의학》〈심장 질환〉청진기를 심장 박동 끝

부위에 대었을 때 갈비 사이 조직의 운동으로 인하여 생기는 소리를 청진할 때 나는 마찰음으로 오인하는 진단. ¶진찰할 때 심장에서 마찰음이 나 심장막염을 의심했으나, 거짓 심장막염이라 다행이었다.

거짓 오른심장증(거짓오른心臟症) 명구 《의학》〈심장 질환〉심장이 몸의 오른쪽에 위치하지만 심실이나 심방, 큰 혈관들의 위치는 정상인 상태. 선천적 혹은 외상으로 발생한다. 〈유〉거짓 우심증

거짓 치매(거짓癡呆) 명구 《심리》〈알츠하이머〉주위에 대하여 지나치게 무관심하여 언뜻 보기에 치매처럼 보이는 증상. 히스테리 따위에서 볼 수 있다.

거짓막 결장염(거짓膜結腸炎) 명구 《의학》〈위장병〉대부분 항생제 투여로 인하여 장내 세균의 균 교대 현상이 일어나서 생기는 장염. 〈유〉거짓막 대장염, 거짓막 장은창자 큰창자염, 거짓막 잘록창자염

건망(健忘)[건:망] 명 《의학》〈알츠하이머〉경험한 일을 전혀 기억하지 못하거나 어느 시기 동안의 일을 전혀 기억하지 못하거나 또는 드문드문 기억하기도 하는 기억 장애. 〈유〉건망, 잊음증 ¶요즘에는 건망이 더 심해져서 걱정이다.

건망 실행증(健忘失行症) 명구 《의학》〈알츠하이머〉운동을 할 수 있는 능력은 있으나, 명령을 잊어버려서 명령에 따른 행동을 수행하지 못하는 장애.

건망(성) 실어증(健忘(性)失語症) 명구 《의학》〈알츠하이머〉남의 말을 듣고 이해할 수 있는 사람이 자기가 말을 하려고 하면 말하고자 하는 사물의 이름 따위가 갑자기 생각이 나지 않아 말을 못 하고 이것저것 군더더기 말을 늘어놓는 증상을 보이는 실어증. 〈유〉건망 실어증

건망증(健忘症)[건:망쯩] 명 《의학》〈알츠하이머〉경험한 일을 전혀 기억하지 못하거나 어느 시기 동안의 일을 전혀 기억하지 못하거나 또는 드문드문 기억하기도 하는 기억 장애. 〈유〉기억소실(記憶消失), 기억결함(記憶缺陷) ¶천재들은 대개 건망증이 심하다. / 일시에 건망증이 생활을 지배한다.

건선양 장염(乾癬樣腸炎) 명구 《의학》〈위장병〉창자의 점막이 손상되고 융모

가 소실되어 건선처럼 보이는 장염. 콜레라 따위의 병에 걸렸을 때 발생한다. 〈유〉 건선 모양 창자염

건성 기관지 확장증(乾性氣管支擴張症) 명구《의학》〈만성 하기도질환〉가래가 적고 가끔 객혈이 나타나는 기관지 확장증. ¶건성 기관지 확장증 환자는 가래가 많은데 답답하게 뱉어지지 않고 가래가 많아서 불편하다는 호소를 주로 하며, 평소에 서 있을 때 공동 속에 차 있고 아래쪽에 쌓여 있던 가래가 자려고 누우면 흘러나오기 때문에 저녁 무렵에 가래가 심해지는 특징이 있다.

건성 심장막염(乾性心臟膜炎) 명구《의학》〈심장 질환〉 명백히 눈에 띄는 삼출이 발견되지 않는 심장막염.

건성 카타르(乾性catarrh) 명구《의학》〈만성 하기도질환〉 심한 기침을 할 때 발생하는, 가래 배출이 거의 없는 마른기침. 노인의 천식과 폐 공기증에서 볼 수 있다.

건성찜질(乾性찜질)[건성찜질] 명 〈폐렴〉 더운찜질의 하나. 구운 돌, 탕파(湯婆), 회로(懷爐) 따위를 헝겊으로 싸서 찜질하는 고체 찜질과, 증기 또는 뜨거운 공기를 몸에 쬐는 기체 찜질이 있다. 따뜻한 열의 자극으로 피부 혈관은 확장되고 충혈되지만 내장 혈관은 충혈이 경감되어 폐렴, 흉막염 따위의 치료에 쓴다. 〈참〉 습성찜질(濕性찜질)

건창(乾脹)[건창] 명 〈위장병〉 헛배가 부른 상태.

건초열(乾草熱)[건초열] 명《의학》〈만성 하기도질환〉〈알레르기〉 꽃가루가 점막을 자극함으로써 일어나는 알레르기. 결막염, 코염, 천식 따위의 증상이 나타난다. 〈유〉 고초-열(枯草熱), 꽃가룻-병(꽃가룻病), 화분-병(花粉病), 화분-증(花粉症) ¶알레르기질환의 하나인 건초열은 호흡기 증상과 감기몸살 증상이 함께 나타난다. / 건초열은 생명을 위협할 수 있는 천식 증상이 나타날 위험성을 증가시킬 수 있다.

건해수(乾咳嗽)[건해수] 명《한의》〈폐렴〉 가래가 나오지 않으면서 나는 기침. ¶날씨가 건조해지면 일교차기 심해져 건해수, 즉 마른 기침에 시달리는

환자가 의외로 많다.

건협통(乾脇痛)[건협통]명《한의》〈통증〉옆구리 아래 한 부위가 끊임없이 아픈 것으로 매우 위중한 병증. 『의초유편(醫鈔類編)』〈협통문(脇痛門)〉에서 '지나치게 허하여 손상됨으로써 옆구리 아래쪽이 끊임없이 아픈 것을 말한다. ¶건협통은 심히 위급한 증상으로 분류되는데, 육체적·정신적 피로가 너무 심해 기혈이 극도로 허약해진 결과로 보기 때문에 치료처방도 기혈을 보강하는 약재로 구성돼 있다.

검은혀( )[거믄혀]명《의학》〈당뇨〉혓바닥의 사상 유두가 털 모양으로 돌출하여 혀의 표면이 갈색이나 흑색으로 변하는 증상. 항생 물질이나 부신 피질 호르몬제를 사용하는 환자에게서 자주 나타나며, 만성 위장 장애나 당뇨병일 때에도 나타난다.〈유〉흑모-설(黑毛舌) ¶검은혀의 원인이 복용 중인 치료제인 경우 다른 치료제로 교체할 필요가 있다.

게실염(憩室炎)[게:실렴]명《의학》〈위장병〉게실에 음식 소화물이 정체하여 발효나 이물의 자극으로 생기는 염증.

게우다( )[게우다]동〈위장병〉먹은 것을 삭이지 못하고 도로 입 밖으로 내어 놓다.〈유〉구토하다, 토하다 ¶갓난아이가 젖을 게우다.

겨울 가려움증(겨울가려움症)명구《의학》〈알레르기〉겨울철 건조한 기후 때문에 피부에 생기는 가려움증. 흔히 피부가 갈라지는 것처럼 보이는 습진이 발생한다.〈유〉동계 소양

겨울 습진(겨울濕疹)명구《의학》〈알레르기〉피부 표면의 습기가 급속도로 증발됨으로써 일어나는 습진.

겨자찜질( )명〈폐렴〉더운물에 갠 겨자를 환부에 붙이는 더운찜질. 폐렴, 기관지염에 효과가 있다. ¶겨자요법이라고도 불리는 겨자찜질은 폐렴, 감기나 늑막염으로 오는 기침, 신경통, 오십견, 중이염, 맹장염, 히스테리, 피로 회복, 인후통 등 광범위한 치료에 쓰인다.

격부증(擊仆症)[격뿌쯩]명《한의》〈뇌졸중〉'뇌중풍'을 한방에서 이르는

말.〈유〉졸중풍

격소(膈消)[격쏘]명《한의》〈당뇨〉소갈(消渴) 증상의 하나. 갈증이 나고 소변이 잦으며 혀가 건조하고 백태가 낀다.〈유〉상소(上消), 심소(心消) ¶심(心)이 열(熱)을 폐에 옮기면 격소(膈消)가 된다.

격통(膈痛)[격통]명《한의》〈통증〉가슴과 명치 끝이 아픈 증상.

견과류 알레르기(堅果類Allergie)명구《의학》〈알레르기〉견과를 섭취하였을 때 나타나는 알레르기 반응. 주로 땅콩, 호두 따위의 견과류가 원인이 되며 가려움, 발열 따위의 증상을 일으킨다. ¶대표적인 식품 알레르기로는 달걀, 콩, 밤, 우유, 생선, 복숭아 등이 있으며 땅콩이나 호두와 같은 견과류 알레르기도 많다고 알려져 있다.

견배통(肩背痛)[견배통]명《한의》〈통증〉어깨와 등의 근맥(筋脈)과 살이 아픈 병증. 대부분 풍습(風濕)의 침입을 받아서 발생하는데, 장부(臟腑)와 기혈(氣血)이 속에서 상하여 발생한다. ¶ 하루 종일 같은 자세로 책상에 앉아서 공부하다 보면 경항통, 견배통, 요통 등을 호소하기 쉬우므로 공부시간 중간 중간에 목과 어깨, 허리의 근육을 가볍게 풀어주며 스트레칭 하는 것이 필요하다.

견비통(肩臂痛)[견비통]명《한의》〈통증〉신경통의 하나. 어깨에서 팔까지 저리고 아파서 팔을 잘 움직이지 못한다. ¶견비통에는 어깨 근육을 풀어주는 운동을 하는 것이 중요하다.

견식(肩息)[견식]명《한의》〈만성 하기도질환〉숨이 많이 차서 입을 벌리고 어깨를 들썩거리며 힘들게 숨을 쉬는 증상. 천식 발작이나 산소 부족으로 나타난다.

견인 기관지 확장증(牽引氣管支擴張症)명구《의학》〈만성 하기도질환〉기관지와 세기관지가 주변 폐의 섬유화나 탄성 반동의 증가에 의해 끌려서 열리는 현상. ¶견인 기관지 확장증은 전산단층촬영 상에 나타나는 폐 섬유증과 가장 관련 있는 징후 중 하나로 알려져 있다.

견인통(牽引痛)[겨닌통]명《한의》〈통증〉신경통의 하나. 근육이 땅겨서 쑤시고 아프다.

견통(肩痛)[견통]명《의학》〈통증〉목덜미로부터 어깨에 걸쳐 일어나는 근육통을 통틀어 이르는 말. 피로가 주된 원인이며 대개 어깨에 둔한 통증이 있다. ¶전문 의약품은 견통을 어깨 통증으로 바꾸는 등 일반인들도 이해하기 쉬운 용어를 써야 한다. /이 제품에 함유된 활성형 비타민은 신경 기능을 정상으로 유지시킴으로써 신경통, 요통, 견통(어깨 결림)을 완화시킨다.

결리다( )[결리다]동〈통증〉(사람이 몸의 일부가) 숨을 쉬거나 움직일 때 당기거나 뻐근하여 아픔이 느껴지다. ¶어깨가 결리다. / 계속 앉아서 일했더니 허리가 결려. / 구둣발에 채인 옆구리가 결려서 한동안 숨도 쉬지 못했다.

결막 충혈(結膜充血)명구《의학》〈알레르기〉결막의 혈관으로 피가 몰려 결막이 빨갛게 되는 상태. 결막염 따위의 급성병에서 볼 수 있으며 특히 밤중에 통증이 심하고 화끈거리며 눈에 무엇이 들어간 듯한 느낌을 준다.〈참〉삼눈

결막염(結膜炎)[결망념]명《의학》〈알레르기〉결막에 생기는 염증. 눈이 충혈되고 부으며 눈곱이 끼고 눈물이 나는데, 세균이나 바이러스의 감염 또는 알레르기나 물리 화학적 자극이 원인이다.〈참〉삼눈 ¶황사 때문에 알레르기성 결막염에 걸렸다.

결석 심장막염(結石心臟膜炎)명구《의학》〈심장 질환〉석회화가 심한 심장막염.

결장(結腸)[결짱]명《의학》〈위장병〉큰창자의 막창자와 곧창자 사이에 있는 부분. 오름잘록창자, 가로잘록창자, 내림잘록창자, 구불잘록창자로 나뉜다.〈유〉잘록창자 ¶변비는 대변이 오랜 시간 동안 결장 안에 정체되어 배설되지 못하는 것이다.

결장암(結腸癌)[결짱암]명《의학》〈암〉잘록창자에 생기는 암. 오른쪽 잘록창자암인 경우에는 가벼운 설사나 변비가 계속되기도 하고 아랫배에서 덩어리가 만져지기도 하며 복통, 식욕 부진, 전신 권태감, 체중 감소, 빈혈과 같

은 증상이 나타난다. 왼쪽 잘록창자암인 경우에는 2~3일 간격으로 설사와 변비가 번갈아 일어나며, 혈액이나 점액이 대변에 섞이는 경우가 많고 아랫배에 통증이나 복부 팽만감도 있다. 〈유〉 잘록창자암 ¶미국 오리건대 연구팀이 맥주 원료인 호프에 들어 있는 '잔토휴몰'이라는 영양소에 유방암과 결장암 등을 예방하는 효과가 있음을 밝혀냈다고 영국 선데이 텔레그라프가 보도했습니다.

결장암(結腸癌)[결짱암] 명 《의학》〈위장병〉 잘록창자에 생기는 암. 오른쪽 잘록창자암인 경우에는 가벼운 설사나 변비가 계속되기도 하고 아랫배에서 덩어리가 만져지기도 하며 복통, 식욕 부진, 전신 권태감, 체중 감소, 빈혈과 같은 증상이 나타난다. 〈유〉 잘록창자암 ¶미국에서는 결장암이 4번째로 흔한 암으로 암 관련 사망의 2위 원인이다.

결절(結節)[결쩔] 명 《의학》〈암〉 피부 병변 중 구진(papule)과 같은 형태이나 그 직경이 약 5~10mm 정도로 더 크거나 깊이 존재하며, 일반적으로 사라지지 않고 지속되는 경향이 있는 피부병변. ¶고환에 딱딱한 결절이 만져져서 병원에 갔더니 검사 결과 고환 종양이었다.

결절성 대장염(結節性大腸炎) 명구 《의학》〈위장병〉 잘록창자의 벽에 발생하는 육아종성(肉芽腫性) 염증 질환.

결합 조직염 장염(結合組織炎腸炎) 명구 《의학》〈위장병〉 부은 창자벽에 고름이 침윤되어 장에 급성 염증이 일어나는 질환. 〈유〉 연조직염 소장염, 연조직염 창자염

결핵 심장막염(結核心臟膜炎) 명구 《의학》〈심장 질환〉 폐결핵에서 나타나는 심장막염. 혈액과 고름, 괴사 조직들이 함유된 삼출액이 많이 보이며 만성 협착 심장막염이 잘 발생한다. ¶이 환자의 경우 이전의 결핵균에 의한 감염의 과거력이나 호흡기를 포함한 다른 부위의 결핵의 감염이 없이 결핵 심장막염이 발병하였습니다.

경계 고혈압(境界高血壓) 명구 《의학》〈고혈압〉 혈압이 최고 혈압 159mmHg 이

하, 최저 혈압 90mmHg 이상의 상태. 〈유〉 경계선 고혈압증(境界線高血壓症)

경계선 고혈압증(境界線高血壓症) 명구 《의학》〈고혈압〉 동맥 혈압이 때에 따라 정상 혈압의 범위와 고혈압의 범위를 드나드는 증상. 〈유〉 경계 고혈압(境界高血壓)

경구 혈당 강하제(經口血糖降下劑) 명구 《약학》〈당뇨〉 당뇨병 환자의 고혈당 상태를 개선할 목적으로 입을 통하여 투여하는 약. 〈유〉 경구용 혈당 강하제(經口用血糖降下劑) ¶경구 혈당 강하제는 먹는 인슐린이 아니라 췌장의 베타세포에서 인슐린 분비를 자극, 촉진시키거나 말초에서의 인슐린이 세포에 잘 결합하도록 함으로써 혈당 조절에 도움을 주는 약이다.

경뇌막 혈종(硬腦膜血腫) 명구 《의학》〈뇌졸중〉 두개골 안쪽 즉 경뇌막 아래에서 뇌정맥동(腦靜脈洞) 또는 이에 속하는 정맥의 파열로 일어나는 출혈. 분만 때의 장애, 머리의 외상, 만성 알코올 중독, 고혈압 등으로 일어난다.

경련(痙攣)[경년] 명 《의학》〈뇌졸중〉 근육이 별다른 이유 없이 갑자기 수축하거나 떨게 되는 현상. 간질, 히스테리, 뇌종양, 중독 따위가 원인이며 몸 전체에서 일어나는 것과 부분적으로 일어나는 것, 지속적인 것과 간헐적인 것이 있다. ¶히물히물 새끼손가락과 오른편 뺨에는 또 경련이 일어났다. / 입술에서 시작된 경련은 곧 전신으로 퍼져 간단없이 수족을 푸들거렸다.

경련 마비(痙攣痲痹) 명구 《의학》〈뇌졸중〉 경련이 따르는 마비. 뇌나 척수를 다쳐서 일어나는데, 힘줄 반사, 뼈막 반사 따위가 심해지고 병적(病的) 반사가 나타난다.

경련성 마비(痙攣性痲痹) 명구 《의학》〈뇌졸중〉 '경련 마비'의 전 용어.

경련성 천식(痙攣性喘息) 명구 《의학》〈만성 하기도질환〉〈알레르기〉 세기관지의 경련과 기관지 점막의 염증으로 생기는 발작성 천명과 기침이 특징인 기도 막힘증. ¶금불초는 기관지 경련성 천식에 효과적이며 간 보호작용, 백일해(百日咳)에도 쓰인다.

경련하다(痙攣하다)[경년하다]동《의학》〈뇌졸중〉근육이 별다른 이유 없이 갑자기 수축하거나 떨다. 간질, 히스테리, 뇌종양, 중독 따위가 원인이며 몸 전체에서 일어나는 것과 부분적으로 일어나는 것, 지속적인 것과 간헐적인 것이 있다. ¶입 속의 조그만 것을 밀어 내기 위해 내 오장육부는 너무도 크게 경련했기 때문에 그것을 토해 내고 나서도 웩웩 헛구역질에 시달렸다. / 젖은 가슴을 감싸 쥔 손가락들도 건반을 두드리듯 경련했다. / 어여쁜 얼굴이 가늘게 경련하면서 이내 보기 흉하게 일그러졌다.

경막(硬膜)[경막]명《의학》〈뇌졸중〉뇌막 가운데 바깥층을 이루는 두껍고 튼튼한 섬유질 막. 원래 경질막 층과 머리뼈의 속을 싸는 뼈막이 붙어서 두 층을 이룬다.〈유〉뇌경질막 ¶경막은 척수를 싸고 있는 막을 말하는 것이며 경막의 바깥에서 발생한 종양은 경막외 종양이고 경막안에서 발생했으나 척수 바깥에 발생한 종양을 경막내 척수외 종양, 척수 안 자체에서 발생한 종양을 척수내 종양이라고 한다.

경막 외 출혈(硬膜外出血)명구《의학》〈뇌졸중〉머리뼈 골절을 일으켰을 때 경막의 동맥이나 정맥이 끊어져서 머리뼈와 경막 사이에 피가 나는 증상. 피가 고여 혈종을 이루게 된다.

경막 외 혈종(硬膜外血腫)명구《의학》〈뇌졸중〉외상 때문에 뇌경질막 바깥에 피가 고인 것. 혈액량이 70~80mL 이상이 되면 뇌수 압박 증상이 나타난다.

경막밑 출혈(硬膜밑出血)명구《의학》〈뇌졸중〉대뇌의 정맥이 끊어져서 경막과 거미막 사이에 피가 나는 증상. 피가 고여 혈종을 이루게 된다.

경막하 출혈(硬膜下出血)명구《의학》〈뇌졸중〉'경막밑 출혈'의 전 용어.

경성암(硬性癌)[경성암]명《의학》〈암〉암세포가 단단하고 굳은 성질을 띤 암. ¶국내 연구팀에서 치료가 어려운 난치성 미만성 위암의 악성화를 촉진하는 원인을 암세포 자체의 변이가 아닌 종양기질의 물리적 특성과의 상호작용에 기인함을 규명함으로써 임상적으로 가장 어려운 경성암의 새로운 치료 가능성을 제시하였다.

경증 질환(輕症疾患)명구《의학》〈고혈압〉감기나 결막염, 고혈압 따위의 비교적 증상이 가벼운 병. ¶건강 보험은 경증 질환보다 중증 질환에 대한 보장이 취약한 구조를 가지고 있다. / 동네 의원 같은 1차 의료 기관이 경증 질환을 먼저 체크한 뒤 중증 질환이 우려되면 2차와 3차 병원으로 보낸다. / 일차 의료 활성화 및 건강 보험 재정 건전화를 위해 시행된 '52개 경증 질환 의료 기관 종별 약값 차등제'를 시행한 지 한 달이 돼 가고 있는 가운데 개원가 반응이 엇갈리고 있다.

경통(증)(經痛(症))[경통쯩]명《한의》〈통증〉월경 때에, 배와 허리 또는 온몸이 아픈 증상. 〈유〉경통(經痛)

경화 부종(硬化浮腫)명구《의학》〈당뇨〉진피에 점액이 침착하고 아교질이 증가하여 피부가 갑자기 딱딱해지는 병. 당뇨, 감염, 파라 단백 혈증, 그 외 다른 질환과 동반되어 오며, 예후도 이와 연관되는 경우가 많다. 〈유〉경화 부기(硬化浮氣) ¶전체 경화부종 환자의 약 30% 정도에서 당뇨병이 동반되며, 당뇨병이 동반된 경우 대부분은 비만한 중년 남성에게 발생하고 당뇨병 조절이 되지 않으며 합병증이 자주 발생하는 것으로 알려져 있다.

계란 알레르기(鷄卵Allergie)명구《의학》〈알레르기〉계란 또는 계란을 함유한 음식을 섭취하였을 때 나타나는 알레르기 반응. 두드러기, 발진 등 피부 증상과 구토, 복통, 설사 등 위장 증상 및 호흡 곤란, 의식 소실 등을 일으킨다. ¶계란을 먹으면 토하거나 발진이 나타나는 계란 알레르기는 치료가 가능하다는 연구 결과가 나왔다.

계류열(稽留熱)[게ː류열/계ː류열]명《의학》〈폐렴〉38~39℃ 범위 안에서 하루 체온의 고저 차가 1℃ 이내로 계속 유지되는 열. 장티푸스, 수막염, 폐렴 따위에서 볼 수 있다. 〈유〉지속열

계산 언어 상실증(計算言語喪失症)명구《의학》〈알츠하이머〉간단한 수학 문제를 풀지 못하는 언어 상실증의 한 종류. 대뇌 반구 여러 곳의 병변에서 나타나고, 치매의 초기 징후이다. 〈유〉계산 못함증, 계산 불능증, 계산 장애

계심통(悸心痛)[계:심통/게:심통] 명 《한의》〈통증〉심장이 두근거리고 가슴이 답답하며 명치 부위가 아픈 증세. ¶언젠가부터 할아버지는 계심통으로 인해 잠을 잘 주무시지 못한다.

계절성 알레르기 비염(季節性Allergie鼻炎) 명구 《의학》〈알레르기〉특정한 계절에 발생하는 비염. 특히 식물의 꽃가루가 날아다니는 계절과 관련이 있는 경우가 많다. 〈유〉계절성 알레르기성 비염 ¶특정 계절에 증상이 심해지는 계절성 알레르기 비염은 나무나 잡초의 꽃가루 같은 물질이 주요 원인이다.

계통(悸痛)[계:통/게:통] 명 《한의》〈통증〉가슴이 두근거리면서 아픈 증상.

고근(菰根)[고근] 명 《한의》〈당뇨〉줄의 뿌리를 한방에서 이르는 말. 위장병, 소갈, 이뇨에 쓰며 재와 달걀흰자에 섞어 개서 화상에 바른다. ¶고근을 수확할 수 있는 시기는 얼음이 얼기 시작하는 12월 말이다.

고당뇨(高糖尿)[고당뇨] 명 《의학》〈당뇨〉보통 때와는 달리 많은 양의 포도당이 지속적으로 소변으로 배설되는 당뇨. ¶서양에서는 전체 인구의 15%가 많거나 적은 고당뇨 형태를 겪고 있다.

고랭증(痼冷症)[고랭쯩] 명 《의학》〈위장병〉뱃속에 뭉치가 들어 있는 듯해서 늘 싸늘하고 아픔을 느끼는 위장병의 증세.

고름 공기 심장막증(고름空氣心臟膜症) 명구 《의학》〈심장 질환〉심장막에 고름이나 공기가 차는 증상. 〈유〉농기심장-막(膿氣心腸膜), 농심낭 기종(膿心囊氣腫), 심장막 고름 공기증(心臟膜고름空氣症)

고름 심장막염(고름心臟膜炎) 명구 《의학》〈심장 질환〉심장의 바깥을 둘러싸고 있는 바깥막에 생기는 고름 염증.

고름균(고름菌)[고름균] 명 《보건일반》〈폐렴〉화농성을 일으키는 세균들을 통틀어 이르는 말. 포도상 구균, 연쇄상 구균, 폐렴 쌍구균, 임균, 결핵균, 장티푸스균, 녹농균 따위가 있다. 〈유〉화농균

고리포 단백 혈증(高lipo蛋白血症) 명구 《생명》〈당뇨〉혈청 속에 있는 리포 단백질의 이상 증가로 뿌옇게 되는 상태. 주로 콜레스테롤의 증가를 나타내며,

동맥 경화가 되기 쉽다. 비만이나 당뇨병 따위에서 많이 나타난다. ¶생활 수준의 향상에 따라, 혈액 중에 콜레스테롤이나 트리글리세라이드 등의 지방질이 정상 범위보다 높은 이른바 '고리포단백혈증' 환자가 증가하고 있다.

고립성 수축기 고혈압(孤立性收縮期高血壓)명구《의학》〈고혈압〉수축기 혈압은 160mmHg 이상으로 매우 높고 확장기 혈압은 95mmHg 미만인 상태. 갑상샘 항진증, 대동맥 판막 기능 부족 따위로 심박출량이 증가하거나, 동맥 경화로 말초 혈관 저항이 높아지는 데 원인이 있다.

고삼투압성 고혈당 상태(高滲透壓性高血糖狀態)명구《의학》〈당뇨〉당뇨 환자가 감염증 따위에 의해 심한 고혈당과 탈수증을 동반하는 혼수 상태. 혈당의 이용 감소, 간의 당 생성 증가, 증가된 혈당의 요배설 저하로 인하여 저혈량, 고혈당, 고나트륨증, 고삼투압이 발생한다.〈유〉고삼투압성 비케토산성 혼수(高滲透壓性非keto酸性昏睡), 비케톤 혼수(非ketone昏睡) ¶고삼투압성 고혈당 상태는 예전에는 '고삼투압성 비케톤성 혼수'라고도 불렸으나 케톤산증이 간혹 동반되기도 하고 흔히 혼수상태 없이 인지장애만 발생하여서 현재의 새로운 이름으로 부르는 추세이다.

고압 맥박(高壓脈搏)명구《의학》〈고혈압〉손가락의 끝에 너무 강하게 부딪혀 손가락으로 압박하기 어려운 맥박. 고혈압일 때 나타난다.

고양이 알레르기(고양이Allergie)명구《의학》〈알레르기〉고양이에 대하여 나타나는 알레르기 반응. 고양이의 털, 소변, 타액 등에 포함된 단백질에 대한 인체의 이상 면역 반응에 의하여 일어난다. ¶언젠가부터 떨어지지 않고 계속되는 감기 때문에 방문한 병원에서 알레르기 검사를 받은 결과, 내가 고양이 알레르기가 있다는 것을 알았다.

고양이 알레르기성 천식(고양이Allergie性喘息)명구《의학》〈만성 하기도질환〉/〈알레르기〉고양이의 털을 호흡기로 흡입하여 감작된 사람에게 발생하는 천식. ¶언니는 고양이 알레르기성 천식이 있어서 고양이를 키우는 집에만 가면 재채기를 한다.

고요산뇨증(高尿酸尿症)[고요산뇨쯩]명《의학》〈고혈압〉소변 속에 요산의 양이 비정상적으로 많이 포함되어 있는 상태. 유전적 원인, 인슐린 저항성, 고혈압, 비만, 식이, 이뇨제 사용, 알콜 등으로 발생할 수 있다.〈유〉고-요산뇨(高尿酸尿), 과요산-뇨(過尿酸尿), 과요산뇨-증(過尿酸尿症)

고초열(枯草熱)[고초열]명《의학》〈알레르기〉어떤 식물의 꽃가루에 의해 점막이 자극을 받아 일어나는 알레르기 질환. 결막염, 비염, 천식 등의 증상이 나타난다.〈유〉화분증(花粉症), 건초열(乾草熱), 화분병(花粉病) ¶고초열은 다른 알레르기 질환과 마찬가지로 가족 단위로 발생하는 경향이 있다. / 아토피 질환군에는 피부염 외에도 알레르기성 비염, 알레르기성 천식, 고초열 등도 포함된다.

고피브리노겐 혈증(高fibrinogen血症)명구《의학》〈당뇨〉정상치 이상의 피브리노겐이 혈장에 포함된 상태. 심근 경색, 뇌혈관 혈전증, 암, 임신, 급성 전염병, 네프로제 증후군, 당뇨병, 교원병에서 이러한 증상이 나타난다.〈유〉고섬유소원 혈증(高纖維素原血症), 피브리노겐 과잉 혈증(fibrinogen過剩血症), 피브리노겐 과잉혈(fibrinogen過剩血)

고혈당(高血糖)[고혈땅]명《의학》〈당뇨〉혈액 속에 함유된 포도당이 비정상적으로 많아지는 증상. 대부분 당뇨병과 관계가 있다.〈유〉고혈당-증(高血糖症), 과-혈당(過血糖), 과혈당-증(過血糖症), 혈당 과다증(血糖過多症) ¶당이 소변으로 빠지기 시작하면 피로감, 잦은 소변, 극심한 공복감, 피부 및 구강의 건조, 시야가 흐려짐 등의 고혈당 증상이 나타나기 시작한다.

고혈당 당뇨(高血糖糖尿)명구《의학》〈당뇨〉혈액 속에 포도당의 함유량이 높고, 당이 소변에 섞여 배출되는 증상.〈유〉과혈당성 당뇨(過血糖性糖尿)

고혈압(高血壓)[고혀랍]명《의학》〈고혈압〉혈압이 정상 수치보다 높은 증상. 최고 혈압이 150~160mmHg 이상이거나 최저 혈압이 90~95mmHg 이상인 경우인데, 콩팥이 나쁘거나 갑상샘 또는 부신 호르몬에 이상이 있어 발생하기도 하고 유전적인 원인으로 발생하기도 한다. 지역에 따라 '고혈압'이라고 쓰기도 한다. 〈유〉 고혈압-증(高血壓症), 혈압 항진증(血壓亢進症) ¶갑자기 고혈압 환자가 급증하고 있다. / 할아버지는 십 년 전 고혈압으로 쓰러질 때 반신마비와 함께 완전한 언어 장애를 일으켰다. / 이 오골계를 가지고 탕을 만들어 먹는데 중풍 고혈압에 너무나 신기하게 잘 듣는다.

고혈압 궤양(高血壓潰瘍) 명구 《의학》 〈고혈압〉 고혈압이 있는 환자의 세동맥이 막히어 허혈 증상이 나타난 후 발생하는 궤양. 주로 여자의 다리에 많고 초기에는 통증이 있는 홍반이나 청색반으로 나타나며, 나중에 궤양이 생긴다. 〈유〉 고혈압 허혈 궤양(高血壓虛血潰瘍), 마토렐 궤양(Martorell潰瘍)

고혈압 뇌 병(증)(高血壓腦病(症)) 명구 《의학》 〈고혈압〉 혈압이 급작스럽게 상승하여 일어나는 뇌 병증. 오래된 고혈압 환자에게 나타나며, 광범위한 뇌부종이 일어난다. 〈유〉 고혈압 뇌병(高血壓腦病), 고혈압성 뇌 병증(高血壓性腦病症)

고혈압 뇌증(高血壓腦症) 명구 《의학》 〈고혈압〉/〈뇌졸중〉 혈압이 갑자기 높아져 발생하는 뇌증. 특히 확장기 혈압이 급격히 상승하여 일시적인 두통, 경련 발작, 시력 장애 따위의 증상이 나타난다. ¶악성인 것은 경과도 빠르고 요독증(尿毒症)을 일으키거나 또는 갑자기 고혈압 뇌증을 일으키며, 예후는 불량하다.

고혈압 뇌출혈(高血壓腦出血) 명구 《의학》 〈고혈압〉/〈뇌졸중〉 고혈압으로 인하여 대뇌로 혈액이 유출되는 상태. 〈유〉 고혈압성 뇌출혈(高血壓性腦出血)

고혈압 망막 병증(高血壓網膜病症) 명구 《의학》 〈고혈압〉 고혈압에서 기인한 망막 병증. 망막 소동맥의 불규칙한 협착, 신경 섬유층 및 외망상층의 출혈, 동맥 경화 변화, 유두 부종 따위의 증상이 나타난다. 〈유〉 고혈압성 망막 병증(高血壓性網膜病症)

고혈압 위기(高血壓危機) 명구 《의학》 〈고혈압〉 심각한 고혈압으로 한 가지 이상의 장기에 급성 손상이 발생하는 상태. 비가역적인 장기 손상을 유발하므로 고혈압 위기 상황에서는 항고혈압제로 수 분 내지 수 시간 내로 혈압을 낮추어야 한다.

고혈압 적혈구 과다증(高血壓赤血球過多症)명구《의학》〈고혈압〉지라 비대의 특징을 보이지는 않으나, 고혈압과 관련되어 적혈구의 수가 증가하는 상태.〈유〉고혈압 적혈구 증가증(高血壓赤血球增加症)

고혈압 적혈구 증가증(高血壓赤血球增加症)명구《의학》〈고혈압〉지라 비대의 특징을 보이지는 않으나, 고혈압과 관련되어 적혈구의 수가 증가하는 상태.〈유〉고혈압 적혈구 과다증(高血壓赤血球過多症)

고혈압 허혈 궤양(高血壓虛血潰瘍)명구《의학》〈고혈압〉고혈압이 있는 환자의 세동맥이 막히어 허혈 증상이 나타난 후 발생하는 궤양. 주로 여자의 다리에 많고 초기에는 통증이 있는 홍반이나 청색반으로 나타나며, 나중에 궤양이 생긴다.〈유〉고혈압 궤양(高血壓潰瘍), 마토렐 궤양(Martorell潰瘍)

고혈압성(高血壓性)[고혀랍썽]명《의학》〈고혈압〉혈압이 정상 수치보다 매우 높은 증상을 수반하는 성질. ¶실제로 ○○은 고혈압성 질환과 당뇨병에 의한 표준 사망률이 다른 광역시보다 월등하게 높다.

고혈압성 긴급증(高血壓性緊急症)명구《의학》〈고혈압〉급성 고혈압에 따른 동맥의 연축성(攣縮性) 순환 장해로 고혈압성 뇌증, 악성 고혈압, 급성 좌심실 부전 등 뇌를 비롯한 주요 장기에서 뇌졸중, 해리성 동맥 파열 따위의 혈관 파열이 일어나는 현상.

고혈압성 뇌 병증(高血壓性腦病症)명구《의학》〈고혈압〉혈압이 급작스럽게 상승하여 일어나는 뇌 병증. 오래된 고혈압 환자에게 나타나며, 광범위한 뇌 부종이 일어난다.〈유〉고혈압 뇌 병증(高血壓腦病症), 고혈압 뇌병(高血壓腦病)

고혈압성 뇌내출혈(高血壓性腦內出血)명구《의학》〈고혈압〉/〈뇌졸중〉높은 혈압에 의하여 뇌 속의 혈관이 터지는 질환.

고혈압성 뇌증(高血壓性腦症)명구《의학》〈뇌졸중〉혈압의 급격한 상승으로 발생한 뇌증. 혈압, 특히 확장기 혈압(擴張期血壓)이 급격하게 상승하여 일과성(一過性)인 두통, 경련 발작, 시력 장애 등이 생기는 증세이다. 신장염(腎臟炎)이나 자간(子癎) 때도 볼 수 있으며, 급속히 혈압(血壓)을 하강시키면 증세는 없어진다. ¶고혈압성 뇌증은 장년에 걸쳐 고혈압이 계속되는 사람에게 발생하는 증상이다.

고혈압성 뇌출혈(高血壓性腦出血)명구《의학》〈고혈압〉/〈뇌졸중〉고혈압으로 인하여 대뇌로 혈액이 유출되는 상태.〈유〉고혈압 뇌출혈(高血壓腦出血) ¶대부분의 고혈압성 뇌출혈은 급성이기 때문에 전조 증상이 나타났을 때 의사를 찾는 것보다 사전에 예방하는 것이 더 중요하다.

고혈압성 동맥 경화증(高血壓性動脈硬化症)명구《의학》〈고혈압〉고혈압으로 인하여 동맥벽의 근육층과 탄력 조직이 점차 증가하는 현상.

고혈압성 두통(高血壓性頭痛)명구《의학》〈고혈압〉고혈압에 의한 뇌동맥의 확장과 2차성 연축에 기인하여 발생하는 두통. ¶미국국립두통재단에 따르면 고혈압성 두통은 보통 아침시간 가장 심해지고 이후 점점 약해진다.

고혈압성 망막 병증(高血壓性網膜病症)명구《의학》〈고혈압〉고혈압에서 기인한 망막 병증. 망막 소동맥의 불규칙한 협착, 신경 섬유층 및 외망상층의 출혈, 동맥 경화 변화, 유두 부종 따위의 증상이 나타난다.〈유〉고혈압 망막 병증(高血壓網膜病症)

고혈압성 망막염(高血壓性網膜炎)명구《의학》〈고혈압〉고혈압에 수반하여 망막염이 나타나는 현상. 케이·와그너의 분류 가운데에서 제3군과 제4군의 소견이 나타난다. 망막 동맥의 경화에 의하여 동맥의 협소, 망막의 부종, 출혈이 나타나며, 고도로 이르면 유두 부종이 나타난다.

고혈압증(高血壓症)[고혀랍쯩]명《의학》〈고혈압〉혈압이 정상 수치보다 높은 증상. 최고 혈압이 150~160mmHg 이상이거나 최저 혈압이 90~95mmHg 이상인 경우인데, 콩팥이 나쁘거나 갑상샘 또는 부신 호르몬에 이상이 있어 발생하기도 하고 유전적인 원인으로 발생하기도 한다.〈유〉고-혈압(高血壓), 혈압 항진증(血壓亢進症)〈참〉저혈압증(低血壓症) ¶유전적 고혈압증이 있는 사람은 혈관이 상하기 쉽고 또 상해를 받으면 치료가 힘들다. / 가족 중에 고혈압증이나 중풍 환자가 있었던 경우에는, 나이 마흔이 넘으면 자주 혈압을 측정해 봐야 한다. / 가족 중에 고혈압증이나 중풍 환자가 있는 사람은 혈압이 수축기에 150, 이완기에 90이 넘으면 적절한 진단과 치료를 받는 것이 좋다.

고환통(睾丸痛)[고환통]명《의학》〈통증〉고환이나 관련 부위에 일어나는 신경통. ¶코로나19 감염의 특이 증상으로는 남성들에게서만 나타나는 고환통이 있다.

곡창(穀脹)[곡창]명《한의》〈위장병〉곡류를 과식하여 위에 탈이 나서 헛배가 부른 병. ¶동의보감에는 기비(氣秘), 허비(虛秘), 열비(熱秘), 칠정설(七情泄), 식적설(食積泄), 기창(氣脹), 곡창(穀脹), 허창(虛脹) 등 변비와 설사 그리고 복부 팽만감에 대한 증상별 치료법이 상세히 기록되어 있다.

곤봉지(棍棒指)[곤봉지]명《의학》〈만성 하기도질환〉손가락 끝이 둥그렇게 굵어져서 북채 또는 곤봉의 끄트머리 모양으로 되는 증상. 심장병이나 만성 기관지 확장증 따위의 호흡기병을 앓는 사람에게 나타난다.〈유〉곤봉-손가락(棍棒손가락), 북채-손가락, 히포크라테스 손가락(Hippocrates손가락) ¶곤봉지 현상은 폐질환자의 약 30~50%에서 나타나는 것으로 알려졌다.

곧창자( )[곧창자]명《의학》〈암〉큰창자 가운데 구불잘록창자와 항문 사이 부분. 길이는 약 12cm이며 이름과 같이 곧지 않다.〈유〉곧은창자, 직장 ¶변기에 앉은 채 모바일 게임을 하던 남성의 곧창자가 빠지는 충격적인 일이 발생했다.

곧창자암(곧창자癌)[곧창자암]명《의학》〈암〉곧창자에 생기는 암종.〈유〉직장암 ¶주로 식물의 섬유나 세포벽을 구성하는 다당류로, 동맥 경화증, 당뇨병, 비만증, 곧창자암 따위의 성인병 예방에 효과가 크다.

골드블라트 고혈압(Goldblatt高血壓)명구《의학》〈고혈압〉골드블라트 콩팥으로 말미암아 생기는 고혈압. 한쪽 콩팥으로 가는 혈류가 막혀서 혈압이 증가하는 것을 말한다.

골드블라트 고혈압증(Goldblatt高血壓症)명구《의학》〈고혈압〉실험적으로 콩팥 동맥을 협착 상태로 만든 결과 발생하는 만성 고혈압증.

골통(骨痛)[골통]명《한의》〈통증〉주로 과로 때문에 생기는 것으로, 뼈가 쑤시는 듯이 아프고 열이 오르내리는 병.

공 모양 심장(공模樣心臟)명구《의학》〈심장 질환〉영상 검사에서 음영이 비정상적으로 매끈하고 둥근 윤곽으로 보이는 심장. 심실의 질병이나 심장막 공간에 액체가 많이 찼을 때 나타난다.〈유〉구상 심장(球狀心臟), 원형 심장(圓形心臟) ¶심장 사진을 보니 매우 둥글었는데, 알고 보니 공 모양 심장이었다.

공기 물심장막(空氣물心臟膜)명구《의학》〈심장 질환〉심장막 안에 공기와 물이 차는 증상.〈유〉공기 수심막증(空氣水心膜症)

공기 심장막증(空氣心臟膜症)명구《의학》〈심장 질환〉심장막 안에 공기가 차는 병. 식도나 위의 궤양 따위가 심장막 안으로 터져서 생기며 흔히 고름이 차게 되고 심장 압박 증상이 나타난다.〈유〉심낭 기종(心囊氣腫), 심막 기종(心膜氣腫) ¶공기 심장막증은 신생아의 공기누출의 종류 중 가장 드문 형태이지만 신생아 심장 압전의 가장 흔한 원인이 되며 대부분 신생아 호흡곤란 증후군으로 기계 환기 치료를 받는 미숙아에서 발생하고 사망률은 70~80%에 이른다.

공기 알레르기 항원(空氣Allergie抗原)명구《보건일반》〈알레르기〉꽃가루, 홀씨같이 공기로 전달되어 민감한 사람에게 알레르기 반응을 일으킬 수 있는 물질.

공기 요법(空氣療法)명구《의학》〈만성 하기도질환〉신선한 공기를 마시게 함으로써 병을 치료하는 방법. 호흡 기관의 병, 특히 폐결핵의 치료에 쓰는 것으로, 화학 요법이 등장하기 전에 많이 이용하였으며 현재도 소아 천식의 치료에 쓰고 있다.〈유〉대기 요법(大氣療法) ¶만성 폐질환이 있는 환자는 폐질환의 급성 재발(악화) 시 단기간의 공기 요법이 필요할 수 있다.

공기 장염(空氣腸炎)명구《의학》〈위장병〉소장염의 원인균이 공기를 생산하여 장벽에 공기를 가지고 있는 염증.〈유〉폐렴 창자염

공기 혈액 심장막(空氣血液心臟膜)명구《의학》〈심장 질환〉'심막강' 안에 공기 또는 가스가 혈액과 섞여 있는 상태.

공기가슴증(空氣가슴症)[공기가슴쯩]명《의학》〈폐렴〉가슴막 안에 공기가 차 있는 상태. 흉부 부상 또는 결핵이나 폐렴 따위로 허파의 표면에 구멍이 생기는 것이 원인이며, 폐가 수축하여 호흡 곤란 증상이 나타난다.〈유〉기흉 ¶공기가슴증은 폐에 생긴 구멍으로 공기가 새면서 늑막강 안에 공기가 차는 질환인데 새는 공기의 양이 증가할수록 폐가 정상 기능을 하지 못한다.

공기증(空氣症)[공기쯩]명《의학》〈만성 하기도질환〉허파가 지나치게 팽창하고 허파 꽈리가 파괴되는 허파 질환의 하나.〈유〉기종(氣腫) ¶공기증은 폐, 피하, 장 등 여러 조직에서 생길 수 있습니다.

공백 건망증(空白健忘症)명구《의학》〈알츠하이머〉특정한 시기의 기억을 잃어버리는 증상.〈유〉국한성 건망증(局限性健忘症), 선택적 건망증

공복 저혈당(空腹低血糖)명구《의학》〈당뇨〉공복 상태에서 측정한 혈당치가 비정상적으로 낮은 증상. 당뇨병 검사에 이용한다. 혈당치가 50mg/dL 이하로 떨어지면 중추 신경계에 이상 증상이 나타나고, 30mg/dL 이하면 경련을 일으키며 의식을 상실하게 된다. ¶공복 저혈당은 음식을 적게 섭취하거나 활동량이 늘었을 때 흔히 생기는데, 주로 당뇨 환자에게서 많이 나타난다.

공복 혈당(空腹血糖)명구《의학》〈당뇨〉식사를 하고 나서 8시간 이상 지난 후에 측정한 혈당치. 당뇨병 검사에서 우선적으로 측정한다. ¶최근 당뇨병 전문가 사이에는 같은 전단계 구간에서도 공복 혈당이 110㎎/*dl* 이상이면 당뇨병으로 간주하고 더 적극적으로 혈당 관리를 해야 한다는 목소리가 높다.

공복통(空腹痛)[공복통]명《의학》〈통증〉배 속이 비었을 때 윗배에서 느끼는

통증. ¶단식을 하며 공복통을 경험하는 사람들이 많다. 주로 시작할 무렵에 느끼게 되는데, 우리 몸이 음식으로 섭취하는 포도당을 연료로 사용하는데 익숙해져 있기 때문이다.

공장 회장염(空腸回腸炎)명구《의학》〈위장병〉작은창자의 공장과 회장이 모두 염증을 일으킨 상태.

과당(果糖)[과ː당]명《생명》〈당뇨〉꿀이나 단 과일 속에 들어 있는 단당류. 흰색 가루로 물과 알코올에 녹으며, 단맛이 있고 발효하면 알코올이 된다. 감미료, 당뇨병 환자의 영양식, 이뇨제로 쓴다. 화학식은 $C_6H_{12}O_6$.〈유〉프럭토스(fructose), 프룩토오스(fructose) ¶GI 지수가 낮아 당뇨환자의 감미료로 각광받던 과당은 이제 비만과의 관계가 우려되고 있어 오히려 인슐린저항성, 고인슐린혈증, 고중성지방혈증, 고혈압, 당뇨, 대사증후군, 심혈관 질환과의 관련성이 보고되고 있다.

과당 주사액(果糖注射液)명구《약학》〈당뇨〉과당이 들어 있는 주사액. 당뇨 환자의 에너지 보급 등에 쓰인다. ¶당뇨병 환자는 혈당을 올리는 포도당이 든 수액 대신 과당 주사액을 맞아야 한다.

과당뇨증(果糖尿症)[과ː당뇨쯩]명《의학》〈당뇨〉소변으로 과당이 배설되는 증상. ¶과당뇨증은 과도한 갈증, 체중 감소, 피로감을 유발하지 않는 반면, 당뇨병의 증상은 치료되지 않으면 사람의 몸을 매우 쇠약하게 만든다.

과루근(瓜蔞根)[과루근]명《한의》〈당뇨〉하늘타리 뿌리를 말려서 만든 가루. 열을 내리고 진액이 생기게 하는 작용이 있어 열병이나 소갈(消渴), 황달(黃疸), 치루(痔漏) 따위에 쓰인다.〈유〉괄루-근(栝蔞根), 천과-근(千瓜根), 천화-분(天花粉) ¶하늘타리 뿌리의 껍질을 제거한 것을 과루근이라고 부르며 성질은 약간 차고, 맛은 달며 조금 쓰면서 시다.

과민 대장 증후군(過敏大腸症候群)명구《의학》〈위장병〉정신적인 스트레스로 창자의 운동이 증가하여 설사나 변비가 생기고 아랫배가 아픈 만성 질환.〈유〉민감잘록창자

과민 반응(過敏反應)명구《의학》〈알레르기〉조직 손상을 일으켜 심각한 질병에 이를 수 있는 해로운 면역 반응.〈참〉과잉 반응(過剩反應) ¶이 정도의 과민 반응 증상은 충분히 치료될 수 있으니 걱정하지 마세요. / 면역성 질환은 부적절한 면역 반응에서 오는 장애로서 대부분 과민 반응이나 면역 결함에서 온다.

과민 폐렴(過敏肺炎)명구《의학》〈폐렴〉세균이나 동물성 이종(異種) 단백질이 섞여 있는 먼지를 오랫동안 마심으로써 폐에 알레르기 반응을 일으키는 증상. 기침, 호흡 곤란, 발열, 오한 따위의 증상이 나타난다. ¶과민 폐렴의 치료는 원인이 되는 항원을 피하는 것이 가장 중요합니다

과민성 결막염(過敏性結膜炎)명구《의학》〈알레르기〉꽃가루, 먼지, 동물의 털 따위와 같은 비행성 알레르기원에 의해서 직접 일어나는 즉시형 알레르기 결막염. ¶과민성 결막염 증상은 눈이 시리거나 가려움이 심한 경우가 다반사이며 끈적한 눈곱과 분비물이 나오기도 한다.

과민성 결장(過敏性結腸)명구《의학》〈위장병〉정신적인 스트레스로 창자의 운동이 증가하여 설사나 변비가 생기고 아랫배가 아픈 만성 질환.〈유〉민감 잘록창자

과민성 반응(過敏性反應)명구《식물》〈알레르기〉병원균 등의 외부 이물질에 대해 과민하게 반응하여 생기는 병리적 상태. 식물은 병원균 감염에 대한 방어 전략으로 감염 부위를 급속하게 괴사시켜 병원균이 다른 부위로 번지지 못하도록 막는다. 잎에 감염된 경우 과민 반응으로 생긴 증상이 우리 눈에는 반점의 형태로 보인다.〈유〉에이치아르(HR)

과산증(過酸症)[과ː산쯩]명《의학》〈위장병〉위액의 산도(酸度)가 비정상적으로 높은 병. 소화 궤양, 위염 따위가 원인으로 가슴이 쓰리고 트림이 나오며 공복(空腹) 때 위통이 있거나 구역질을 한다.〈유〉위산 과다증

과일 알레르기(과일Allergie)명구《의학》〈알레르기〉특정 과일을 섭취하였을 때 나타나는 알레르기 반응. 주로 복숭아, 참외, 키위 따위의 과일이 원인이

되며 가려움, 발열 따위의 증상을 일으킨다. ¶아토피나 과일 알레르기가 있는 아기들의 경우엔 과일의 껍질을 벗기고 데쳐서 먹이길 권장한다.

과지방 혈증(過脂肪血症)명구《의학》〈당뇨〉혈액 속 지방의 양이 과잉으로 존재하는 상태. 지방 대사 장애에 의한 원발성인 것과 불충분한 당뇨병 조절에서 볼 수 있는 속발성의 것이 있다.

곽기(霍氣/癨氣)[곽끼]명《한의》〈위장병〉음식이 체하여 토하고 설사하는 급성 위장병. 찬물을 마시거나 몹시 화가 난 경우, 뱃멀미나 차멀미로 위가 손상되어 일어난다.〈유〉곽란, 도와리

곽란(霍亂/癨亂)[광난]명《한의》〈위장병〉음식이 체하여 토하고 설사하는 급성 위장병. 찬물을 마시거나 몹시 화가 난 경우, 뱃멀미나 차멀미로 위가 손상되어 일어난다.〈유〉곽기, 도와리 ¶급체하여 곽란이 났다. / 십여 일 전 나는 바닷게를 먹고 중독되어 곽란이 났다.

관념 행위 상실(觀念行爲喪失)명구《의학》〈알츠하이머〉의지를 가지고 하는 운동을 하지 못하거나 목표를 뚜렷이 설정하지 못하는 신경 계통 장애.〈유〉관념성 실행증

관념성 실행증(觀念性失行症)명구《의학》〈알츠하이머〉의지를 가지고 하는 운동을 하지 못하거나 목표를 뚜렷이 설정하지 못하는 신경 계통 장애.〈유〉관념 행위 상실

관부전(冠不全)[관부전]명《의학》〈심장 질환〉심장 동맥 경화증이나 대동맥염, 쇼크 따위로 인하여 심장에 필요한 산소가 충분히 공급되지 않는 상태. 협심증이나 심근 경색의 원인이 된다.〈유〉관상 동맥 기능 부족, 관상 동맥 부전, 관상 부전, 관상 순환 부전, 심장 동맥 기능 부족, 심장 동맥 기능 상실, 심장 동맥 혈류 저하 ¶심장에 관부전의 상태가 일어난 경우에 협심증이 생기는 것이다.

관상 동맥 부전(冠狀動脈不全)명구《의학》〈심장 질환〉심장 동맥 경화증이나 대동맥염, 쇼크 따위로 인하여 심장에 필요한 산소가 충분히 공급되지 않는

상태. 협심증이나 심근 경색의 원인이 된다.〈유〉관-부전, 관상 동맥 기능 부족, 관상 부전, 관상 순환 부전, 심장 동맥 기능 부족, 심장 동맥 기능 상실, 심장 동맥 혈류 저하 ¶관상 동맥이 연축을 일으켜 생기는 협심증은 1차적 관상 동맥 부전에 의한 것으로, 관상 동맥의 혈하공급 쪽의 감소로 인해서 발생한다.

관상 부전(冠狀不全)명구《의학》〈심장 질환〉심장 동맥 경화증이나 대동맥염, 쇼크 따위로 인하여 심장에 필요한 산소가 충분히 공급되지 않는 상태. 협심증이나 심근 경색의 원인이 된다.〈유〉관-부전(冠不全), 관상 동맥 기능 부족(冠狀動脈機能不足), 관상 동맥 부전(冠狀動脈不全), 심장 동맥 기능 부족(心腸動脈機能不足), 심장 동맥 기능 상실(心臟動脈機能喪失), 심장 동맥 혈류 저하(心臟動脈血流低下)

관상 순환 부전(冠狀循環不全)명구《의학》〈심장 질환〉심장 동맥 경화증이나 대동맥염, 쇼크 따위로 인하여 심장에 필요한 산소가 충분히 공급되지 않는 상태. 협심증이나 심근 경색의 원인이 된다.〈유〉관-부전(冠不全), 관상 동맥 부전(冠狀動脈不全)

관절통(關節痛)[관절통]명《의학》〈통증〉뼈마디가 쑤시면서 몹시 아픈 증상. ¶나이가 들면서 관절통이 심해져서 요즘은 운동도 못 하고 있습니다.

광 응고 장치(光凝固裝置)명구《의학》〈당뇨〉가늘고 센 빛을 눈 밑에 쪼여 망막 따위를 순식간에 지져 굳히는 안과용 의료 기구. 망막 박리, 눈 밑 종양, 당뇨병 망막증, 망막 출혈 따위를 치료하는 데 쓴다. ¶망막의 비정상혈관부위를 줄이거나 없앰으로써 부종과 출혈을 줄이고 당뇨망막증의 진행을 늦추고 합병증 발생을 감소시키기 위한 목적으로 광 응고 장치를 이용한 범망막 레이저 광 응고술을 시행하게 됩니다.

광범위 뇌 위축(廣範圍腦萎縮)명구《의학》〈알츠하이머〉뇌의 이마엽 파괴로 인하여 발생한, 치매의 한 종류. 이로 인해 정신 기능이 점차 퇴행된다.

광부 천식(鑛夫喘息)명구《의학》〈만성 하기도질환〉/〈알레르기〉규폐증에 수반하는 천식. 광부에게서 많이 발생한다. ¶직업성폐질환은 18세기 초반기에 처음으로 알려졌는데 그 종류로는 광부 천식, 결핵, 탄부증, 스코틀랜드의 광부혹폐증 등이 있다.

광알레르기 약물 발진(光Allergie藥物發疹)명구《의학》〈알레르기〉약물 자체는 알레르기 반응을 일으키지 않으나 약물과 함께 광선에 노출될 경우 일어나는 알레르기성 약물 발진.

괴사 폐렴(壞死肺炎)명구《의학》〈폐렴〉허파 조직이 곪음·괴사하는 질병. 부패 세균의 혼합 감염에 의하여 일어나는데, 흔히 폐렴 뒤에 생긴다. ¶대개 A군 사슬알균(연쇄상구균)에 감염되면 주로 인후염 등을 일으키나 일부에서는 폐렴을 유발하며 심할 때에는 괴사성 폐렴의 원인이 되기도 한다.

괴사 후 간경화(壞死後肝硬化)명구《의학》〈간 질환〉중독성 또는 바이러스성의 간염(肝炎) 때문에 생긴 간의 광범위한 괴사에 연이어서 나타나는 간경화. 〈유〉괴사 후 경화(壞死後硬化), 괴사 후성 간경화(壞死後性肝硬化), 괴사 후성 경화(壞死後性硬化)

괴사성 장염(壞死性腸炎)명구《수의》〈위장병〉클로스트리듐 속의 세균에 의해 걸리는 장염. 생후 1주 이전의 새끼 돼지에게 주로 발생하며, 소장의 괴사와 출혈 등의 증상이 나타난다.

교감 신경 긴장증(交感神經緊張症)명구《의학》〈고혈압〉교감 신경계의 긴장도가 항진되고 뚜렷한 혈관 경련과 고혈압의 경향을 보이는 상태. ¶갱년기 장애는 자율신경 실조라고 하는 교감 신경 긴장증에 해당한다.

교뇌(橋腦)[교뇌/교눼]명《의학》〈뇌졸중〉중간뇌와 숨뇌 사이의 부분. 소뇌의 앞쪽에 있으며, 앞부분은 소뇌와 연결되는 섬유 다발에 의해 뇌줄기의 다른 부분보다 튀어나와 있다. 〈유〉다리뇌

교통(絞痛)[교통]명《한의》〈통증〉비트는 것처럼 몹시 아픈 증상.

구강암(口腔癌)[구강암]명《의학》〈암〉입술이나 입안에 생기는 암을 통틀어 이르는 말. ¶구강암은 입 안이 헐어서 잘 낫지 않을 때, 입안에 뭔가 돌기

같은 것이 생겨서 없어지지 않을 때, 턱이나 잇몸에 무언가 만져질 때 의심해볼 수 있다.

구구앙(狗狗秧)[구구앙]명《한의》〈당뇨〉'메꽃과'에 속한 메꽃의 생약명. '전초'를 약용하는데 청열, 혈압 강하의 효능이 있고 당뇨병, 골절 따위를 치료하는 데 쓴다. ¶메꽃의 전초를 구구앙 혹은 선화라 하는데, 맛은 달고 약간 맵고 쓰며 성질은 차다.

구불잘록창자( )[구불잘록창자]명《의학》〈암〉내림잘록창자와 곧창자 사이의 큰창자 부분. 구불구불하고 골반 안에 있으며 창자간막에 매달려 있다.〈유〉구불창자, 에스상 결장 ¶대장게실염은 게실이 S상결장(구불잘록창자)에 생기는 병을 의미한다.

구상 심장(球狀心臟)명구《의학》〈심장 질환〉영상 검사에서 음영이 비정상적으로 매끈하고 둥근 윤곽으로 보이는 심장. 심실의 질병이나 심장막 공간에 액체가 많이 찼을 때 나타난다.〈유〉공 모양 심장, 원형 심장(圓形心臟)

구순암(口脣癌)[구수남]명《의학》〈암〉입술에 생기는 암. 아랫입술 겉면이 하얗게 되기도 하며 응어리가 지면서 짓무르기도 하는데 50~70세 남성에게 발생하기 쉽다.〈유〉입술암 ¶백인은 흔히 사용하는 고혈압 치료약을 장기간 사용하면 햇빛에 대한 민감성이 높아져서 구순암에 걸릴 위험성이 높아지는 것으로 드러났다.

구엘파 요법(Guelpa療法)명구《보건일반》〈당뇨〉하제를 투여하고, 3일 동안 절식시킨 후 하루는 우유식, 하루는 야채식을 주고 이어 점차 정상 식이로 되돌아가는 당뇨병 식이 요법.〈유〉구엘파-식(Guelpa食)

구역(嘔逆)[구역]명〈만성 하기도질환〉토할 듯 메스꺼운 느낌.〈유〉구기(嘔氣), 역기(逆氣), 욕지기, 토기(吐氣), 토역(吐逆), 토역-증(吐逆症) ¶똥통을 끼고 앉아서 밥을 먹는 것 같아서 구역이 날 것 같고….

구역질(嘔逆질)[구역찔]명〈위장병〉/〈통증〉속이 메스꺼워 자꾸 토하려고 하는 짓.〈유〉욕지기질, 외욕질, 토역질(吐逆질) ¶그는 심한 악취를 맡자 웩웩 구역질을 시작하였다. / 이십 분쯤 지났을 때 구역질은 어느 정도 가라앉는 것 같았다.

구역질하다(嘔逆질하다) 동 〈위장병〉 속이 메스꺼워 자꾸 토하려고 하다. 〈유〉 욕지기질하다 ¶그 임신부는 몇 달이나 구역질하며 입덧을 하였다.

구진 습진(丘疹濕疹) 명구 《의학》 〈알레르기〉 긁힌 상처처럼 보이는 적색의 구진들이 흩어지거나 뭉쳐서 나타나는 것을 특징으로 하는 피부염.

구천(久喘)[구ː천] 명 《한의》 〈알레르기〉 오랜 기침으로 폐가 상하여 숨이 차고 가쁜 증상. 〈유〉 천식

구체(舊滯)[구ː체] 명 《한의》 〈위장병〉 오래된 체증. 만성 위장병을 통틀어 이르는 말이다. 〈유〉 구체1

구체(久滯)[구ː체] 명 《한의》 〈위장병〉 오래된 체증. 만성 위장병을 통틀어 이르는 말이다. 〈유〉 구체5

구토(嘔吐)[구토] 명 〈만성 하기도질환〉/〈위장병〉/〈암〉 먹은 음식물을 토함. ¶하루 종일 약만 먹으니까 속이 쓰리고 아프고 하면서 구토까지 나오려고 하였다. / 그는 빈 위장이 뒤틀리는 듯한 고통을 느끼며 구토를 했다.

구토하다(嘔吐하다) 동 〈위장병〉 먹은 음식물을 토하다. 〈유〉 게우다 ¶뱃멀미로 심하게 구토하다.

구향(口香)[구ː향] 명 《한의》 〈당뇨〉 소갈(消渴)이 심하여 입에서 향기로운 냄새가 나는 것을 느끼는 증상.

국가 암 정보 센터(國家癌情報center) 명구 〈암〉 보건복지부와 국립암센터가 운영하는 암정보센터. ¶국가암정보센터는 암환자, 가족 및 암과 관련된 정보를 필요로 하는 모든 분들께 근거에 기반하여 믿을 수 있는 암 관련 정보를 제공해 드리기 위한 국가 차원의 대국민 서비스입니다.

국립 암 센터(國立癌center) 명구 〈암〉 2000년에 설립하고 2001년에 개원하여 연구소, 부속병원, 국가암관리사업본부와 대학원, 대학교를 아우르는 세계 유일의 암 전문 기관이자 사망원인 1위 질병인 암으로부터 국민을 보호하

기 위해 국가적 관리의 책임을 맡은 국가중앙기관. ¶국립암센터는 암 연구 수행 및 지원, 암환자 진료, 국가암관리사업 지원, 암전문가 교육훈련기관입니다.

국소 빈혈성 심장 질환(局所貧血性心臟疾患)명구《의학》〈심장 질환〉심장 근육에 생긴 허혈로 말미암아 일어나는 심장병. 심장 동맥 장애에 따른 일차성과 그 밖의 원인에 따른 이차성이 있다.〈유〉허혈 심장 질환(虛血心臟疾患), 허혈 심장병(虛血心臟病), 허혈성 심장 질환(虛血性心臟疾患) ¶연구팀은 비타민D 수치 하위 5%와 상위 50%를 비교한 결과, 수치가 낮은 사람들은 높은 사람에 비해 심장 발작 64%, 조기 사망 57%, 국소 빈혈성 심장 질환 40% 가량이 더 높았다. 원래 비타민D는 뼈 건강과 가장 밀접한 연관이 있지만, 이번 연구를 통해 심장 건강에도 큰 상관이 있는 것이 밝혀졌다.

국소 심장막염(局所心臟膜炎)명구《의학》〈심장 질환〉심장막의 특정 부위에만 일정하게 발생하는 염증.

국소 장염(局所腸炎)명구《의학》〈위장병〉크론병이 주로 회장의 아래쪽 부분을 침범하는, 원인 미상의 만성 장염. 장벽(腸壁) 전체에 염증이 생기고, 장벽이 두꺼워지며, 장의 폐쇄나 궤양, 천공이 나타날 수 있다.〈유〉국소 회장염, 국한 창자염, 국한 회장염, 국한성 회장염

국제 암 연구 기관(國際癌硏究機關)명구《의학》〈암〉1965년에 세계 보건일반 기구가 설립한, 암 퇴치를 위한 국제적 연구 기관. 본부는 프랑스 리옹에 있다.

국한성 건망(증)(局限性健忘(症))명구《의학》〈알츠하이머〉정확히 시간적으로 국한되어 있든가, 어떤 사항에 관하여 국한된 건망증.

굳은 심장 증후군(굳은心臟症候群)명구《의학》〈심장 질환〉심장의 확장기 때, 주로 심실에만 국한하여 영향을 주는 급성 증후군. 과거의 심장 수술이 원인인 합병증이다. ¶심장 수술 이후 굳은 심장 증후군이 생겼다.

굴기능 부전 증후군(窟機能不全症候群)명구《의학》〈심장 질환〉심방의 활동이

제대로 되지 않거나 없어서 여러 증상이 나타나는 증후군. 증상은 어지럼증에서 의식 소실에까지 이르며, 흔히 느린맥박과 빠른맥이 교대로 나타나고, 심실위 또는 심실 부정맥, 굴심방 결절 기능 정지, 굴심방 차단이 동반된다. 〈유〉동기능 부전 증후군(洞機能不全症候群) ¶굴기능 부전 증후군은 매우 드물지만 신생아에서도 발생할 수 있으며 소아 환자의 경우 대부분 선천심장병이 있거나 심장수술 후에 발생한다.

굴느린맥(窟느린脈)[굴ː느린맥] 명 《의학》〈고혈압〉심장이 같은 조율로 1분 동안에 60회 이하로 느리고 고르게 뛰는 것. 흔히 신경성이나 심장성의 고혈압이 원인인데, 일반적으로 특별한 증상이 나타나지 않으나 때때로 맥이 없거나 현기증이 있다. 〈유〉동성-서맥(洞性徐脈)〈참〉굴빠른맥(窟빠른脈)

굴심방 결절(窟心房結節) 명구 《의학》〈심장 질환〉위대정맥의 오른심방 개구부에 있는 특수한 심장 근육 세포군. 특수한 심장 근육 섬유가 그물 모양으로 이어져 있으며, 심장 수축의 흥분을 일으키고 심장 전체의 박동 리듬을 지배한다. 〈유〉동-결절(洞結節), 동방 결절(洞房結節) ¶굴심방 결절은 심방 활동의 속도를 결정하는 박동조율기 역할을 한다.

굴심방 부정맥(窟心房不定脈) 명구 《의학》〈심장 질환〉굴심방 결절에서 자극이 고르지 못할 때 나타나는 부정맥. 어린이나 노인에게서 자주 보게 되며, 심장 동맥 경화증이나 심한 심장 근육 장애 때도 나타난다.

굴심방 차단(窟心房遮斷) 명구 《의학》〈심장 질환〉굴심방 결절의 흥분이 심방으로 전달되지 아니하여 심장 수축이 잘 안되는 일. 심장병이나 약물 중독 때에 자주 일어나며 일반적인 증상은 없으나 때때로 현기증과 심장성 뇌빈혈 발작 따위를 일으킨다. 〈유〉동성 부정맥(洞性不定脈)

굴측 습진(屈側濕疹) 명구 《의학》〈알레르기〉팔꿈치, 무릎, 손목 따위의 접힌 부위에 일어나는 습진. 아토피 피부염에서 잘 나타난다. 〈유〉굽이 쪽 습진, 굽힘 쪽 습진

굽힘 쪽 습진(굽힘쪽濕疹) 명구 《의학》〈알레르기〉팔꿈치, 무릎, 손목 따위의

접힌 부위에 일어나는 습진. 아토피 피부염에서 잘 나타난다. 〈유〉굴측 습진, 굽이 쪽 습진

권투 선수 치매(拳鬪善手癡呆)명구《의학》〈알츠하이머〉지속적이고 반복적인 머리 외상 후에 발생하는 치매성 질환. 심한 뇌 손상을 입으면 곧바로 베타 아밀로이드라는 독성단백질이 많이 생기는데 세월이 흐른 뒤 이 단백질로 인해 알츠하이머 치매와 비슷하게 뇌가 위축되고 증상도 알츠하이머 치매와 비슷하게 나타난다. 〈유〉만성 외상성 뇌병증

궐두통(厥頭痛)[궐두통]명《한의》〈통증〉찬 기운이 뇌에까지 미쳐 두통과 치통이 함께 나타나는 증상. 〈유〉궐역 두통(厥逆頭痛)

궐심통(厥心痛)[궐씸통]명《한의》〈통증〉사기(邪氣)가 심장을 둘러싸고 있는 막과 거기에 붙어 있는 낙맥(絡脈)을 침범하여 생긴 병. 심장이 바늘로 찌르는 것 같고 등까지 아프다. ¶한의학에서는 현대 협심증과 유사한 증상으로 '흉비'(胸痞), '심통'(心痛), '궐심통'(厥心痛)이 있다.

궤양(潰瘍)[궤양]명《의학》〈암〉피부 또는 점막에 상처가 생기고 헐어서 출혈하기 쉬운 상태. 치유되어도 대부분 흉터가 남는다. ¶요새 스트레스를 많이 받았는지 위에 궤양이 생겼어.

궤양성 대장염(潰瘍性大腸炎)명구《의학》〈위장병〉큰창자의 안쪽 점막에 궤양이 생기는 병. 점혈변(點血便), 복통, 설사, 발열 따위의 증상이 나타난다. 〈유〉궤양큰창자염

귀울림 [귀울림]명《의학》〈고혈압〉몸 밖에 음원(音源)이 없는데도 잡음이 들리는 병적인 상태. 귓병, 알코올 의존증, 고혈압 따위가 그 원인이다. 〈유〉귀-울음, 이명(耳鳴), 이명-증(耳鳴症) ¶귀울림의 원인과 치료방법을 알고 싶습니다.

귀통증(귀痛症)[귀통쯩]명《의학》〈통증〉귓속이 곪아 앓는 병. 또는 그런 증상. 〈유〉귀앓이, 이통(耳痛) ¶코로나에 감염의 증상으로 심한 인후통이나 코막힘을 호소하는 아이들이 많으며, 귀통증은 코막힘과 연관되는 경우가

흔하다.

규폐증(硅肺症)[규폐쯩/규페쯩] 명 《의학》〈만성 하기도질환〉규산이 많이 들어 있는 먼지를 오랫동안 들이마셔서 생기는 폐병. 숨이 차고 얼굴빛이 흙처럼 검어지면서 부기가 생기고 식욕이 없어지는 증상을 보이는데 채광, 채석, 야금 따위의 일을 하는 사람이나 도자기공, 석공들이 많이 걸린다. 〈유〉 규분-증(硅粉症), 규산염 진폐증(硅酸鹽塵肺症), 규산염 침착증(硅酸鹽沈着症), 규소 허파증(硅素허파症), 규소폐-증(硅素肺症), 규폐(硅肺/珪肺), 규폐-병(硅肺病) ¶대부분의 규폐증 환자들은 20~30년 동안 원인물질에 노출되었던 경우가 많다.

균혈증(菌血症)[균혈쯩] 명 《의학》〈폐렴〉몸속에 들어온 병원균이 혈액의 흐름을 타고 몸의 다른 부위로 옮아가는 일. 결핵균, 살모넬라균, 연쇄상 구균, 임균, 폐렴 쌍구균, 포도상 구균 따위가 일으키는 증상이다. ¶균혈증은 세균이 세망내피계의 제거능력을 넘는 속도로 증식할 때 발생한다.

그라함 스틸 잡음(GrahamSteell雜音) 명구 《의학》〈고혈압〉심한 폐동맥 고혈압으로 인하여 이차적으로 생긴 폐동맥판 역류가 원인이 되어 나타나는 높은 음조의 확장기 잡음. 복장뼈 좌측 부위, 제2 갈비 연골 또는 제3 갈비 연골에서 잘 들린다.

그람 양성균(Gram陽性菌) 명구 《생명》〈폐렴〉그람 반응에서 짙은 자주색을 보이는 세균. 결핵균, 디프테리아균, 방선균, 파상풍균, 폐렴균, 포도상 구균 따위가 있는데, 위액이나 소화 효소에 잘 견디며 페니실린에 민감하게 반응한다. 〈참〉그람 염색법(Gram染色法), 그람 음성균(Gram陰性菌) ¶파상풍균이나 폐렴균, 식중독균이 그람 양성균의 일종이다.

극통(極痛/劇痛)[극통] 명 〈통증〉매우 심한 아픔이나 고통. ¶기절 직전의 극통이 온몸을 휩쓸고 지나갔다.

근막 동통 증후군(筋膜疼痛症候群) 명구 《의학》〈통증〉근육의 탄력성이 떨어져 수축된 상태가 지속되어 통증을 느끼게 되는 가장 일반적인 만성 근육 장애. 근육이 수축된 상태가 지속되면 근육 내 신경이 눌리고 혈관이 압박되어 근육 내에서 생긴 통증 물질이 배출되지 못하고 근육 내에 축적된다. 그러면 근육이 부착된 골막이 자극을 받아 통증이 유발된다.〈유〉근막 통증 증후군(筋膜痛症症候群), 근막통 증후군(筋膜痛症候群)

근육 통증(筋肉痛症)[그뉵통쯩] 명구《의학》〈통증〉근육이 쑤시고 아픈 증상.〈유〉근육통(筋肉痛), 근통(筋痛), 살몸살

근육통(筋肉痛)[그뉵통] 명《의학》〈통증〉근육이 쑤시고 아픈 증상.〈유〉근통(筋痛), 살몸살 ¶근육에 피로 물질이 축적되면 근육통이 생긴다. / 운동을 심하게 했더니 온몸에 근육통이 생겼어. / 몸살감기로 인해 뼈마디가 쑤실 정도로 근육통이 심해졌다.

근육통(筋肉痛)[그뉵통] 명《의학》〈만성 하기도질환〉근육이 쑤시고 아픈 증상.〈유〉견인-증(牽引症), 근육 통증(筋肉痛症), 근통(筋痛), 살-몸살 ¶감염성 질환에 걸렸을 때 전신의 근육통이 동반될 수 있다.

근질근질하다( )[근질근질하다] 동 형〈통증〉(몸이) 자꾸 가려운 느낌이 들다. / (몸이) 매우 가렵다.〈유〉근질거리다, 근질대다 ¶왜 이리 등이 근질근질하는지 모르겠네. / 가을이 되니 피부가 건조해서 몸이 근질근질하다.

근치 절제술(根治切除術) 명구《의학》〈암〉병의 근치를 목적으로 구조물이나 기관의 전부를 제거하는 수술. ¶암의 초기에는 근치절제술을 통해 수술적 치료를 진행한다.

근통(筋痛)[근통] 명《의학》〈통증〉근육이 쑤시고 아픈 증상. 심한 운동 뒤나, 각종 근염에 의한 충혈, 손상 따위가 원인이다.〈유〉근육통 ¶무리하게 마라톤을 완주한 후 근통이 생겼다.

글로빈 아연 인슐린 주사액(globin亞鉛insulin注射液) 명구《약학》〈당뇨〉항당뇨병제. 소의 혈액에서 얻어진 글로빈과 염화 아연을 넣은, 거의 무색의 인슐린 주사액이다. 주사 후 1~2시간 안에 혈당 강하 작용을 하며, 최대 효력은 6~12시간 안에 나타나고, 효력은 24시간 동안 지속된다.

글루시톨(glucitol)명《화학》〈당뇨〉포도당과 같은 헥소스를 환원하여 얻는 육가(六價)의 알코올. 흰색의 고체로, 단맛이 있고 물이나 뜨거운 알코올에 잘 녹는다. 사과, 복숭아 따위의 과즙에 함유되어 있다. 화장용 로션, 크림, 치약, 식품 첨가제, 비타민 시(C)의 합성 원료, 당뇨병 환자의 감미료, 이뇨제 따위에 쓰인다. 화학식은 $CH_2OH \cdot (CHOH)_4CH_2OH$. 〈유〉소르바이트(sorbite), 소르비톨(sorbitol), 소바이트(sorbite), 소비톨(sorbitol) ¶글루시톨은 당뇨병식에 감미료 혹은 에너지원으로서 이용된다.

글루카곤(glucagon)명《의학》〈암〉이자의 이자섬에서 분비되는 호르몬. 같은 이자 호르몬인 인슐린과는 반대로 간장의 글리코겐을 포도당으로 분해하여 혈당량을 증가시킨다. ¶췌장에서는 혈당 조절에 중요한 호르몬인 인슐린과 글루카곤이 분비된다.

글루코스 경구 부하 시험(glucose經口負荷試驗)명구《의학》〈당뇨〉일정량의 포도당을 환자가 한 번 섭취한 뒤 체내 혈당을 관찰하는 당뇨병의 진단 방법.

글루코스 정주 부하 시험(glucose靜注負荷試驗)명구《의학》〈당뇨〉경구법(經口法)에 비하여 소화 흡수 인자(消化吸收因子)에 영향을 받지 않는 당뇨병 진단법의 한 가지. 당동화 능력이 계수에 의하여 나타나는 등의 이점은 있으나 경구법에 비하여 시행이 어렵다.

글리메피리드(glimepiride)명《약학》〈당뇨〉술포닐기를 함유한 당뇨병 치료제. 혈당 강하 작용을 한다. ¶CAROLINA 연구에서 글리메피리드는 리나글립틴과 비교해 상대적으로 심혈관질환 위험을 높이지 않았다.

글리미딘 나트륨(glymidineNatrium)명구《약학》〈당뇨〉당뇨병을 치료하거나 예방하는 데 복용하는 약으로 흰색 내지 담황백색의 분말. 녹는점은 221~226℃이고 물에 녹는다. 췌장의 랑게르한스섬의 베타세포를 자극해 인슐린 분비를 촉진하여 혈압을 떨어뜨린다.

글리벤클라마이드(glibenclamide)명《약학》〈당뇨〉당뇨병 치료제의 하나. 부작용으로 위장 장애, 황달, 저혈당 따위가 나타나기도 한다. ¶메트폴민과 글리벤클라마이드의 혼합정제가 한 가지 약물만 투여하는 경우보다 혈당 강하에 효과적이라는 연구 결과가 Diabetes, Obesity & Metabolism지에 발표된 적이 있다.

글리부졸(glybuzole)명《약학》〈당뇨〉당뇨병을 치료하는 데에 사용하는 약으로 흰색 내지 미황백색의 결정. 녹는점은 163℃이고 물에 거의 녹지 않는다. 다른 술폰아미드계의 성분과 같이 랑게르한스섬의 베타세포에 작용하여 인슐린의 분비를 촉진한다. 성인형 당뇨병에 경구 투여한다. ¶글리부졸의 주요 부작용은 저혈당 유도, 체중 증가, 복통, 두통 및 과민 반응이다.

글리크로피라미드(glyclopyramide)명《약학》〈당뇨〉혈당 강하제. 흰색의 결정성 분말로 물에 불용성이다. 췌장 베타 세포를 자극하여 내인성 인슐린의 분비를 촉진한다. 혈당 강하 작용은 톨부타미드의 약 2.7배이다. 인슐린 비의존형 당뇨병에 경구 투여한다. ¶글리크로피라미드는 당뇨병 치료에 사용되는 설포닐우레아계 약물로, 1965년부터 일본에서 판매되었다.

글리클라자이드(gliclazide)명《약학》〈당뇨〉당뇨병 치료제의 하나. 발작, 구토, 설사, 변비, 간 장애, 빈혈 따위의 부작용이 나타나기도 한다. ¶헝가리의 Gabor Winkler 박사는 설포닐우레아 계열의 약제라고 다 같은 것은 아니라는 점을 강조하며, "설폰요소제 가운데서는 신장 기능 보호 효과로 인해 글리클라자이드 또는 글리메피리드의 선택이 고려돼야 한다"고 말했다.

금속 알레르기(金屬Allergie)명구《의학》〈알레르기〉피부가 특정 중금속에 노출되었을 때 나타나는 알레르기 반응. 생활용품을 비롯하여, 피혁 제품, 도금 제품 등에 함유된 중금속이 원인이 되어 일어난다. 두드러기, 발진, 색소 침착 따위의 증상을 일으킨다. ¶유로 동전을 취급하는 은행 창구 직원과 상점 계산대의 점원들에게 금속 알레르기로 생기는 발진 증세가 나타난 데 이어 유로 지폐로 인해 피부병이 유발된 사례가 발생했다.

금전초(金錢草)[금전초]명《한의》〈만성 하기도질환〉앵초과의 과로황의 전초를 사용하여 만든 약재. 해열, 소염 작용이 있고 신장 결석, 담결석, 방광염, 황달 따위에 효과가 있으며 기침을 멎게 하고 가래를 삭여 기관지 천식, 만성 기관지염에 쓰이며 부종과 습진에도 사용한다. ¶흔히 잡초로 알고 있는 금전초는 사실 만병통치약이라 할 수 있을 정도로 효능이 뛰어나다.

급경련통(急痙攣痛)[급꼉년통] 명《의학》〈통증〉배가 팍팍 쑤시는 듯이 심하게 아픈 것이 간격을 두고 되풀이하여 일어나는 증상. 배 부위 내장의 여러 질환에 따르는 증후로 대개 콩팥돌증, 창자막힘증 따위의 경우에 나타난다. ¶급경련통은 속이 빈 모양의 내장기관, 즉 소장, 대장, 요관, 자궁, 나팔관 등이 비정상적으로 수축할 때 나타나며 심하게 쥐어짜는 듯한 통증이 온다.

급성 간(장)염(急性肝(臟)炎) 명구《의학》〈간 질환〉바이러스, 약물 따위로 생기는 간의 급성 염증. 보통 3~6개월 이내에 치유되며, 고열·식욕 부진·피로감·황달 따위의 증상이 나타난다.〈유〉급성 간염〈참〉만성 간염(慢性肝炎) ¶급성 간염은 급격하게 발병되며 38~39℃의 고열을 내고, 두통과 복통, 설사, 메스꺼움 등의 증상이 나타납니다.

급성 경막하 출혈(急性硬膜下出血) 명구《의학》〈뇌졸중〉뇌의 경막하에 급성으로 피가 고여 뇌압이 상승된 상태.

급성 골수성 백혈병(急性骨髓性白血病) 명구《의학》〈암〉혈액 또는 골수 속에 종양세포(백혈병 세포)가 출현하는 질병. ¶일본 오사카 대학의 시모무라 요시미쓰 환경의학과 교수 연구팀은 가공 적색육 과다 섭취가 급성 골수성 백혈병과 골수 이형성 증후군 위험과 연관이 있을 수 있다는 연구 결과를 발표했다.

급성 복증(急性腹症) 명구《의학》〈위장병〉급격히 일어나는 복통을 주요한 증상으로 하는 병을 통틀어 이르는 말. 급성 막창자꼬리염 따위가 있다.

급성 습진(急性濕疹) 명구《의학》〈알레르기〉급성으로 앓는 습진. 병난 자리에 홍반, 부기, 물집이 많고 심한 가려움을 느낀다. ¶급성 습진의 경우 외부적인 요인으로 인해 발생하기 쉬운데, 약물의 접촉이나 피부와 맞지 않는 급속 접촉으로도 발생할 수 있다.

급성 심근 경색(急性心筋梗塞)명구《의학》〈심장 질환〉동맥 경화증으로 인해 혈액 순환이 원활하지 않아, 심장 근육의 세포가 죽어 가는 급성 질환. ¶급성 심근 경색의 예방법은 위험인자를 줄이는 것입니다. / 급성 심근 경색은 30일 내 병원 내 사망률이 5~10%로 위중한 질환이다.

급성 심근 경색증(急性心筋梗塞症)명구《의학》〈심장 질환〉심장의 근육에 혈액을 공급하는 관상동맥이 여러 가지 원인(혈전 등)에 의해 갑자기 막혀서 심장에 산소가 통하지 않아 심장 근육이 괴사되는 질환. ¶이 제약 회사는 성체 줄기세포를 이용한 급성 심근 경색증 치료제를 세계 최초로 개발하여 상업화에 성공하였다.

급성 심장사(急性心臟死)명구《의학》〈심장 질환〉이미 심장병이 있는 환자가 급성 증상이 일어난 후에 예기치 않게 죽는 현상.〈유〉심장성 급사(心臟性急死) ¶증조 할아버지께서 급성 심장사로 돌아가셨다고 들었다. / 미국에서만 연간 20만~45만 명이 급성 심장사로 사망하고 있다.

급성 위염(急性胃炎)명구《의학》〈위장병〉위 점막에 급성으로 염증이 생기는 병. 변질된 음식물이나 자극성이 많은 음식물을 먹었을 때 흔히 생기는 것으로, 메스껍거나 토하며 윗배가 불쾌하고 아프다.

급성 위장염(急性胃腸炎)명구《의학》〈위장병〉위 및 소장의 소화 기관에 생기는 단기 급성 염증. 복통, 설사, 식욕 부진, 구토 및 발열 등의 증상이 나타나며 식품이나 화학 약품 등 외부 원인으로 인해 발병되는 경우도 있다. 특히 노령자나 소아의 경우, 낮은 면역력으로 인해 증상이 심각하게 나타난다. ¶지난 13일 컴백한 걸 그룹 ○○ 멤버 ○○○이 급성 위장염에 걸렸다.

급성 천식(急性喘息)명구《의학》〈만성 하기도질환〉/〈알레르기〉급성으로 일어난 천식. 호흡 곤란과 기침 등의 증상을 보인다. ¶생명을 위협하는 심한 급성 천식 발작은 기관지 수축으로 인해 기도가 막혀 수 분 안에 사망할 수 있는 무서운 질환이므로 즉각적인 응급치료 및 입원이 필요하다.

급성 폐렴(急性肺炎)명구《의학》〈폐렴〉증상이 빠르게 진행되는 폐렴. ¶감염으로 인한 급성 폐렴이 회복된 환자가 길게는 1년 이상 여러 증상을 호소하는 현상이 이어졌다.

급통(急痛)[급통]명《한의》〈통증〉1. 죄어들거나 켕기면서 아픔. 2. 갑자기 몹시 아픔. ¶항암치료는 불을 통과하는 극통(極痛)이었다.

기갈통(飢渴痛)[기갈통]명《의학》〈통증〉'빈속 통증'의 전 용어.

기관지(氣管支)[기관지]명《의학》〈폐렴〉기관에서 좌우로 갈라져 허파에 이르는 기도의 한 부분. 심장의 위쪽 뒤에서 두 갈래로 갈라지며, 그 끝이 나뭇가지처럼 되어 허파 꽈리로 이어진다. 〈유〉숨관 가지 ¶기관지가 약한 나는 감기만 걸리면 기침이 심했다. / 얼마 전부터 이모는 기관지가 갑작스럽게 나빠져 늘 사랑방 아랫목에 누워서 나날을 보내고 있었다.

기관지 경련(氣管支痙攣)명구《의학》〈만성 하기도질환〉기관지 근육의 강직성 수축으로 기도 폐색이 일어나고 호흡 곤란 발작을 일으키는 증상. 기관지 천식 발작 시의 전형적 특징이다. ¶약물에 의한 기관지 경련은 기저질환으로 천식이 있는 경우 주로 발생하지만, 기도의 과민성 증가 또는 약물 알러지에 의해서도 나타날 수 있다.

기관지 농루증(氣管枝膿漏症)명구《의학》〈만성 하기도질환〉묽은 가래가 다량으로 나오고 점액이 고름 형태를 띤 만성 기관지염. ¶다량의 먼지를 흡입하는 것은 기관지 농루증을 일으킬 수 있다.

기관지 분비 억제제(氣管支分泌抑制劑)명구《약학》〈만성 하기도질환〉기관지의 분비를 억제하는 약물. 기관지 천식, 기관지 확장증, 만성 기관지염, 폐농양 따위에서 기관지 분비물이 많은 경우에 사용한다. 테레빈유, 유칼리유, 포수테르핀, 탄산과이어콜 따위가 있다. 〈유〉기관지 분비 억제약(氣管支分泌抑制藥) ¶수술 전 투약하는 약에는 진정제, 마약성 진통제, 기관지 분비 억제제가 있다.

기관지 연축(氣管支攣縮)명구《의학》〈만성 하기도질환〉기관지에 있는 평활

근육이 비정상적으로 수축하여 호흡기도가 좁아지는 것. 천식과 기관지염의 중요 증상이다. 가장 흔한 원인은 천식이며 그 외에 호흡기 감염, 만성 폐질환인 폐기종과 만성 기관지염, 과민성 쇼크, 약물에 대한 알러지 반응으로도 나타난다. ¶기관지 연축이 일어나면 숨을 쉴 때 쌕쌕거리는 소리가 난다.

기관지 원주(氣管支圓柱)명구《의학》〈만성 하기도질환〉작은 기관지 모양의 끈끈하고 진한 점액의 조각. 급성 천식 발작이 회복되면서 기침을 통해 뱉어 낸다. ¶기관지 원주는 드물지 않게 형성되지만 그 형성 원인은 여전히 불분명하다.

기관지 천식(氣管支喘息)명구《의학》〈만성 하기도질환〉/〈알레르기〉기관지가 과민하여 보통의 자극에도 기관지가 수축되고 점막이 부으며 점액이 분비되고 내강이 좁아져 숨쉬기가 매우 곤란해지는 병. 대개 새벽녘에 발작적으로 호흡 곤란이 오고 기침이 나며 가래가 나온다. 집 안의 먼지 속에 들어 있는 진드기, 꽃가루, 곰팡이, 동물의 털, 비듬 따위에 대한 알레르기 반응이 주원인이다. ¶기관지 천식 환자는 감기 후에 증상이 악화되기도 하며 달리기 등 운동 후에도 잘 나타나고 연탄불이나 담배 연기 등에 노출 후에도 증상이 나타난다.

기관지 폐렴(氣管支肺炎)명구《의학》〈폐렴〉허파를 이루는 대엽에는 염증이 퍼지지 아니하고 하나하나의 기관지에 대응하는 정도의 좁은 범위에 염증을 일으키는 가벼운 폐렴. 기침이나 가래도 비교적 적고 열도 높지 않은 편인데, 치료가 늦어지면 엽폐렴으로 진행하여 증상이 심해진다.〈유〉소엽성 폐렴 ¶브라질의 룰라 대통령이 인플루엔자 A로 인한 세균성 및 바이러스성 기관지 폐렴 진단을 받았다.

기관지 확장증(氣管支擴張症) 명구《의학》〈만성 하기도질환〉/〈폐렴〉기관지의 내강 일부가 확장되고 변형되는 병. 주머니 모양이나 원추 모양으로 확장된 내강에 가래가 고이기 쉽게 되고 거기에 세균이 감염되어 염증을 일으킨다.

선천적인 원인으로 발생하는 수도 있고 영아 또는 유아 무렵에 폐렴, 백일해, 홍역 따위에 걸린 뒤에 나타나기도 하며, 성인이 흉곽 성형술을 받은 뒤에 발생하기도 한다. ¶기관지 확장증은 폐 속의 큰 기도인 기관지가 과거의 심한 호흡기계 염증으로 손상을 입어 영구적으로 확장됨으로써 객담 배출 기능이 약해진 상태를 의미합니다. / 기관지 확장증의 주요 발병 대상은 젊은이로, 41~42%가 10대일 뿐만 아니라 64~69%가 20세가 되기 전에 발생한다.

기관지 흉막 폐렴(氣管支胸膜肺炎) 명구 《의학》〈폐렴〉 기관지를 중심으로 하는 폐렴의 한 형태. 〈유〉 기관지 가슴막 허파염

기관지암(氣管支癌)[기관지암] 명 《의학》〈암〉 기관지에 생기는 암. 40세 이후의 남성에게 많이 나타나는데, 기침이 나고 호흡이 거칠며 가슴이 아픈 증상을 보인다. ¶선천적으로 기관지 없이 태어났거나 기관지암이 발병하여 기관지를 제거해야 하는 경우에는 기관지를 대체할 인공 기관지가 필요할 것이다.

기능 심장 잡음(機能心腸雜音) 명구 《의학》〈심장 질환〉 심장에 병변이 없는데, 심장병처럼 심장에서 이상한 소리가 나는 것을 이르는 말. 씩씩, 퓽퓽, 앵앵 하면서 마치 팽이 돌아가는 소리나 줄이 튕겨지는 소리처럼 들리며, 어린아이들에게서 많이 들을 수 있는데 병적인 것은 아니다. ¶아이의 심장에서 이상한 소리가 나 병원에 가보니, 기능 심장 잡음이라고 의사 선생님께서 안심하라고 하셨다.

기능 심장 혈관병(機能心臟血管病) 명구 《의학》〈심장 질환〉 정신적인 원인으로 발생하는 심장 혈관 증상. 일반적으로는 비정상적인 심장 기능을 가리킨다.

기능성 소화 불량(機能性消化不良) 명구 《의학》〈위장병〉 기질적인 원인 없이 반사성, 신경성 따위가 원인이 되어 생기는 소화 불량.

기달(氣疸)[기달] 명 《한의》〈간 질환〉 담즙이 원활하게 흐르지 못하여 온몸과 눈 따위가 누렇게 되는 병. 온몸이 노곤하고 입맛이 없으며 몸이 여위게 된

다.〈유〉달기(疸氣), 달병(疸病), 달증(疸症), 황달(黃疸), 황달-병(黃疸病), 황병(黃病)

기도(氣道)[기도]명《의학》〈폐렴〉호흡할 때 공기가 지나가는 길. 콧구멍, 코안, 인두, 후두, 기관, 기관지로 이루어져 있다.〈유〉숨길 ¶잠자는 도중 기도를 통해 공기를 강제로 연속해서 밀어넣는 호흡장치는 효과 면에서 가장 탁월하다.

기름 흐름 습진(기름흐름濕疹)명구《의학》〈알레르기〉지루 피부에 주로 일어나는 만성 피부염. 비늘, 누런 딱지가 생기고 가렵다.〈유〉지루 습진

기생충 습진(寄生蟲濕疹)명구《의학》〈알레르기〉기생충 감염에 의하여 악화되는 습진성 발진.

기생충 알레르기(寄生蟲Allergie)명구《의학》〈알레르기〉기생충체나 거기에서 분비·배출이 되는 물질에 대하여 숙주의 면역 체계가 과잉 방어 기능을 하여 자신의 조직 세포에 장애를 주어 일어나는 이상 반응. 예를 들어, 회충에 의한 구충성 피부염, 밴크로프트사상충에 의한 발열과 오한 따위가 있다.

기생충 폐렴(寄生蟲肺炎)명구《의학》〈폐렴〉기생충 때문에 생기는 폐렴. ¶세균성이나 바이러스성 폐렴이 가장 흔하며, 진균(곰팡이) 또는 기생충(예: 폐흡충) 폐렴은 상대적으로 드문 편입니다.

기심통(氣心痛)[기심통]명《한의》〈통증〉가슴속에 기(氣)가 몰려서 찌르는 듯이 아프거나 아픈 곳을 누르면 통증이 덜해지고 맥(脈)이 힘이 없는 병증.

기아 요법(飢餓療法)명구《의학》〈당뇨〉일정 기간 동안 굶어서 생기는 기아 현상을 응용한 질병 치료법. 당뇨병, 위장병 따위의 치료에 쓴다.〈유〉단식-법(斷食法), 단식 요법(斷食療法), 절식 요법(絕食療法) ¶과식과 부절제로 생긴 병의 경우 기아 요법과 같이 반대되는 생활을 하면 병이 호전될 수 있다.

기억 장애(記憶障礙)명구《의학》〈알츠하이머〉뇌의 기질 장애로 일어나는 정

신병. 노인성 치매, 뇌매독, 만성 알코올 의존증 따위가 있다. 〈유〉 기질성정신병

기요통(氣腰痛)[기요통] 명 《한의》 〈통증〉 정신적인 원인으로 기혈이 잘 돌지 못하여 허리가 아픈 병. ¶기요통의 치료는 정신적 안정, 기혈 순화 개선 및 허리 강화가 기존 치료에 앞서 이루어져야 한다.

기좌 호흡(起坐呼吸) 명구 《의학》 〈만성 하기도질환〉 천식이나 심장병 때문에 정상적으로 숨을 쉬기가 어려울 때, 앉아서 몸을 앞으로 굽힌 채 숨을 쉬는 일. 〈유〉 앉아-숨쉬기, 좌위 호흡(左位呼吸) ¶만성 폐쇄성 폐질환 환자는 눕자마자 기좌 호흡을 느낄 수 있지만, 심부전 환자에게는 주로 눕고 난 뒤 수 시간 후에 기좌 호흡이 발생한다.

기질 뇌 증후군(器質腦症候群) 명구 《심리》 〈알츠하이머〉 충격, 알코올 의존증, 치매 따위로 사물이나 사상 따위를 기억하지 못하는 일. 심신 장애가 원인이 되지만 정상적인 사람에게도 생길 수 있다.

기체(氣滯)[기체] 명 《한의》 〈통증〉 체내의 기(氣) 운행이 순조롭지 못하여 어느 한곳에 정체되어 막히는 병리 현상. 또는 그로 인하여 나타나는 증상. 배가 더부룩하거나 통증이 있다. 〈유〉 기통(氣痛)

기침( )[기침] 명 《의학》 〈폐렴〉 기도의 점막이 자극을 받아 갑자기 숨소리를 터트려 내는 일. 목감기의 주된 증상 가운데 하나로, 마른기침과 젖은기침의 두 가지가 있다. ¶2주 이상 기침을 하거나 발열, 체중감소, 피로 등 증상이 지속되면 반드시 결핵 검사를 받아야 한다.

기통(氣痛)[기통] 명 《한의》 〈통증〉 체내의 기(氣) 운행이 순조롭지 못하여 어느 한곳에 정체되어 막히는 병리 현상. 또는 그로 인하여 나타나는 증상. 배가 더부룩하거나 통증이 있다. 〈유〉 기체(氣滯) ¶기통이 발생하는 원인으로는 정신적인 스트레스 이외에도 잘못된 생활습관, 기후나 환경적인 문제 등을 들 수 있다.

기허 복통(氣虛腹痛) 명구 《한의》 〈위장병〉 오랫동안 병을 앓거나 과로, 또는

음식 조절을 잘하지 못하여 중기(中氣)가 허해져서 생기는 복통.

기혈 응체 비통(氣血凝滯臂痛)(명구)《한의》〈통증〉기체(氣滯), 혈어(血瘀)로 팔이 아픈 증상. 앉거나 누워 있을 때 풍습(風濕)이 경락을 침습해 혈이 응결(凝結)하고 기가 몰리거나 잘 때 팔이 밖으로 나와 한사(寒邪)의 침습을 받거나 노화(怒火)로 일어난다. 흔히 갱년기의 여성들에게 많아 오십견(五十肩)이라고도 한다.

기후 요법(氣候療法)(명구)《의학》〈알레르기〉날씨가 몸에 미치는 영향을 이용하여 질병을 치료하는 방법. 일반적으로 산악 기후는 빈혈이나 결핵에 적합하고, 해안 기후는 알레르기 질환·류머티즘성 질환·구루병 따위에 적합하다고 한다. 〈유〉날씨 요법, 전지 요법, 기후 치료.

기흉(氣胸)[기흉](명)《의학》〈암〉/〈폐렴〉가슴막안에 공기가 차 있는 상태. 흉부 부상 또는 결핵이나 폐렴 따위로 허파의 표면에 구멍이 생기는 것이 원인이며, 폐가 수축하여 호흡 곤란 증상이 나타난다. 〈유〉공기가슴증 ¶기흉 치료의 원칙은 흉강 내에 있는 폐에서 누출된 공기를 제거하여 폐의 재팽창을 유도하고, 흉강을 효과적으로 폐쇄하여 재발을 방지하는 것입니다. / 신장암의 수술 후 합병증으로는 장폐색, 기흉, 주위장기 손상 등이 있다.

긴장 공기 심장 막증(緊張空氣心臟膜症)(명구)《의학》〈심장 질환〉심장막 안에 공기가 갑자기 늘어나 심장을 압박하는 상태. 급히 치유하지 않으면 생명이 매우 위험하다.

까진 위염(까진胃炎)(명구)《의학》〈위장병〉위 근육층의 관통 없이 압력이나 마찰로 벗겨지는 것 같은 옅은 궤양의 위염. 〈유〉미란 위염

깔따구 알레르기(깔따구Allergie)(명구)《의학》〈알레르기〉파리목 깔따굿과에 속하는 곤충에 대한 알레르기 반응.

꽃가루 달력(꽃가루달曆)(명구)《보건일반》〈알레르기〉기상청이 꽃가루 알레르기 예방을 위해 개발한 달력. 서울과 부산 등 전국 6개 지역의 꽃가루 자료를 분석해 위험도를 표시하였다. ¶기상청은 ○○학회가 1997~2007년 관측

한 자료를 토대로 알레르기 유발 식물별로 알레르기 발생 빈도를 조사해 매달 알레르기 발생 가능성을 '미약, 조심, 위험, 매우위험' 등 4가지로 분류해 표기하는 방식으로 꽃가루 달력을 제작했다.

꽃가루 알레르기(꽃가루Allergie)명구《의학》〈만성 하기도질환〉/〈알레르기〉 바람을 타고 대기 중에 날아다니는 꽃가루를 흡입하였을 때 일어나는 과민 면역 반응성 비염, 결막염, 기관지 천식 따위의 질병. 매년 일정한 계절이 되면 재채기, 콧물, 안구 충혈 따위의 증상이 나타난다.〈유〉화분 과민증 ¶꽃가루 알레르기를 예방하기 위해서는 꽃가루 수치가 높을 때는 되도록 실내에 머물면서 문과 창문을 닫아두는 것이 좋다. / 비염 환자는 해마다 봄철 꽃가루 알레르기에 시달린다.

꽃가룻병(꽃가룻病)[꼳까루뼝/꼳까룯뼝]명《의학》〈알레르기〉꽃가루가 점막을 자극함으로써 일어나는 알레르기. 결막염, 코염, 천식 따위의 증상이 나타난다.〈유〉건초열(乾草熱), 고초열(枯草熱), 화분병(花粉病), 화분증(花粉症) ¶산업혁명 이후 꽃가룻병의 발병률이 급속도로 증가해 현재는 가장 흔한 질환의 하나로 대두됐으나 아직까지 어떠한 이유로 꽃가룻병 발생이 증가했는지 밝혀지지 않았다.

한국어 질병 표현 어휘 사전

ㄴ

난독증(難讀症)[난독쯩]명《의학》〈알츠하이머〉지능, 시각, 청각이 모두 정상인데도 글자를 읽고 이해하는 데에 어려움이 있는 증상. ¶책을 잘 못 읽었던 그는 병원에서 난독증 판정을 받았다.

난소암(卵巢癌)[난소암]명《의학》〈암〉난소에 생기는 암을 통틀어 이르는 말. 50~70세에 제일 많이 발생하는데, 난소암 또는 유방암에 대한 병력이나 가족력이 있을 경우, 출산의 경험이 없을 경우에 발생률이 높아진다. ¶자궁 초음파 검사를 통해 자궁 내막의 변화를 관찰할 수 있고, 난소 낭종이나 난소암, 자궁 근종을 진단할 수 있다.

날씨 요법(날씨療法)명구《의학》〈알레르기〉날씨가 몸에 미치는 영향을 이용하여 질병을 치료하는 방법. 일반적으로 산악 기후는 빈혈이나 결핵에 적합하고, 해안 기후는 알레르기 질환·류머티즘성 질환·구루병 따위에 적합하다고 한다. 〈유〉기후 요법

납작심장증(납작心臟症)[납짝씸장쯩]명《의학》〈심장 질환〉심장 박동이 매우 느린 증상. 대개 성인에 있어서 맥박 수가 1분에 50회 이하인 경우를 이른다. 미주 신경의 자극 상태, 교감 신경의 마비 상태, 심장 내 중추의 자극이나 마비 따위에 의하여 일어난다. 〈유〉단심-증(短心症) ¶내 심장 박동은 친구들에 비해 느린 편인데, 알고 보니 납작심장증이었다.

낭성 기관지 확장증(囊性氣管支擴張症)명구《의학》〈만성 하기도질환〉배출 기관지보다 지름이 더 큰 막힌 주머니에서 기관지가 끝이 나는 기관지 확장증. ¶우리가 보고한 환자는 심한 낭성 기관지 확장증으로 인하여 종격동 내 비정상적 문합의 비대가 심한 환자였다.

내분비(內分泌)[내분비]명《의학》〈암〉몸 안에서 생긴 호르몬과 생물학적 활성 물질을 도관을 거치지 아니하고 직접 몸속이나 핏속으로 보내는 작용. ¶췌장은 췌관을 통해 십이지장으로 췌액을 보내는 외분비 기능과 호르몬을 혈관 내로 투입하는 내분비 기능을 함께 지니고 있다.

내암(嬭癌)[내암]명《한의》〈암〉유방암을 한방에서 이르는 말.

내인 천식(內因喘息)명구《의학》〈만성 하기도질환〉/〈알레르기〉기도(氣道)의 감염으로 인하여 생긴 천식. ¶내인 천식은 상부기도나 하부기도에 염증이 있을 경우 발작이 일어난다.

내장 좌우 바뀜증 동반 오른심장증(內臟左右바뀜症同伴오른心臟症)명구《의학》〈심장 질환〉선천적으로 좌우 장기의 위치가 바뀌고 심장이 오른쪽에 위치하는 증상. ¶내 동생은 태어날 때부터 내장 좌우 바뀜증 동반 오른심장증이었다.

내장 지방형 비만(內臟脂肪型肥滿)명구《의학》〈고혈압〉/〈당뇨〉복강 내 내장 사이사이에 지방이 존재하는 비만의 한 종류. 내장 지방이 많을수록 당뇨병, 심장병, 고혈압 등의 질환과 관련이 있다고 알려져 있다. ¶내장 지방형 비만인 사람들은 겉으로는 날씬해 보이지만 성인병의 고위험군이므로 관리를 해야 한다.

냅다( )[냅따]형〈통증〉연기로 인해 눈이나 목구멍이 쓰라린 느낌이 있다. ¶ "울기는 누가 울어요. 불을 피우느라고 내워서 그랬지." 하며, 눈물을 씻고 빙긋 웃는다.

냉심통(寒心痛)[냉:심통]명《한의》〈통증〉명치 부위가 은은히 아프면서 그 통증이 등에까지 뻗치고 손발이 찬 병.〈유〉한심통(寒心痛)

냉천(冷喘)[냉:천]명《한의》〈만성 하기도질환〉몸을 차게 하여 생기는 천식.〈유〉한천(寒喘) ¶"냉천은 찬 기운을 쐬여 발생한다.(冷喘則遇寒而發.)"

넙다리 신경 병증(넙다리神經病症)명구《의학》〈당뇨〉넙다리 신경의 손상으로 발생하는 신경 병증. 외상에 의하여 발생하기도 하지만, 허혈성이나 당뇨병 따위에서도 잘 나타난다. ¶넙다리 신경 병증이 외상이 아니라 종양에 의해 유발되는 것은 매우 드문 경우이나, 대장암 재발의 초기 증상으로 나타난 예도 존재한다.

네프로제(Nephrose)명《의학》〈당뇨〉콩팥의 토리에 이상이 있어 혈액 속의 단백질이 오줌 속에 다량으로 배출되며 몸이 붓는 병. 콩팥의 병 외에 당뇨병 같은 대사 이상(代謝異常), 전신성 에리테마토데스 따위가 원인이 된다. 〈유〉상피성 신장증(上皮性腎臟症), 신-증후군(腎症候群), 신장-증(腎臟症), 콩팥-증(콩팥症), 콩팥 증후군(콩팥症候群) ¶네프로제의 자각 증상으로는 전신 권태감, 식욕부진, 구역질과 구토, 복부의 통증, 두통 등이 있다.

노광(老狂)[노:광]명 〈알츠하이머〉늙은 나이에 상도(常道)에 벗어난 행동을 함. 〈유〉노망(老妄), 망령(妄靈) ¶일흔 넘어 젊은 후처를 얻으려 하니 노광이 아니고 무엇이겠소?

노년 기억(老年記憶)명구《의학》〈알츠하이머〉노인이나 치매에 걸린 환자에게 특징적으로 나타나는 것으로, 최근 일어난 사건과는 달리 먼 과거의 일에 대해서는 기억을 잘하는 증상.

노년병(老年病)[노:년뼝]명《의학》〈고혈압〉노인에게 잘 생기는 병을 통틀어 이르는 말. 동맥 경화증, 고혈압, 당뇨병, 중풍, 빈혈, 갱년기 장애, 노인성 치매, 변형성 관절염, 백내장 따위가 있다. 〈유〉노인-병(老人病) ¶고혈압을 잘 조절하면 가장 무서운 노년병으로 알려진 치매도 예방할 수 있다.

노년성 치매(老年性癡呆)명구《의학》〈알츠하이머〉고령자에게서 볼 수 있는 정신병의 하나. 뇌의 노화로 인하여 기억력, 이해력이 무디어지고 비이성적인 행동을 하게 된다. 〈유〉노인성 치매

노망(老妄)[노:망]명 〈알츠하이머〉늙어서 망령이 듦 또는 그 망령. 〈유〉노광(老狂), 망령(妄靈) ¶그 노인네 노망이 들어도 단단히 들었어. / 안적 그럴 낫새도 아닌디, 일찌감치 노망들랑개비지.

노인 고혈압(老人高血壓)명구〈고혈압〉노화 현상으로 혈관의 탄력이 줄고 딱딱하게 경직되면서 젊은 성인에 비하여 이완기 혈압은 낮고, 수축기 혈압만 높아지게 되는 고혈압 증상.

노인 천식(老人喘息)명구《의학》〈만성 하기도질환〉/〈알레르기〉40세 이상에서 발병하는 천식. 기관지 확장증을 기반으로 하여 기도(氣道)에 세균 감염이 생기는 일이 많다. ¶노인 천식 환자의 사망률은 55~59세 100,000명당

2.8명, 60~64세 4.8명으로 60세를 전후하여 평균 사망률의 두 배로 증가한다.

노인 치매(老人癡呆)명구《의학》〈알츠하이머〉고령자에게서 볼 수 있는 정신병의 하나. 뇌의 노화로 인하여 기억력, 이해력이 무디어지고 비이성적인 행동을 하게 된다.〈유〉노인성 치매

노인 폐기종(老人肺氣腫)명구《의학》〈만성 하기도질환〉노년기에 나타나는 생리적 위축으로 발생하는 공기증. ¶노인 폐기종의 주요 예방법 중 하나는 금연이다.

노인병(老人病)[노:인뼝]명《의학》〈고혈압〉노인에게 잘 생기는 병을 통틀어 이르는 말. 동맥 경화증, 고혈압, 당뇨병, 중풍, 빈혈, 갱년기 장애, 노인성 치매, 변형성 관절염, 백내장 따위가 있다.〈유〉노년-병(老年病) ¶그들은 노부모를 노인병 요양 기관에 맡겼다. / 나는 부모님의 노인병 치료 및 입원비를 보장하는 보험에 들었다.

노인성 치매(老人性癡呆)명구《의학》〈알츠하이머〉고령자에게서 볼 수 있는 정신병의 하나. 뇌의 노화로 인하여 기억력, 이해력이 무디어지고 비이성적인 행동을 하게 된다.〈유〉노년성 치매, 노인 치매

농기심장막(膿氣心腸膜)[농기심장막]명《의학》〈심장 질환〉심장막에 고름이나 공기가 차는 증상.〈유〉고름 공기 심장막증, 농심낭 기종, 심장막 고름 공기증

농심장막염(膿心漿膜炎)[농심장마겸]명《의학》〈심장 질환〉심막의 고름 염증.〈유〉농심낭-염(膿心囊炎)

농양(膿瘍)[농양]명《의학》〈암〉신체 조직의 한 부분에 고름염이 생기어, 그 부분의 세포가 죽고 고름이 몰려 있는 곳. ¶췌장암 수술 후 합병증으로 췌장과 공장 문합부의 누출, 농양, 복막염, 췌장염 등이 있다.

농태(弄胎)[농:태]명《한의》〈통증〉해산달에 이르러 며칠 동안 진통하는 일. 또는 이미 양수가 터져 나와서 배가 아프지만 해산은 진행되지 않는

일.〈유〉농통(弄痛)

농통(弄痛)[농ː통] 명《한의》〈통증〉해산달에 이르러 며칠 동안 진통하는 일 또는 이미 양수가 터져 나와서 배가 아프지만 해산은 진행되지 않는 일.〈유〉농태(弄胎)

뇌(腦)[뇌/눼] 명《의학》〈뇌졸중〉중추 신경 계통 가운데 머리뼈 안에 있는 부분. 대뇌, 사이뇌, 소뇌, 중간뇌, 다리뇌, 숨뇌로 나뉜다. 근육의 운동을 조절하고 감각을 인식하며, 말하고 기억하며 생각하고 감정을 일으키는 중추가 있다.〈유〉골, 뇌수, 두뇌, 머릿골, 수뇌 ¶뇌를 다치신 것 같아 걱정했습니다. / 그의 뇌는 곧 정상을 회복한다.

뇌 심장 근육염 바이러스(腦心臟筋肉炎virus) 명구《보건일반》〈심장 질환〉아프리카나 남아메리카 등에서 발견되는 엔테로바이러스 가운데 하나. 가벼운 무균성 수막염이나 뇌심근염을 일으킨다.〈유〉뇌심근염 바이러스 ¶뇌 심장 근육염 바이러스는 아주 무서운 바이러스 중 하나이다.

뇌 압박증(腦壓迫症) 명구《의학》〈뇌졸중〉머리 안이 좁아져서 뇌압이 높아지기 때문에 일어나는 뇌의 기능 장애. 외상에 의한 출혈, 골절, 수액(髓液)의 증가, 뇌막의 염증 따위가 주요 원인이며, 두통·구토·현기증·불면·혼수상태·하품 따위의 증상이 나타난다. ¶유동 혈액이 급속히 집중되면 뇌 압박증이 나타날 수 있다.

뇌 혈전 색전(腦血栓塞栓) 명구《의학》〈뇌졸중〉혈전이 뇌혈관을 폐색하여 그 근처의 영양 장애를 일으켜 발생하는 질환. 대부분은 심장 판막증, 세균성 심장 내막염, 부정맥 따위의 심장 질환을 동반한다.

뇌경색(腦梗塞)[뇌경색/눼경색] 명《의학》〈뇌졸중〉뇌에 혈액을 보내는 동맥이 막혀 혈액이 흐르지 못하거나 방해를 받아 그 앞쪽의 뇌 조직이 괴사(壞死)하는 병. 뇌혈전과 뇌색전이 있다.〈유〉뇌연화증, 허혈성 뇌혈관질환 ¶클림트는 1918년 뇌경색으로 쓰러져 오른쪽 팔다리를 자유롭게 쓸 수 없게 됐다.

뇌경질막(腦硬質膜)[뇌경질막/눼경질막]명《의학》〈뇌졸중〉뇌막 가운데 바깥층을 이루는 두껍고 튼튼한 섬유질막. 원래 경질막 층과 머리뼈의 속을 싸는 뼈막이 붙어서 두 층을 이룬다.〈유〉경막, 경뇌막

뇌교(腦橋)[뇌교/눼교]명《의학》〈뇌졸중〉중간뇌와 숨뇌 사이의 부분. 소뇌의 앞쪽에 있으며, 앞부분은 소뇌와 연결되는 섬유 다발에 의해 뇌줄기의 다른 부분보다 튀어나와 있다.〈유〉다리뇌

뇌내출혈(腦內出血)[뇌내출혈/눼내출혈]명《의학》〈고혈압〉/〈뇌졸중〉뇌의 동맥이 터져서 뇌 속에 혈액이 넘쳐흐르는 상태. 고혈압이 그 주된 원인으로, 출혈이 되면 갑자기 의식을 잃고 쓰러져 코를 골며 자는 것 같다가 그대로 죽는 수가 많으며, 의식이 회복되더라도 손발이나 얼굴의 마비, 언어 장애와 같은 후유증이 있다.〈유〉뇌속출혈, 뇌출혈

뇌동맥(腦動脈)[뇌동맥/눼동맥]명《의학》〈뇌졸중〉뇌수에 분포하여 심장의 피를 뇌로 운반하는 동맥.〈유〉대뇌 동맥 ¶뇌경색의 주된 원인은 콜레스테롤의 침착에 기인한 뇌동맥의 경화이다. 뇌동맥 혈관 일부가 꽈리 모양으로 부풀어 있다가 터져 위급하게 된 상태지. / 과거에는 뇌동맥이 터졌다면 죽는 수밖에 없었을 거야.

뇌동맥 경화증(腦動脈硬化症)명구《의학》〈알츠하이머〉뇌를 순환하는 동맥의 흐름에 장애가 있어 나타나는 증상. 건망증, 현기증, 두통, 귀울림 따위의 증상으로 시작되어, 심하면 치매가 되기도 한다.

뇌동맥 자루(腦動脈자루)명구《의학》〈뇌졸중〉뇌동맥의 일부가 혹처럼 불룩해진 것. 선천적으로 뇌동맥이 약하거나 뇌동맥 경화, 세균 감염, 머리 외상, 뇌매독 따위가 원인이 되며, 터지면 거미막밑 출혈이나 뇌출혈의 원인이 된다.〈유〉뇌동맥류

뇌동맥류(腦動脈瘤)[뇌동맹뉴/눼동맹뉴]명《의학》〈뇌졸중〉뇌동맥의 일부가 혹처럼 불룩해진 것. 선천적으로 뇌동맥이 약하거나 뇌동맥 경화, 세균 감염, 머리 외상, 뇌매독 따위가 원인이 되며, 터지면 거미막밑 출혈이나 뇌출

혈의 원인이 된다. 〈유〉 뇌동맥 자루 ¶뇌동맥류는 보통 24시간 내 재출혈이 잘 일어나므로 심한 두통 후 아무 일도 없다고 해서 무심히 지나치지 말고 반드시 신경외과의사의 정밀진단을 받아보는 것이 필요하다. / 뇌동맥류도 한번 파열하면 사망률이 50%에 이르고, 재출혈되면 70%로 올라가는 치명적인 질환이다.

뇌동맥류 파열(腦動脈瘤破裂)명구《의학》〈뇌졸중〉혈관의 내탄력층과 중막에 생긴 손상으로 뇌동맥의 일부가 혹처럼 불룩해진 것이 파열하는 증상. 이는 거미막밑 출혈이나 뇌출혈의 원인이 된다. ¶뇌동맥류 파열은 가장 흔한 질환의 하나로, 갑자기 심한 두통에 뇌졸중인지 모르고 진통제만 복용했다가 재출혈돼 사망할 수 있다.

뇌동정맥 기형(腦動靜脈奇形)명구《의학》〈뇌졸중〉뇌의 순환 계통에서 동맥과 정맥 사이에 크기가 서로 다르게 기형적으로 생기는 혈관. ¶뇌동맥류가 노인에게 호발된다면 뇌동정맥 기형과 모야모야병은 원래부터 젊은 사람에게 흔한 뇌졸중이다.

뇌두통(雷頭痛)[뇌두통/눼두통]명《한의》〈통증〉눈병의 하나. 눈에 열독(熱毒)이 들어가 눈이 아프고 부시며 눈물이 나고 눈동자가 커졌다 작아졌다 하여 잘 보이지 않으며 두통이 심하다.

뇌막 출혈(腦膜出血)명구《의학》〈뇌졸중〉뇌를 싸고 있는 얇은 껍질인 뇌막 속의 혈관이 터져 뇌막 수강(髓腔) 안에 피가 나오는 병. 갑자기 머리가 아프고 토하며, 현기증을 일으켜 의식을 잃고 쓰러진다.

뇌빈혈(腦貧血)[뇌빈혈/눼빈혈]명《의학》〈뇌졸중〉뇌의 혈액 순환이 일시적으로 나빠져서 뇌에 산소와 영양분이 충분히 공급되지 못하는 상태. 기분이 나빠지고 얼굴이 창백해지며, 식은땀을 흘리고 실신하기도 한다. ¶어지러움은 일시적인 뇌빈혈의 증상으로 볼 수 있기 때문에 두근거림에 따라서 어지러움증이 일어나기도 한다.

뇌색전(腦塞栓)[뇌색쩐/눼색쩐]명《의학》〈뇌졸중〉뇌 이외의 부위에서 생긴 혈전, 세균, 종양, 지방 따위의 덩어리가 혈액 속에 흘러들어서 뇌의 동맥을 막아 버리는 일. 심장 기능의 저하로 심장에서 생긴 혈전이 뇌의 동맥을 막는 경우가 가장 많으며, 그 밖에 외상이나 골절 따위로 인한 것도 있다.

뇌색전증(腦塞栓症)[뇌색전쯩/눼색전쯩]명《의학》〈뇌졸중〉뇌 이외의 부위에서 생긴 혈전이나 색전이 뇌의 혈관에 흘러들어 혈관이 막힘으로써 발생하는 질환. 대부분은 심장 질환을 가진 사람의 합병증으로 나타나며, 급격한 발작과 운동 마비, 지각 마비 등을 일으키고 몇 초에서 일 분 사이에 증세가 극도로 심해지고 정신을 잃기도 한다.〈유〉뇌전색증

뇌속출혈(腦속出血)[뇌속출혈/눼속출혈]명《의학》〈고혈압〉/〈뇌졸중〉뇌의 동맥이 터져서 뇌 속에 혈액이 넘쳐흐르는 상태. 고혈압이 그 주된 원인으로, 출혈이 되면 갑자기 의식을 잃고 쓰러져 코를 골며 자는 것 같다가 그대로 죽는 수가 많으며, 의식이 회복되더라도 손발이나 얼굴의 마비, 언어 장애와 같은 후유증이 있다.〈유〉뇌내출혈(腦內出血), 뇌출혈(腦出血)

뇌속출혈(腦속出血)[뇌속출혈/눼속출혈]명《의학》〈고혈압〉뇌의 동맥이 터져서 뇌 속에 피가 새어 나와서 몸이 마비되거나 심하면 죽게 되는 병.〈유〉뇌-내출혈(腦內出血), 뇌-일혈(腦溢血), 뇌-출혈(腦出血)

뇌수(腦髓)[뇌수/눼수]명《의학》〈뇌졸중〉중추 신경 계통 가운데 머리뼈안에 있는 부분. 대뇌, 사이뇌, 소뇌, 중간뇌, 다리뇌, 숨뇌로 나뉜다. 근육의 운동을 조절하고 감각을 인식하며, 말하고 기억하며 생각하고 감정을 일으키는 중추가 있다.〈유〉뇌 ¶미라를 만들 때 드릴로 두개골에 개구를 파고 뇌수를 적출한다.

뇌실(腦室)[뇌실/눼실]명《의학》〈뇌졸중〉뇌척수액으로 채워져 있는, 뇌 안의 빈 곳. 대뇌 반구의 좌우에 바깥쪽 뇌실, 사이뇌 부분에 셋째 뇌실, 다리뇌와 숨뇌 그리고 소뇌 사이에 넷째 뇌실이 있다.

뇌실 뇌 뇌내출혈(腦室內腦內出血)명구《의학》〈뇌졸중〉뇌 조직 안에서 일어나는 출혈. 뇌종양이나 자연적으로 발생한 뇌졸중에 의하여 일어난다.

뇌심근염(腦心筋炎)[뇌심근념/눼심근념] 명《의학》〈심장 질환〉뇌염이나 심장 근육염의 염증을 수반하는 바이러스성 질병. 특히 어린이에게서 많이 볼 수 있다.

뇌압 항진(腦壓亢進) 명구《의학》〈뇌졸중〉뇌척수 공간의 내압(內壓)이 높아지는 일. 뇌출혈, 물뇌증, 뇌종양, 수막염 따위에서 볼 수 있는데, 구토·두통·의식 장애가 있고 맥이 느려진다.

뇌압 항진 징후(腦壓亢進徵候) 명구《의학》〈뇌졸중〉머리 안의 압력이 높아져서 생기는 증상. 두통·구역·유두의 부기 따위로, 뇌종양이나 뇌출혈 등이 있을 때 나타난다.

뇌연화증(腦軟化症)[뇌연화쯩/눼연화쯩] 명《의학》〈뇌졸중〉뇌에 혈액을 보내는 동맥이 막혀 혈액이 흐르지 못하거나 방해를 받아 그 앞쪽의 뇌 조직이 괴사(壞死)하는 병. 뇌혈전과 뇌색전이 있다.〈유〉뇌경색. ¶그는 넘어지면서 이마를 부딪쳐 그 충격으로 안와전두엽에 뇌연화증이 발생했다.

뇌일혈(腦溢血)[뇌일혈/눼일혈] 명《의학》〈뇌졸중〉'뇌내출혈'의 전 용어. ¶숨통이 조여 호흡을 할 수가 없었고, 이렇게 질식해서 죽는다면 남들은 뇌일혈이나 심장 마비로 죽었다고 말하리란 생각이 들기도 했다. / 뇌일혈로 쓰러졌다가 회복되면서 왼쪽이 마비될 초기만 해도 움직일 때가 아니면 그의 불수를 눈치챌 수 없었다.

뇌전색(腦栓塞)[뇌전색/눼전색] 명《의학》〈뇌졸중〉'뇌색전'의 전 용어.

뇌전색증(腦栓塞症)[뇌전색쯩/눼전색쯩] 명《의학》〈뇌졸중〉뇌 이외의 부위에서 생긴 혈전이나 색전이 뇌의 혈관에 흘러들어 혈관이 막힘으로써 발생하는 질환. 대부분은 심장 질환을 가진 사람의 합병증으로 나타난다. 운동 마비, 지각 마비 등을 일으키며, 발작이 시작되면 몇 초에서 일 분 사이에 증세가 극도로 심해진다.〈유〉뇌색전증

뇌전증(腦電症)[뇌전쯩/눼전쯩] 명《의학》〈뇌졸중〉경련을 일으키고 의식 장애를 일으키는 발작 증상이 되풀이하여 나타나는 병. 유전적인 경우도 있으

나 외상(外傷), 뇌종양 따위가 원인이 되어 나타나기도 한다.

뇌졸중(腦卒中)[뇌졸쭝/눼졸쭝] 명 《의학》〈고혈압〉/〈뇌졸중〉 뇌에 혈액 공급이 제대로 되지 않아 손발의 마비, 언어 장애, 호흡 곤란 따위를 일으키는 증상. 뇌동맥이 막히거나, 갑자기 터져 출혈한 혈액이 굳어져 혈관을 막고 주위 신경을 압박하여 여러 가지 신경 증상이 나타나게 된다. 〈유〉 뇌중풍, 뇌혈관질환 ¶오랜 기간 이어온 잘못된 '목 스트레칭 습관'이 뇌졸중을 유발하기도 한다. / 뇌졸중으로 인한 후유장애가 심한 경우 정상으로 되돌리긴 어렵지만, 적극적인 재활치료로 일상생활에 지장이 없도록 할 수는 있다.

뇌줄기 출혈(腦줄기出血) 명구 《의학》〈뇌졸중〉 다리뇌와 중간뇌의 출혈. 갑자기 팽창하는 머리뼈 안 병터로 인하여 천막 경유 뇌탈출로 뇌줄기가 비틀려 발생한다.

뇌중풍(腦中風)[뇌중풍/눼중풍] 명 《의학》〈뇌졸중〉 뇌에 혈액 공급이 제대로 되지 않아 손발의 마비, 언어 장애, 호흡 곤란 따위를 일으키는 증상. 뇌동맥이 막히거나, 갑자기 터져 출혈한 혈액이 굳어져 혈관을 막고 주위 신경을 압박하여 여러 가지 신경 증상이 나타나게 된다. 〈유〉 뇌졸중 ¶이 여성은 피피에이(PPA) 성분 75mg이 포함된 약을 하루 한 알씩 열흘간 복용한 뒤 뇌중풍을 일으켰다.

뇌진탕(腦震蕩)[뇌진탕/눼진탕] 명 《의학》〈뇌졸중〉 머리를 부딪치거나 하여 의식을 잃었지만 뇌가 손상되지 않아 금방 정상 상태로 회복되는 가벼운 머리 외상. 의식을 회복한 뒤 건망 증상을 보이는 경우가 흔히 있다. ¶범퍼에 받혀 졸도했을 때 그는 머리를 포도에 부딪쳐 뇌진탕을 일으켰던 것이다. / 사인은 뇌진탕이요, 그 외에 두개골 한 군데가 바스러지고, 갈비뼈 네 대가 부러지고 한 것 말고, 대소 타박상이 스무 군데나 넘는다고 했다.

뇌척수 심근염(腦脊髓心筋炎)[뇌척쑤심근념/눼척쑤심근념] 명구 《의학》〈심장 질환〉 '뇌심근염'의 전 용어.

뇌척수막(腦脊髓膜)[뇌척쑤막/눼척쑤막] 명 《의학》〈뇌졸중〉 뇌와 척수를 둘

러싸고 있는 세 층의 막. 바깥쪽부터 경질막, 거미막, 연질막이 있다. 〈유〉 수막

ㄴ

뇌출혈(腦出血)[뇌출혈/눼출혈] 명 《의학》〈고혈압〉/〈뇌졸중〉 뇌의 동맥이 터져서 뇌 속에 혈액이 넘쳐 흐르는 상태. 고혈압이 그 주된 원인으로, 출혈이 되면 갑자기 의식을 잃고 쓰러져 코를 골며 자는 것 같다가 그대로 죽는 수가 많으며, 의식이 회복되더라도 손발이나 얼굴의 마비, 언어 장애와 같은 후유증이 있다. 〈유〉 뇌내출혈, 출혈성 뇌혈관질환 ¶그는 근무 도중 뇌출혈로 쓰러진 뒤 세상을 떠났다. / 할머니께서는 뇌출혈로 쓰러지신 후 생사를 헤매다가 다행히 회복이 되시긴 했으나, 그 후유증으로 몸을 움직일 수 없게 되셨다. / 뇌출혈은 한창 일하는 중년에게 많이 생긴다.

뇌출혈 발작 증후군(腦出血發作症候群) 명구 《의학》〈뇌졸중〉 뇌의 어떤 부분에 혈액 공급량이 줄어들거나, 또는 뇌출혈에 의하여 생기는 증후군. 출혈, 색전, 혈전, 동맥류 파열 따위와 같은 뇌의 급성 혈관 병변에 의하여 급성으로 발병하여 뇌경색을 보인다. 몸의 한쪽이나 양쪽 모두가 일시적 또는 영구히 마비되며, 말하거나 음식을 먹기도 힘들어지고 몸을 마음대로 움직일 수 없게 된다. 〈유〉 졸중 증후군, 중풍 증후군

뇌타박상(腦打撲傷)[뇌타박쌍/눼타박쌍] 명 《의학》〈뇌졸중〉 외부의 충격으로 뇌가 손상되어 뇌의 조직이 뭉그러진 상태. 의식 장애·운동 마비·경련 발작 따위가 일어나고, 치유된 경우에도 마비·실어·시력 장애와 같은 후유증이 남는 일이 많다.

뇌하수체 출혈((腦)下垂體出血) 명구 《의학》〈뇌졸중〉 뇌하수체의 출혈성 괴사를 수반하는 발작성의 대량 변성으로서 하수체 종양의 경우에 발생하며, 두통·시력장애·착란·혼수 등의 증후가 나타난다.

뇌혈관(腦血管)[뇌혈관/눼혈관] 명 《의학》〈뇌졸중〉 뇌 속을 흐르는 혈관. ¶조영제를 주입하여 두부를 촬영한 결과 뇌혈관이 터져 피가 약간 샌 흔적이 나타났으나 혈종은 대단치 않아…. / 뇌출혈을 위시한 뇌혈관의 병이 우리

나라에 꽤 많다고 한다.

뇌혈관 사고(腦血管事故)명구《의학》〈뇌졸중〉출혈, 색전증, 혈전증, 동맥류 파열 따위로 인한 뇌의 급성 혈관 질환에 의하여 갑자기 발생하는 상태. 반신 불완전 마비, 현기증, 무감각, 언어 상실증, 조음 장애 따위가 나타난다.〈유〉시브이에이(CVA)

뇌혈관 질환(腦血管疾患)명구《의학》〈뇌졸중〉뇌혈관이 터지거나 막혀서 나타나는 증상. 뇌내출혈, 뇌중풍, 뇌경색 따위가 이에 해당한다. ¶뇌졸중은 주로 50대 이후에 발병하는데 통계청에 따르면 뇌혈관 질환이 사망 원인 중 세 번째다. / 과로사는 직업성 스트레스로 인한 심장 및 뇌혈관 질환에서 기인하는 것으로 추정된다.

뇌혈관 질환자(腦血管疾患者)명구《의학》〈뇌졸중〉뇌내출혈, 뇌중풍, 뇌경색 따위와 같은 뇌혈관 질환을 앓고 있는 사람. ¶성인 뇌의 특정 부위에 존재하는 신경 줄기세포를 통해 뇌성 마비와 같은 뇌혈관 질환자의 신경 재생 및 기능 회복을 유도하는 내용의 동물 실험이 성공적으로 진행됐다. / 보건복지부는 지난 2006년부터 암 환자와 수술을 하는 심장 및 뇌혈관 질환자에 대한 의료 보험을 확대 적용하고 그동안 제한되어 왔던 항암제의 보험 적용을 대폭 늘려 왔다.

뇌혈관병(腦血管病)[뇌혈관뼝/눼혈관뼝]명《의학》〈뇌졸중〉뇌혈관이 파열하거나 막혀서 생긴 병.

뇌혈류(腦血流)명《의학》〈뇌졸중〉뇌혈관 속의 피의 흐름. ¶뇌경색이 발생한 경우 골든타임 내에 뇌혈류를 재개통하는 것이 중요하다. / 뇌혈류를 개선하는 데 걷기 운동이 큰 도움이 되는 것으로 나타났다.

뇌혈전(腦血栓)명《의학》〈뇌졸중〉뇌혈관 속에 피가 굳어져 이루어진 핏덩이. 또는 그렇게 되는 현상.〈유〉뇌혈전증

뇌혈전증(腦血栓症)[뇌혈쩐쯩/눼혈쩐쯩]명《의학》〈고혈압〉/〈뇌졸중〉경화된 뇌의 동맥에 혈전이 생겨서 혈관을 막아 생기는 병. 고혈압, 당뇨병, 고

지질 혈증, 아교질병 따위의 질병을 가진 사람에게 일어나기 쉬우며, 얼굴과 손발의 마비, 언어 상실증, 의식 장애 따위의 증상을 보인다.

눈 염증(눈炎症)명구《의학》〈알레르기〉눈의 깊은 조직에 생기는 염증. 또는 고름을 동반하는 심한 결막염.

눈알 심장 반사(눈알心臟反射)명구《의학》〈심장 질환〉눈알을 누르거나 눈 밖 근육을 당기는 것과 연관되는 맥박의 감소. 어린이들에게서 특히 민감하게 나타나며, 비수축 심장 정지를 야기할 수 있다.〈유〉안구 심장 반사(眼球心臟反射)

느글거리다( )[느글거리다]동〈통증〉(사람의 속이) 자꾸 메스꺼워 곧 토할 듯하다.〈유〉느글느글하다, 느글대다 ¶뚫린 구멍에다 수류탄을 까 넣어 기분 나쁜 금속성 폭음이 바위 밑을 흔들었고 들큼한 화약 냄새에 배 속이 느글거렸다.

느글느글하다( )[느글느글하다]동형〈통증〉(사람의 속이) 자꾸 메스꺼워 곧 토할 듯하다. / (사람의 속이나 기분 또는 어떤 냄새나 맛이) 먹은 것이 잘 내려가지 않아서 곧 토할 듯이 아주 메스껍다.〈유〉느글거리다, 느글대다 ¶빈 속에 기름기 있는 음식을 먹었더니 뱃속이 느글느글했다. / 한동안 느글느글한 양식만 먹다 보니 김치 생각이 간절하였다.

느글대다( )[느글대다]동〈통증〉(사람의 속이) 자꾸 메스꺼워 곧 토할 듯하다.〈유〉느글거리다, 느글느글하다 ¶속이 비계 덩어리를 삼킨 것처럼 느글대서 견디기 힘들었다.

느린맥박(느린脈搏)[느린맥빡]명《의학》〈고혈압〉보통 1분간의 맥박 수가 60 이하인 경우의 맥박. 심장 근육염, 심장 동맥 경화증, 고혈압, 황달 따위의 병에서 흔히 볼 수 있고, 그 밖에 운동선수에게서도 볼 수 있다.〈유〉서맥(徐脈) ¶우리나라 노인 심장병 환자 대다수가 느린맥박에 대해 인식이 낮은 것으로 조사됐다.

늑간 신경통(肋間神經痛)명구《의학》〈폐렴〉늑간 신경이 분포하고 있는 부분에 통증이 느껴지는 병. 척추뼈의 병이나 띠 헤르페스가 원인인 경우가 많고 가슴막염, 폐렴, 폐암 따위와 관련된 경우도 있다. ¶과거 엑스재팬의 보컬 토시(TOSH)가 늑간 신경통 때문에 가수 활동을 중단했던 적이 있다. / 갈비뼈와 앞가슴 부위가 찌릿하면서 통증이 지속된다면 늑간 신경통을 의심해야 한다.

능인(菱仁)[능인]명《한의》〈당뇨〉마름의 열매를 한방에서 이르는 말. 더위 때문에 가슴이 답답하면서 갈증이 나는 데와 소갈 따위에 쓴다. ¶능인은 주로 껍질을 벗긴 알맹이를 가루로 내어 꿀에 섞어 먹거나, 밥·죽·떡을 만들어 먹음으로써 양식을 대신하기도 했다.

니글거리다( )[니글거리다]동〈통증〉(사람의 속이) 먹은 것이 내려가지 않고 자꾸 메스꺼워 곧 토할 듯하다.〈유〉니글니글하다, 니글대다 ¶어제 과음을 해서 아직도 속이 니글거린다. / 기름 냄새를 계속 맡았더니 속이 니글거린다.

니글니글하다( )[니글니글하다]동형〈통증〉(사람의 속이) 먹은 것이 내려가지 않고 자꾸 메스꺼워 곧 토할 듯하다. / (사람의 속이나 기분 또는 어떤 냄새나 맛이) 먹은 것이 잘 내려가지 않아서 곧 토할 듯이 아주 메스껍다.〈유〉니글거리다, 니글대다 ¶입덧이 심한 지애는 상대방이 먹는 모습을 보니 금세 속이 니글니글했다. / 아버지는 버터 냄새가 니글니글하다며 고개를 저으셨다.

니글대다( )[니글대다]동〈통증〉(사람의 속이) 먹은 것이 내려가지 않고 자꾸 메스꺼워 곧 토할 듯하다.〈유〉니글거리다, 니글니글하다 ¶밥을 허둥지둥 급하게 먹었더니 속이 니글대서 참을 수가 없었다.

한국어 질병 표현 어휘 사전
ㄷ

다가 알레르기(多價Allergie)명구《의학》〈알레르기〉개체에 특정 자극을 가함으로써 다른 자극에 과민한 반응을 일으키는 상태.〈유〉이상 초과민

다경색 치매(多硬塞癡呆)명구《의학》〈알츠하이머〉여러 개의 작은 뇌졸중(腦卒症)이 와서 단계적인 황폐(荒廢)의 과정을 밟았거나, 대뇌혈관질환(大腦血管疾患)으로 일부의 기능에만 지장을 주는 작은 신경학적 결손이 여기저기 분포되어 있어서 생기는 치매.

다뇨증(多尿症)[다뇨쯩]명《의학》〈당뇨〉오줌의 분비와 배설이 병적으로 많은 증상. 액체를 너무 많이 섭취하여 오는 일시적인 식이성(食餌性) 다뇨증 외에, 콩팥 기능 부족, 당뇨병, 요붕증(尿崩症) 따위에서 지속적으로 나타난다. ¶카페인 음료 및 수분 과다 보충 등에 따른 다뇨증은 생활습관 교정으로 개선할 수 있으나, 질환의 영향으로 일상생활에 지장을 주는 다뇨증은 진료와 결과에 따른 적절한 치료가 필요하다.

다리뇌(다리腦)[다리뇌/다리눼]명《의학》〈뇌졸중〉중추 신경 계통 가운데 머리뼈 안에 있는 부분. 대뇌, 사이뇌, 소뇌, 중간뇌, 다리뇌, 숨뇌로 나뉜다. 근육의 운동을 조절하고 감각을 인식하며, 말하고 기억하며 생각하고 감정을 일으키는 중추가 있다.〈유〉뇌

다리뇌 출혈(다리腦出血)명구《의학》〈뇌졸중〉〈고혈압〉다리뇌 실질에 생긴 출혈. 고혈압 환자에게서 일어난다.

다발 부위에 국한된 뇌 내출혈(多發部位에局限된腦內出血)명구《의학》〈고혈압〉주로 고혈압으로 인하여 뇌 실질 속의 혈관이 여러 부위에서 터져 출혈이 일어나는 일. 주된 증상은 중심 신경 결손, 급작스러운 두통, 오심, 의식 불명 따위이다.〈유〉다발 부위에 국한된 뇌속 출혈

다발 부위에 국한된 뇌속 출혈(多發部位에局限된腦속出血)명구《의학》〈고혈압〉/〈뇌졸중〉주로 고혈압으로 인하여 뇌 실질 속의 혈관이 여러 부위에서 터져 출혈이 일어나는 일. 주된 증상은 중심 신경 결손, 급작스러운 두통, 오심, 의식 불명 따위이다.〈유〉다발 부위에 국한된 뇌 내출혈

다음다갈증(多飮多渴症)[다음다갈쯩] 명 《의학》〈당뇨〉지나치게 목말라하며 물을 많이 마시는 증상. 요붕증이나 당뇨병 환자에게서 볼 수 있다.〈유〉다음-증(多飮症)

다이아진(diazine) 명 《약학》〈폐렴〉폐렴 구균, 연쇄상 구균 따위의 세균성 질환 치료에 효과가 있는 설파제. 흰색이나 옅은 황색의 결정성 가루로 부작용이 적으며, 폐렴·임질·고름증 따위의 치료에 쓴다.〈유〉설파다이아진 ¶종근당약국이 만든 첫 약품은 바셀린에 다이아진 분말을 혼합해 튜브에 넣은 다이아졸 연고였다.

단백뇨 당뇨병(蛋白尿糖尿病) 명구 《의학》〈당뇨〉당뇨병 환자에서 신장 기능이 저하되어 오줌에 단백질이 섞여 나오는 상태. ¶당뇨병이 오랫동안 지속되면서 신장의 혈액 여과를 담당하는 사구체가 손상되는 바람에 합병증으로 단백뇨 당뇨병을 앓게 되었다.

단순 위염(單純胃炎) 명구 《의학》〈위장병〉증상이 가벼운 급성 위염의 하나.

단순 치매(單純癡呆) 명구 《의학》〈알츠하이머〉나이가 들면서 점차 지적 능력이 약해지는 지적 장애의 하나. 대뇌 겉질의 광범한 위축과 관련되어 있다.

단편적 건망(증)(斷片的健忘(症)) 명구 《의학》〈알츠하이머〉물건을 둔 장소나 약속 장소, 시간 등 단편적인 정보를 잊어버리는 일시적 기억 장애.

단풍 당뇨병(丹楓糖尿病) 명구 《의학》〈당뇨〉신생아에게 나타나는 선천성 아미노산 대사 이상의 하나. 분지 아미노산의 대사가 정상적으로 일어나지 않아 혈중 발린, 류신, 이소류신의 농도가 증가하는 질환이다. 생후 첫째 주에서 둘째 주에 포유 곤란, 무호흡 발작, 구토 따위의 증상이 나타나며 심각한 지능 저하를 초래한다. 소변이나 땀에서 단풍나무 시럽 냄새가 나는 것이 특징이다.〈유〉단풍 당뇨증(丹楓糖尿症), 단풍나무 시럽병(丹楓나무syrup病), 매플시럽요-증(maple syrup尿症), 메이플시럽요-증(maple syrup尿症), 카에데 당뇨증(kaede[楓]糖尿症), 풍 당뇨증(楓糖尿症) ¶단풍 당뇨병은 치료하지 않으면 정신지체, 신체적 불구, 사망을 유발하는 드문 유전질환이다. / 단풍 당뇨병은 1954년 Menkes에 의해 처음으로 기술되었으며, 모든 인종에서 발현되고 발생빈도는 225,000명당 1명이다.

달기(疸氣)[달기]명《한의》〈간 질환〉담즙이 원활하게 흐르지 못하여 온몸과 눈 따위가 누렇게 되는 병. 온몸이 노곤하고 입맛이 없으며 몸이 여위게 된다.〈유〉기달(氣疸), 달병(疸病), 달증(疸症), 황달(黃疸), 황달-병(黃疸病), 황병(黃病)

달병(疸病)[달뼝]명《한의》〈간 질환〉담즙이 원활하게 흐르지 못하여 온몸과 눈 따위가 누렇게 되는 병. 온몸이 노곤하고 입맛이 없으며 몸이 여위게 된다.〈유〉기달(氣疸), 달기(疸氣), 달증(疸症), 황달(黃疸), 황달-병(黃疸病), 황병(黃病)

달증(疸症)[달쯩]명《한의》〈간 질환〉담즙이 원활하게 흐르지 못하여 온몸과 눈 따위가 누렇게 되는 병. 온몸이 노곤하고 입맛이 없으며 몸이 여위게 된다.〈유〉기달(氣疸), 달기(疸氣), 달병(疸病), 황달(黃疸), 황달-병(黃疸病), 황병(黃病)

담(痰)[담ː]명《의학》/《한의》〈폐렴〉허파에서 후두에 이르는 사이에서 생기는 끈끈한 분비물. 잿빛 흰색 또는 누런 녹색의 차진 풀같이 생겼으며 기침 따위에 의해서 밖으로 나온다. / 몸의 분비액이 큰 열(熱)을 받아서 생기는 병을 통틀어 이르는 말. 담의 생성 원인에 따라 풍담, 열담 따위로 나눈다.〈유〉가래 /〈유〉담병

담 걸리다( )동구〈통증〉일시적으로 근육이 경직되거나 기혈순환이 막혀 생기는 병증. ¶목에서는 담이나 걸린 듯이 가랑가랑하는 소리가 모기소리만큼 났다.

담궐 두통(痰厥頭痛)명구《한의》〈통증〉담(痰)으로 인하여 생기는 두통. 기운이 없고 어질어질하며 속이 메스껍다. ¶위장 운동성이 저하되면서 발생하는 위장 담적병 증상 중 하나로 담궐 두통이 나타날 수 있다.

담낭(膽囊)[담낭]명《의학》〈암〉간에서 분비되는 쓸개즙을 일시적으로 저

장·농축하는 주머니. 샘창자 안에 음식물이 들어오면 쓸개즙을 내어 소화를 돕는다. 〈유〉쓸개 ¶담낭·담석의 진단은 초음파가 가장 많이 이용되는데, 진단율이 95%로 높고 검사하기가 비교적 쉽다.

담도(膽道)[담도]명《의학》〈암〉간과 쓸개에서 쓸개즙을 받아 샘창자로 보내는 관을 통틀어 이르는 말. 간관, 쓸개주머니관, 온쓸개관으로 이루어져 있다. ¶쓸개도 나이 들면 각종 병을 앓는데 담석증을 비롯하여 담낭이나 담도에 암이 생기기도 한다.

ㄷ

담석(膽石)[담석]명《의학》〈암〉쓸개나 쓸갯길에 생긴 돌. ¶담낭·담석의 진단은 초음파가 가장 많이 이용되는데, 진단율이 95%로 높고 검사하기가 비교적 쉽다.

담수(痰嗽)[담:수]명《한의》〈폐렴〉해수의 하나. 습담이 폐에 침범하여 생기는 것으로 기침을 하면 가래 소리가 나고 가래가 나오면 기침이 멈추며, 가슴이 몹시 그득한 것을 이른다. 〈유〉담해(痰咳)

담연해천(痰涎咳喘)[다:면해천]명《의학》〈만성 하기도질환〉가래와 침이 많이 분비되고 기침이 심한 천식. ¶흉중(胸中)의 담연해천이 도무지 떨어질 생각을 하지 않는구나!

담음 요통(痰飮腰痛)명구《한의》〈통증〉담음(痰飮)이 원인이 되어 허리나 등쪽에 체액이 저류함으로써 생기는 요통. ¶뚱뚱한 사람들이 여기저기가 쑤시면서 허리가 아프다면 담음요통일 가능성이 높다.

담즙(膽汁)[담:즙]명《생명》〈간 질환〉/〈암〉척추동물의 간에서 만들어져 쓸개에 저장되었다가 샘창자로 가는 액체. 지방의 소화를 돕는다. 〈유〉쓸개즙 ¶담즙이라고 불리는 액체는 지방의 소화를 돕는데 필요한 것으로, 간에서 생성이 된 후 담낭 안에 저장된다. / 담낭암 수술 후 가장 흔한 합병증은 간 기능 장애, 담즙 누출 등이다.

담즙 정체(膽汁停滯)명구《의학》〈간 질환〉담간세포에서 만들어진 쓸개즙이 간 속이나 간 바깥의 쓸갯길이 막혀 바깥으로 흐르지 못하고 머물러 있는 상태. ¶담즙 정체는 간 손상과 체내 독소 축적으로 이어질 수 있으며, 이로 인해 황달, 가려움증, 피로 등 다양한 증상이 나타날 수 있다.

담천(痰喘)[담:천]명《한의》〈폐렴〉가래가 끓어서 숨이 참.

답답하다( )[답따파다]형〈통증〉숨이 막힐 듯이 갑갑하다. ¶소화가 되지 않아 속이 답답하게 느껴졌다.

당 부하 시험(糖負荷試驗)명구《의학》〈당뇨〉당뇨병을 진단하기 위한 시험(試驗) 방법. 정상에서는 포도당을 먹은 다음 한 시간이 지나서는 혈당량이 160mg/d1 이상으로 높아지지 않고 두 시간 만에 100mg/d1 이하로 떨어지지만, 당뇨병이 있을 때에는 한 시간 만에 혈당량이 160mg/d1 이상으로 높아지고, 두 시간이 지나서는 100mg/d1 이상에서 지속된다. ¶당 부하 시험은 75g의 포도당 액체를 섭취하여 30분, 60분, 120분 경과 후 혈당치와 인슐린 수치를 측정하는 검사이다.

당김 기관지 확장증(당김氣管支擴張症)명구《의학》〈만성 하기도질환〉기관지와 세기관지가 주변 폐 섬유화나 탄성 반동의 증가에 의해 끌려서 열리는 현상. ¶무기폐 섬유화는 당김 기관지 확장증을 유발한다.

당뇨(糖尿)[당뇨]명《의학》〈당뇨〉1. 혈액 속에 포도당이 많아져서 오줌에 당(糖)이 지나치게 많이 섞여 나오는 현상이 오랫동안 계속되는 병. 당분을 분해하는 요소인 인슐린이 부족하여 생기는 것으로, 오줌의 분량이 많아지고 목이 마르고 쉽게 피로해지며, 여러 가지 합병증을 유발한다. 2. 당분이 많이 섞여 나오는 오줌. 1.〈본〉당뇨병(糖尿病) ¶1.당뇨가 있는 엄마에게서 태어난 아이는 황달을 일으키기 쉽다.

당뇨 가슴 신경 뿌리 병증(糖尿가슴神經뿌리病症)명구《의학》〈당뇨〉당뇨병 환자에서 신경 뿌리의 허혈 손상으로 발생하는 것으로 여겨지는, 가슴 또는 배 부위의 통증을 특징으로 하는 병. 통증이 뻗치기도 하며 한쪽에만 나타나기도 한다. ¶당뇨 가슴 신경 뿌리 병증은 회복되기까지 시간이 많이 필요하지만 궁극적인 치료 결과는 좋은 편이다.

당뇨 검사(糖尿檢査) 명구 《의학》〈당뇨〉 당뇨병을 측정하는 검사. 소변에 포함된 당이나 혈당 수치를 측정하여 검사한다. ¶미국 당뇨병 협회(ADA)는 당뇨병 환자는 계속 늘고 있고 특히 이 중 4분의 1은 당뇨병 진단조차 받지 않아 본인도 환자라는 사실을 모르고 있다면서 당뇨병의 위험요인인 과체중과 비만 해당자의 당뇨 검사 시작 연령을 35세로 낮춘 것은 올바른 방향이라고 환영했다.

당뇨 관절 병증(糖尿關節病症) 명구 《의학》〈당뇨〉 당뇨병 환자에게 생기는 신경병성 관절 병증. ¶당뇨 관절 병증은 '샤콧씨 관절'이라고도 부르는데, 이 샤콧씨 관절이 발생하는 병리 기전은 확실하게 밝혀지진 않았지만 자율신경계 이상 또는 다른 어떠한 이유로 미세 혈류의 증가와 골의 대사가 증가하게 되고, 골내 칼슘과 같은 무기질이 빠져나가게 되어 부종이 심한 상태가 되고, 뼈가 약해지는 현상으로 이해됩니다.

당뇨 괴저(糖尿壞疽) 명구 《의학》〈당뇨〉 당뇨병 환자에게서 볼 수 있는 하지 괴저. 당뇨병 환자의 경우에는, 동맥 경화가 촉진되고 하지 동맥 말초의 폐색을 일으켜 발이나 발뒤꿈치에 괴저가 생기기 쉽다. 동시에 세소 혈관증이나 신경 병증, 감염증 따위를 수반하고 있어 치료가 힘들고 통증이 심하며, 하지를 절단해야 할 경우도 있다. 〈유〉 당뇨병성 괴저(糖尿病性壞疽) ¶당뇨병이 상당 기간 진행된 만성 당뇨병 환자는 발의 상처로 균이 침범해 발가락에서부터 차츰 썩어 들어가는 당뇨 괴저를 특히 주의해야 한다.

당뇨 망막 병증(糖尿網膜病症) 명구 《의학》〈당뇨〉 당뇨병 때문에 생겨난 안저 출혈, 시력 장애 따위의 증상. 〈유〉 당뇨 망막증(糖尿網膜症), 당뇨병 망막증(糖尿病網膜症), 당뇨병성 망막 병증(糖尿病性網膜病症) ¶당뇨 망막 병증은 당뇨병 환자의 눈 속 망막에 발생하는 합병증으로 실명에 이를 수 있는 병으로 알려져 있다. / 간혹 당뇨 같은 만성 질환이 있다면 당뇨 합병증으로 당뇨 망막 병증이 올 수도 있다.

당뇨 물집증(糖尿물집症) 명구 《의학》〈당뇨〉 당뇨병에 걸렸을 때 별다른 염증

없이 손발에 생기는 물집. 각질 세포 분리를 동반한 표피 밑 물집이며, 대개 흉터를 남기지 않고 치유된다. 〈유〉 당뇨 수포증(糖尿水疱症) ¶당뇨 물집증은 40~75세 사이의 남성 당뇨인에게 흔하며 오랫동안 당뇨병을 앓았거나 당뇨병성 신경병증을 갖고 있는 경우가 많다. / 당뇨 물집증은 본인 스스로 물집을 터뜨리면 감염의 위험이 증가하므로 일부러 물집을 터뜨리지 않는 것이 중요하다.

당뇨 미세 혈관 병증(糖尿微細血管病症)명구《의학》〈당뇨〉 당뇨병 환자에게 생기는 모세 혈관이나 작은 혈관의 질환. ¶당뇨 미세혈관 병증이 잘 생기는 장기는 대표적으로 망막(눈의 신경조직), 신장, 말초신경 등이다.

당뇨 발기 부전(糖尿勃起不全)명구《의학》〈당뇨〉 대부분 당뇨병을 가진 남성 환자에게서 생기는 발기 부전. 당뇨에 의한 다양한 기질적 영향 때문에 생기는 것으로 보인다. ¶당뇨 발기 부전의 경우, 진단되지 않은 당뇨 환자 중에서는 발기부전이 초기 임상 증상으로 나타나 발기부전에 대한 진단 과정에서 당뇨병이 발견되는 경우도 자주 있습니다.

당뇨 백내장(糖尿白內障)명구《의학》〈당뇨〉 당뇨병 환자에게 생기는 백내장. 고글루코오스 혈증에 의하여 수정체 내에 글루코오스 농도가 높아지고 소르비톨이 축적되어 수정체의 백탁화를 일으킨다. 〈유〉 당뇨병 백내장(糖尿病白內障), 당뇨병성 백내장(糖尿病性白內障) ¶당뇨 백내장을 앓고 있는 환자의 백내장 수술에서 가장 중요한 것은 혈당관리이다.

당뇨 척수 병증(糖尿脊髓病症)명구《의학》〈당뇨〉 당뇨병의 합병증 때문에 생기는 척수 조직의 퇴행성 변화.

당뇨 콩팥 병증(糖尿콩팥病症)명구《의학》〈당뇨〉 당뇨병에 의한 혈관 합병증으로 발생하는 신장병증. 신장의 사구체에 포도당의 대사물이 결절 모양으로 침착되며, 사구체 기저막이 두꺼워지고 단백뇨, 고혈압이 발생하면서 신장 기능이 상실되어 만성 신부전증으로 진행된다. 〈유〉 당뇨 신장 병증(糖尿腎臟病症)

당뇨 피부병(糖尿皮膚病)명구《의학》〈당뇨〉당뇨에 의한 피부의 변질 증상. ¶당뇨병이 있을 때 혈당을 제대로 관리하지 않으면 다양한 합병증이 생길 수 있는데, 그 중 하나가 바로 당뇨 피부병이다.

당뇨 홍채염(糖尿虹彩炎)명구《의학》〈당뇨〉당뇨병 환자에게서 볼 수 있는 글리코겐의 침착이 현저한 홍채염. ¶당뇨병을 앓고 있던 박모 씨는 어느 날 좌측 눈에 물체가 2개로 겹쳐 보이고 시야가 점점 흐려지는 것을 느껴 안과 검진을 해 보니 당뇨 홍채염이라는 진단을 받았다.

당뇨계(糖尿計)[당뇨계/당뇨게]명《의학》〈당뇨〉소변 속에 존재하는 당의 백분율을 측정하는 데 쓰는 편광계. ¶이제 당뇨계를 통해 기본 혈당 측정부터 인슐린 기록까지 가능합니다.

당뇨병(糖尿病)[당뇨뼝]명《의학》〈당뇨〉혈액 속에 포도당이 많아져서 오줌에 당이 지나치게 많이 나오는 현상이 오랫동안 계속되는 병. 지역에 따라 '당뇨뼁'이라고 쓰기도 한다.〈준〉당뇨 ¶그는 당뇨병 때문에 매일 인슐린 주사를 맞아야 한다. / 어린이가 정상 체중보다 많이 뚱뚱하면 당뇨병에 걸리기 쉽다.

당뇨병 걸린 산모의 유아 증후군(糖尿病걸린産母의乳兒症候群)명구《의학》〈당뇨〉당뇨병을 앓는 산모의 신생아에게 나타나는 병적 특징. 거대아가 되기 쉽고, 호흡 부전이 되기 쉬우며, 태어난 첫날에 두드러진 저혈당이 나타날 수 있다. 또한 임신 중의 모체가 당뇨병 관리를 제대로 하지 않으면 태아가 태내에서 사망하거나 기형이 되는 빈도가 높아진다. ¶당뇨병 걸린 산모의 유아 증후군의 증상은 아기가 엄마에게 필요한 것보다 더 많은 설탕을 섭취하는 데 익숙해졌기 때문에 출생 후 필요한 것보다 더 높은 인슐린 수치를 가지고 있을 뿐만 아니라 출생 직후 및 생후 처음 며칠 동안 저혈당(저혈당) 기간을 가질 가능성이 더 크다는 것이다.

당뇨병 검사(糖尿病檢查)명구《의학》〈당뇨〉정맥혈의 혈장 포도당 농도를 측정하여 당뇨병을 진단하는 검사. 두 번 검사하여 공복 상태에서 혈장 포도당 농도가 둘 다 126mg/dL 이상이면 당뇨로 진단한다. ¶갈증이 나서 물을 많이 마시게 되고, 체중이 빠지며, 피로함을 자주 느낌과 동시에 화장실을 자주 가게 되는 사람은 한 번쯤 당뇨병 검사를 받아보는 게 안전하다.

당뇨병 궤양(糖尿病潰瘍)명구《의학》〈당뇨〉당뇨병 환자의 발 따위에 생기는 궤양. 신경 병증으로 인한 감각 감퇴, 말초 미세 동맥의 폐쇄로 인한 혈액 순환 감소가 원인이다. 당뇨병 환자에게 발 괴사가 발생할 확률은 당뇨병이 아닌 사람에 비하여 약 50배 이상 높으며, 매년 5%의 환자가 다리 절단술을 필요로 한다. 가느다란 혈관의 질환보다는 신경 병증과 백혈구의 기능 장애 따위가 주요 인자이며, 본질적으로 하반신 마비 환자에게 압력 궤양이 발생하는 구조와 비슷하다. ¶당뇨발은 당뇨와 관련해 발생하는 발의 모든 문제를 포함하는 질환으로 당뇨병 궤양, 당뇨병성 허혈증, 당뇨병성 신경병증, 당뇨병성 골관절증, 당뇨병성 염증 등을 의미한다.

당뇨병 근육 위축(糖尿病筋肉萎縮)명구《의학》〈당뇨〉당뇨병과 관련된 신경 질환의 한 형태. 당뇨병을 앓는 노령 환자에게서 주로 발견되며, 한쪽이나 양쪽 넓적다리에 위축, 허약, 통증 따위의 증상이 갑자기 또는 서서히 나타난다. 〈유〉당뇨병성 근위축, 당뇨병성 근위축증, 당뇨병성 근육 위축, 당뇨병성 근육 위축증 ¶당뇨 환자의 1% 정도에서 당뇨병 근육 위축이 발생하는데, 주로 50세 이상의 경증 당뇨병 환자가 그 발생군이다.

당뇨병 사구체 경화증(糖尿病絲球體硬化症)명구《의학》〈당뇨〉장기간의 당뇨병에서 나타나는 단백뇨와 이에 이어지는 콩팥 기능 상실. 둥근 모양의 유리질 및 층판 모양의 결절이 사구체의 주변에 나타나며, 사구체 모세 혈관의 바닥막이 두꺼워지고 혈관 사이질의 바탕질이 증가한다. ¶미국에서 발표된 후향적 연구결과에 따르면 신조직 검사를 받은 2형 당뇨 환자에서 53.2%가 비당뇨병성 신질환, 19.3%가 당뇨병 사구체 경화증과 비당뇨병성 신질환이 함께 진단되었으며 27.5%만이 당뇨병 사구체 경화증만 있는 것으로 진단되었다고 한다.

당뇨병 신경 병증(糖尿病神經病症)명구《의학》〈당뇨〉당뇨병과 연관된 신경 장애. 말초 신경계, 자율 신경계, 몇 개의 뇌신경에서 발생한다. ¶당뇨병 신경 병증에 의한 통증의 경우 혈당조절이 선행되더라도 증상이 나타날 수 있기 때문에 적극적인 통증치료가 필요하다는 것이 대한당뇨병학회 지침의 설명이다.

당뇨병 신장(糖尿病腎臟)명구《의학》〈당뇨〉당뇨병으로 콩팥의 조직이 죽거나 손상되어 기능상 문제가 발생한 질환.〈유〉당뇨 콩팥(糖尿콩팥) ¶당뇨병 환자 3~4명 중 1명 꼴로 당뇨병 신장이 합병되는데, 말기신부전 환자 2명 중 1명은 당뇨병이 원인이죠.

당뇨병 전기(糖尿病前期)명구《의학》〈당뇨〉자가 면역 질병이나 장애가 있는 탄수화물 대사 반응의 초기 증상. 이후에 진성 당뇨병으로 진행된다.〈유〉전-당뇨병(前糖尿病) ¶실제로 당뇨병 전기 환자들은 혈당이 정상인 사람보다 심근경색, 뇌경색과 같은 심혈관 질환의 발병 위험이 1.5배 더 높다.

당뇨병 지방 생괴사(糖尿病脂肪生壞死)명구《의학》〈당뇨〉결합 조직과 탄력 조직의 괴사와 위축을 특징으로 하는 피부 질환. 당뇨병을 앓을 때 잘 나타나며, 보통 다리 앞쪽 가운데 부위가 황색으로 변하며 그 주위에 갈색의 경계가 특징적으로 발생한다. ¶당뇨병 지방 생괴사의 평균 발병 연령은 30세이고, 여자에서 3배 정도 발생빈도가 높습니다.

당뇨병 지표(糖尿病指標)명구《의학》〈당뇨〉다양한 음식물을 섭취한 후, 그 음식물 중에서 혈청 포도당이 증가하는 서열 순위.〈유〉당혈 지수(糖血指數) ¶최근 나온 혈당계는 혈액 속의 다양한 성분 중 당뇨병 지표인 포도당에만 반응해 정확성이 더 높아졌다.

당뇨병 합병증(糖尿病合併症)명구《의학》〈당뇨〉당뇨병에 기인하여 이차적인 질환이 발병하는 증상. 급성 당뇨병 합병증과 만성 당뇨병 합병증으로 나뉘며, 급성 당뇨병 합병증에는 식사량과 운동량보다 인슐린양이 너무 많은 경우에 생기는 저혈당, 인슐린의 결핍으로 일어나는 케토산 혈증 따위가 있다. 만성 당뇨병 합병증에는 눈에 생기는 망막 합병증, 신장에 생기는 신장 합병증, 신경에 생기는 신경 합병증 따위가 있다. ¶고혈당 상태가 오래 지속되면 당뇨병 합병증이 발생하고, 합병증이 너무 진행되면 혈당수치가 정상이 되도록 치료를 해도 이미 진행한 합병증을 되돌릴 수 없어 초기에 적극적인 혈당 조절을 하는 게 중요하다.

당뇨병성(糖尿病性)[당뇨뺑썽] 명《의학》〈당뇨〉어떤 병이 당뇨병 때문에 생기게 되는 성질. ¶본 발명은 본원에 개시된 접합체 또는 본원에 개시된 접합체를 포함하는 제약 제제를 당뇨병성인 대상체에게 투여하는 것을 포함하는, 당뇨병을 치료하는 방법을 추가로 제공한다.

당뇨병성 신장증(糖尿病性腎臟症) 명구《의학》〈당뇨〉당뇨병 환자에서 신장 기능을 저하시키는 각종 유발 인자로 인하여 단백뇨부터 시작하여 말기 신부전증까지 다양한 임상 양상이 나타나는 질환. 〈유〉당뇨병 콩팥 병증(糖尿病콩팥病症), 당뇨병성 신증(糖尿病性腎症) ¶당뇨병성 신장증은 고혈당의 시작과 함께 시작하여 매우 서서히 진행하기 때문에 어느 정도 진행된 경우에도 환자 자신은 특별한 증상을 느끼지 못할 수 있습니다.

당뇨병성 혼수(糖尿病性昏睡) 명구《의학》〈당뇨〉당뇨병으로 혈당 수치가 높아짐에 따라, 뇌가 손상되어 생기는 혼수상태. 〈유〉당뇨 혼수(糖尿昏睡), 당뇨병 혼수(糖尿病昏睡)

당뇨병성 황색종(糖尿病性黃色腫) 명구《의학》〈당뇨〉당뇨병 환자의 전신에 발작적으로 작은 황색의 구진이나 여드름이 생기는 증상. 당뇨병이 치료되면 함께 없어지는 증상이다.

당뇨병약(糖尿病藥)[당뇨뺑냑] 명《약학》〈당뇨〉당뇨병을 예방하거나 치료하는 데 쓰는 약물. 〈유〉당뇨병 치료제(糖尿病治療劑) ¶당뇨병약을 복용하면서 식습관을 개선하고 운동까지 병행하여 혈당을 조절하게 된다면 점차 약을 줄여나갈 수 있다.

당뇨진(糖尿疹)[당뇨진] 명《의학》〈당뇨〉당뇨병 환자에게 상당히 많이 나타나는 것으로, 주로 정강이 앞부분에 생긴 약간 붉은색의 구진이 점차 얕은 비늘로 바뀌면서 결국 위축반(萎縮瘢)으로 변하는 피부 증상. 〈유〉 당뇨 피부 병증(糖尿皮膚病症) ¶당뇨진은 당뇨병과 관련된 가장 흔한 피부병으로 정강이뼈 앞쪽, 허벅지, 뼈가 돌출된 부위 등에 호발하며, 당뇨인의 30~40%에서 발생하고, 당뇨병의 유병기간이 길수록, 그리고 남성에서 더 흔하게 발생한다.

ㄷ

당액루(糖液漏)[당앵누] 명 《의학》 〈당뇨〉 당뇨병과 같이 비정상적으로 많은 양의 당이 몸에서 방출되는 현상. 〈유〉 당-흐름(糖흐름) ¶당액루 또는 고혈압 등 인체에 흡수되는 설탕량과 관련된 건강문제 등이 이슈가 됨에 따라, 베트남 과자 제조업자들은 소비자의 수요 충족을 위해 기능성 제품 라인을 확장하는 등 트렌드를 따라가고 있다.

당혈증(糖血症)[당혈쯩] 명 《의학》 〈당뇨〉 혈액 가운데 포도당이 비정상적으로 많아지는 증상. 대부분 당뇨병과 관계가 있다. 〈유〉 고혈당-증(高血糖症)

대금음자(對金飮子)[대ː그믐자] 명 《한의》 〈위장병〉 주체(酒滯)나 소화 불량으로 인한 복통, 토사(吐瀉)에 쓰는 탕약(湯藥).

대뇌(大腦)[대ː뇌/대ː눼] 명 《생명》 〈뇌졸중〉 뇌의 대부분을 차지하는 부분. 좌우 반구와 양쪽을 연결하는 섬유 다발로 되어 있으며, 표면에 많은 주름이 있다. 신경 계통 전체의 중추적 작용을 하며, 고등 동물일수록 잘 발달되어 있다. 넓은 뜻으로는 사이뇌를 포함한다. 〈유〉 큰골

대뇌 동맥(大腦動脈) 명구 《의학》 〈뇌졸중〉 대뇌에 분포하는 동맥으로 속목동맥과 척추 동맥에서 일어난다. ¶남편이 경색을 일으킨 곳은 왼쪽 대뇌 동맥이다.

대동맥 박리(大動脈剝離) 명구 《의학》 〈고혈압〉 대동맥을 이루는 세 개의 층 가운데 중간막이 변하여 벌어지는 일. 동맥 혈액이 들어가 터지게 되면 위험하다. ¶강동경희대학교병원 흉부외과 조상호 교수는 "고혈압과 노화 등으로 인해 퇴행성 변화가 오거나, 마르판 증후군, 이첨 대동맥판막 등 선천적

요인으로 대동맥 벽이 약해진 경우, 대동맥 중막에서 변성 변화가 일어나는 상태인 낭성 중층 괴사, 흉부 외상 등이 대동맥 박리의 원인이 될 수 있다"고 밝혔다.

대동맥 판막 기능 부족(大動脈瓣膜機能不足) 명구 《의학》〈심장 질환〉 왼심실과 대동맥의 경계에 있는 대동맥 판막이 완전히 닫히지 않는 심장 판막증. 왼심실에서 대동맥으로 보내진 혈액이 왼심실로 역류하여 왼심실이 확장되고 비대해져 심장 기능 상실과 협심증을 일으킨다. ¶매독 또는 감염성 심내막염으로 인한 대동맥 판막 기능 부족으로 불리한 질병 진행이 종종 관찰됩니다.

대동맥 판막 협착증(大動脈瓣膜狹窄症) 명구 《의학》〈심장 질환〉 대동맥 판막이 아주 두껍거나 서로 유착되어 있어서 혈액을 왼심실에서 대동맥으로 잘 내보내지 못하여 왼심실의 혈압이 정상보다 두 배 정도 높은 심장병. 〈유〉 대동맥 판막 기능 부전(大動脈瓣膜機能不全), 대동맥 판막 부족증(大動脈瓣膜不足症), 대동맥판 폐쇄 부전(大動脈瓣閉鎖不全) ¶경도의 대동맥판막 협착증은 아무런 치료를 하지 않고 경과 관찰만 하여도 악화되지 않기 때문에 경과 관찰만으로도 충분하나, 중등도 이상일 경우 초기에는 아무런 증상이 느껴지지 않다가 시간이 흐를수록 심장에서 온몸으로 가는 혈류의 장애가 생기고, 이로 인해 심장이 더욱 세게 수축하면서 심비대가 진행하게 됩니다.

대두 알레르기(大豆Allergie) 명구 《의학》〈알레르기〉 대두 또는 대두를 함유한 음식을 섭취하였을 때 나타나는 알레르기 반응. 대두에 함유된 단백질이 원인이 되어 일어난다. 가려움, 두드러기 등의 피부 증상 및 복통과 설사 등의 위장 증상, 호흡 곤란 등을 일으킨다.

대사 이상(代謝異常) 명구 《의학》〈당뇨〉 신체의 물질대사 과정에서 생기는 장애를 통틀어 이르는 말. 페닐케톤 요증, 당뇨병 따위가 있다. 〈유〉 대사 이상증(代謝異狀症), 대사 장애(代謝障礙) ¶대사 이상의 주요 원인은 잘못된 식습관과 생활태도이다.

대세포 암(大細胞癌)명구《의학》〈암〉폐암의 4~10% 정도로 발생하며, 폐표면 근처(폐말초)에 주로 발생하고, 절반이 큰 기관지에서 발생한다. 세포가 대체적으로 크기가 크며, 그 중 일부는 빠르게 증식·전이되는 경향이 있어 다른 비소세포암에 비하여 예후가 나쁜 편이다. ¶대세포 암은 일반적으로 증식 속도가 빠르기 때문에 폐암이라는 진단이 내려졌을 때는 암이 이미 상당히 커져 있는 경우가 많다. / 편평 세포암, 선암, 대세포 암을 총칭하는 비소세포 폐암은 전체 폐암의 80~85% 정도를 차지한다.

대장(大腸)[대ː장]명《의학》〈암〉/〈위장병〉작은창자의 끝에서부터 항문에 이르는 소화 기관. 막창자·잘록창자·곧창자·항문관으로 이루어져 있는데, 작은창자보다 굵고 짧다.〈유〉큰창자 ¶알로에의 장기복용은 대장 흑피증(대장 점막에 갈색 또는 검은 색의 색소가 침착되는 증상)을 유발할 수 있다는 연구결과가 나왔다. / 내일 대장 내시경 검사가 있어서 지금은 아무것도 못 먹어.

대장 꼬임(大腸꼬임)명구《의학》〈위장병〉대장이 뒤틀려 꼬이는 일. 대장 폐쇄를 일으키며, 구불창자 꼬임이 가장 흔하다.〈유〉대장 염전

대장 내시경(大腸內視鏡)명구《의학》〈암〉항문에 삽입하여 항문부터 상행 결장 부위까지 볼 수 있는 기기. 항문에서 일부 에스상 결장을 포함한 직장까지는 주로 딱딱한 내시경이 사용되며, 에스상 결장에서 상행 결장까지는 대장 파이버스코프가 사용된다. ¶대장암을 진단하기 위해 대장 내시경을 시행할 수 있다.

대장 염전(大腸捻轉)명구《의학》〈위장병〉대장이 뒤틀려 꼬이는 일. 대장 폐쇄를 일으키며, 구불창자 꼬임이 가장 흔하다.〈유〉대장 꼬임

대장암(大腸癌)[대ː장암]명《의학》〈암〉큰창자에 생기는 암. 변비와 설사를 되풀이하고 대변에 혈액이나 점액이 섞여 나온다.〈유〉큰창자암 ¶어머니는 대장암을 조기에 발견하여 수술을 받고 완치되셨다.

대장염(大腸炎)[대ː장념]명《의학》〈위장병〉대장에 생기는 염증. 아랫배가

아프며 설사가 잦고 대변에 혈액이나 점액이 섞이며 배변 후에 불쾌감이 따른다. ¶상태가 나쁜 궤양성 대장염 환자들은 약물치료보다 대장을 잘라내는 수술이 효과적이다.

더부룩하다( )[더부루카다]형〈통증〉소화가 잘 안되어 배 속이 거북하다. ¶이것저것 너무 많이 먹었더니 배가 더부룩하다.

더블유피더블유 증후군(WPW症候群)명구《의학》〈심장 질환〉심방과 심실 사이에 비정상적인 전기 회로가 존재해 이 통로로 전기적 신호가 먼저 전달되면서 심실근이 일찍 흥분하는 부정맥(맥박이 불규칙한 상태)의 일종을 가리키는 질환.

덱스트로메트르판 취화 수소산염 수화물(dextromethorphan臭化水素酸鹽水化物)명구《약학》〈만성 하기도질환〉코데인처럼 중추에 작용해 기침 자극을 억제하는 약. 흰색의 결정이고, 물에 다소 녹기 어렵다. 녹는점 약 126℃이다. 감기, 인플루엔자, 상기도염, 급·만성 기관지염, 기관지 확장증 등에 내복하거나 피하나 근육 내에 주사한다. 좌선성 이성체의 레보메트르판은 진통, 호흡억제, 진해 작용을 갖는다. 마약이나 우선성의 본품은 진해 작용만 강하다.

도와리( )[도와리]명《한의》〈위장병〉음식이 체하여 토하고 설사하는 급성 위장병. 찬물을 마시거나 몹시 화가 난 경우, 뱃멀미나 차멀미로 위가 손상되어 일어난다.〈유〉곽기, 곽란

도외성 당뇨병(島外性糖尿病)명구《의학》〈당뇨〉'랑게르한스섬' 이외의 것에 원인이 있는 당뇨병. 이것에는 고혈당이 있는 것과 없는 것 두 가지가 있다. 후자는 신장의 당 배출 능력이 낮기 때문에 당뇨가 일어나는 것으로 신장성 당뇨병이라고 부른다.

도쿄 요코하마 천식(Tokyo[東京]Yokohama[橫濱]喘息)명구《의학》〈알레르기〉고도로 공업화된 도시의 대기 오염으로 인해 발생한다고 추정되는 천식. 전혀 원인이 없는 사람에게도 천식이 출현하는 빈도가 높아지고 있어 그 상관

성에 대해서는 아직 증명되지 않았지만 해당 도시명을 따서 천식 이름으로 명명하고 있다. 도쿄 요코하마 천식, 뉴올리언스 천식 등이 대표적이다.

도화성 습진(圖畵性濕疹)명구《의학》〈알레르기〉피부병의 하나. 둥글고 불그스름한 헌데가 나고 몹시 가렵다. 사타구니나 둔부에 주로 생기며 이를 긁으면 습진이 된다.〈유〉완선

독감(毒感)[독깜]명《의학》〈폐렴〉인플루엔자 바이러스에 의하여 일어나는 감기. 고열이 나며 폐렴, 가운데귀염, 뇌염 따위의 합병증을 일으킨다.〈유〉유행성 감기 ¶미국에서는 지금 전국에 독감 경보가 내려져 있다.

독담통(毒痰痛)[독땀통]명《한의》〈통증〉치통의 하나. 열이 나고 잇몸이 몹시 아프면서 가래와 기침이 나온다.

독성 흑암시(毒性黑暗示)명구《의학》〈당뇨〉알코올, 니코틴, 납 따위의 독성 물질이나 요독증, 당뇨병의 대사 산물이 체내에 침입하여 눈이 멀게 되는 병.〈유〉중독 흑내장(中毒黑內障)

독통(毒痛)[독통]명〈통증〉독으로 인하여 생긴 아픔. ¶이른 새벽 병원에서 전갈이 왔다. 종일 독통(毒痛)에 시달리다 자정쯤에야 그가 먼 잠에 들었다고.

돌연 심장사(突然心臟死)명구《의학》〈심장 질환〉증상 발현 후 1시간 이내에 심장 원인으로 사망하는 자연사 또는 목격자가 없는 경우, 치명적인 원인이나 전구 증상 없이 24시간 이내에 발생한 자연사. ¶친구가 돌연 심장사했다. / 돌연 심장사의 경우 대부분의 환자가 흉통, 기침, 호흡곤란, 심계항진(가슴 두근거림) 등을 호소하다 약 1시간 이내에 심장이 기능을 정지해 사망에까지 이르게 되는 응급질환으로 생존율이 매우 낮으며, 생존하더라도 뇌손상이 일어나 정상적인 생활이 불가능한 경우가 많다.

돌창자( )[돌창자]명《생명》〈암〉위쪽은 빈창자에 이어지고, 아래쪽은 큰창자에 이어지는 작은창자의 한 부분.〈유〉회장 ¶회장염은 작은창자의 한 부분인 돌창자에 생기는 염증이다.

ㄷ

돌창자염(돌창자炎)[돌:창자염]명《의학》〈위장병〉작은창자의 한 부분인 돌창자에 생기는 염증. 장 속에 있는 세균이 원인이며 알레르기와 밀접한 관련이 있다. 발작적인 복통이 있고 물 같은 설사와 구토, 경련이 자주 일어나며 식욕과 체중이 준다.〈유〉회장염

동결견(凍結肩)[동:결견]명《의학》〈통증〉어깨에 심한 통증과 경직 증상을 동반한 유착 관절낭염.〈유〉굳은-어깨, 동결 어깨(凍結어깨), 오십견(五十肩)

동결절(洞結節)[동:결쩔]명《의학》〈심장 질환〉위대정맥의 오른심방 개구부에 있는 특수한 심장 근육 세포군. 특수한 심장 근육 섬유가 망상으로 이어져 있으며, 심장 수축의 흥분을 일으키고 심장 전체의 박동 리듬을 지배한다.〈유〉굴심방 결절(窟心房結節), 동방 결절(洞房結節) ¶동결절 기능은 정상이나 방실 결절에서 전달이 안 되는 방실 차단의 경우가 있습니다.

동계 소양(冬季搔癢)명구《의학》〈알레르기〉겨울철 건조한 기후 때문에 피부에 생기는 가려움증. 흔히 피부가 갈라지는 것처럼 보이는 습진이 발생한다.〈유〉겨울 가려움증

동공 경직(瞳孔硬直)명구《의학》〈당뇨〉눈동자의 반사 신경이 굳어서 빛에 따른 조절이 잘 되지 않는 상태. 홍채의 질병이나 신경 매독, 당뇨병 따위가 원인이다.〈유〉동공 강직(瞳孔強直)

동과자(冬瓜子)[동과자]명《한의》〈당뇨〉동아의 씨를 한방에서 이르는 말. 맛이 달고 성질은 차며, 오줌을 잘 나오게 하여 부증(浮症)·소갈증(消渴症) 따위에 쓴다. ¶동과자는 약한 불로 볶아 조금 부풀어 오르고 표면이 황백색이 되며 반점이 생기면 꺼내서 말려 보관하고 사용할 때는 찧어서 쓴다.

동맥 경화(動脈硬化)명구《의학》〈고혈압〉/〈당뇨〉동맥의 벽이 두꺼워지고 굳어져서 탄력을 잃는 질환. 일종의 노화 현상으로 고혈압, 비만, 당뇨병 따위가 주요 원인이며 혈류 장애, 혈전 형성, 뇌중풍, 심근 경색 따위의 주 원인이 된다.〈유〉동맥 경화증(動脈硬化症) ¶동맥 경화 진행과 가장 관련이 있

다고 알려진 것은 고혈압과 당뇨병으로, 고혈압이 있다면 생활요법과 함께 약물복용을 통해 혈압을 140/90mmHg 이하로 낮추고, 당뇨병이 있다면 혈당을 적정 수준으로 조절하는 것이 최선이다. / 동맥 경화를 막는 가장 확실한 방법은 금연·저지방 식품 섭취·꾸준한 운동 등과 같은 '생활 습관 개선'이다.

동맥 경화증(動脈硬化症)명구《의학》〈고혈압〉혈관에 지방이 들러붙어 동맥이 좁아지고 탄력성을 잃게 되는 현상.〈유〉동맥 경화(動脈硬化) ¶동맥 경화증 환자가 계속해서 늘고 있다. / 관상 동맥 질환의 가장 많은 원인은 동맥 경화증이다.

동맥 혈압(動脈血壓)명구《의학》〈고혈압〉동맥 안에서 피가 나타내는 압력. 심장박출량, 실핏줄 저항, 혈관 안의 피의 양, 혈관 벽의 탄력성, 피의 점도(粘度)에 따라 달라지는데 흔히 수축기압은 140mmHg이고 확장기압은 90mmHg인 것이 정상이다.〈유〉동맥-압(動脈壓) ¶동맥혈압을 측정하는 가장 정확한 방법은 혈관 안에 바늘을 넣은 후 압력을 측정하는 것입니다.

동맥(성) 고혈압(動脈(性)高血壓)명구《의학》〈고혈압〉일시적 혹은 지속적으로 전신 동맥압이 상승하여 심장 혈관계를 손상하거나 다른 부작용을 유발하는 상태.〈유〉동맥 고혈압(動脈高血壓) ¶만성 동맥고혈압은 치매 발병의 주요 위험요인으로 알려졌지만, 고혈압과 그에 대한 치료가 인지기능과 어떻게 연관됐는지에 대한 이해는 아직 부족하다.

동맥신 경화증(動脈腎硬化症)명구《의학》〈고혈압〉신동맥(腎動脈)의 굵은 가지의 내강이 동맥 경화로 좁아져서 신장에 반점형 위축성 반흔이 생기는 증상. 노인이나 고혈압 환자에서 발생한다.〈유〉동맥 콩팥 굳음증

동면 심장 근육(冬眠心臟筋肉)명구《의학》〈심장 질환〉심장 근육의 일부 부위가 수축 기능의 장애를 보이는 상태. 이는 심장 초음파나 심실 조영술로 관찰할 수 있으며 심장 동맥의 이상으로 유발된 심근 경색 따위에서 나타난다.

동방 결절(洞房結節)명구《의학》〈심장 질환〉위대정맥의 오른심방 개구부에 있는 특수한 심장 근육 세포군. 특수한 심장 근육 섬유가 망상으로 이어져 있으며, 심장 수축의 흥분을 일으키고 심장 전체의 박동 리듬을 지배한다.〈유〉굴심방 결절(竇心房結節), 동-결절(洞結節), 키스·플랙의 결절 ¶안정된 상태에서 동방 결절은 전기적 자극을 분당 60~100회 정도의 빠르기로 발생하여 심실로 전달되도록 합니다.

동성부정맥(洞性不定脈)[동:성부정맥]명《의학》〈심장 질환〉굴심방 결절에서 자극이 고르지 못할 때 나타나는 부정맥. 어린이나 노인에게서 자주 보게 되며, 심장 동맥 경화증이나 심한 심장 근육 장애 때도 나타난다.〈유〉굴-부정맥(竇不整脈), 굴심방 부정맥(竇心房不定脈) ¶일년 전부터 가슴이 당기듯이 아프다고 하여 한달전 심장내과에서 심전도 검사를 했는데 동성부정맥이라고 나왔습니다.

동성서맥(洞性徐脈)[동:성서맥]명《의학》〈고혈압〉심장이 같은 조율로 1분 동안에 60회 이하로 느리고 고르게 뛰는 것. 흔히 신경성이나 심장성의 고혈압이 원인인데, 일반적으로 특별한 증상이 나타나지 않으나 때때로 맥이 없거나 현기증이 있다.〈유〉굴-느린맥 ¶서맥은 정상 동성서맥과 비정상적 서맥으로 구분할 수 있다. / 병원 밖에서 심장박동 정지상태가 된 환자라도 동성서맥 유무에 따라 사망률이 달라질 수 있다는 연구 결과가 나왔다.

동전 모양(銅錢模樣)명구《의학》〈알레르기〉피부염이나 습진 따위가 원반 모양 또는 동전 모양을 나타내는 것.

동전 습진(銅錢濕疹)명구《의학》〈알레르기〉동전 모양이나 타원형으로 생기는 습진. 건조한 피부나 건조한 기후와 관련이 있다.〈유〉동전 모양 피부염

동통(疼痛)[동:통]명〈통증〉〈암〉신경에 가해지는 어떤 자극으로 인해 몸이 쑤시고 아픔. ¶어깨에 동통이 오고 온몸에 열이 납니다. / 무서운 아픔이 아버지를 괴롭혔다. 모르핀 주사도 아버지의 동통을 덜어 주지 못했다.

동통기(疼痛期)[동:통기]명〈통증〉몸이 몹시 쑤시고 아픈 때. ¶오십견은 크

게 동통기-동결기-해동기로 나뉘는데, 동통기는 통증이 심한 시기다.

된 출혈(된出血)명구《의학》〈뇌졸중〉/〈당뇨〉출혈이 갑자기 심하게 일어난 상태. 모든 장기나 조직에서 일어날 수 있으나 흔히 뇌혈관이 폐쇄되거나 파열되어서 발생하는 것을 말한다.

두 심장증(두心臟症)명구《의학》〈심장 질환〉심장이 가운데 균열에 의해 다양한 정도로 좌심과 우심으로 나뉘어 있는 상태. ¶두 심장증 아이가 태어났다.

두개강 내 출혈(頭蓋腔內出血)명구《의학》〈고혈압〉/〈뇌졸중〉머리뼈 안에서 일어나는 출혈. 고혈압, 동맥 경화증, 머리 외상 따위가 원인인데 경막밑 출혈, 경막 외 출혈, 거미막밑 출혈, 뇌내출혈 따위가 있다.〈유〉머릿속 출혈

두근거리다( )[두근거리다]동〈심장 질환〉몹시 놀라거나 불안하여 가슴이 자꾸 뛰다. 또는 그렇게 하다. ¶나는 벌써부터 학급 애들이 쉼 없이 종알대는 입들을 보는 듯싶어서 기쁨에 가슴이 두근거렸다.

두근거림( )[두근거림]명《의학》〈심장 질환〉심장의 박동이 빠르고 세지는 일. 흥분, 과로, 심장병 따위로 말미암아 일어나는 증상이다. ¶청년의 가슴은 잠시간에 가쁘게 두근거림을 느꼈다.

두근대다( )[두근대다]동〈심장 질환〉몹시 놀라거나 불안하여 가슴이 자꾸 뛰다. 또는 그렇게 하다. ¶가슴을 두근대며 선볼 남자를 기다렸다 / 소풍 갈 생각만 해도 가슴이 두근댄다.

두근두근( )[두근두근]부〈심장 질환〉몹시 놀라거나 불안하여 자꾸 가슴이 뛰는 소리. 또는 그 모양. ¶가슴이 두근두근 떨린다. / 그놈 생각을 하면 지금도 가슴이 두근두근 뛰는데 그 염치 좋은 놈이 떡 나타나서 하는 거동 좀 보소.

두근두근하다( )[두근두근하다]동〈심장 질환〉몹시 놀라거나 불안하여 자꾸 가슴이 뛰다. 또는 그렇게 하다. ¶나는 가슴을 두근두근하며 발표를 기다리고 있었다. / 일이 들통날까 봐 가슴이 두근두근하며 불안해지기 시작했

ㄷ

다.

두뇌(頭腦)[두뇌/두눼]명《의학》〈뇌졸중〉중간뇌와 숨뇌 사이의 부분. 소뇌의 앞쪽에 있으며, 앞부분은 소뇌와 연결되는 섬유 다발에 의해 뇌줄기의 다른 부분보다 튀어나와 있다.〈유〉교뇌, 뇌교 ¶왼쪽 두뇌를 다쳐 기억력이 떨어지고 말을 못 하게 됐다. / 두뇌는 사용하면 할수록 좋아진다고 한다. / 교관은 크게 만족을 표시하며, "역시 한국인은 아시아에서 제일 두뇌가 우수한 민족입니다." 하는 칭찬을 아끼지 않았다.

두드러기( )[두드러기]명《의학》〈알레르기〉약이나 음식을 잘못 먹거나 또는 환경의 변화로 인해 생기는 피부병의 하나. 피부가 붉게 부르트며 몹시 가렵다. 지역에 따라 '두더기, 두두래이, 두드리기, 두디기, 두트레기, 투두루기'라고 쓰기도 한다. ¶꼬마의 온몸에는 두드러기가 일어나 있었다. / 만병통치의 즉효 약이라기에 사 먹으니 낫기는커녕 두드러기까지 돋았다.

두드러기 반응(두드러기反應)명구《의학》〈알레르기〉알레르기 피부 반응에서 관찰되는 특징적인 즉시 반응. 항원을 주사한 지 10~15분 내에 불규칙하고 창백하게 부풀어 오르는 증상이 나타난다.〈유〉팽진 반응.

두방 심장(두房心臟)명구《의학》〈심장 질환〉심방과 심실이 하나씩만 있는 기형인 심장. ¶나는 두방 심장으로 어릴 때부터 몸이 약했다.

두부 외상(頭部外傷)명구《의학》〈뇌졸중〉외부의 충격에 의하여 머리를 다치는 경우를 통틀어 이르는 말. 머리덮개와 연부(軟部) 조직만 손상된 경우와 머리뼈 골절이 일어난 경우, 머리뼈 안의 출혈이 있는 경우가 있다.〈유〉머리외상 ¶○○ 박사는 연구 결과에 대해 "권투 등 신체 충돌이 많은 경기 선수들이 경험하게 되는 반복적인 두부 외상이 운동 신경 질환과 관련이 있다는 병리학적 증거를 처음으로 제시했다."라고 의미를 부여했다.

두통(頭痛)[두통]명〈통증〉머리가 아픈 증세.〈유〉머리앓이 ¶혜린이는 심한 두통에 얼굴을 찡그렸다. / 동영이는 온종일 두통으로 힘들어했다.

두통고(頭痛膏)[두통고]명〈통증〉두통이 날 때 붙이는 고약.

두통약(頭痛藥)[두통냑]명〈통증〉머리가 아픈 증세에 먹는 약. ¶사무직 근로자들의 책상 서랍 속에도 위장약과 두통약이 항상 비치되어 있어 자주 복용된다.

두항강통(頭項強痛)[두항강통]명《한의》〈통증〉목덜미가 뻣뻣하고 아픈 증상.

둔통(鈍痛)[둔:통]명〈통증〉둔하고 무지근하게 느끼는 아픔. ¶심장을 멎게 하는 둔통이 가슴에서부터 전신으로 전이되었다. / 방송국 원고지 메우기에 피로했던 어깨와 팔꿈치의 둔통이 일시에 가시는 듯했다.

뒤쪽 심장 기능 상실(뒤쪽心臟機能喪失)명구《의학》〈심장 질환〉우심의 확장압이 상승하여 전신 정맥계에 피가 고임으로써 생기는 심부전.

뒤틀리다( )[뒤틀리다]동〈통증〉(몸이나 물건이) 이리저리 꼬여서 비틀어지다. ¶무엇을 잘못 먹었는지 창자가 뒤틀리는 듯이 아프다.

디지털 치매 증후군(digital癡呆症候群)명구《심리》〈알츠하이머〉디지털 기기의 사용이 증가함에 따라 지능, 기억 따위가 상실되는 증상을 통틀어 이르는 말. ¶디지털 치매 증후군은 디지털 기기에 익숙한 10대 후반에서 30대 중반의 연령층에서 두드러진다.

디트리히 마개(Dittrich마개)명구《의학》〈만성 하기도질환〉기관지 확장증이나 기관지염 환자에서 나타나는, 괴사된 세포·균·지방산으로 뭉쳐진 가래. 냄새가 고약하다.

디피피사 억제제(DPP四抑制劑)명구《약학》〈당뇨〉글루카곤 유사 물질 일(一)을 분해하는 디피피 포를 억제하여 글루카곤 유사 물질 일의 작용 기간을 연장함으로써 당뇨병을 치료하는 약물. 빌다글립틴, 시타글립틴 따위가 있다. ¶디피피사 억제제는 췌장에 작용하는 약물이므로 췌장염이나 췌장암 병력이 있는 자는 복용에 주의해야 한다.

디형 간염(D型肝炎)명구《보건일반》〈간 질환〉증식에 비형 간염 바이러스를 필요로 하는 불완전 알엔에이(RNA) 바이러스인 위성 바이러스, 델타형 간

ㄷ

염 바이러스에 의하여 일어나는 급성 또는 만성 간염. ¶D형 간염은 B형 간염 바이러스 감염과 밀접한 관계를 가지며, B형 간염 바이러스가 있어야만 D형 간염이 발병할 수 있다.

따갑다( )[따갑따]㉻〈통증〉살을 찌르는 듯이 아픈 느낌이 있다. ¶가시에 찔린 손가락이 따갑다. / 매연으로 눈이 아프고 목이 따갑다.

따끔거리다( )[따끔거리다]㉼〈통증〉(신체 일부가) 뾰족한 것에 찔리거나 살짝 꼬집히는 것처럼 자꾸 아픈 느낌이 들다.〈유〉따끔대다, 따끔따끔하다 ¶눈이 따끔거리다. / 어제부터 자꾸 피부가 따끔거려. / 왼쪽 아랫배가 벌레가 깨무는 것처럼 따끔거린다.

따끔따끔하다( )[따끔따끔하다]㉼㉻〈통증〉(신체 일부가) 뾰족한 것에 찔리거나 살짝 꼬집히는 것처럼 자꾸 아픈 느낌이 들다. / (신체 일부가) 뾰족한 것에 찔리거나 살짝 꼬집힌 것처럼 자꾸 아프다.〈유〉따끔거리다, 따끔대다〈참〉뜨끔뜨끔하다 ¶해변가에 갔다 온 이후 햇볕에 익은 피부가 따끔따끔한다. / 살갗이 벗겨져 따끔따끔하다.

따끔하다( )[따끔하다]㉻〈통증〉(신체 일부가) 데거나 뾰족한 것에 찔리거나 꼬집힌 것처럼 아프다.〈참〉뜨끔뜨끔하다 ¶준하는 바늘에 찔려 손가락이 따끔했다.

땀 과다증(땀過多症)명구《의학》〈당뇨〉땀이 지나치게 많이 나는 증상. 당뇨병·임신·갱년기 장애 따위로 인하여 온몸에 땀이 많이 나는 전신성과, 일시적인 흥분·긴장·공포 따위로 손·발·겨드랑이·이마·콧등 따위에 땀이 나는 국한성이 있다.〈유〉발한-증(發汗症) ¶전신 땀 과다증은 보통 전신질환과 연관되어 나타나는데, 이들 질환에는 크롬친화세포종, 갑상선중독증, 당뇨병, 악성종양, 만성 감염 등이 있다.

땀 흘림 이상 습진(땀흘림異常濕疹)명구《의학》〈알레르기〉손가락과 발가락의 가장자리 또는 손바닥과 발바닥에 발생하는 피부 발진. 직경 1~2mm의 원형 물집이 생기고 매우 가려우며, 재발 가능성이 있지만 전염되지는 않는

다.〈유〉발한 이상 습진

땅기다( )[땅기다]㊍〈통증〉(피부나 근육의 힘줄이) 몹시 팽팽해지거나 긴장되어 뭉치다. 지역에 따라 '땡기다'라고 쓰기도 한다. ¶수술 자리가 움직일 때마다 땅긴다. / 나는 겨울만 되면 얼굴이 땅기고 튼다.

땅콩 알레르기(땅콩Allergie)명구《의학》〈알레르기〉땅콩 또는 땅콩이 첨가된 식품을 섭취하였을 때 나타나는 알레르기 반응. 땅콩에 함유된 단백질에 대한 인체의 이상 면역 반응에 의하여 일어난다. ¶땅콩 알레르기를 가진 사람이 땅콩을 접하게 되면 과민 반응 쇼크로 기도가 부풀고 혈압이 급격히 떨어져 목숨이 위험한 상황까지 가게 된다. / 미국 알레르기 과학 재단에서는 '죽음에 이를 수 있는 32가지 알레르기'를 밝혔는데, 이 중 '땅콩 알레르기'의 사망 빈도가 가장 높았다.

똥집(똥집)[똥찝]㊔〈위장병〉1 '큰창자'를 속되게 이르는 말. 2 '몸무게'를 속되게 이르는 말. 3 '위'를 속되게 이르는 말.

뜨끔뜨끔하다( )[뜨끔뜨끔하다]㊍〈통증〉(신체 부위가) 뾰족한 것에 찔리거나 꼬집힌 것처럼 아픈 느낌이 자꾸 들다.〈유〉뜨끔거리다, 뜨끔대다〈참〉따끔따끔하다 ¶화상은 그 정도에 따라 1도, 2도, 3도로 나누며 제1도 화상은 피부가 붉어지면서 붓고, 아프면서 뜨끔뜨끔한 감이 있다.

뜨끔하다( )[뜨끔하다]㊗〈통증〉(신체 부위가) 불에 데거나 뾰족한 것에 찔리는 것처럼 아프다.〈참〉따끔하다 ¶주사 맞을 때 살짝 뜨끔할 거예요.

띵하다( )[띵하다]㊗〈통증〉(머리가) 울리듯 아프면서 정신이 맑지 못하고 멍하다. ¶김 대리는 아침이 되자 머리가 띵하게 아파 왔다. / 덕기는 그녀의 끝없는 수다를 듣다 보니 머릿속이 띵한 것 같았다.

한국어 질병 표현 어휘 사전

ㄹ

라돈(radon)명《화학》〈암〉라듐이 알파 붕괴할 때 생기는 기체 상태의 방사성 비활성 원소. 여섯 개의 동위 원소를 가지는데, 천연으로는 질량수 222, 220, 219의 세 가지 동위 원소가 있다. 우라늄광, 지하수, 온천, 진흙 따위에 들어 있다. 원자 기호는 Rn, 원자 번호는 86, 원자량은 222. ¶방사선 동위원소 역시 폐암의 원인이 되는데, 최근 문제가 되었던 라돈을 대표적인 예로 들 수 있겠습니다.

라에넥 간경화증(Laennec肝硬化症)명구《의학》〈간 질환〉에탄올에 의한 간의 만성 염증 독성으로 인하여 발생하는 비가역적인 간경화증.〈유〉알코올 간경화증(alchohol肝硬化症) ¶라에넥 간경화는 알코올이 주된 원인으로 알려져 있는데 술을 많이 마시면 간에 지방이 쌓이고 이 상태가 10년, 20년 계속되는 사이 간경변으로 된다.

라코사미드(lacosamide)명《약학》〈당뇨〉전압 의존성 나트륨 통로를 안정화시켜 항경련 효과를 나타내는 약물. 부분 발작과 당뇨성 신경통의 치료에 사용한다. ¶라코사미드 투여로 가장 빈번하게 보고된 이상반응은 어지러움, 두통, 구역 및 복시였다.

레조르시놀 검사(resorcinol檢査)명구《의학》〈당뇨〉과당뇨증에 대한 검사. 산에서 레조르시놀로 처리된 신선한 소변에 과당이 있으면 붉은 침전물이 생기는데 이 침전물은 에타놀에서 붉은 용액을 형성함으로써 과당뇨증을 검사할 수 있다.

로시글리타존(rosiglitazone)명《약학》〈당뇨〉인슐린 비의존성 당뇨병을 치료하기 위하여 사용하는 약물.

로타바이러스 위장염(rotavirus胃腸炎)명구《의학》〈위장병〉로타바이러스의 감염으로 생기는 전염병. 주로 젖먹이 어린아이들에게 많이 나타나는 것으로, 메스꺼움·구토·설사·복통 따위의 위장 장애 증상이 나타난다.

루이 소체 치매(병)(Lewy小體癡呆(病))명구《의학》〈알츠하이머〉대뇌 피질의 특정 핵 안에 루이 소체가 침착하여 생기는 뇌 질환. 운동 장애, 손발 떨림,

다리 끌며 걷기, 근육 경직, 환시, 망상, 치매, 우울증 등의 증상이 나타난다. 〈유〉 루이 소체 치매, 루이 소체병

류마티스 폐렴 (Rheumatismus肺炎) 명구 《의학》 〈폐렴〉 매우 심한 급성 류머티즘열에 드물게 동반되는 폐렴. 폐 경화가 일어나며 허파는 고무같이 딱딱해진다. 또한 섬유소가 섞인 삼출물과 소량의 출혈이 동반되며 부종이 생긴다.

류머티즘 (rheumatism) 명 《의학》 〈알레르기〉 뼈, 관절, 근육 따위가 단단하게 굳거나 아프며 운동하기가 곤란한 증상을 보이는 병을 통틀어 이르는 말. 한랭(寒冷)·습기(濕氣)·세균 감염 따위가 원인으로, 관절 류머티즘·근육 류머티즘·류머티즘열 따위가 있다.

류머티즘 심장막염 (Rheumatismus心臟膜炎) 명구 《의학》 〈심장 질환〉 급성 류머티즘열에 동반되는 심장막염. 어린이가 사슬알균에 감염된 후에 심장염과 함께 잘 나타난다.

류머티즘 심장병 (急性rheumatism心臟病) 명구 《의학》 〈심장 질환〉 '류머티즘열'에 의해 발생한 심장의 질환. 주로 판막의 이상 소견을 보인다. ¶류머티즘 심장병 환자는 전 세계적으로 현재 500만에서 3000만 명 정도로 추산하고 있으며 매년 9만 명 정도의 환자가 사망하고 있습니다.

류머티즘열 (rheumatism熱) 명 《의학》 〈알레르기〉 용혈성 연쇄 구균의 감염으로 특정 소질을 가진 어린아이에게 일어나는 세균 알레르기 질환. 고열·상기도염(上氣道炎)·관절통 따위를 일으키고, 환자 가운데 반수는 심장염을 일으키며 가끔 심장 판막증도 일으킨다.

리보 기억 법칙 (Ribot記憶法則) 명구 《의학》 〈알츠하이머〉 진행성 치매에서 최근의 기억은 소실되는 반면에 오래되고 먼 기억은 잘 보존되는 경향이 있다는 법칙. 〈유〉 리보트 기억 법칙

림프 부종 (lymph浮腫) 명구 《의학》 〈암〉 림프관이 막혀서 피하 조직에 림프가 괴어 단단해지고 부기가 있는 상태. ¶유방암 수술 후 올 수 있는 장기적인

부작용은 림프 부종이다.

림프구 사이질 폐렴(lymph球사이質肺炎)명구《의학》〈폐렴〉림프구가 허파의 사이질에 침윤되는 폐렴. 후기에는 섬유화를 동반한다. 림프종이나 종종 후천 면역 결핍 증후군에서 발생하며, 특히 소아에게 발생한다.〈유〉림프구 간질성 폐렴(lymph球間質性肺炎)

림프샘(lymph샘)명《생명》〈암〉포유류의 림프관에 있는 둥글거나 길쭉한 모양의 부푼 곳. 림프구·대식 세포 따위로 이루어져 있으며, 림프에 섞인 병원균이 옮겨 가는 것을 막는 역할을 한다. ¶림프구는 지라와 림프샘에서 분열·증식한다.

림프종(lymph腫)명《의학》〈암〉악성 종양의 하나. 온몸의 림프샘이 붓고 지라가 커지며 발열, 발한, 피부 가려움 따위의 증상을 보이며 목이나 겨드랑이 같은 곳에 커다란 혹이 생긴다. ¶악성 림프종은 백혈병과 함께 대표적인 혈액암 중 하나이다.

한국어 질병 표현 어휘 사전
ㅁ

마그낭 운동(Magnan運動)명구《의학》〈알츠하이머〉마비성 치매 환자가 혀를 내밀 때 나타나는 혀의 전후 운동.

마비성 치매(痲痹性癡呆)명구《의학》〈알츠하이머〉만성 매독성의 수막뇌염(髓膜腦炎). 피질(neuron)의 변성, 진행성 치매, 전신마비가 특징이며 방치하면 최종적으로 사망하게 된다.

마이신(mycin)명《약학》〈폐렴〉방선균(放線菌)의 하나인 스트렙토미세스속(屬)에서 분리한 항생 물질. 결핵, 임질, 폐렴, 구균 감염증, 세균 이질, 수막염과 같은 대부분의 세균성 질환에 효과가 있으며 주로 결핵 치료에 쓰인다.〈유〉스트렙토마이신

마행감석탕(麻杏甘石湯)[마행감석탕]명《한의》〈만성 하기도질환〉마황, 행인, 감초, 석고를 넣어 만드는 탕약. 기관지 천식 따위에 쓴다. ¶호흡기 감기로 기침과 가래 위주의 감기이면서 콧물과 코막힘 등의 증상을 동반할 때 마행감석탕을 처방한다.

막외기(膜外氣)[마괴기/마궤기]명《한의》〈위장병〉헛배가 부르고 팔다리가 부어서 누르면 자국이 나는 부종.

막창자( )[막창자]명《생명》〈암〉척추동물의, 작은창자에서 큰창자로 넘어가는 부분에 있는 주머니 모양의 부분.〈유〉맹장 ¶대장 내시경 검사에서 막창자 부위에 2.5cm 크기의 종괴가 발견되어 진행성 대장암이 의심되는 상황이다.

막창자꼬리암( )[막창자꼬리암]명《의학》〈암〉막창자의 아래쪽에 있는 막창자꼬리에 생기는 악성 종양.〈유〉충수암 ¶ '복막 가성 점액종은 난소암이나 막창자꼬리암에 의하여 발생하며 종양 세포가 점액종 내에서 발견되기도 한다.'

만니톨(mannitol)명《생명》〈만성 하기도질환〉육가(六價) 알코올의 하나. 단맛이 있는 무색 고체로, 버섯, 석류 뿌리 따위의 식물에 널리 존재한다. 물에는 잘 녹으나 알코올에는 잘 녹지 않는다. 이뇨제로 쓴다. 화학식은

$C_6H_8(OH)_6$. ¶최근의 보고에 의하면 정상적으로 시행되는 과호흡법 하에서 뇌압감소를 위한 만니톨의 투여는 오히려 뇌허혈을 초래할 수 있다는 주장들이 있다.

만니톨 유발 시험(mannitol誘發試驗)명구《의학》〈만성 하기도질환〉만니톨로 염증 반응을 일으켜 기도의 과민성을 확인하는 천식 진단 검사. ¶만니톨 유발 시험은 간접 기관지유발시험으로 분말로 제조된 만니톨을 흡입함으로써 기도 내 삼투압을 증가시키는 것이다. / 만니톨 유발 시험은 비만 세포를 비롯한 기도 내 염증 세포로부터 프로스타글란딘 D2와 류코리엔 E4 같은 화학매개체를 유도하여 결과적으로 기관지 수축을 일으킨다.

만성 간염(慢性肝炎)명구《보건일반》〈간 질환〉6개월 이상 지속되는 간염. ¶만성 간염은 간의 염증 및 간세포 괴사가 6개월 이상 지속되는 상태를 말하는데, 간염 바이러스, 알코올, 약물, 자가면역(自家免疫), 대사(代謝)질환 등 여러 가지 다양한 원인들에 의해서 초래될 수 있습니다.

만성 고혈압(慢性高血壓)명구《의학》〈고혈압〉최고 혈압이 140mmHg 이상이거나 최저 혈압이 90mmHg 이상인 혈압이 임신 전부터 있었거나 임신 20주 이전에 진단된 경우의 고혈압. ¶경증 만성 고혈압 임신부는 항고혈압제를 통한 적극적 혈압조절이 필요하다는 근거가 마련됐다.

만성 고혈압성병(慢性高血壓性病)명구《의학》〈고혈압〉오래 지속되는 고혈압이 심장, 신장 및 뇌 같은 인체의 중요 기관에 만성적으로 축적되어 생기는 질병.

만성 기관지염(慢性氣管支炎)명구《의학》〈만성 하기도질환〉먼지·가스·흡연 따위가 원인이 되어 기관지에 발생한 염증. 증상이 1년에 3개월 이상 지속되거나 이런 증상이 2년 이상 연속적으로 나타나는 경우에 해당한다. ¶만성 기관지염은 주요 노인질환의 하나로 분류되고 있지만 최근에는 발병 연령이 낮아지고 있다.

만성 기도 감염증(慢性氣道感染症)명구《의학》〈만성 하기도질환〉만성기관지염, 기관지확장증이 기도에 미치는 영향에 의해 생기는 병. ¶김씨를 사망케 한 녹농균은 패혈증, 전신감염, 만성기도 감염증, 췌낭포성 섬유증 환자에게 난치성 감염을 일으키는 병원성 세균이다.

만성 기침(慢性기침)(명구)《의학》〈만성 하기도질환〉3주 이상 지속되는 기침. 후비루, 천식, 위 식도 역류 따위로 인해 발생한다. ¶사람들은 오랜 기간 지속되는 기침을 대수롭지 않게 생각하는 경우가 많지만, 만성 기침은 기침 자체에 의한 고통이 있을 뿐만 아니라 여러 가지 심각한 질환의 경고 증상일 수 있으므로 호흡기내과 전문의를 찾아 적절한 진단과 치료를 받는 것이 중요하다.

만성 비염(慢性鼻炎)(명구)《의학》〈알레르기〉증상이 그다지 심하지는 아니하면서 오래 끌고 잘 낫지 아니하는 비염.

만성 습진(慢性濕疹)(명구)《의학》〈알레르기〉만성이 된 습진. 잘 낫지 않고 몇 달 또는 몇 년이 지나면서 계속 앓는 부위의 피부색이 짙어지고 피부가 두꺼워진다.

만성 신부전(慢性腎不全)(명구)《의학》〈당뇨〉여러 원인에 의해 신장 기능이 서서히 비가역적으로 저하되는 일. 당뇨병에 의한 것이 가장 많고 고혈압, 사구체 신염이 원인이 된다. 〈유〉만성 신부전증(慢性腎不全症), 만성 콩팥 기능 상실(慢性콩팥機能喪失), 시알에프(CRF) ¶만성 신부전은 병이 상당히 진행될 때까지 심한 증상이 없는 경우가 대부분이기 때문에 당뇨병, 고혈압, 고령, 만성 콩팥병의 가족력이 있는 경우 정기적인 검사가 필요하다.

만성 위궤양(慢性胃潰瘍)(명구)《의학》〈위장병〉위 점막이 지속적으로 자극받아 일부가 손상되어 궤양이 생긴 질환.

만성 위염(慢性胃炎)(명구)《의학》〈위장병〉위의 점막에 생긴 만성적인 염증. 입맛이 없고 소화가 잘 안 되며 명치끝 부위가 불어나는 느낌과 무직한 느낌이 있다.

만성 위축성 위염(慢性萎縮性胃炎)(명구)《의학》〈위장병〉점막의 비박화와 분비샘의 감소를 수반하는 만성 위염. 내시경으로 관찰하면 점막의 색조가 변화하고 있어 그 아래의 혈관이 보이며, 점막에서는 과다 형성, 장 표피의 성장과 같은 증상이 나타난다.

만성 지속 간염(蔓性持續肝炎)명구《의학》〈간 질환〉만성으로 지속하는 간염. 비형 간염과 시형 간염에서 나타난다.

만성 질환자(慢性疾患者)명구《의학》〈고혈압〉고혈압이나 당뇨 따위의 만성 질환을 앓고 있는 사람. ¶보험료 체납으로 건강 보험 혜택을 받지 못하는 기초 생활 수급자 중 만성 질환자는 636명, 암 환자는 86명이었으며 차상위 계층 가운데 암 환자는 24명, 만성 질환자 162명으로 나타났다. / 저지방 식사와 규칙적인 운동으로 체중을 적정하게 유지하고 혈중 지방과 혈당을 낮추는 게 기본이지만 만성 질환자에겐 약물 요법도 필수적이다.

만성 폐색성 폐 질환(慢性閉塞性肺疾患)명구《의학》〈만성 하기도질환〉기도(氣道)의 폐색 상태와 이로 인한 여러 장해를 특징으로 하는 만성 질환군. 만성 기관지염형과 만성 폐기종형으로 크게 나뉜다. 폐색성 환기 장해, 폐포 가스 교환 장애가 진행되어 호흡 부전, 만성 폐성심에 이르는 경우가 있다. ¶4명 중 1명은 살면서 한번은 만성폐색성폐질환(COPD)에 걸릴 가능성이 있다고 캐나다 연구팀이 Lancet에 발표했다. / 과거만 해도 만성폐색성폐질환은 일반인들에게 생소했지만 요즘은 이 질환을 치료한다는 광고도 쉽게 찾아볼 수 있다.

만성 폐쇄성 폐 질환(慢性閉鎖性肺疾患)명구《의학》〈만성 하기도질환〉기관지의 공기 흐름을 막아 발생하는 질병. 만성 기관지염, 폐기종, 천식 따위가 있다.〈유〉만성 폐쇄 폐 질환(慢性閉鎖肺疾患), 만성 폐쇄 폐병(慢性閉鎖肺病), 시오피디(COPD, chronic obstructive pulmonary disease) ¶전 세계 만성 폐쇄성 폐 질환 유병률은 12.2%이며 50대 이하의 5.3%에 비하여 50대 10.2%, 60대 이상 21.4%로 연령의 증가에 따라 유병률이 증가함을 알 수 있다.

만성 협착(성) 심장막염(慢性狹窄(性)心臟膜炎)명구《의학》〈심장 질환〉심장막이 두꺼워지는 질환. 만성 염증의 결과이며 심장이 지속적으로 죄어든다.〈유〉만성 협착성 심장막염

만성 활동 간염(蔓性活動肝炎)명구《의학》〈간 질환〉선세포 조직까지 이어지는 만성적 문맥염을 동반한 간염. 점진적인 괴사와 섬유화가 일어나 거친 결절 모양의 괴사 후 간경화증이 일어난다.〈유〉만성 활동성 간염(慢性活動性肝炎), 만성 활성 간염(慢性活性肝炎)

말 달림 심장음(말달림心臟音)명구《의학》〈심장 질환〉심장의 무질서한 율동으로 들리는 비정상적 심장 고동. 말발굽과 같은 소리가 나며 1분간 100회 이상이나 들린다.〈유〉말 달림 율동 ¶흔히 전형적 기계적 잡음은 청진되지 않으며 수축기 잡음, 강한 도약맥, 심첨부 박동, 빠른맥, 말달림 심장음을 보인다.

말 알레르기성 천식(말Allergie性喘息)명구《의학》〈알레르기〉말 또는 말의 배설물에 대한 과민 반응으로 일어나는 천식.

말 없는 살인자( )명구《일반》〈암〉치명적인 상태까지 진행되도록 별로 자각증상이 없는 경우가 많아 간암에 붙여진 별명. ¶간암은 말 없는 살인자다.

말기성 치매(末技性癡呆)명구《의학》〈알츠하이머〉정신병 또는 신경병의 최종적 결과로 나타내는 치매.

말단 궤양성 대장염(末端潰瘍性大腸炎)명구《의학》〈위장병〉직장 이전의 대장 부위의 안쪽 점막에 궤양이 생기는 병. 점혈변, 복통, 설사, 발열 따위의 증상이 나타난다.

말이상증(말異常症)[마:리상쯩]명《의학》〈알츠하이머〉음운(音韻)을 틀리게 발음하거나 말뜻에 어긋나게 말하는 병. 단독으로 생기거나 언어 상실증에 잇따라 일어난다.〈유〉착어증(錯語症)

말초 혈관 질병(末梢血管疾病)명구《의학》〈당뇨〉사지 동맥 및 정맥 따위에서 발생하는 혈관 질환. 고혈압, 고지혈증, 당뇨, 흡연 따위가 원인이 된다. ¶

대부분의 말초 혈관 질병은 담배를 피우거나 지방질을 많이 섭취하는 사람들에게서 나타난다.

말초성 폐암(末梢性肺癌)명구《의학》〈암〉기관지나 폐포(肺哺) 상피 세포에서 생기는 폐암. 기침, 가래, 가슴 통증 따위의 증상이 보이지만, 증상이 늦게 나타나므로 조기 진단이 어렵다. ¶폐암은 발생한 위치에 따라 중심성 폐암과 말초성 폐암으로 분류한다.

망령(妄靈)[망:녕]명 〈알츠하이머〉늙거나 정신이 흐려서 말이나 행동이 정상을 벗어남. 또는 그런 상태.〈유〉노광(老狂), 노망(老妄) ¶저 노인네가 망령이 들어도 단단히 들었군. / 주인어른처럼 정정하신 어른이 겨우 일흔에 망령을 부리실 리가 있겠습니까?

망막 출혈(網膜出血)명구《의학》〈고혈압〉/〈당뇨〉망막에 분포되어 있는 혈관이 터져서 나오는 출혈. 고혈압, 당뇨병, 혈액병, 동맥 경화증 따위의 병에서 볼 수 있으며 이 출혈 때문에 시야가 가려지거나 시력이 크게 떨어지기도 한다. ¶망막 출혈에 의한 증상으로는 갑자기 무언가가 눈앞에서 떠다니거나, 먹구름 같은 것이 눈앞에서 가리거나, 시력이 부분적으로 떨어지는 것 등이 있다.

망막 혈관 협착(網膜血管狹窄)명구《의학》〈고혈압〉고혈압성 심혈관 질환에서 볼 수 있는 망막 혈관의 국소적 수축. ¶티엔 박사는 망막 혈관 협착이 가장 심한 사람은 가장 덜 한 사람에 비해 성인 당뇨병에 걸릴 위험이 71% 높은 것으로 나타났으며 이러한 경향은 혈당치, 인슐린 분비량, 당뇨병 가족력, 혈압 등 일반적인 당뇨병 요인들과 전혀 무관한 것으로 밝혀졌다고 말했다.

망막염(網膜炎)[망망념]명《의학》〈당뇨〉망막에 생기는 염증. 콩팥병, 당뇨병, 매독, 결핵 따위가 원인으로, 시력이 약하여지고 망막이 흐려지며 출혈이 있기도 한데, 대개 맥락막염이 있을 때에 뒤따라 생기는 수가 많다. ¶망막염은 40세 전후의 눈을 혹사하는 남성에서 많이 나타나며 맥락 망막염 또는 신경 망막염이 동시에 발생한다.

망상 치매(妄想癡呆)명구《의학》〈알츠하이머〉조현병의 하나. 환각과 망상이 주된 징후로 나타나며, 공상에 사로잡혀 과장적인 경향을 보이거나 피해망상으로 인하여 질투심이 많아지기도 한다. 〈유〉망상형 조현병

매니저병(manager病)[매니저뼝]명《의학》〈고혈압〉/〈당뇨〉정신노동으로 인하여 스트레스를 많이 받는 관리직의 사람들에게서 흔히 볼 수 있는 병을 통틀어 이르는 말. 갑상샘 항진증, 고혈압, 관상 동맥 혈전증, 노이로제, 당뇨병, 뇌출혈, 위장 장애, 협심증 따위가 이에 속한다. ¶복잡한 현대사회의 메커니즘은 회사 최고 경영자들의 생명을 단축하는 매니저병을 낳게 하였다. / 일하는 스트레스로 매니저 병이 생겼다.

매독 간경화증(梅毒肝硬化症)명구《의학》〈간 질환〉삼차 또는 선천성 매독에 의해 발생하는 간경화.

맥락막염(脈絡膜炎)[맹낭망념]명《의학》〈당뇨〉맥락막에 염증이 생겨 망막과 유리체가 상하고 시력이 나빠지는 눈병. 결핵, 근시(近視), 당뇨병, 매독, 콩팥염 따위가 원인으로 시력, 색각(色覺), 광각(光覺) 따위의 이상이 나타난다. ¶맥락막염의 자각증세는 시력저하, 비문증(파리 모양으로 곤충이 날아 다니는 듯한 착각을 일으키는 증상), 시력장애, 유리체 혼탁, 망막혈관 아래의 심출물 생성 등이 있다.

맥문동탕(麥門冬湯)[맹문동탕]명《한의》〈폐렴〉맥문동을 주된 약재로 하여 달여 만드는 탕약. 기관지염, 폐렴으로 이미 열이 내린 뒤에 나는 기침, 목마름 따위에 쓴다. ¶우선 맥문동탕을 이해하려면 폐의 기능과 감기로 인한 몸의 변화를 이해하는 것이 좋습니다.

맥박 항진(脈搏亢進)명구《의학》〈고혈압〉세게 치는 맥박. 고혈압, 심장 비대, 발열 때에 볼 수 있다. ¶급성 췌장염은 복부의 팽만과 함께 구토, 고열, 맥박 항진 등이 나타나며 심한 경우는 탈수와 저혈압이 수반되며 심장, 폐 또는 신장 기능이 손상된다.

맥박압(脈搏壓)[맥빠갑]명《의학》〈고혈압〉최고 혈압과 최저 혈압의 차

이.〈유〉맥압(脈壓), 맥폭(脈幅) ¶수축기 혈압과 이완기 혈압의 차이인 맥박압이 증가하면 심방세동 발병 위험성이 증가할 수 있다는 연구 결과가 발표되었다.

맹장(盲腸)[맹장]명《생명》〈암〉척추동물의, 작은창자에서 큰창자로 넘어가는 부분에 있는 주머니 모양의 부분. ¶맹장이 없어도 사람이 사는 데는 아무 지장이 없다고 한다.

맹장염(盲腸炎)[맹장념]명《의학》〈위장병〉막창자의 아래쪽에 있는 막창자꼬리에 생기는 염증. 오른쪽 아랫배에 심한 통증이 있고, 발열, 메스꺼움, 구토 따위의 증상이 나타난다. 터져서 천공 복막염 따위의 합병증을 일으키므로 빨리 수술을 해야 한다.〈유〉꼬리염, 막창자염, 막창자꼬리염, 충수염, 충수 돌기염 ¶아내는 옛날에 급성 맹장염 수술을 받은 적도 있고, 급성 폐렴을 앓은 적도 있다고 했습니다만 모두 괜찮았었는데 이번의 급성엔 결국 죽고 말았습니다.

머릿속 출혈(머릿속出血)명구《의학》〈고혈압〉/〈뇌졸중〉머리뼈 안에서 일어나는 출혈. 고혈압, 동맥 경화증, 머리 외상 따위가 원인인데 경막 밑 출혈, 경막 외 출혈, 거미막밑 출혈, 뇌내출혈 따위가 있다.〈유〉두개강 내 출혈 ¶울산에서 입양된 2살짜리 여아가 숨진 사건과 관련해 경찰 부검 결과 사인이 '외부 충격에 따른 머릿속 출혈'인 것으로 밝혀져 경찰이 타살 가능성을 조사 중이다.

먹먹하다( )[멍머카다]형〈통증〉(귀가) 막힌 듯이 소리가 잘 들리지 않다. ¶시끄럽던 기계음이 일시에 멈추자 귀가 먹먹했다.

먼지 천식(먼지喘息)명구《의학》〈만성 하기도질환〉/〈알레르기〉티나 먼지를 흡입함으로써 일어나는 천식.〈유〉진애 천식(塵埃喘息) ¶먼지 천식은 외인성 천식으로 분류되며, 기초적 원인은 과민물질이지만 참된 원인은 환경이라고 할 수 있다.

먼지진드기( )[먼지진드기]명《보건일반》〈만성 하기도질환〉먼지 속에서 사람이나 동물의 피부에서 떨어지는 비듬, 각질 따위를 먹고 사는 미세한 벌레의 한 속. 0.1~0.5mm의 크기로 육안으로는 식별할 수 없으며, 대표적인 종으로 집먼지진드기가 있다. 알레르기성 천식, 비염 및 아토피성 피부염 따위를 일으킨다. 〈유〉 먼지진드기-속(먼지진드기屬) ¶먼지진드기가 피부에 닿거나 호흡기로 들어오는 경우 문제를 일으킬 수 있으므로 주변 환경에 대한 주기적이고 적절한 관리가 필요하다.

멍하다( )[멍하다]형 〈통증〉(귀가) 잘 들리지 않는 느낌이 있다. ¶나는 대포 소리를 듣고 귀가 멍했다.

메스껍다( )[메스껍따]형 〈통증〉(사람의 속이) 구역질이 날 것처럼 울렁이는 느낌이 있다. 〈유〉 구역나다(嘔逆나다), 욕지기나다, 구역질나다(嘔逆질나다) ¶나는 밀가루 음식만 보면 속이 메스껍다. / 어머니는 버스를 오래 타고 오셔서 속이 메스껍다고 말씀하셨다.

메슥거리다( )[메슥꺼리다]형 〈통증〉(속이) 토할 것처럼 자꾸 심하게 울렁거리다. 〈유〉 메슥대다, 메슥메슥하다 ¶오랫동안 차를 탔더니 속이 메슥거리고 머리가 아팠다.

메타콜린 유발 검사(methacholine誘發檢査)명구 《의학》 〈만성 하기도질환〉 기관지 과다 반응의 가능성이 있는 환자에게 강력한 기관지 수축제인 메타콜린을 점점 증가하는 농도로 흡입하게 하는 검사. 대개 천식이나 기관지 연축 폐 질환의 진단이 임상적으로 명확할 때 시행한다. ¶메타콜린 유발 검사 당일에는 커피, 차, 콜라, 초콜릿을 먹으면 안 된다.

멘톨(Menthol)명 《화학》 〈만성 하기도질환〉 모노테르펜에 속하는 알코올. 무색의 고체로, 박하유를 증류하여 냉각하면 고체가 석출되는데 이를 정제하여 얻는다. 향기가 독특하고 맛이 시원하며 신경통, 위통, 천식, 결핵 따위의 약재나 입안 향료로 쓴다. 화학식은 $C_{10}H_{20}O$. 〈유〉 박하-뇌(薄荷腦), 박하-빙(薄荷氷), 박하-상(薄荷霜), 박하-정(薄荷錠) ¶얼음찜질을 하면 감각이 무뎌져 통증이 가시는 것처럼, 멘톨 성분은 진통 효과를 낼 수 있다.

ㅁ

면역 반응(免疫反應)명구《생명》〈당뇨〉생체의 몸 안에서 생긴 물질이나 몸 밖에서 들어온 물질이 생체 자신과 다를 때 자신의 통일성과 개체의 생존 유지 및 종의 존속을 위하여 그 물질들을 제거하는 일련의 생체 반응. ¶면역 시스템은 자신과 남을 구분할 수 있는 능력을 가지고 있으며 자신에 대해서는 면역 반응이 유도되지 않지만 남에 대해서는 면역 반응이 유도된다.

면역 반응성 인슐린(免疫反應性insulin)명구《의학》〈당뇨〉면역 반응에 의하여 측정되는 혈중 인슐린. 당뇨병 검진에서 쓰인다.〈유〉면역 반응 인슐린(免疫反應insulin)

면열(面熱)[며:녈]명《의학》〈위장병〉얼굴에 열이 올라 발갛게 되는 증상. 신경 쇠약, 히스테리, 위장병 따위로 신열이 올라서 생긴다. ¶희연이는 여드름 때문에 면열이 올라 얼굴이 발갛다.

모리아(moria)[모리아]명《의학》〈알츠하이머〉치매 또는 우둔. 정신과적인 면에서 농담을 하고 싶어하는 병적 경향.

모리악 증후군(Mauriac症候群)명구《의학》〈당뇨〉인슐린 의존형 소아 당뇨병의 한 유형. 간 비대, 성장 장애, 복부 비만, 성 발육 지연 따위의 증상이 나타난다. ¶어린이가 만성적으로 심각한 인슐린 부족을 겪게 되면, 당뇨병성 왜소증으로도 알려져 있는 '모리악 증후군'에 걸릴 수 있다. / 모리악 증후군을 앓는 어린이 당뇨병 환자는 성장 속도가 감소하여 키가 작으며, 사춘기가 지연될 뿐만 아니라 창백하고 두꺼운 피부를 가지며 간이 비대해짐에 따라 배가 불룩 나오게 된다.

모세 혈관 질환(毛細血管疾患)명구《의학》〈당뇨〉모세 혈관의 내벽이 손상을 입어 생기는 질환. 흔히 당뇨병의 합병증으로 나타난다.〈유〉모세 혈관 병증(毋細血管病症), 모세관 병증(毛細管病症) ¶가장 흔하게 접할 수 있는 모세 혈관 질환은 녹내장이다.

모야모야병(Moyamoya病)명《의학》〈뇌졸중〉특별한 이유 없이 내경동맥의 끝부분이 좁아지거나 막히고, 그 부근의 혈관이 담배 연기가 모락모락 올라

가는 모양으로 나타나는 이상 증상. 10세 이하의 소아나 30대의 성인에게 주로 발병하는데 뇌출혈이 흔하며, 두통, 의식 장애 증상과 출혈 부위에 따른 부분적 신경 장애가 생길 수 있다. ¶모야모야병을 앓고 있는 7살 ○○○는 맘대로 울거나 짜증을 낼 수도 없다. 울면 몸에 마비 증상이 찾아와 영구적으로 지속될 수도 있기 때문이다. / 원인을 알 수 없이 혈관이 점점 막히는 모야모야병이 어린이 뇌혈관 질환에서 많이 발견된다. / 뇌동맥류가 노인에게 호발된다면 뇌동정맥 기형과 모야모야병은 원래부터 젊은 사람에게 흔한 뇌졸중이다.

목소리 진동음(목소리振動音)명구《의학》〈폐렴〉의사가 환자의 가슴에 손을 대고 환자에게 낮은 소리를 내게 하였을 때, 미세한 진동이 느껴지는 현상. 가슴막 안에 액체 또는 기체가 괴어 있을 때는 진동이 미약하고, 폐렴 같은 경우는 진동이 강하다.

몸이 무겁다( )형구〈통증〉힘이 빠져서 몸을 움직이기 힘들다. ¶쌓인 피로로 몸이 무겁다. / 무거운 몸이 더욱 무거워 쓰고 눕는 일이 많았다. 이게 시어머니는 못마땅했다.

무과립구증(無顆粒球症)[무과립꾸쯩]명《의학》〈폐렴〉혈액 속의 백혈구 가운데 과립구가 급격히 감소하여 열이 많이 나거나 목에 심한 염증이 있을 때 폐렴이나 패혈증 같은 심한 증상을 갑자기 일으키게 되는 병. 약제의 사용, 감염증, 방사선 쏘임 따위가 원인이 된다.

무기폐(無氣肺)[무기폐/무기페]명《의학》〈만성 하기도질환〉기관지가 막혀서 폐의 일부에 공기가 전혀 들어가지 못하는 상태가 된 폐. 기관지 천식, 폐결핵, 폐암 따위로 인해 가래가 기관지의 내강을 완전히 막아 버려서 생긴다.〈유〉폐 확장 부전(肺擴張不全) ¶무기폐를 적절하게 치료하지 않으면 폐 또는 폐엽의 완전 또는 부분적 붕괴가 일어날 수 있다.

무두 완전 무심장체(無頭完全無心臟體)명구《의학》〈심장 질환〉머리 부분이 없는 완전 무심장체. 머리와 심장이 없이 불완전하게 형성된 쌍둥이 태아를 가리킨다. ¶심장이 없는 쌍둥이는 봐왔지만, 머리와 심장이 모두 없는 무두 완전 무심장체 쌍둥이는 처음 본다.

무두질하다( )[무:두질하다]동〈통증〉(무엇이 뱃속을) 쓰리고 아프게 하다. ¶좌절과 절망은 그의 몸을 계속 무두질해 결국 폐인의 몸이 되어 갔다.

무력 장폐색증(無力腸閉塞症)명구《의학》〈위장병〉복부 팽만, 오심이나 구토, 복통, 배변 불능이나 방귀 배출 불능을 수반하는 창자 민무늬 근육의 마비 증상.〈유〉마비 창자막힘증, 마비성 장폐색증

무릎 관절통(무릎關節痛)명구《의학》〈통증〉무릎의 뼈마디가 쑤시면서 몹시 아픈 증세 ¶중년 이후 무릎 관절통을 일으키는 가장 흔한 원인은 퇴행성 관절염(일명 골관절염)이며, 그다음은 반월상 연골 손상, 류머티스 관절염, 감염성 관절염, 통풍 등이다.

무반응(無反應)[무바능]명《의학》〈알레르기〉항체를 만드는 세포에 결함이 있어서, 생체에 항원을 주사하여도 조금도 반응을 일으키지 않는 상태.〈참〉알레르기 ¶현대의학의 도움으로 어떤 혼수환자는 신속한 죽음을 막을 수 있다. 그러나 많은 환자는 영구히 그리고 완전히 무반응 상태가 된다.

무산증(無酸症)[무산쯩]명《의학》〈위장병〉위액(胃液) 속에 염산이 전혀 포함되어 있지 않은 병. 위산이 없으므로 음식물의 소화가 어려워져 설사가 생기며 식후에 위가 무겁게 부푼 듯한 느낌이 있는데, 만성 위염이나 위암 따위와 함께 발생하는 일이 많다.〈유〉무염산증,〈참〉위산 감소증, 위산 과다증 ¶위액 분비가 대단히 나쁜 무산증 환자에게는 귤과 같이 천연적으로 산도가 높은 과일이 치료와 회복에 도움이 될 수도 있다.

무심장(無心臟)[무심장]명《의학》〈심장 질환〉포유류 일란성 쌍생아에서 두 개체의 혈관이 공통의 태반에 연결되어, 혈액 교류가 일어나면서 둘 사이의 혈액 순환에 불균형이 생겼을 경우에 혈액 공급이 불충분한 개체 쪽에 일어나는 심장의 축소 또는 기형 현상. ¶무심장 기형은 초음파검사에서 심장의

완전한 결손이나 흔적적인 발육과 함께 기형태아의 몸의 일부분의 결손이나 흔적적인 발육, 피부와 피하조직의 심한 부종등의 소견을 보인다.

무심장 쌍둥이(無心臟雙둥이)명구《의학》〈심장 질환〉일란성 쌍둥이 가운데 개체 발육이 아주 나쁘고 심장이 없거나 흔적만 있는 기형아.〈유〉무심장-체(無心臟體) ¶무심장 쌍둥이는 약 35,000건의 분만 건수당 한 건 정도로 일어나는 임신의 드문 형태로, 보통 단일 융모막 쌍둥이의 약 1%에서 일어나는 심각한 합병증 중 한 형태이다.

무심장 쌍태아(無心臟雙胎兒)명구《의학》〈심장 질환〉일란성 쌍태 중 한쪽 개체의 발육이 현저하게 나쁘고 심장이 없거나 흔적만 있는 태아. ¶무심장 쌍태아의 경골(tibia)의 길이는 26주 이후로 35주까지 3.6cm으로 변하지 않았고 연부 조직의 부종이 동반되어 있었으며 연부 조직을 포함한 대퇴부의 직경은 약 2.4cm이었고 추적 검사에서 거의 변화가 없었다.

무심장증(無心腸症)[무심장쯩]명《의학》〈심장 질환〉발생 과정의 장애로 선천적으로 심장이 형성되지 않은 기형.〈유〉무심-증(無心症), 심장 없음증 ¶우리 형은 무심장증으로 태어났다고 한다.

무심장체(無心臟體)[무심장체]명《의학》〈심장 질환〉일란성 쌍둥이 가운데 개체 발육이 아주 나쁘고 심장이 없거나 흔적만 있는 기형(畸形)인 쪽을 이르는 말.〈유〉무심장 쌍둥이

무심증(無心症)[무심쯩]명《의학》〈심장 질환〉발생 과정의 장애로 선천적으로 심장이 형성되지 않은 기형.〈유〉무심장-증(無心腸症), 심장 없음증 ¶어른들이 우리 마을에 무심증 아이가 태어났다고 한다.

무염간장(無鹽간醬)[무염간장]명〈당뇨〉소금기가 없는 간장. 고혈압, 당뇨병, 콩팥염 따위를 앓고 있어 염분이 해로운 환자가 쓰는 간장이다. 주성분은 능금산 나트륨이다.〈유〉무염-장유(無鹽醬油) ¶소금은 성인병의 원인이 될 뿐만 아니라 성인병에 해로우므로 극도로 소금을 기피해야 하는 환자의 경우 무염간장을 추천한다.

ㅁ

무염산증(無鹽酸症)[무염산쯩]명《의학》〈위장병〉위액(胃液) 속에 염산이 전혀 포함되어 있지 않은 병. 위산이 없으므로 음식물의 소화가 어려워져 설사가 생기며 식후에 위가 무겁게 부푼 듯한 느낌이 있는데, 만성 위염이나 위암 따위와 함께 발생하는 일이 많다.〈유〉무산증

무지근하다( )[무지근하다]형〈통증〉머리가 띵하고 무겁거나 가슴, 팔다리 따위가 무엇에 눌리는 듯이 무겁다. 지역에 따라 '묵지근하다'라고 쓰기도 한다.〈준〉무직하다 ¶어제 온종일 혼자 큰물이 휩쓸어 버린 둑에서 돌을 들어 올렸더니 팔다리가 무지근하고 허리가 뻑적지근하여 아무 일도 하고 싶지가 않았다.

무통(無痛)[무통]명〈통증〉아픔이 없음. ¶그는 치과에서 무통 치료를 해 준다는 말에 두려움을 없앨 수 있었다.

무통법(無痛法)[무통뻡]명《의학》〈통증〉수술이나 기타 치료를 할 때 아프지 아니하게 처치하는 방법.

무통약(無痛藥)[무통냑]명《약학》〈통증〉수술이나 기타 치료를 할 때 환자가 통증을 느끼지 아니하도록 쓰는 약. 마취 약 따위가 있다.

무해 당뇨(無害糖尿)명구《의학》〈당뇨〉소변에서 당이 건강을 위협하지 않는 수준으로 검출되는 증상. 콩팥의 당을 재흡수하는 기능에 이상이 있거나 당을 과다하게 섭취한 경우에 나타난다.

무형 완전 무심장체(無形完全無心臟體)명구《의학》〈심장 질환〉기생체가 형태를 알아볼 수 없는 덩이로 나타나는 완전 무심장체.

무황달 간염(無黃疸肝炎)명구《보건일반》〈간 질환〉황달 증상이 보이지 아니하는 유행성 간염.

무후각증(無嗅覺症)[무후각쯩]명《의학》〈알레르기〉후각이 상실된 채로 나타나는 급성 또는 만성의 비염, 코중격의 이상 상태.〈유〉후각 상실증

무흉통 심근 경색(無胸痛心筋梗塞)명구《의학》〈심장 질환〉가슴 부위의 통증을 수반하지 않는 심근 경색. 표면적으로 드러나는 통증이 없으므로 심근

경색을 인지하기 어렵고 가슴 통증 대신 호흡 곤란으로 쓰러지는 경우가 나타날 수 있다.

문맥 고혈압(門脈高血壓)명구《의학》〈고혈압〉문맥 정맥 계통의, 비정상적으로 증가된 혈압. 간경화, 문맥 정맥 폐쇄를 일으키는 질환에서 볼 수 있다.

문맥성 고혈압(門脈性高血壓)명구《의학》〈고혈압〉문맥에서의 혈압이 정상 수치보다 높은 것. 가축에서 발병할 경우 치료가 매우 어렵다. ¶반티 증후군(Banti syndrome)은 간은 정상인데 문맥성 고혈압이 나타나 일차적으로 심한 비장 비대와 빈혈 증상이 나타나는 질환입니다.

문장 실어증(文章失語症)명구《의학》〈알츠하이머〉언어의 이해력 및 표현력이 상실되어, 말할 때 문장을 적절히 배열하지 못하는 증상.

물리적 알레르기(物理的Allergie)명구《의학》〈알레르기〉열이나 추위 같은 환경적 요인에 대하여 과도하게 반응하는 현상. ¶물리적 알레르기에 대한 최선의 치료법은 물리적 알레르기를 유발하는 자극을 피하는 것입니다.

물보라 요법(물보라療法)명구《의학》〈만성 하기도질환〉액체 상태의 약을 안개처럼 미세한 입자 상태로 바꾸어 흡입시키는 요법. 주로 천식, 폐결핵, 기관지 결핵, 코곁굴염 따위에 쓴다.〈유〉연무 요법 ¶폐기종이 발생한 경우, 기도 폐색을 줄이기 위해 물보라 요법을 실시할 수 있다.

물심장막증(물心臟膜症)[물심장막쯩]명《의학》〈심장 질환〉심장막 안에 투명한 장액성(漿液性)의 누출액이 고이는 병.〈유〉수-심낭(水心囊), 심낭 수종(心囊水腫)

물집 습진(물집濕疹)명구《의학》〈알레르기〉손바닥, 발바닥, 손가락의 표피 내에 쌀알만 한 크기로 작은 수포가 생기는 질환. 보통 가려움증이 동반되지만 증상이 없는 경우도 있다. 국소 땀 과다증과 동반되기도 한다.〈유〉한포진, 한포

물콩팥증(물콩팥症)[물콩팓쯩]명《의학》〈암〉콩팥에 오줌이 모여 붓는 병. 날 때부터 요관이 좁거나 후천적으로 요관이 좁아지는 경우, 또는 돌 따위

ㅁ

로 요관이 막혀서 방광으로 가야 할 오줌이 콩팥에 모이는 경우에 생기는데 콩팥에 둔통이나 불쾌감을 느끼며 콩팥의 기능이 저하된다. 〈유〉 수신증, 요신증 ¶전립선암이 진행되면 요관이 막혀서 신장이 붓는 수신증, 신부전 증상, 암이 전이된 뼈의 통증 등이 나타날 수 있다.

미각 장애(味覺障礙)(명구)《의학》〈당뇨〉다양한 질환에 의하여 나타나는 미각 감퇴 또는 미각 소실. 단맛은 간장병, 담낭염, 당뇨병, 십이지장 궤양 따위에서, 신맛은 과산증, 발열, 신염, 간경변, 위궤양 따위에 의하여 감퇴된다. 짠맛은 신부전, 심부전 따위로, 쓴맛은 저산증, 간경변, 심부전, 발열에 의하여 감퇴된다. ¶미각 장애가 발생한 경우 그 원인을 밝히기 위해 4가지 기본 맛을 느끼는지 평가하게 되는데, 보통 단맛은 자당, 짠맛은 소금, 신맛은 구연산, 쓴맛은 카페인으로 평가한다.

미란 위염(靡爛胃炎)(명구)《의학》〈위장병〉위 근육층의 관통 없이 압력이나 마찰로 벗겨지는 것 같은 옅은 궤양의 위염. 〈유〉 까진 위염

미루체(彌留滯)[미루체](명)《한의》〈위장병〉오래된 체증. 만성 위장병을 통틀어 이르는 말이다. 〈유〉 구체1

미릉골통(眉稜骨痛)[미릉골통](명)《한의》〈통증〉두통의 하나. 눈 위의 눈썹이 난 부위가 아픈 증상이다. ¶스트레스로 인한 어지럼증은 화병처럼 가슴이 답답하고 눈썹 주변이 지끈지끈 아픈 미릉골통을 수반하게 된다.

미분화 암(未分化癌)(명구)《의학》〈암〉아직 분화되지 않은 암. 호발 연령은 65세 이상으로 남자가 약간 많다. 진단 당시 수술이 불가능한 경우가 많으며 갑자기 커지는 종괴와 국수 압박 증상을 수반한다. 림프절 전이와 원격 전이가 매우 흔하며 진단과 치료 과정 중에서도 계속 진행되어 진단일로부터 평균 6개월 이내에 사망하는 예후가 불량한 암이다. ¶미분화 암은 예후가 아주 좋지 않아 진단 후 수개월 내에 사망한다. / ○○○은 단순한 갑상선암인 줄 알았던 자신의 병이 미분화 암이라는 특수한 병으로 이미 돌이킬 수 없는 상태가 되었음을 알게 된다.

미세 뇌손상(微細腦損傷)명구《의학》〈뇌졸중〉뇌에 미세한 손상을 입어 행동에 이상이 생기거나 지능에 이상이 생긴 상태.

미세 대장염(微細大腸炎)명구《의학》〈위장병〉조직 검사에서 현미경으로는 점막에 염증 소견을 보이지만 내시경으로는 보이지 않는 대장염.

미세 동맥류(微細動脈瘤)명구《의학》〈당뇨〉당뇨, 망막 정맥 폐쇄, 절대 녹내장에서 망막 모세 혈관의 국소적인 확장이 보이는 상태, 또는 혈전 저혈소판 자색반병에서 여러 기관이 소동맥 모세 혈관 문합부의 국소적인 확장을 보이는 상태. 이는 현미경으로 보이는 동맥 꽈리이며, 당뇨의 특징적인 소견이기도 하다.〈유〉미세 동맥 꽈리(微細動脈꽈리) ¶당뇨 환자에게서 미세 동맥류는 망막 모세혈관의 말단부위에 위치한 정맥이 주머니 모양으로 드러난 것을 의미하는 것으로 당뇨병성 망막증과 연관성이 있다.

미세 심장 잡음(微細心臟雜音)명구《의학》〈심장 질환〉심장부에서 들을 수 있는 병적인 잡음. 심장 내 잡음과 심장 외 잡음이 있다.〈유〉심-잡음(心雜音), 심장 잡음(心臟雜音) ¶미세 심장 잡음이 들려 큰 병원으로 갔다.

미세 알부민뇨(微細albumin尿)명구《의학》〈당뇨〉기존의 요 단백 측정법으로는 검출되지 않으나, 면역 분석으로 검출될 수 있을 정도로 알부민뇨가 경미하게 증가되어 배설되는 상태. 이는 보통 방법으로는 측정할 수 없는 극히 적은 양으로 배설되는 알부민요를 말한다. 당뇨병 환자에게서 콩팥 질환을 의심할 수 있는 초기 표지자이다. ¶특히 당뇨병 환자가 비만, 고혈압, 고지혈 등의 다른 동반 요소들을 가지고 있다면 미세 알부민뇨 검사를 통해 신장 혹은 혈관 손상 여부를 반드시 확인해야 한다.

미치그리니드 카르시움 수화물(mitiglinidecalcium水化物)명구《약학》〈당뇨〉인슐린 분비 촉진제로 사용되는, 흰색 분말의 항당뇨병 약. 무수물은 녹는점이 약 201℃이다. 이형 당뇨병에 식후 혈당 추이를 개선하기 위하여 경구투여 한다.

미코플라스마(mycoplasma)[미코플라스마]명《생명》〈폐렴〉박테리아의 특성

ㅁ

을 가지고 있는 미생물. 세포벽이 없으며, 열에 약하고 폐렴, 관절염, 식물병 따위를 일으킨다.

미코플라스마 폐렴(mycoplasma肺炎)명구《의학》〈폐렴〉미코플라스마라고 하는 미생물이 일으키는 유행성 폐렴. 사춘기 이전의 시기에 흔히 발생하는데 가래는 적으며 기침이 심하고 고열이 나는 것이 특징이다.

민감 소실(敏感消失)명구《의학》〈알레르기〉어떤 항원(抗原)에 대하여 과민 상태에 있는 개체의 과민성을 없애는 처치. 알레르기의 원인이 되는 물질인 알레르겐의 양을 조금씩 점차 늘리면서 정기적으로 주사하는데, 기관지 천식·두드러기·알레르기 코염 따위의 치료에 쓴다.〈유〉탈민감

민감 소실 요법(敏感消失療法)명구《의학》〈만성 하기도질환〉과민 반응의 원인 물질에 대한 과민성을 약화하는 치료 방법. 과민 반응을 일으키는 이종 단백질을 아주 적은 양으로 여러 번 되풀이하여 주사함으로써 익숙하게 하는 방법이다. 기관지 천식, 알레르기 코염 따위를 치료하는 데에 쓴다.〈유〉탈민감 요법(脫敏感療法), 탈감작 요법 ¶훈련치료의 대표적인 예가 바로 민감 소실 요법이다.

민감 잘록창자(敏感잘록창자)명구《의학》〈위장병〉정신적인 스트레스로 창자의 운동이 증가하여 설사나 변비가 생기고 아랫배가 아픈 만성 질환.〈유〉과민 대장 증후군, 과민성 결장, 자극 결장

밀가루 알레르기(밀가루Allergie)명구《의학》〈알레르기〉밀가루로 만든 음식을 섭취하였을 때 나타나는 알레르기 반응. 밀가루에 함유된 글루텐에 대한 인체의 이상 면역 반응에 의하여 일어난다. ¶밀가루 알레르기가 있는 친구에게 도넛 간식은 '그림의 떡'이다.

한국어 질병 표현 어휘 사전

ㅂ

바이러스 간염(virus肝炎)명구《의학》〈간 질환〉간염 바이러스의 감염으로 생기는 간염. 에이(A)형, 비(B)형, 시(C)형, 디(D)형, 이(E)형 등이 있는데, 수혈이나 음식물을 통해 감염되며 전신 권태, 식욕 부진, 발열, 황달 따위의 증상이 나타난다. ¶B형·C형 간염은 대표적인 바이러스 간염으로 간암 원인 질환의 80% 이상을 차지한다.

바이러스 심장막염(virus心臟膜炎)명구《의학》〈심장 질환〉바이러스 감염에 의한 심장막염. 주로 콕사키 바이러스나 에코 바이러스가 원인균이다.

바이러스 위염(virus胃炎)명구《의학》〈위장병〉바이러스의 감염으로 발생하는 급성 간염성 위염. 설사, 오심(惡心), 구토와 다른 여러 가지 전신적 증상이 나타난다.

바이러스 폐렴(virus肺炎)명구《의학》〈폐렴〉바이러스 감염으로 인하여 생기는 폐렴. 바이러스는 폐렴의 가장 흔한 원인이다. ¶바이러스 폐렴의 증상으로는 발열, 마른 기침, 콧물이 있으며, 이 외에도 근육통과 두통과 같은 전신증상 역시 나타난다.

바이러스성 심장막염(virus性心臟膜炎)명구《의학》〈심장 질환〉바이러스로 인하여 심장의 바깥면을 싸고 있는 심막에 생기는 염증. 여러 종류의 전염병이나 요독증 따위와 합병되는 일이 있다. ¶바이러스성 심장막염 진단을 받았던 다니 카르바할(25, 레알 마드리드)이 다행히 감염병 치료에 성공했다.

바퀴 알레르기(바퀴Allergie)명구《의학》〈알레르기〉바퀴에 대한 알레르기 반응. 피부 증상은 홍반 구진이나 판을 형성하기도 하나 주로 호흡기 알레르기를 일으켜 알레르기 천식 발생에 중요한 역할을 한다.

박리성 간질성 폐렴(剝離性癎疾性肺炎)명구《의학》〈폐렴〉갈색색소를 포함한 폐포 대식세포들의 침윤이 주로 폐포와 그 내강에 치밀하게 침착해 있는 특발성 간질성 폐렴의 한 형태. 박리사이질폐렴 ¶박리성 간질성 폐렴(DIP)은 그 빈도가 전체 간질성 폐렴 환자의 3% 미만인 드문 질환이며, 30~40대에 주로 발생하고 대부분이 흡연자이다.

반맹증(半盲症)[반:맹쯩]명《의학》〈뇌졸중〉주로 고혈압과 동맥 경화증 때문에 뇌혈관이 파열되어 나타나는 출혈.

반사 소화 불량(反射消化不良)명구《의학》〈위장병〉위나 창자 이외의 곳에 있는 병으로부터 오는 반사 자극에 의한 기능성 소화 불량.

반사성 천식(反射性喘息)명구《의학》〈만성 하기도질환〉/〈알레르기〉코나 내장 또는 몸의 다른 부위에서의 질병에 대하여 반사적으로 발생하는 천식. ¶과식을 하면 위의 팽창하여 횡격막을 위로 밀어 올리기 때문에 호흡곤란이 심해질 수도 있고, 위로부터 미주 신경을 통한 반사성 천식 발작이 발생할 수도 있다.

반심장증(半心腸症)[반:심장쯩]명《의학》〈심장 질환〉선천적인 심장 기형의 하나. 심장의 네 개의 방 가운데 두 개만 있다.〈유〉반쪽 심장증 ¶반심장증을 앓는 경우 격한 운동을 하면 안 된다.

반쪽 심장증(半쪽心臟症)명구《의학》〈심장 질환〉선천적인 심장 기형의 하나. 심장의 네 개의 방 가운데 두 개만 있다.〈유〉반심장-증(半心腸症) ¶오빠와 나는 모두 반쪽 심장증으로 태어났다.

발 처짐 걸음( )명구《의학》〈당뇨〉발을 발등 쪽으로 젖히는 것이 제대로 되지 않아 발끝이 땅에 먼저 닿는 걸음걸이. 발꿈치 딛기를 할 수 없고, 보통 발을 떼는 것보다 발이 높이 올라간다. 종아리 신경 병증, 앞 정강이 마비, 말초 신경염, 후기 당뇨병성 신경 병증, 알코올 중독 따위에서 나타난다.〈유〉족하수 보행(足下垂步行) ¶발 처짐 걸음은 일반적으로 마사지, 물리치료와 같은 보존적 치료로 증상을 완화시킬 수 있으나, 증상이 심하거나 보존적 치료 효과가 없는 경우에는 발목을 들어올릴 수 있게 하는 수술이 필요하다.

발암 물질(發癌物質)명구《생명》〈암〉암종(癌腫) 또는 다른 악성 종양을 일으킬 수 있는 물질. 실험동물에 투여하였을 때 비교적 짧은 시일 안에 고율(高率)의 암을 발생시킬 수 있는 것으로, 방향족 탄화수소·아민류·아조(azo) 화합물·방사성 물질 따위의 많은 화학 물질이 이에 속한다.〈유〉암 유발 물질 ¶발암 물질의 하나로 타르 따위에 들어 있으며 담배 연기, 배기가스에도 들어 있는 것으로 알려져 있다.

발암 촉진물(發癌促進物)명구《의학》〈암〉발암 작용은 없으나 다른 발암 물질의 효과를 높이고 발암 과정을 촉진하는 물질. ¶암모니아는 대표적인 발암 촉진물이다.

발암성(發癌性)[바람썽]명《의학》〈암〉어떤 물질이 몸 안에 들어가서 암을 일으키는 성질. ¶인산 연은 발암성이 있는 흰 가루다.

발작 고혈압(發作高血壓)명구《의학》〈고혈압〉불안이나 정서적인 요인으로 생기는 간헐적인 고혈압.〈유〉발작성 고혈압(發作性高血壓)

발작 기침(發作기침)명구《의학》〈폐렴〉백일해·폐렴 따위의 증상으로 나타나는 기침. 주체하지 못할 정도로 심하다.

발작성 고혈압(發作性高血壓)명구《의학》〈고혈압〉불안이나 정서적인 요인으로 생기는 간헐적인 고혈압.〈유〉발작 고혈압(發作高血壓) ¶시험 스트레스로 발작성 고혈압이 생겼다.

발진(發疹)[발찐]명《의학》〈알레르기〉피부 부위에 작은 종기가 광범위하게 돋는 질환. 또는 그런 상태. 약물이나 감염으로 인해 발생한다. ¶귀 뒤에 담홍색의 작은 발진이 생겼다. / 아기의 발진은 피부 호흡이 왕성하게 이루어지고 있다는 증거이다.

발진하다(發疹하다)[발찐하다]동《의학》〈알레르기〉피부 부위에 작은 종기가 광범위하게 돋다. 약물이나 감염으로 인해 발생한다. ¶수두는 조용히 병상 생활을 하면 발진한 후에는 자연히 치유된다.

발한 이상 습진(發汗異常濕疹)명구《의학》〈알레르기〉손가락과 발가락의 가장자리 또는 손바닥과 발바닥에 발생하는 피부 발진. 직경 1~2mm의 원형 물집이 생기고 매우 가려우며, 재발 가능성이 있지만 전염되지는 않는다.〈유〉땀 흘림 이상 습진

발한증(發汗症)[발한쯩]명《의학》〈당뇨〉땀이 지나치게 많이 나는 증상. 당

뇨병·임신·갱년기 장애 따위로 인하여 온몸에 땀이 많이 나는 전신성과, 일시적인 흥분·긴장·공포 따위로 손·발·겨드랑이·이마·콧등 따위에 땀이 나는 국한성이 있다. 〈유〉땀 과다증(땀過多症)〈참〉다한-증(多汗症) ¶원발성 국소 다한증을 앓는 사람들 중 약 30~50%가 과도한 발한증 가족력이 있다. / 갱년기의 대표적 증상이 바로 상열감에 의한 안면 홍조이고 특징은 안면 홍조와 발한증이 같이 발생한다는 점이다.

밤부테롤(bambuterol)명《약학》〈만성 하기도질환〉선택적 아드레날린성 베타 투 수용체 효능제. 기관지 확장제로서 기관지 천식과 기관지 경련을 수반하는 만성 기관지염, 폐 공기증 및 기타 폐 관련 질환에 유효하다. 교감신경 베타 투(β2) 수용체 효능 약물인 터부탈린의 전구 약물로서 생체 내에서 흡수된 후 서서히 대사되어 활성 대사 물질인 터부탈린으로 전환된다. ¶일동제약은 천식약물 '밤부테롤'의 국산화에 성공했으며, 국내 시장에서 연간 30억대 품목으로, 일본 등 해외시장에서는 연간 100억대 품목으로 키울 계획이다.

밥통(밥桶)[밥통]명〈위장병〉'위'를 속되게 이르는 말. ¶밥통이 비어서 기운을 못쓰겠다. / 음식물이 밥통 속에 들어가면, 밥통은 천천히 운동을 시작한다.

방광(膀胱)[방광]명《의학》〈암〉콩팥에서 흘러나오는 오줌을 저장하였다가 일정한 양이 되면 요도를 통하여 배출시키는 주머니 모양의 기관. ¶숨 막히는 긴장과 아슬아슬한 공포 속에 두 사람은 간신히 버티고 서 있었다. 절로 요의를 느껴서 방광이 터질 것만 같았다.

방광암(膀胱癌)[방광암]명《의학》〈암〉방광 점막에 생기는 암. 소변이 잘 나오지 않고 소변에 피가 섞이기도 한다.40세 이상의 남성에게 발병할 확률이 높고 아닐린계의 염료를 다루는 직업에 종사하는 사람이나 담배를 많이 피우는 사람이 걸리기 쉽다. ¶김 박사는 방광암에 걸린 환자의 복부에 개구를 만들어 소변을 체외 기구로 배설할 수 있게 하였다.

방사선(放射線)[방사선]명《물리》〈암〉방사성 원소의 붕괴에 따라 물체에서 방출되는 입자들. 프랑스의 물리학자 베크렐이 우라늄 화합물에서 발견한 것으로, 알파선·베타선·감마선이 있다. ¶원전 사고로 방사선이 유출된 이 지역에서 최근 기형적인 동식물이 발견되고 있다.

방사선 알레르기 흡착 검사(放射線Allergie吸着檢査)명구《의학》〈알레르기〉과민 반응의 원인이 되는 특정 알레르기 항원에 대한 면역 글로불린 이 항체의 수치를 측정함으로써 알레르기 유발 인자를 확인하기 위한 검사.

방사선 암(放射線癌)명구《의학》〈암〉방사선을 여러 번 쐰 사람이나 방사선을 직업적으로 다루는 사람에게 때로 생기는 암. 만성 피부염이 궤양으로 변질되었다가 피부암으로 되는 것이 일반적이다. ¶방사선 암은 과거의 방사능 피폭이 원인이 되어 발생하는 암으로 피부암, 갑상선암, 백혈병 등이 있다.

방사선 저항성 암(放射線抵抗性癌)명구《의학》〈암〉방사선을 쬐어도 조직이 파괴되지 않는 암. 임상적으로는 5,000뢴트겐을 쬐어도 효과가 없는 암을 이르는 말이다. ¶방사선 저항성 암의 경우 치료가 어렵다.

방사선 조사 후 심장막염(放射線照射後心臟膜炎)명구《의학》〈심장 질환〉방사선을 쪼이고 난 후에 발생하는 심장막염. 경우에 따라서는 상당히 늦게 나타나는 수도 있다. ¶원래 심장막염이 없었는데 방사선 조사 후 심장막염이 생겼다.

방사선 폐렴(放射線肺炎)명구《의학》〈암〉/〈폐렴〉정상적인 폐에 방사선을 많이 받아 생긴 폐렴. 가슴의 악성 종양을 치료하기 위해 방사선을 한 달 이상 쬐었을 때 생기기도 하는데 급성과 만성이 있다. ¶폐암 치료의 부작용으로는 방사선 폐렴 등이 있습니다.

방패 연골(防牌軟骨)명구《의학》〈암〉후두의 뼈대를 이루는 연골. 네모꼴의 좌우 판이 정중면에서 각을 이루며 만나 방패 모양을 이룬다. 만나는 각이 남자에게서 더 예각을 이루기 때문에 목 앞에서 더 두드러져 있다. ¶갑상샘은 방패 연골 아래에 위치한다.

배 간질(배癎疾)명구《의학》〈위장병〉간질과 유사한 방식으로 발작성 복통이 발생하는 병. 자율 신경 발작으로서 뇌파의 이상을 보이며, 주로 어린이에게 발생한다. 항경련제를 쓰면 증상이 좋아진다.

배 부풂(배부풂)명구《의학》〈위장병〉비정상적으로 배가 부어오르는 현상. 배가 팽팽해지며 가스 소리와 함께 복통 증상이 나타날 수 있는데, 가스나 액체 따위가 장에 고여 발생하는 것으로 알려져 있다.

배앓이( )[배아리]명〈위장병〉배를 앓는 병. 또는 배에 탈이 나서 아픔을 느끼는 일.〈유〉복통 ¶미국 국립보건원(NIH)에서는 곤약을 먹은 후에 복부팽만, 속 부글거림, 가벼운 설사 등 배앓이를 할 수 있다고 경고했다.

배앓이하다( )[배아리하다]동〈위장병〉배에 탈이 나서 아픔을 느끼다. ¶상현은 배앓이하는 것처럼 두 다리를 구부리고 배는 요 위에 붙인 채 생각을 하고 있다.

배통(背痛)[배ː통]명《한의》〈통증〉가슴막염, 폐결핵 따위로 등이 심하게 아픈 증상. 폐에 병이 생기면 숨이 차고 기침이 나며 기(氣)가 치밀어 오르고 어깨와 등이 아프며 땀이 난다. 또 사기(邪氣, 병이 나게 하는 나쁜 기)가 신(腎, 신장)에 있으면 어깨와 등과 목이 아프다.

백날 기침(百날기침)명구《의학》〈폐렴〉경련성의 기침을 일으키는 어린이의 급성 전염병. 3~6세의 어린이들이 잘 걸리며 특히 겨울부터 봄에 걸쳐 유행하는 전염성이 강한 병으로, 병에 걸리면 경과가 백 일 가까이 걸린다. 오래되면 끈끈하고 반투명한 가래가 나오며 기관지염·폐렴 따위를 일으키기 쉬우나, 한번 걸리면 일생 면역이 된다.〈유〉백일해 ¶이 백날 기침은 봄과 여름에 잘 발병하며 지금은 시기에 관계없이 산발적으로 발병하고 있습니다.

백내장(白內障)[뱅내장]명《의학》〈당뇨〉수정체가 회백색으로 흐려져서 시력이 떨어지는 질병. 노화로 발병하는 경우가 가장 많으나 상처를 입거나 당뇨병을 앓아서 발병하기도 한다.〈참〉녹-내장(綠內障) ¶백내장을 방치하게 될 경우 녹내장과 같은 합병증이 유발될 수 있으며 심한 경우에는 시력을 상실하는 상황까지 이를 수 있어 주의가 필요하다.

백색판증(白色板症)[백쌕판쯩] 명 《의학》〈위장병〉혀의 가장자리나 겉면의 앞쪽 따위에 잘 생기는 젖빛의 반점. 흡연 또는 만성 위장병이 원인이다.

백의 고혈압(白衣 高血壓) 명구 〈고혈압〉하얀 가운을 입은 사람만 보면 가슴이 두근거리면서 긴장이 되며 혈압이 상승하는 것. 일상에서 편안한 상태에서는 정상 혈압을 보이다가도 병원에만 가면 자신도 모르게 긴장 하면서 혈압이 오른다. ¶백의 고혈압은 자율신경계가 '투쟁-도피 반응'(fight or flight response)을 일으키기 때문이라는 연구 결과가 나왔다.

백일기침(百日기침)[배길기침] 명 《의학》〈폐렴〉경련성의 기침을 일으키는 어린이의 급성 전염병. 3~6세의 어린이들이 잘 걸리며 특히 겨울부터 봄에 걸쳐 유행하는 전염성이 강한 병으로, 병에 걸리면 경과가 백 일 가까이 걸린다. 오래되면 끈끈하고 반투명한 가래가 나오며 기관지염·폐렴 따위를 일으키기 쉬우나, 한번 걸리면 일생 면역이 된다.〈유〉백일해 ¶백일기침은 신생아 일수록 많이 걸리는데 어른들도 어린이로부터 감염이 될 우려가 있으므로 가족중 기침병에 걸려있는 어린이는 특별한 주의가 필요하다.

백일해(百日咳)[배길해] 명 《의학》〈폐렴〉경련성의 기침을 일으키는 어린이의 급성 전염병. 3~6세의 어린이들이 잘 걸리며 특히 겨울부터 봄에 걸쳐 유행하는 전염성이 강한 병으로, 병에 걸리면 경과가 백 일 가까이 걸린다. 오래되면 끈끈하고 반투명한 가래가 나오며 기관지염·폐렴 따위를 일으키기 쉬우나, 한번 걸리면 일생 면역이 된다.〈유〉백날 기침, 백일기침 ¶매년 8백여만 명의 어린이들이 홍역, 백일해, 파상풍, 소아마비, 설사병 등 5가지의 질병으로 목숨을 잃고 있다고 보고서는 밝혔다. / 최근 전 세계적으로 백일해 유병률이 증가하고 특히 1세 미만의 영아에서 백일해로 인한 사망 위험이 커지고 있다.

백해구통(百骸俱痛)[배캐구통] 명 〈통증〉온몸이 아프지 않은 곳이 없이 다 아픔.

백해구통하다(百骸俱痛하다)[배캐구통하다]형〈통증〉온몸이 아프지 않은 곳이 없이 다 아프다.

백혈구 과다증(白血球過多症)명구《의학》〈폐렴〉백혈구의 수가 정상보다 많아지는 증상. 폐렴이나 성홍열, 각종 전염병, 중독, 악성 종양 따위에서 볼 수 있다.〈유〉백혈구 증가증, 백혈구 증다증(白血球增多症)

백호탕(白虎湯)[배코탕]명《한의》〈폐렴〉입안이 마르고 몸이 뜨겁게 달아오르는 열증에 쓰는 처방. 감기나 폐렴 따위의 열성 전염병에 쓴다. ¶속열에 대한 처방으로 우선적으로 사용되는 처방은 백호탕입니다.

버터빵 심장막염(butterpão心臟膜炎)명구《의학》〈심장 질환〉심장막 사이에 진한 분비물이 생겨 유착이 잘 발생하는 심장막염. 섬유 심장막염의 한 종류이다.

벅적지근하다( )[벅쩍찌근하다]형〈통증〉몸이 뻐근하게 아픈 느낌이 있다. ¶어제 체육 시간에 오래달리기를 해서 다리가 벅적지근하다.

벌 독 알레르기(벌毒Allergie)명구《의학》〈알레르기〉벌에 쏘였을 때 벌 독에 의해 나타나는 알레르기 반응. 두드러기, 호흡 곤란, 아나필락시스 쇼크 따위의 증상을 일으킨다. ¶벌 독 알레르기가 있는 사람이 벌에 쏘이면 쇼크가 발생할 수 있다.

범세기관지염(汎細氣管支炎)[범:세기관지염]명《의학》〈만성 하기도질환〉세기관지에서 나타나는 특발성 염증과 막힘 증상. 나중에 기관지 확장증을 동반한다. ¶6개월간 결핵 치료만 계속해도 차도가 없어서 총검진을 다시 한 결과 범세기관지염으로 확진하였습니다.

범소엽성 폐기종(汎小葉性肺氣腫)명구《의학》〈만성 하기도질환〉허파의 아랫부분을 침범하는 이차 허파 소엽의 모든 부분을 포함하여 생기는 폐기종. 알파-1 항트립신 결핍과 관련이 있다.〈유〉범세엽성 폐 공기증(汎細葉性肺空氣症) ¶범소엽성 폐기종은 낭성 간질성 허파 병의 다른 원인이다.

베르니케 실어증(Wernicke失語症)명구《의학》〈알츠하이머〉언어 중추의 파괴

ㅂ

로 인하여, 스스로 언어를 말할 수는 있으나 다른 사람의 말은 소리를 들을 뿐 뜻은 이해하지 못하는 장애. 독일의 정신 병리학자 베르니케가 발견하였다. 〈유〉감각실어증, 베르니케 언어상실증 ¶베르니케 실어증 환자는 발음이나 억양이 정상인처럼 유창하여 얼핏 보면 언어 장애가 없는 것처럼 보이지만 대화 맥락과 전혀 상관없는 말을 한다.

베인브리지 반사(Bainbridge反射)명구《의학》〈심장 질환〉심장 입구의 대정맥 내 흐름과 압력이 증가하여 오른심방에서 심장 박동이 증가하는 현상.

벼락 두통(벼락頭痛)명구《의학》〈통증〉질병으로 인해 갑자기 발생하는 매우 심한 두통. ¶평소와 다른 매우 큰 두통이 갑자기 발생하는 '벼락 두통'이 나타난다면, 뇌동맥류 때문에 나타나는 증상일 수 있다.

변두통(邊頭痛)[변두통]명《한의》〈통증〉'편두통'을 한방에서 이르는 말. 〈유〉변두-풍(邊頭風)

변통(便痛)[변통]명《한의》〈통증〉대변을 볼 때 통증이 있는 증상. ¶그래서 너나없이 상습 변비증세에 걸리기 쉬운데 변비에 걸린 사람들에게는 특히 섬유질은 단순히 변통을 도울 뿐만 아니라, 장 속의 독소를 흡수하여 배설시키는 신비한 역할까지 한다고 한다.

병원내 폐렴(病院내肺炎)명구《의학》〈폐렴〉입원 이전에 감염되지 않았던 사람이 입원한 후 병원 환경에서 병원성 미생물에 감염되어 발생한 폐렴. 보통 입원한 지 48시간이 지난 이후에 발생하는 폐렴을 말한다. 〈유〉병원 감염성 폐렴 ¶조사결과에 따르면 병원내 폐렴 가운데 58.7%에 해당하는 410건이 중환자실 등에서 사용하는 인공호흡기 관련 폐렴(VAP; Ventilator-associated Pneumonia)인 것으로 집계됐다.

병통(病痛)[병:통]명〈통증〉병으로 인한 아픔. ¶포교승의 말로가 6신통(六神通) 대신 6병통(六病通)이 된다는 말, 다시 새겨 보며 여섯 가지 병통을 모두 다 지니고 병원에서 아니, 길거리에서 쓰러진다 해도 포교승답게 살다 가리라고 다짐해 본다.

보글리보스(voglibose)명《약학》〈당뇨〉알파 글루코시다아제와 결합하여 이당류가 단당류로 분해되는 것을 지연하여 포도당이 서서히 흡수되도록 하는 기전을 통해 당뇨병의 식후 과혈당을 개선하기 위한 목적으로 사용되는 약. ¶알파 글루코시다제 저해제의 대표성분인 보글리보스는 식사요법, 운동요법을 행하고 있는 환자에서 충분한 효과를 얻을 수 없는 경우나 식사요법, 운동요법에 추가해 경구혈당 강하제 혹은 인슐린 제제를 사용하고 있는 환자에서 충분한 효과를 얻을 수 없는 경우에 한해 당뇨병의 식후 과혈당개선을 하는데 사용한다.

보깨다( )[보깨다]동〈통증〉먹은 것이 소화가 잘 안 되어 속이 답답하고 거북하게 느껴지다. ¶어제저녁 내내 속이 보깨어 혼났다. / "괜찮습니다. 아침에 무어 좀 먹은 것이 보깨는 듯합니다." 하고 얼른 변명을 한다.

보조 인공 심장(補助人工心臟)명구《의학》〈심장 질환〉심장에 병이나 상처가 있을 때에, 그 기능을 도울 목적으로 쓰는 보조 순환 장치. ¶내 심장은 보조 인공 심장으로 뛴다.

복강 내 출혈(腹腔內出血)명구《의학》〈암〉복막강 속에 있는 장기나 혈관이 터져서 피가 삼출되는 증상. 〈유〉복막 안 출혈(腹膜안出血) ¶위암 수술의 합병증에는 복강 내 출혈, 복강 내 농양 등이 있다.

복강 위기(腹腔危機)명구《의학》〈위장병〉복통이 매우 심한 상태. 여러 가지 원인으로 올 수 있으며, 대표적인 원인으로 콩팥돌증이나 장이 막힌 상태 따위가 있다. 〈유〉심한 복통증

복막(腹膜)[봉막]명《생명》〈암〉복강(腹腔)을 따라 내장 기관을 싸고 있는 얇은 막. 〈유〉배막 ¶고름이 터지고 복막이 절망적으로 상해 버린 뒤에야 겨우 맹장염인 것을 알아낸 눈치였다.

복막암(腹膜癌)[봉마감]명《의학》〈암〉복막에 생기는 암종. 흔히 위, 장, 지라, 담낭, 난소 따위의 암종으로 잇따라 생긴다. ¶복막암 진단을 받다.

복막염(腹膜炎)[봉망념]명《의학》〈암〉복막에 급성 또는 만성으로 생기는 염

ㅂ

증. 뱃가죽이 땅기고 배에 날카로운 통증이 있으며, 열이 나고 장관 마비를 일으키며 복수가 괴어 탈수 상태에 빠진다. ¶췌장암 수술 후 합병증으로 췌장과 공장 문합부의 누출, 농양, 복막염, 췌장염 등이 있다.

복수(腹水)[복쑤] 명 《의학》〈암〉배 속에 장액성(漿液性) 액체가 괴는 병증. 또는 그 액체. 배가 팽만하여지고 호흡 곤란 증상이 나타나는데, 주로 간경변증·결핵 복막염·간매독(肝梅毒)·문정맥 혈전 때에 일어나며 심장 질환·신장 질환의 경과 중에도 볼 수 있다. ¶간에 이상이 생기거나 간 건강의 악화로 인해 복부팽만이 생기는데 혈관에 돌던 피가 장기로 나오면서 물이 고이게 되면서 복수가 차는 것이다. 흔히 암투병 과정에서도 85%나 발병된다.

복숭아 알레르기(복숭아Allergie) 명구 《의학》〈알레르기〉복숭아를 섭취하거나 복숭아털이 피부에 닿았을 때 나타나는 알레르기 반응. 두드러기, 호흡 곤란, 구토 증상 따위를 일으킨다. ¶복숭아 알레르기를 유발하는 물질은 털에 가장 많으며, 그다음으로 과피, 과육 순이다.

복통(腹痛)[복통] 명 〈통증〉〈위장병〉복부에 일어나는 통증을 통틀어 이르는 말. 〈유〉배앓이 ¶복통이 심해서 움직일 수가 없다. / 무얼 잘못 먹었는지 갑자기 복통이 일어났다. / 그는 저녁을 먹다 말고 갑자기 복통으로 배를 움켜쥐고 온 방 안을 뒹굴었다.

본태 고혈압(本態高血壓) 명구 《의학》〈고혈압〉원인이 명확하지 않은 고혈압증. 고혈압 환자의 70~80%를 차지하는데, 유전 경향이 강하며, 식염 섭취량이 많은 지역에 환자 발생의 빈도가 높은 것으로 알려져 있다.

본태 과당뇨(本態果糖尿) 명구 《의학》〈당뇨〉과당의 대사에 관여하는 첫 번째 효소인 과당 효소가 결여되어 발생하는 선천 대사 장애의 하나. 과당이 요(尿)와 혈액에 나타나며, 증상이 없는 양성 질환이다. ¶과당은 소변으로 배출되지 않는 것이 정상이나, 본태 과당뇨의 경우 소변으로 과당이 배출된다.

본태성 고혈압증(本態性高血壓症)명구《의학》〈고혈압〉'본태 고혈압'의 전 용어. ¶최대혈압이 150mmHg 이상 최소혈압이 90mmHg 이상일 경우는 고혈압으로 신질환 또는 바세도우병, 내분비질환 등에 의해 2차성과 원인불명의 본태성 고혈압증으로 분류된다.

본태성 천식(本態性喘息)명구《의학》〈만성 하기도질환〉/〈알레르기〉원인을 알 수 없는 상태로 발생하는 천식. ¶본태성 천식은 주로 하부 호흡기에서 증세가 나타나며, 기도 부종, 점액질 생산 증가, 염증 반응 등에 의하여 기관지 조임과 호흡기 폐색 등으로 발전하기도 한다.

봄철 결막염(봄철結膜炎)명구《의학》〈알레르기〉눈꺼풀 안쪽에 구진(丘疹)이 생기고, 삼출액이 나타나며 가렵고 눈이 부시는 결막염. 봄부터 여름에 걸쳐 증상이 심하고 몇 년 동안 반복된다. 초등학교 정도의 소년기에 많다.〈유〉춘계 결막염

부분적 지방 이영양증(部分的脂肪異營養症)명구《의학》〈당뇨〉보통 얼굴에서 시작하여 점점 가슴, 목, 등, 상지의 순으로 피하 지방이 대칭적으로 없어지면서 피하 지방이 신체 하부에 집중되어 엉덩이, 허벅지 및 하지의 실질적인 비만증이 형성되는 증상. 이 증상이 있는 환자에게는 인슐린 저항성 당뇨병, 트라이글리세라이드 혈증 및 신장병 등이 나타날 수 있다. 주로 10대의 여성에게 나타난다.

부신 고혈압(副腎高血壓)명구《의학》〈고혈압〉부신 질환 때문에 생기는 고혈압. 부신 속질의 크롬 친화 모세포종, 부신 겉질의 과활동, 또는 기능성 종양 따위로 인하여 생기는 고혈압이다.

부신성 고혈압(副腎性高血壓)명구《의학》〈고혈압〉부신의 질환으로 생기는 고혈압. 부신 속질의 크롬 친화 모세포종이나 부신 겉질의 과활동, 기능성 종양 따위가 원인이 된다.

부자병(富者病)[부:자뼝]명《의학》〈당뇨〉주로 부자들이 걸리는 병. 주로 당뇨, 비만 따위를 이른다. ¶당뇨병은 국민 소득이 많아질수록 환자가 증가해

일명 부자병으로 불린다. / 지난 30년간 중국에서 소위 말하는 부자병의 발병률이 점차 높아지고 있다.

부정맥(不整脈)[부정맥]명《의학》〈심장 질환〉불규칙적으로 뛰는 맥박. 심장의 이상으로 일어나는 것과 호흡의 영향으로 생리적으로 일어나는 것이 있다.〈유〉맥박 부정(脈搏不整), 부조-맥(不調脈) ¶심장 질환자 중 부정맥 환자 비율이 점차 증가하고 있다.

분만 전후 심근 병증(分娩前後心筋病症)명구《의학》〈심장 질환〉임신 마지막 달이나 분만 후 5개월 이내에 발생하는, 심장 기능이 악화하는 상태.〈유〉분만 전후 심장 근육 병증 ¶엄마께서 동생을 낳은 후 분만 전후 심근 병증에 걸리셨다.

분만 후 고혈압(分娩後高血壓)명구《의학》〈고혈압〉분만이 끝난 직후에 생기는 고혈압. ¶임신으로 유발된 고혈압의 주요 증세는 확장기 혈압이 상승하다가 105㎜Hg 이하로 떨어지지 않으면서 부종과 단백뇨가 없고, 분만후 고혈압은 자연스럽게 사라진다.

분만 후 심근 병증(分娩後心筋病症)명구《의학》〈심장 질환〉임신과 연관되어 심장이 확장함으로써 심장 기능 상실을 초래하는 질환.〈유〉분만 후 심장 근육 병증(分娩前後心臟筋肉病症)

분쇄직공 천식(粉碎職工喘息)명구《의학》〈만성 하기도질환〉/〈알레르기〉금속을 분쇄할 때 만들어지는 미세한 입자가 호흡기로 들어와 이에 대한 과민 반응으로 유발된 천식. 분쇄 작업을 하는 사람에게서 많이 발생한다.

불안정 고혈압(不安定高血壓)명구《의학》〈고혈압〉높아진 혈압이 자주 변하는 상태. ¶고혈압 초기에는 이런 변동성이 더욱 심해 어떤 때는 혈압이 상당히 높다가도 다른때 측정해 보면 지극히 정상적인 혈압으로 나타난다. 이를 "불안정 고혈압"이라 부른다.

불안정 당뇨병(不安定糖尿病)명구《의학》〈당뇨〉혈당 농도가 심하게 변동하는 상태에 있어 조절하기 어려운 당뇨병. 저혈당과 고혈당이 번갈아 나타나고 식이 조절과 인슐린 투여가 필요하다. 〈유〉 불안정형 당뇨병(不安定型糖尿病) ¶불안정 당뇨병은 조절하기 어려운 당뇨병을 설명하는데 사용되는 용어로, 혈당 수치가 너무 높음(고혈당증)에서 너무 낮음(저혈당증)으로 빠르게 이동할 수 있는 혈당의 광범위한 변동 또는 흔들림이 특징이다.

붓다 ( )[붇:따] 동 〈통증〉 살가죽이나 어떤 기관이 부풀어 오르다. ¶얼굴이 붓다. / 병으로 간이 붓다. / 절제한 부위에 암이 재발할 때 나타나는 증세는 절제한 쪽의 팔이 붓고 통증이 오는 것이다.

브로카 건망(증) (Broca健忘(症)) 명구 《의학》 〈알츠하이머〉 말할 언어를 생각하지 못하는 것.

브이에스디 (VSD) 명 《의학》 〈심장 질환〉 심실을 좌우로 나누고 있는 사이막의 선천적 결손. 흔히 대동맥 허파 동맥 사이막이 심실 사이의 구멍을 닫지 못해 생긴다. 〈유〉 심실 사이막 결손, 심실중격 결손(心室中隔缺損)

비감 (痹疳/脾疳)[비:감] 명 《한의》 〈위장병〉 어린아이에게 생기는 소화 기관 질환. 〈유〉 식감

비강 분무제 (鼻腔噴霧劑) 명구 《약학》 〈알레르기〉 보통 비염이나 비충혈 제거의 목적으로 코에 뿌리는 약.

비강 투여 코르티코스테로이드 (鼻腔投與corticosteroid) 명구 《약학》 〈만성 하기도질환〉 천식이나 비염 따위에서, 비강을 통하여 투여되는 코르티코스테로이드. 약이 기관지에만 작용하기 때문에 먹는 스테로이드 제제보다 면역 기능 감소 따위의 부작용이 적다. ¶비강 투여 코르티코스테로이드를 소아환자에게 투여하는 경우 성장이 지연될 수 있다. / 비강 투여 코르티코스테로이드를 과량으로 사용한 경우 부신피질기능항진이나 부신기능억제 등의 전신성 코르티코스테로이드 작용이 나타날 수 있다.

비구아니드 (biguanide) 명 《약학》 〈당뇨〉 간에서 생성되는 포도당의 양을 감소시키고, 근육 조직이 인슐린에 민감하게 만들어 근육으로 포도당이 흡수되는 것을 도와 혈당을 낮추어 주는 약물. 메트포르민 따위가 있으며, 당뇨병

치료에 사용된다. ¶비구아니드는 근육과 지방조직과 같은 말초 조직에서 인슐린에 대한 감수성을 증가시키는 인슐린 감작제로 췌장을 직접 자극하지 않기 때문에 단독으로 복용하게 되면 저혈당 위험이 없으며 체중감소 효과를 보인다.

비당뇨병(非糖尿病)[비ː당뇨뼝] 명 《의학》〈당뇨〉 당뇨병이 아니거나 당뇨병이 원인이 아닌 것. 비당뇨병성 신증, 당뇨병성 신증과 같은 용어에 사용한다. ¶외국의 후향적 연구에 의하면 당뇨병 환자의 9~66%에서 비당뇨병성 신질환이 동반되는 것으로 보고된다.

비당뇨병성 당뇨(非糖尿病性糖尿) 명구 《의학》〈당뇨〉 소변에 당분이 섞여 나오지만 당뇨병과 관계가 없는 상태.

비대 심근 병증(肥大心筋病症) 명구 《의학》〈심장 질환〉 심실중격과 좌심실의 벽이 두꺼워지고 심근 섬유의 배열이 심하게 흐트러지는 질병. 흔히 자유벽보다는 중격이 훨씬 더 두꺼워 좌심실 유출로가 좁아져서 역동적인 출구 압교차가 생성되고, 확장기 순응도가 현저히 떨어진다. 〈유〉 비후성 심근 병증(肥厚性心筋病症) ¶좌심실 유출로의 협착이 있는 비대 심근 병증 환자들이 심근 절제술을 시행 받은 경우는 일반인과 같은 생존율을 보인다는 보고가 있고 수술 후 바로 증상의 호전을 보이는 경우가 대부분이어서 미국심장학회에서도 적응증이 되는 경우에는 심근 절제술을 가장 효과적인 치료법으로 추천하고 있습니다.

비빔 소리( ) 명구 《의학》〈폐렴〉 가슴을 청진할 때에, 폐에서 들리는 소리. 머리카락을 비빌 때에 갈리는 소리와 비슷한데, 숨을 들이쉴 때에 허파 꽈리가 늘어나면서 나는 소리로, 정상에서는 늙거나 허약한 사람에게서 가끔 들리며, 병적으로는 폐렴이 있을 때 들린다.

비소세포 폐암(非小細胞肺癌) 명구 《의학》〈암〉 폐암 가운데 80~85%를 차지하며, 다시 선암(샘암), 편평상피세포암, 대세포암 등으로 나뉜다. ¶통계상 소세포 폐암이 15~20%이며 나머지가 비소세포 폐암이다. / 폐암은 암세포의 모양과 크기에 따라 소세포 폐암과 비소세포 폐암으로 구분하고, 진행 정도에 따라 제1기부터 4기까지 나눈다.

비알레르기성(非Allergie性)[비알레르기썽]명《의학》〈알레르기〉알레르기 반응이 나타나지 않거나 알레르기를 일으키지 않는 성질. ¶두드러기는 크게 알레르기성 두드러기와 비알레르기성 두드러기로 나누어집니다.

비연(鼻淵)[비:연]명《한의》〈알레르기〉'코염'을 한방에서 이르는 말. 〈유〉코염, 신알비연

비염(鼻炎)[비:염]명《의학》〈알레르기〉코안 점막에 생기는 염증을 통틀어 이르는 말. 급성 코염·만성 코염·알레르기성 코염 따위가 있는데, 코가 막히고 콧물이 흐르며 두통과 기억력 감퇴를 가져오기도 한다. 〈유〉코염, 비카타르 ¶건조한 날씨가 계속되면서 비염으로 고생하는 사람들이 많아졌다.

비외상 뇌속 출혈(非外傷속出血)명구《의학》〈뇌졸중〉다리뇌와 중간뇌의 출혈. 갑자기 팽창하는 머리뼈 안 병터로 인하여 천막 경유 뇌탈출로 뇌줄기가 비틀려 발생한다.

비외상 뇌속 출혈(非外傷腦속出血)명구《의학》〈고혈압〉주로 고혈압과 동맥경화증 때문에 뇌혈관이 파열되어 나타나는 출혈.

비인슐린 의존(非insulin依存)명구《의학》〈당뇨〉일부 당뇨병 환자에게서 인슐린이 생성되지 않거나 효과적으로 쓸 수 있는 능력이 없는 특성. 다량의 인슐린을 주사해도 고혈당이 유지된다.

비장(脾臟)[비장]명《생명》〈암〉척추동물의 림프 계통 기관. 위의 왼쪽이나 뒤쪽에 있으며, 오래된 적혈구나 혈소판을 파괴하거나 림프구를 만들어 내는 작용을 한다. ¶췌장은 비장과 인접해 있다.

비장 종대(脾臟腫大)명구《의학》〈고혈압〉비장의 크기가 정상보다 커진 상태. 문맥 고혈압, 감염, 자가 면역 질환, 림프종 따위의 조혈계 이상이 원인이다. 〈유〉비-종대(脾腫大) ¶비장 종대에 의해 포만감이 생기고 식욕을 잃어

ㅂ

체중이 감소한다.

비정형 폐렴(非定型肺炎)명구《의학》〈폐렴〉경과, 증상, 병터가 정형적(定型的)이지 않은 폐렴. 38℃ 안팎의 열이 나고 기침이 잦으며, 결핵과 혼동하기 쉽다.〈유〉이형 폐렴

비종대(脾腫大)[비ː종대]명《의학》〈고혈압〉비장의 크기가 정상보다 커진 상태. 문맥 고혈압, 감염, 자가 면역 질환, 림프종 따위의 조혈계 이상이 원인이다.〈유〉비장 종대(脾臟腫大)

비증식 당뇨 망막 병증(非增殖糖尿網膜病症)명구《의학》〈당뇨〉망막의 모세 혈관에 이상이 생기는 질환. 가장 흔한 형태의 당뇨병 망막증이다. 시력 저하를 보이는 경우가 많고, 색깔을 구별하기 어렵거나 야간의 시력이 저하되는 증상을 보이기도 한다. 완전한 실명으로는 잘 진행되지 않는다. ¶비증식 당뇨 망막 병증은 서서히 발생하며 시력이 점진적으로 감퇴되는데, 이는 당뇨 망막 병증의 초기 소견이라고 할 수 있다.

비카타르(鼻catarrh)명《의학》〈알레르기〉코 안 점막에 생기는 염증을 통틀어 이르는 말. 급성 코염·만성 코염·알레르기성 코염 따위가 있는데, 코가 막히고 콧물이 흐르며 두통과 기억력 감퇴를 가져오기도 한다.〈유〉비염, 코염

비타민(vitamin)명《생명》〈간 질환〉동물체의 주 영양소가 아니면서 동물의 정상적인 발육과 생리 작용을 유지하는 데 없어서는 안 되는 유기 화합물을 통틀어 이르는 말. 비교적 소량이 필요하지만 체내에서 생성되지 않는다. 크게 수용성 비타민과 지용성 비타민으로 나누어지고, 부족하면 특유의 결핍 증상이 나타난다. ¶과일에는 비타민이 풍부하게 함유되어 있다.

비타민 디 결핍증(vitaminD缺乏症)명구《의학》〈폐렴〉비타민 디의 부족으로 생기는 증상을 통틀어 이르는 말. 비타민 디는 뼈와 이에 칼슘이 가라앉는 것을 돕는데, 이것이 부족하면 어린이들은 키가 잘 자라지 못하고 팔다리가 휘며 설사증·기관지염·폐렴 따위에 잘 걸리고, 어른들은 뼈가 부러지기 쉽

다. 〈참〉구루병(佝僂病)

비타민 디 과잉증(vitaminD過剩症)명구《의학》〈고혈압〉비타민 디를 너무 많이 섭취하여 생기는 중독증. 비타민 디를 많이 섭취하면 뼈에서 칼슘이 많이 빠져나와서 혈액을 통하여 콩팥, 심장, 대동맥, 위점막, 기관지, 폐포 근육 따위에 많이 침착(沈着)되면서 석회화증이 생긴다. 구토·설사·갈증 따위의 증상이 있고, 입맛이 없어지며 오줌을 많이 눈다. 피부가 마르고 뼈와 관절의 통증, 근육 무력감, 고혈압, 콩팥 결석이 잘 생긴다. ¶비타민 디 과잉증은 식욕 부진, 두통, 메스꺼움, 관절염, 동맥경화, 고혈압 등의 증상으로 다양하게 나타난다.

비타민 에이 결핍증(vitaminA缺乏症)명구《의학》〈폐렴〉비타민 에이가 모자라 시력이 약해지는 증상. 결막과 각막에 염증 궤양이 생기기 쉽고, 어린이들은 잘 자라지 못하고 기관지염, 폐렴, 깔때기염에 걸린다. 〈유〉야맹증(夜盲症)

비통1(臂痛)[비:통]명《한의》〈통증〉팔이 저리거나 아픈 증상.

비통2(鼻痛)[비:통]명《한의》〈통증〉감기 때문에 코가 막히고 아픈 병.

비티에스(BTS)명《의학》〈심장 질환〉느린 맥박과 빠른 맥박이 교대로 나타나는 증상. 대개 굴결절 질환에 관련되어 나타나는 율동 장애이다. 〈유〉서맥 빈맥 증후군(徐脈頻脈症候群)

비형 간염(B型肝炎)명구《의학》〈간 질환〉에이치비 바이러스의 감염에 의한 간염. 성인은 성교나 수혈을 통해서 감염되고 일과성 감염의 경과를 거치지만, 신생아나 소아는 지속적으로 감염되는 일이 많다. 〈유〉수혈 간염, 혈청 간염 ¶B형 간염은 아기가 태어날 때 B형 간염이 있는 어머니로부터 전염될 수 있으며(수직감염), 성적인 접촉이나 수혈, 오염된 주사기의 재사용 등에 의해서도 감염될 수 있다.

비형 간염 백신(B型肝炎vaccine)명구《의학》〈간 질환〉비형 간염을 예방하는 백신. 현재는 유전자 재조합 기술로 효모에서 간염 바이러스 표면 항원을 생성한 후에 정제하여 백신으로 사용하므로 안전하다. ¶일반적으로 B형 간염 백신은 주사 2번 또는 3번을 한 시리즈로 하여 근육 내에 주사합니다.

비후성 심근 병증(肥厚性心筋病症)명구《의학》〈심장 질환〉심실중격과 좌심실의 벽이 두꺼워지고 심근 섬유의 배열이 심하게 흐트러지는 질병. 흔히 자유벽보다는 중격이 훨씬 더 두꺼워 좌심실 유출로가 좁아져서 역동적인 출구 압교차가 생성되고, 확장기 순응도가 현저히 떨어진다.〈유〉비대 심근 병증(肥大心筋病症) ¶비후성 심근 병증은 젊은 운동선수들의 급사 원인 1순위로 꼽히는 질환이다.

비후성 폐쇄성 심근증(肥厚性閉鎖性心筋症)명구《의학》〈심장 질환〉심장 근육이 두꺼워져서 심장으로부터 나가는 혈액의 출구가 막히는 병.

빈뇨(頻尿)[빈뇨]명《의학》〈당뇨〉/〈암〉하루의 배뇨량에는 거의 변화가 없으나, 배뇨 횟수가 많아지는 증상. 하루에 소변을 10회 또는 그 이상 보며, 방광이나 요도 뒷부분의 염증, 당뇨병, 콩팥 굳음증 따위가 원인이다.〈유〉빈뇨-증(頻尿症), 삭뇨-증(數尿症) ¶카페인을 과도 섭취할 경우 빈뇨를 일으킬 수 있다. / 전립선암은 초기에는 증상이 없으나 어느 정도 진행되면 각종 배뇨 문제 (야뇨, 빈뇨, 주저뇨) 등이 발생한다.

빈맥(頻脈)[빈맥]명《의학》〈심장 질환〉'잦은맥박'의 전 용어. 맥박이 자주 뛰는 일. 일반적으로 1분간의 심장 박동 수가 100회 이상인 것을 이른다.〈유〉잦은-맥박(잦은脈搏) ¶심실에서 생기는 빈맥은 급사 위험이 있는 악성이므로 반드시 원인을 제거하고 치료해야 한다.

빈맥 서맥 증후군(頻脈徐脈症候群)명구《의학》〈심장 질환〉빠르고 느린 심장 박동이 교대로 일어나는 증상. 흔히 굴심방 결절 및 방실 전도 장애와 관련이 있다.〈유〉빠른맥 느린맥 증후군 ¶서맥과 빈맥이 함께 나타나는 빈맥 서맥 증후군에서 빈맥의 대표적인 것이 심방세동이다.

빈속 통증(빈속痛症)명구《의학》〈통증〉배 속이 비었을 때 배의 윗부분, 특히 유문 부위에 느껴지는 통증. 식후 3~6시간이 지나서 오며 샘창자 궤양, 위염, 쓸개염 따위가 생겼을 때 많이 나타나는 증상이다.

빈스반거 치매 (Binswanger癡呆)명구《의학》〈알츠하이머〉뇌 피질 회백질의 탈미엘린화와 그 부분에 혈액을 공급하는 혈관의 경화가 원인이 되어 생기는 초로기 치매. 기억력과 정신력이 감퇴된다.

빈스방거병 (Binswanger病)[빈스방거뼝]명《의학》〈알츠하이머〉다발 경색 치매의 발생 원인 가운데 하나. 백질에는 겉질과 바닥핵이 상대적으로 결여되어 있고, 경색 부위와 빈틈이 많은 질환이다.

빈스완거치매 (Binswanger癡呆)명《의학》〈알츠하이머〉뇌피질하 백질의 탈(myeline)화와 그 부분의 혈액을 공급하는 혈관의 경화가 원인이 되는 초로기(初老期) 치매의 한 형태.

빈스왕게르병 (Binswanger病)[빈스왕게르뼝]명《의학》〈알츠하이머〉뇌 피질 회백질의 탈미엘린화와 그 부분에 혈액을 공급하는 혈관의 경화가 원인이 되어 생기는 초로기 치매. 기억력과 정신력이 감퇴된다.

빠개지다 ( )[빠개지다]동〈통증〉(작고 단단한 물건이) 두 쪽으로 갈라지다.〈참〉빠개지다 ¶머리가 빠개질 것처럼 아프다.

빡작지근하다 ( )[빡짝찌근하다]형〈통증〉몸의 한 부분이 빠근하게 아픈 느낌이 있다.〈참〉빡지근하다 ¶가슴이 빡작지근하다. / 온몸이 빡작지근하다. / 감기가 걸렸는지 목구멍이 빡작지근하게 아프다.

빵 굽는 사람 습진 ( )명구《의학》〈알레르기〉빵 굽는 사람의 손과 팔에 생기는 알레르기 발진. 빵 굽는 사람이 취급하는 밀가루나 효모, 또는 곡물 가려움 진드기 따위로 인하여 일어난다.

빠개지다 ( )[빠개지다]동〈통증〉(단단한 물건이) 두 쪽으로 갈라지다. ¶사람들은 모두 말이 없었고 나는 너무나 벅찬 감동으로 해서 가슴이 빠개지는 것 같았었다. / 저 은가락지 낀 손으로 백년가약주 잔을 들어 줄 때 장덕순의 가슴이 빠개지지 않겠는가.

빠근하다 ( )[빠근하다]형〈통증〉근육이 몹시 피로하여 몸을 움직이기가 매우

ㅂ

거북스럽고 살이 빠개지는 듯하다. ¶온몸이 빠근해서 못 견디겠다. / 달리기를 했더니 이렇게 팔다리가 빠근하다. / 웅보는 빠근하게 힘줄이 당기는 뒷덜미를 어루만지며, 물바다가 된 새끼내 들을 가슴 아픈 눈으로 쓸어 보았다.

뻑적지근하다( )[뻑쩍찌근하다]형〈통증〉(몸이) 조금 빠근하고 거북한 느낌이 있다.〈유〉뻑지근하다〈참〉빡작지근하다 ¶온몸이 뻑적지근하다. / 오랫동안 컴퓨터를 했더니 어깨가 뻑적지근했다.

뼈암(뼈癌)[뼈암]명《의학》〈암〉유방, 전립샘, 허파, 콩팥 따위 장기에 생긴 암이 혈류를 따라 뼈에 옮겨 와 생긴 암. 일반적으로 암 말기에 나타난다. ¶뼈암 중 절반을 차지하는 골육종은 뼈에 발생하는 악성 종양이다.

뼛골(이) 아프다( )형구〈통증〉(사람이) 뼛속까지 아플 정도로 고통스럽다 ¶신장이 허약하면 뼛골이 잘 아프면서 입에서 썩는 냄새가 난다.

뽀개지다( )[뽀개지다]동〈통증〉'빠개지다'의 전라 방언.

한국어 질병 표현 어휘 사전
ㅅ

사간(瀉肝)[사간]명《한의》〈간 질환〉맛이 쓰고 성질이 찬 약을 써서 간화(肝火)가 오르는 것을 내리게 하는 치료법.〈유〉사청, 청간화

사람 인슐린(사람insulin)명구《의학》〈당뇨〉생합성된 사람의 인슐린. 탄수화물 대사를 조절하는 호르몬 단백질로 이자에서 분비된다. 몸 안의 혈당량을 적게 하는 작용을 하므로 당뇨병의 대증약으로 쓰인다.

사마귀 모양 습진(사마귀模樣濕疹)명구《의학》〈알레르기〉과다 각화를 동반한 습진. 이는 만성 태선화 습진이다.

사슬알균 폐렴(사슬알菌肺炎)명구《의학》〈폐렴〉폐렴사슬알균으로 인한 폐렴.〈유〉연쇄 구균 폐렴

사이질 폐렴(사이質肺炎)명구《의학》〈폐렴〉허파 꽈리 사이나 허파 안의 사이질 조직, 혈관 주위 조직에 염증이 생기는 폐렴. 허파에 섬유 조직이 늘어나면서 허파가 굳어지고 허파 꽈리 공간이 줄어들어 호흡 곤란과 기침의 증상이 나타나는 만성병이다.〈유〉간질 폐렴

사이질 형질세포 폐렴(사이質形質細胞肺炎)명구《의학》〈폐렴〉유아 또는 면역 체계가 손상된 사람에게서 발생하는 폐렴.〈유〉폐포자충증

사이질성 폐기종(사이質性肺氣腫)명구《의학》〈만성 하기도질환〉허파 꽈리가 파열되어 허파 조직에 공기가 있는 상태.〈유〉간질성 폐기종 ¶사이질성 폐기종은 조산으로 인한 미숙아에게서 자주 발생한다. / 사이질성 폐기종은 저체중 신생아에게 인공호흡기를 사용하는 동안 발생할 가능성이 있다.

사이토카인(cytokine)명《생명》〈암〉혈액 속에 함유되어 있는 면역 단백의 하나. ¶사이토카인을 이용한 신장암 치료의 부작용으로는 과민반응, 오한 및 발열, 오심 및 구토, 전신 쇠약감, 식욕부진 등이 있다.

사지 운동성 실행증(四肢運動性失行症)명구《의학》〈알츠하이머〉의도하는 대로 사물을 사용하거나 동작을 할 수 없는 실행증.〈유〉운동실행증, 운동행위상실증

사지통(四肢痛)[사:지통]명《한의》〈통증〉팔다리가 쑤시고 아픈 병. ¶성장

통이란 성장기에 있는 아이가 원인불명의 사지통을 호소할 때 흔히 사용하는 용어다.

삭사글립틴(saxagliptin)명《약학》〈당뇨〉대표적인 디피피사 억제제. 기존의 당뇨병 치료제에 비해 부작용이 적은 것으로 알려져 있다. ¶이 원장은 삭사글립틴이 신장장애 환자에게도 안전하게 투여할 수 있고, 혈당변동성에도 긍정적인 영향을 미친다는 연구결과도 언급했다.

산소 요법(酸素療法)명구《의학》〈고혈압〉신체 조직 내에 산소가 부족할 때 산소를 흡입하여 치료하는 방법. 저혈압으로 인한 산소 결핍증과 급성 산소 결핍증으로 나타나는 고혈압을 치료하는 데에 이용한다. ¶고혈압 치료법으로 산소 요법을 사용했다.

산증(酸症)[산쯩]명《의학》〈당뇨〉혈액의 산과 염기의 평형이 깨어져 산성이 된 상태. 허파의 가스 교환 기능 저하, 당뇨병, 콩팥 기능 부족, 설사, 쇼크 따위의 경우에 일어난다. 〈유〉아시도시스(acidosis)〈참〉알칼리-증(alkali症) ¶대략 2.3g의 아스피린을 섭취하면 혈액이 산성에 가까워지는 산증(아시도시스)이 일어난다.

산통(疝痛)[산통]명《의학》〈통증〉'급경련통'의 전 용어. 위·장·방광·자궁 등의 복부의 강(腔)을 갖는 장기나, 담도·신우(腎盂)·요관 등 관상(管狀)을 이루는 장기의 벽으로 되어 있는 평활관(平滑管)의 경련 때문에 수분에서 수 시간의 간격을 두고 주기적으로 반복하는 복통. 통증의 강도는 심하고 당기는 듯하고 찌르는 듯한 통증과 작열감(灼熱減)이다. 통증은 대체로 그의 장기의 위치에 일치하지만 일정한 방향으로 방사(放散)하는 일도 있다. ¶자극성 완하제는 산통을 유발하므로 사용에 주의를 요한다. / 모든 장의 연동운동 항진제는 복부 산통과 심한 설사를 일으킬 수 있다.

산통(産痛)[산:통]명《의학》〈통증〉해산할 때에, 짧은 간격을 두고 주기적으로 반복되는 배의 통증. 분만을 위하여 자궁이 불수의적(不隨意的)으로 수축함으로써 일어난다. 〈유〉진통(陣痛) ¶그녀가 태어나던 날, 아버지는 어머니의 산통 후 지친 모습에서 지치지 않는 그리움을 보았다.

산후 심근증(産後心筋症)명구《의학》〈심장 질환〉'산후 심장 근육 병증'의 전용어. ¶출산 전후 원인미상의 심부전이 발생하는 산후 심근증도 있다.

산후 심장 근육 병증(産後心臟筋肉病症)명구《의학》〈심장 질환〉아이를 낳은 뒤 이레부터 석 달이 지나 울혈성 심장 기능 상실을 일으키는, 원인을 알 수 없는 심장 근육의 질병. 좌심 기능 부족 증상을 나타내며 며칠 안에 중증 심장 기능 상실로 악화될 수 있다.

산후 진통(産後陣痛)[산후진통]명구《의학》〈통증〉아이를 낳은 이후의 자궁 수축에 의한 진통. 시간이 갈수록 점차 없어진다.〈유〉산후-통(産後痛)

산후통(産後痛)[산후통]명《의학》〈통증〉해산한 다음에 이삼일 동안 가끔 오는 진통. 임신으로 커진 자궁이 줄어들면서 생긴다.〈유〉산후 진통(産後陣痛), 후진통(後陣痛) ¶일상생활이 불편할 정도로 산후통이 있다면 치료받는 것이 좋다.

살메테롤 지나포산염(salmeterolxinafo酸鹽)명구《약학》〈만성 하기도질환〉기관지 확장제로 쓰는 흰색의 미세한 분말. 녹는점은 137~138℃이다. 기관지의 평활근을 이완시켜, 기관지 확장 작용, 천식 억제 작용을 나타낸다. 장시간 작동하는 흡입 기관지 확장제로서 기관지 천식, 만성 폐색성 폐 질환인 만성 기관지염, 폐기종에 흡입 투여한다.

살몸살( )[살몸살]명《의학》〈통증〉근육이 쑤시고 아픈 증상.〈유〉견인증(牽引症), 근육통(筋肉痛), 근육통증(筋肉痛症), 근통(筋痛)

삼강심(三腔心)[삼강심]명《의학》〈심장 질환〉두 개의 심방과 하나의 심실, 또는 하나의 심방과 두 개의 심실로 되어 있는 기형인 심장. 임신 후 4~6주에 심장 사이 벽의 발육이 멎어 생기며, 호흡 곤란, 청색증 따위의 증상이 나타난다.〈유〉세방 심장(세房心臟)

삼눈( )[삼눈]명《의학》〈알레르기〉눈망울에 삼이 생기어 몹시 쑤시고, 눈알이 붉어지는 병.〈유〉결막염, 결막, 삼

삼소(三消)[삼소]명《한의》〈당뇨〉상소(上消), 중소(中消), 하소(下消)의 세 가지 소갈증을 통틀어 이르는 말. ¶《의방유취》에 나타난 삼소론의 경우는 삼소 분류에 따른 치법도 있지만 주로 소갈 전체를 치료하는 통치방이 중심이 된다.

삼장에 파고들다( )관용〈심장 질환〉어떤 일이나 말이 마음속 깊이 새겨져 자극되다. ¶오늘 그 연사의 말은 구구절절 내 심장에 파고들었다.

삼차 신경통(三叉神經痛)명구《의학》〈통증〉삼차 신경의 분포 영역에 생기는 통증 발작. 얼굴 한쪽이 심하게 아프며 후두부나 어깨까지 아플 수도 있는데 중년 이후의 여성에게 많다. 원인은 분명하지 않으나, 뇌줄기에 발생한 종양이나 뇌동맥 자루가 원인일 가능성이 있고, 다발 경화증의 증상으로 나타날 수도 있으며 뇌 바닥 세동맥의 동맥 경화증이 원인이 되는 경우도 있다. ¶삼차 신경통은 그 통증의 정도가 비주기적으로 강하게 나타나, 정상적인 삶을 영위하는데 지장을 줄 정도이며 바른 치료를 받지 않을 경우 만성적 질환으로 이어질 가능성이 높아, 삶의 질 회복을 위해서는 반드시 근본 치료를 받아야 할 질환이다.

삼출 심장막염(滲出心臟膜炎)명구《의학》〈심장 질환〉삼출액이 심장막 사이에 많이 모이는 심장막염.

삼키기 폐렴(삼키기肺炎)명구《의학》〈폐렴〉음식물 따위가 기관지에 들어가서 일어나는 폐렴〈유〉연하 폐렴

삼황산(三黃散)[삼황산]명《한의》〈폐렴〉황백피, 대황(大黃), 황금(黃芩) 뿌리 따위로 만든 가루약. 폐렴, 기관지염, 대장염, 고혈압 따위를 치료하는데 쓴다. ¶삼황산은 오직 타박·좌섬·어혈로 오는 요통을 치료한다.

삽통(澁痛)[삽통]명《한의》〈통증〉1.눈병이 났을 때 눈알이 깔깔하면서 아픈 증상. 2.오줌이 잘 나오지 아니하면서 아픈 증상.

상간(傷肝)[상간]명《한의》〈간 질환〉사기(邪氣)가 몸 안에 들어와서 간이 손상되는 것을 이르는 말.

상세 불명의 심부전(詳細不明의心不全)명구《의학》〈심장 질환〉상세 불명의 원인으로 심장이 신체의 대사적 수요에 충족할 정도로 효과적으로 혈액을 순환시키지 못하는 상태. 좌심실, 우심실 혹은 둘 다에 영향을 줄 수 있다.〈유〉상세 불명의 심장 기능 상실 ¶사랑이는 확장성 심근병증과 상세불명의 심부전을 앓고 있는 5세 여아로 현재 수술비가 절실한 상황이다.

상세 불명의 심장 기능 상실(詳細不明의心臟機能喪失)명구《의학》〈심장 질환〉상세 불명의 원인으로 심장이 신체의 대사적 수요에 충족할 정도로 효과적으로 혈액을 순환시키지 못하는 상태. 좌심실, 우심실 혹은 둘 다에 영향을 줄 수 있다.〈유〉상세 불명의 심부전

상세 불명의 심장성 부정맥(詳細不明의心臟性不整脈)명구《의학》〈심장 질환〉동방 결절에서 발생하는 맥이나, 심장의 통도 조직을 통해 전달되는 그 맥 또는 파동의 방전에 생리적이거나 병적인 장애가 발생하여 심장의 맥이 불규칙해진 상태.

상세 불명의 알츠하이머병(詳細不明의 Alzheimer病)명구《의학》〈알츠하이머〉원인을 알 수 없는 진행성·퇴행성의 만성 인지 장애. 전체 치매 가운데 60% 이상을 차지하며, 일반적으로는 65세 이상에서 발병한다.

상세 불명의 쿠싱 증후군(詳細不明의Cushing症候群)명구《의학》〈고혈압〉불특정적인 원인에 의해 부신 피질의 기능이 항진되어 코르티솔이 과도하게 분비되어 생기는 병. 일반적으로 뇌하수체에 종양 따위가 생겨 부신 겉질 자극 호르몬이 지나치게 많이 분비되거나 부신 피질에 종양이 생겨 피질 세포가 과도하게 증식하여 발병한다. 비만, 저신장 및 고혈압 따위가 나타난다.

상악동염(上顎洞炎)[상:악똥념]명《의학》〈폐렴〉위턱굴에 생기는 염증. 감기, 유행성 감기, 폐렴과 같은 전염병 또는 코 안 수술이나 치아의 질환이 원인이 되어 생기며 위턱굴의 통증, 치통, 이가 들뜬 느낌, 콧물·고름의 유출 따위의 증상이 나타난다.〈유〉위턱굴염

상악암(上顎癌)[상:아감]명《의학》〈암〉위턱굴의 점막에 생기는 악성 종양. 처음에는 이가 아프고 코가 메다가 점점 악골이 파괴되며 살갗이 짓물러 피가 나고 코곁굴염 증상이 나타난다.〈유〉위턱암 ¶상악암은 조기진단이 어려운 두경부 악성 종양 중 하나다.

상장간막 동맥 증후군(上腸間膜動脈症候群)명구《의학》〈위장병〉상장간막 동맥에 의하여 십이지장이 압박을 받아 나타나는 증상 및 징후. 구토를 하거나 급격한 체중 감소를 보인다.〈유〉위 장간막 동맥 증후군, 위 창자간막 동맥 증후군

상피(上皮)[상피]명《생명》〈암〉다세포 생물의 몸이나 위창자관 내벽의 바깥쪽을 둘러싸고 있는 얇은 겉껍질. ¶눈의 각막과 결막은 각각의 상피가 서로 이어져 있다.

상피 내 암종(上皮內癌腫)명구《의학》〈암〉상피 조직에만 국한된 암. ¶자궁경부 상피 내 암종이란 침윤성 자궁경부암이 되기 바로 전 단계라고 할 수 있습니다.

상피내암(上皮內癌)[상:피내암]명《의학》〈암〉'상피 내 암종'의 전 용어. ¶제자리암이란 암세포가 상피 내에 국한되어 비정상적인 증식을 일으킨 경우를 말하며, 상피내암으로도 불린다.

샅백선증(샅白癬症)[삳빽썬쯩]명《의학》〈알레르기〉피부병의 하나. 둥글고 불그스름한 헌데가 나고 몹시 가렵다. 남자에게 많으며 사타구니, 엉덩이, 불두덩에 주로 생긴다.〈유〉완선

새벽 현상(새벽現象)명구《의학》〈당뇨〉새벽 5시부터 아침 9시 사이 공복 시에, 선행 저혈당 소견 없이 갑자기 혈당이 올라가는 현상. 인슐린 치료를 받는 당뇨 환자에게서 생긴다.

새우 알레르기(새우Allergie)명구《의학》〈알레르기〉새우 또는 새우를 함유한 음식을 섭취하거나 새우를 조리하는 연기를 쐬었을 때 나타나는 알레르기 반응. 새우에 함유된 단백질이 원인이 되어 일어난다. 두드러기, 발진, 구

ㅅ

토, 복통, 호흡 곤란 등을 일으킨다. ¶새우 알레르기를 알렸지만 짜장면에 새우를 넣어 피해를 입혔다면 음식점이 60%의 손해를 배상할 책임이 있다는 법원의 판단이 나왔다.

새큰하다( )[새큰하다]형〈통증〉(신체의 일부나 뼈마디가) 조금 쑤시고 저린 느낌이 있다.〈참〉시큰하다, 새근하다 ¶한의원에서 침을 맞았더니 손목의 새큰한 느낌이 사라졌다. / 다친 발목이 새큰하다.

색소 간경화증(色素肝硬化症)명구《의학》〈간 질환〉간장에 철분이 과다하게 축적되어 발생하는 간경변증.

색전성 졸중(塞栓性卒中)명구《의학》〈뇌졸중〉색전에 의한 뇌동맥 패쇄에 기인되는 발작(졸중)증후군.

색전증(塞栓症)[색쩐쯩]명《의학》〈뇌졸중〉혈관 및 림프관 속으로 운반되어 온 떠다니는 물질이 혈관 안으로 들어가 혈관의 협착이나 폐색을 일으키는 증상.

샘암(샘癌)[샘:암]명《의학》〈암〉위암이나 대장암 따위와 같이 샘세포에 생기는 암. ¶샘암은 유방, 위, 대장처럼 체내 물질이 나오는 장기에 흔히 생기는 암이며 상피암에 비해 다른 장기로 전이되는 경우가 많고 치료도 매우 어렵다.

샘창자(샘창자)[샘:창자]명《의학》〈암〉위의 날문에서 빈창자 사이에 있는 작은창자의 첫 부분. 대개 'ㄷ' 자 모양으로 배열되어 있고 길이는 약 25cm이다.〈유〉십이지장 ¶작은창자는 기능과 구조에 따라 크게 세 부위로 나뉘는데, 샘창자는 그 중 첫 번째 부분이다.

샘창자염(샘창자炎)[샘:창자염]명《의학》〈위장병〉샘창자 점막에 생기는 염증.〈유〉십이지장염

생리통(生理痛)[생니통]명《의학》〈통증〉월경 때, 아랫배나 자궁 따위가 아픈 증세.〈유〉월경통(月經痛), 경통증(經痛症) ¶등 푸른 생선과 견과류에는 비타민 이가 많아, 노화를 방지하고 생리통에 효과적이다.

생배앓다(生배앓다)[생배알타]동〈통증〉(사람이) 아무 까닭 없이 배가 아프다.

서간(舒肝)[서:간]명《한의》〈간 질환〉간기(肝氣)가 정체된 것을 고르게 하는 치료법. 간기가 정체되면 옆구리가 뻐근하면서 아프고 가슴이 답답하거나 메스꺼워진다.〈유〉소간

서맥(徐脈)[서:맥]명《의학》〈고혈압〉보통 1분간의 맥박 수가 60 이하인 경우의 맥박. 심장 근육염, 심장 동맥 경화증, 고혈압, 황달 따위의 병에서 흔히 볼 수 있고, 그 밖에 운동선수에게서도 볼 수 있다.〈유〉느린-맥박(느린脈搏) ¶서맥으로 인해 현기증이나 졸도 등을 경험했다면 바로 병원으로 향하는 것이 바람직하다.

서맥 빈맥 증후군(徐脈頻脈症候群)명구《의학》〈심장 질환〉느린 맥박과 빠른 맥박이 교대로 나타나는 증상. 대개 굴결절 질환에 관련되어 나타나는 율동 장애이다.〈유〉느린 빠른맥 증후군, 비티에스(BTS)

서물서물하다( )[서물서물하다]동〈통증〉(몸이나 몸의 일부가) 살갗에 벌레 따위가 기어가는 것처럼 근질근질한 느낌이 들다. ¶정호는 알레르기 때문에 복숭아만 먹으면 온몸이 서물서물한다.

석면(石綿)[성면]명《광업》〈암〉사문석 또는 각섬석이 섬유질로 변한 규산염 광물. 산성이나 염기성에 강하고 열과 전기가 잘 통하지 않아서 방열재, 방화재, 절연용 재료 따위로 많이 쓰인다. ¶전기의 절연체는 유리·에보나이트·고무 따위이고, 열의 절연체는 솜·석면·회(灰) 따위이다.

석방풍(石防風)[석빵풍]명《한의》〈만성 하기도질환〉미나릿과에 속한 기름나물의 생약명. 뿌리를 약용하며 감기, 기관지염, 해수, 천식 따위를 치료하는 데 쓴다.

선경채(腺梗菜)[선경채]명《한의》〈만성 하기도질환〉국화과에 속하는 멸가치의 생약명. 뿌리를 약용하며 기침을 멎게 하고 천식을 안정시키는 데에 효험이 있다.

선기(善飢)[선ː기]명《한의》〈당뇨〉배가 자주 고픈 증상. 주로 위열(胃熱)로 인하여 생기며 소갈이 있을 때에 나타난다. ¶소갈(消渴)이란, '소곡선기 갈이다음(消穀善飢 渴而多飮)' 즉, 음식의 소화가 빨라 쉽게 배고프고 갈증이 심해서 물을 많이 마시는 것이다.

선방 세포(腺房細胞)명구《생명》〈암〉선포에 있는 분비 세포. 특히 췌장의 분비 세포를 가리킨다. ¶악성 종양으로는 외분비 종양인 췌관 선암종과 선방 세포 암종 외에 신경내분비 종양도 있다.

선암(腺癌)[서남]명《의학》〈암〉샘암의 전 용어. ¶대장암의 대부분은 선암(샘암), 즉 점막의 샘세포에 생기는 암이며, 그 밖에 림프종, 악성 유암종, 평활근육종 같은 것이 생길 수 있습니다.

선천 기관지 확장증(先天氣管支擴張症)명구《의학》〈만성 하기도질환〉선천적으로 기관지가 비가역적인 확장을 보이는 질환.

선천 심장병(先天心臟病)명구《의학》〈심장 질환〉태아 때의 발육 불량, 모체로부터의 감염, 또는 유전적 요인으로 생기는 심장의 구조적 이상에서 오는 병. 심장 판막의 협착증, 폐쇄 기능 부족 따위의 형태 이상과 심방과 심실 사이의 사이막에 구멍이 뚫려 있는 사이막 결손증, 허파 동맥이 협착되어 산소 부족으로 손톱·발톱이 보라색이 되는 청색증 따위가 있다.〈유〉선천적 심장병(先天的心臟病) ¶심장병으로 오는 흉통은 드물지만 선천 심장병으로 수술했거나 가와사끼병에서는 주의를 요합니다.

선천성 심장병(先天性心臟病)명구《의학》〈심장 질환〉'선천 심장병'의 전 용어.〈유〉선천적 심장병(先天的心臟病) ¶선천성 심장병이란 심장에 배냇병을 가지고 태어나는 것을 말하는데, 보통 1천 명에 8명꼴이다. / 국내 의료진이 체중 2.8kg에 불과한 신생아 선천성 심장병 환자의 무수혈 수술에 성공했다.

선폐(宣肺)[선폐/선페]명《한의》〈폐렴〉폐기(肺氣)를 펴서 잘 통하게 하는 치료법.

선행성 건망(증) (先行性健忘(症)) 명구 《의학》〈알츠하이머〉증상의 근본이었던 외상과 질병 후에 일어난 상황에 대한 건망증.

설암 (舌癌)[서람] 명 《의학》〈암〉충치의 자극, 흡연, 혀의 만성 궤양 따위로 인해 발생하는 암종(癌腫). 혀의 점막 상피나 점막선, 또는 혀 표면이나 내면에 생기며, 40세 이상의 남자에게서 많이 볼 수 있다. 〈유〉혀암 ¶설암은 구강암 중에 가장 많은 것으로 대부분 노년층에 많이 발생하게 되지만 20대에도 종종 발생하는 경우가 있습니다.

설통 (舌痛)[설통] 명 《한의》〈통증〉여러 가지 원인으로 혀가 아픈 증상. ¶설통의 증상은 혀가 저리거나 따끔거리고, 매운 느낌, 화끈거림 등 다양하게 나타난다.

설파닐아마이드 (sulfanilamide) 명 《화학》〈폐렴〉설파닐산에 있는 설폰산기 가운데 하이드록시기를 아미노기로 치환한 화합물. 흰색의 고체로, 폐렴·임질·화농성 질환·세균성 질환 따위를 치료하는 데 쓴다. 화학식은 $NH_2C_6H_4SO_2NH_2$. 〈유〉술파닐아미드 ¶지난 1937년 설파닐아마이드(항생제)의 부작용에 따른 신부전증으로 100명 이상이 사망했다.

설파다이아진 (sulfadiazine) 명 《약학》〈폐렴〉폐렴 구균, 연쇄상 구균 따위의 세균성 질환 치료에 효과가 있는 설파제. 흰색이나 옅은 황색의 결정성 가루로 부작용이 적으며, 폐렴·임질·고름증 따위의 치료에 쓴다. 〈유〉다이아진, 술파다이아진

설파다이어졸 (sulfathiazole) 명 《약학》〈폐렴〉폐렴, 임질 따위의 치료에 쓰는 설파제. 흰색 결정으로, 현재는 이보다 독성이 적은 설파제나 항생제로 대체하고 있다. 〈유〉술파다이어졸

설파민 (sulfamine) 명 《약학》〈폐렴〉폐렴, 임질, 화농성 질환, 요로 감염증, 편도염, 골수염, 산욕열 따위의 치료에 쓰는 설파제. 냄새가 없는 흰색 결정성 가루로 맛이 약간 쓰다.

설파피리딘 (sulfapyridine) 명 《약학》〈폐렴〉폐렴, 임질, 이질과 같은 각종 감염

증의 치료에 쓰는 설파제. 흰색이나 옅은 황색의 결정성 가루로 냄새는 거의 없다. 〈유〉술파피리딘

설포닐 요소계 항당뇨병약 (sulfonyl尿素系抗糖尿病藥) 명구 《의학》〈당뇨〉 혈당 강하 작용을 하는 설포닐 요소 화합물을 통틀어 이르는 말. 췌장의 베타(β) 세포를 자극해 인슐린 방출을 활발하게 한다. 톨부타미드, 클로르프로파미드가 대표적이다. ¶설포닐 요소계 항당뇨병약의 대표성분인 글리피지드(Glipizide)는 제2형 당뇨병 환자 중 식사요법, 운동요법으로 충분한 효과를 얻을 수 없는 경우에 사용한다.

섬망 (譫妄)[섬망] 명 《의학》〈알츠하이머〉 외계(外界)에 대한 의식이 흐리고 착각과 망상을 일으키며 헛소리나 잠꼬대, 또는 알아들을 수 없는 말을 하며, 몹시 흥분했다가 불안해하기도 하고 비애(悲哀)나 고민에 빠지기도 하면서 마침내 마비를 일으키는 의식 장애. 만성 알코올 의존증, 모르핀 중독, 대사 장애 따위에서 볼 수 있다. ¶뒷날 동영은 가끔 섬망(妄)의 증세로 시달린 적이 있긴 해도 그것은 반드시 이번 부상의 후유증이라고만 잘라 말할 수는 없는 일이었다.

섬유 선종 (纖維腺腫) 명구 《의학》〈암〉 선 상피로부터 유래한 양성 종양. 증식성 섬유 모세포와 결합 조직 성분이 풍부한 버팀질을 함유한다. 흔히 유방 조직에 발생한다. ¶유방에서 멍울이 만져진다고 해서 모두 유방암은 아니며 섬유낭성 질환, 섬유 선종 따위의 양성 질환인 경우가 더 흔하다.

섬유 심장막염 (纖維心臟膜炎) 명구 《의학》〈심장 질환〉 심장막 삼출액 내에 섬유소 성분이 많이 함유된 심장막염. 마찰음이 들리는 경우가 있으며 간혹 유착성 심장막염으로 이행된다.

섬유소성괴사 (纖維素性塊死)[서뮤소썽괴사/서뮤소썽궤사] 명 《의학》〈고혈압〉 조직이 죽는 괴사의 한 종류로 면역 혈관염이나 악성 고혈압 또는 급성 이식 거부 반응과 관련하여 발생할 수 있다.

섬유소염 (纖維素炎)[서뮤소염] 명 《의학》〈폐렴〉 피브린의 삼출이 심하게 일

어나는 삼출염. 크루프성 폐렴, 디프테리아, 세균 이질, 요독증 따위에서 볼 수 있다.

성숙기 발병 당뇨병(成熟期發病糖尿病)명구《의학》〈당뇨〉인슐린에 의존하지 않는 당뇨병. 〈유〉성인 발병 당뇨병(成人發病糖尿病) ¶여러 형태의 저연령대의 성숙기 발병 당뇨병과 같은 다른 형태의 당뇨병에서는 불충분한 인슐린과 인슐린내성이 복합적으로 나타날 수 있다.

성인 경화 부기(成人硬化浮氣)명구《의학》〈당뇨〉머리, 목, 몸통 등 신체 윗부분의 피부가 두꺼워지는 것을 특징으로 하는 피부 질환. 감염, 당뇨 따위가 원인이 되며 피부에 점액소가 많이 침착되어 발생하며 수개월 내에 저절로 소실되는 질환이다.

성인기 발병 당뇨병(成人期發病糖尿病)명구《의학》〈당뇨〉탄수화물의 산화와 지방과 단백질의 대사에 장애가 있는 만성 대사 질병. 인슐린이 없거나 일부 인슐린 수용체의 결함에 의한 것으로, 심한 경우에는 만성 고혈당증, 당뇨 및 전해질 소실, 혼수상태에 이른다. 〈유〉성인 당뇨병(成人糖尿病) ¶성인기 발병 당뇨병의 정확한 원인은 알려져 있지 않으나, 운동 부족과 과도한 체중, 그리고 특히 복부 지방이 질병의 발병에 기여하는 요인이 될 수 있다.

성인병(成人病)[성인뼝]명《의학》〈고혈압〉중년 이후에 문제 되는 병을 통틀어 이르는 말. 동맥 경화증, 고혈압, 악성 종양, 당뇨병, 백내장, 심근 경색, 폐 공기증, 뼈의 퇴행성 변화 따위가 있다. ¶30대 이후에는 지방질이 많은 음식을 피하고 적당한 운동을 하는 등 성인병 예방에 신경 써야 한다. / 나이가 들면 성인병을 조심해야 한다. / 이웃 일본에선 성인병을 '생활 습관병'이라고 할 정도로 규칙적인 생활 습관은 건강의 기본이다.

성인성 당뇨(成人性糖尿)명구《의학》〈당뇨〉비만 따위의 후천적 원인으로 인슐린에 대한 감수성이 감소하여 생기는 당뇨병. ¶소아당뇨는 성인성 당뇨와는 달리 식이요법이 큰 효과가 없어 필요한 인슐린을 외부에서 주입하는 것이 지금까지의 치료법이다.

성장 억제 호르몬종(成長抑制hormone腫)명구《의학》〈당뇨〉이자에 위치한 내분비 조직인 랑게르한스섬에 존재하는 성장 억제 호르몬 생산 세포가 종양화된, 랑게르한스섬의 세포 종양. 매우 드물게 나타나는 질환이며 특징적인 주증상으로는 당뇨병, 저산증, 지방변, 담석증 따위가 있고, 비특징적인 증상으로는 복통, 체중 감소 및 배변 습관 변화 따위가 있다.

성장통(成長痛)[성장통]명《의학》〈통증〉어린이나 청소년이 갑자기 성장하면서 생기는 통증. 주로 양쪽 무릎이나 발목, 허벅지나 정강이, 팔 따위에 생긴다. 4~10세 사이에 많이 나타나고, 1~2년이 지나면 대부분 통증이 사라진다. ¶아이는 성장통 때문인지 밤이면 다리가 아프다고 칭얼거렸다.

세계 고혈압의 날( )명구《보건일반》〈고혈압〉2005년에 세계 고혈압 연맹에서 고혈압에 대한 경각심을 높이기 위하여 정한 날. 5월 17일이다. ¶질병 관리 본부는 5월 17일 '세계 고혈압의 날'을 맞아 고혈압 예방·관리를 위한 건강한 생활 수칙 실천을 국민들에게 권고했다. / 오늘은 '세계 고혈압의 날'입니다. 최근에 30~40대 남성 고혈압 환자가 늘고 있는데 발병 사실조차 모르는 경우가 적지 않습니다.

세계 심장의 날(世界心臟의날)명구《보건일반》〈심장 질환〉2000년에 세계 심장 연맹에서 심장 질환의 발병 원인과 예방법 등을 인식시키고, 심장 질환에 대한 경각심을 촉구하기 위하여 정한 날. 9월 29일이다. ¶질병 관리 본부는 29일 '세계 심장의 날'을 맞아 '심뇌혈관 질환 예방과 관리를 위한 9대 생활 수칙'을 국민들에게 권고했다. / 27일 건강 보험 심사 평가원이 세계 심장의 날에 앞서 발표한 심사 결정 자료 분석 결과를 보면, 허혈성 심장 질환의 진료 인원은…13.9% 증가했다.

세균 식중독(細菌食中毒)명구《의학》〈위장병〉세균에 의하여 일어나는 식중독. 두통·구토·복통·설사 따위의 급성 위장 장애 증상을 나타내며, 때로는 손발이 차가워지고, 맥박이 고르지 않고, 살갗이 새파랗게 변하는 일도 있

다.〈유〉세균성 식중독

세균 심장막염(細菌心臟膜炎)명구《의학》〈심장 질환〉세균 감염으로 생기는 심장막염.

세균 알레르기(細菌Allergie)명구《의학》〈알레르기〉세균 알레르기 항원의 기인한 제1형 과민성 알레르기 반응.

세균성 심장막염(細菌性心臟膜炎)명구《의학》〈심장 질환〉세균에 감염되면서 심장막에 염증이 생기는 질환. ¶특히 고열과 오한, 밤에 생기는 발한 때에는 세균 심장막염을 의심할 수 있습니다.

세균성 폐렴(細菌性肺炎)명구《의학》〈폐렴〉세균에 의하여 생기는 폐렴. 폐렴 쌍구균, 포도상 구균, 연쇄상 구균 따위가 병원균이다. ¶세균성 폐렴의 경우 항생제요법을 통해서 치료하고 있지만, 노인들의 경우 다량의 약물복용 경험으로 인해 항생제에 대한 내성이 생긴 사람들이 많아 쉽게 치료되지 않는다.

세기관지 확장증(細氣管支擴張症)명구《의학》〈만성 하기도질환〉세기관지가 염증이나 막힘으로 인해 만성적으로 커지는 증상.

세동맥 콩팥 굳음증(細動脈콩팥굳음症)명구《의학》〈고혈압〉장기간 지속되는 고혈압으로 인하여 세동맥의 변화가 오고 이로 인하여 콩팥 세관의 변성 및 토리의 염증이 일어나는 질환. 점차 콩팥 기능 부족 증상이 나타난다. 양성형과 악성형이 있다.

세라티아마르세센스(Serratiamarcescens)명《생명》〈폐렴〉진한 붉은색의 색소를 생산하는 잡세균의 하나. 몸의 길이는 0.7마이크로미터(㎛) 정도이다. 동물성·식물성 식품에 생기는 그람 음성의 단간균(短桿菌)으로, 면역학적으로 손상받은 환자에서는 심장 속막염 및 폐렴 따위를 일으킨다.

세로칸 심장막염(세로칸心臟膜炎)명구《의학》〈심장 질환〉심장막과 주변 세로칸의 세포 조직에 생긴 염증.〈유〉종격 심낭염(縱隔心囊炎)

세방 심장(세房心臟)명구《의학》〈심장 질환〉두 개의 심방과 하나의 심실, 또는 하나의 심방과 두 개의 심실로 되어 있는 기형인 심장. 임신 후 4~6주에 심장 사이 벽의 발육이 멎어 생기며, 호흡 곤란, 청색증 따위의 증상이 나타난다. 〈유〉 삼강-심(三腔心)

세장(洗腸)[세:장] 명 《의학》 〈위장병〉 어린아이의 위장병(胃腸病). 〈유〉 장세척, 장세정

세팔렉신(cephalexin) 명 《약학》 〈폐렴〉 가운데귀염, 폐렴, 기관지염 따위에 사용하는 항생제의 하나. 세균의 세포벽을 파괴하여 살균 작용을 한다.

세프트리악손(ceftriaxone) 명 《약학》 〈폐렴〉 폐렴, 기관지염, 비뇨 계통 감염증, 임질 따위에 사용하는 항생제의 하나. 세균의 세포벽을 파괴하여 살균 작용을 한다.

소간(疏肝)[소간] 명 《한의》 〈간 질환〉 간기(肝氣)가 정체된 것을 고르게 하는 치료법. 간기가 정체되면 옆구리가 뻐근하면서 아프고 가슴이 답답하거나 메스꺼워진다. 〈유〉 서간

소갈(消渴)[소갈] 명 《한의》 〈당뇨〉 갈증으로 물을 많이 마시고 음식을 많이 먹으나 몸은 여위고 오줌의 양이 많아지는 병. 〈유〉 소갈-증(消渴症), 조갈-증(燥渴症) ¶ 〈본초강목〉에는 하눌타리 열매와 뿌리가 '목구멍을 매끄럽게 하고 소갈(消渴)을 멎게 한다'고 했다.

소갈인음(消渴引飮)[소가리늠] 명 《의학》 〈당뇨〉 소갈로 인하여 물을 계속 마시게 되는 증상.

소곡선기(消穀善飢)[소곡썬기] 명 《의학》 〈당뇨〉 음식이 빨리 소화되어 배가 자주 고픈 증상. 당뇨병의 증상 가운데 하나이다. ¶소갈(消渴)이란, '소곡선기 갈이다음(消穀善飢 渴而多飮)' 즉, 음식의 소화가 빨라 쉽게 배고프고 갈증이 심해서 물을 많이 마시는 것이다.

소공동성 뇌혈관 질환(小空洞性腦血管疾患) 명구 《의학》 〈뇌졸중〉 뇌의 내부 깊은 곳의 혈관에 혈액을 공급하는 동맥 가운데 하나가 폐색되어 일어나는 뇌졸중.

소뇌졸중(小腦卒中)[소뇌졸쭝/소눼졸쭝] 명 《의학》〈뇌졸중〉작은 뇌졸중. 혈액 공급 부족으로 인해 뇌 일부가 일시적으로 기능을 상실하는 증세.

소복통(小腹痛)[소:복통] 명 《한의》〈통증〉아랫배가 아픈 증상. ¶동의보감에는 현호색의 효능 중 하나로 "심통(가슴앓이)과 소복통(아랫배의 통증)을 신통하게 다스린다"고 했다.

소상(少商)[소:상] 명 《한의》〈만성 하기도질환〉수태음폐경에 속한 혈. 엄지손가락 노뼈 쪽 손톱 뒤 모서리에서 1푼 뒤에 있는 우묵한 곳으로, 편도염, 인후염, 귀밑샘염, 중혀, 어린이 경풍, 코피, 뇌내출혈 따위로 인한 의식 장애, 기침, 천식을 치료할 때 침을 놓는 자리이다.

소세포 폐암(小細胞肺癌) 명구 《의학》〈암〉암세포가 소세포의 모습을 보이는 폐암. 전반적으로 악성도가 높아서, 발견 당시에 이미 림프관 또는 혈관을 통하여 다른 장기나 반대편 폐, 종격동(縱隔洞, 양쪽 폐 사이의 공간으로 심장, 기관, 식도, 대동맥 등이 위치함)으로 전이되어 있는 수가 많다. ¶전체 폐암 중 20%를 차지하는 소세포 폐암은 증식과 확산 속도가 매우 빠르고 화학 요법도 좀처럼 듣지 않아 환자의 97%가 5년 안에 사망한다. / 다른 장기로 전이가 되지 않은 소세포 폐암의 경우 의료술의 발달에 힘입어 이제 평균 생존 기간이 20개월 이상으로 연장되고 있다.

소신(消腎)[소신] 명 《한의》〈당뇨〉소갈(消渴)의 하나. 오줌의 양이 많으며 기름처럼 뿌옇고 걸쭉하다. 〈유〉신소(腎消), 하소(下消) ¶《의방유취》 성혜방의 소갈론에 따르면, 소신은 물을 마시면 그대로 소변으로 다 나오면서 소변 색이 쌀뜨물같고 탁하며 허리와 다리가 마르는 것으로 구분하고 있다.

소아 고혈압(小兒高血壓) 명구 〈고혈압〉어린아이에게 나타나는 고혈압. 일과성인 것과 지속성인 것으로 분류된다. 전자의 원인으로서 급성신염, 혈관성 자반병, 두개내압항진 등이 많다. ¶소아 고혈압은 증상이 없어 방치되기 쉬운데 성인 고혈압으로 이어질 위험이 높기 때문에 더욱 철저한 진단과 관리가 필요하다.

소아 당뇨(小兒糖尿)(명구)《의학》〈당뇨〉어린아이에게 나타나는 당뇨병. 보통 25세 이전에 갑자기 발생하는 극심한 진성 당뇨병으로 증상이 급격히 진행되어 살이 빠지고 케톤증에 걸리기 쉬우며, 식이 요법이나 경구 혈당 강하제로는 치료가 불가능하여 인슐린의 투여가 필요한 임상적 특징을 보인다. 이와 같은 임상 증례는 소아에게서 많이 보이므로 소아 당뇨병이라 부른다. ¶소아 당뇨의 경우 성장기 뼈의 양이 충분하지 못해 골다공증 위험도가 더 높다는 게 중론이다. / 요즘 국내에도 비만으로 인한 소아 당뇨가 큰 문제로 부각되고 있다.

소아 성인병(小兒成人病)(명구)《의학》〈고혈압〉잘못된 식습관과 운동 부족 등으로 인하여 어린아이에게서 나타나는 성인병. 고혈압, 비만, 당뇨병, 심근 경색 따위가 있다. ¶생활 수준의 향상과 더불어 나타난 이른바 소아 성인병은 어른을 치료하는 것과는 달리 부모를 포함한 주위의 배려와 심리 요법이 매우 중요하다고 전문가들은 입을 모으고 있다. / 또 운동을 하지 않다 보면 종종 지방이나 설탕이 든 음식을 지나치게 많이 먹어 소아 성인병을 불러일으킨다.

소아 천식(小兒喘息)(명구)《의학》〈만성 하기도질환〉/〈알레르기〉어린아이의 기관지염과 천식의 합병증. 알레르기가 원인이 되어 생기는 것으로, 콧물과 기침이 나고 숨 쉴 때 목에서 가르랑거리는 소리가 난다. ¶기본적으로 소아 천식은 발생 기전 및 유발 인자 등에서 성인의 천식과 비슷하지만 진단 방법 및 예후에 있어서 차이가 난다.

소아암(小兒癌)[소아암](명)《의학》〈암〉어린아이에게 많이 일어나는 암. 성인과 달리 상피 조직에 나타나지 않으며, 백혈병이 절반을 차지하고 그 밖에도 뇌종양, 신경 모세포종 따위가 있다. ¶소아암은 성인 암과 달라 건강 검진이나 위내시경 등을 통해 사전에 미리 발견해 예방할 수 있는 방법이 거의 없다.

소엽성 폐렴(小葉性肺炎)(명구)《의학》〈폐렴〉허파를 이루는 대엽에는 염증이 퍼지지 아니하고 하나하나의 기관지에 대응하는 정도의 좁은 범위에 염증을 일으키는 가벼운 폐렴. 기침이나 가래도 비교적 적고 열도 높지 않은 편인데, 치료가 늦어지면 엽폐렴으로 진행하여 증상이 심해진다. 〈유〉 기관지 폐렴 ¶소엽성 폐렴은 세기관지를 중심으로 하는 폐 조직의 화농성 염증으로 '기관지폐렴'이라고도 하며 주로 어린이, 허약한 노인, 장기간 병상에 누워있는 사람에게 많이 발생한다.

소장(小腸)[소ː장] 명 《의학》 〈위장병〉 위(胃)와 큰창자 사이에 있는, 대롱 모양의 위창자관. 샘창자, 빈창자, 돌창자로 나뉜다. 〈유〉 작은창자

소장 결장염(小腸結腸炎) 명구 《의학》 〈위장병〉 소장과 결장의 점막에 생기는 염증. 〈유〉 작은 잘록 창자염

소장 대장염(小腸大腸炎) 명구 《의학》 〈위장병〉 소장과 결장에 동시에 생기는 염증.

소장암(小腸癌)[소장암] 명 《의학》 〈암〉 작은창자에 생기는 암. 샘창자 암, 빈창자 암, 돌창자 암 따위가 있는데 큰창자암에 비하여 발병률이 극히 낮다. 〈유〉 작은창자암 ¶소장암은 재발이나 전이가 비교적 잘 되는 암이기 때문에 정기적인 검사와 검진이 필수입니다.

소장염(小腸炎)[소ː장념] 명 《의학》 〈위장병〉 창자의 점막이나 근질(筋質)에 생기는 염증. 세균 감염이나 폭음·폭식 따위로 인하여 복통, 설사, 구토, 발열 따위가 나타난다. 급성과 만성이 있는데, 대개 급성이다. 〈유〉 장 카타르, 장염, 창자염

소화 불량(消化不良) 명구 《의학》 〈위장병〉 먹은 음식을 위나 창자에서 잘 받아들이지 못하여 영양분을 흡수하지 못하는 증상. ¶소화 불량은 흔한 질환 중 하나이지만, 만성적으로 나타나면 큰 스트레스로 다가온다.

소화 불량성 천식(消化不良性喘息) 명구 《의학》 〈만성 하기도질환〉 횡격막을 위쪽으로 세게 압박하는 힘 때문에 발작성 호흡 곤란이 되풀이되는 상태. ¶동의학(東醫學)에서는 위 속에서 음식이 잘 삭지 않고 뭉치어 생긴 화(火)가

폐로 흘러들어 생기는 병을 폐적(肺積)이라고 하는데, 이는 현대의학의 소화 불량성 천식과 상통되는 것이다.

소화 안 됨(消化안됨)명구《의학》〈위장병〉소화관에서 소화와 흡수가 적절하게 일어나지 못하여 발생하는 다양한 증상. 복통, 오심, 구토, 속 쓰림, 산 역류, 트림과 같은 증상 가운데 한 가지 이상 나타내는 불완전한 소화를 이른다.〈유〉소화 불량, 소화 불량증

소화 장애(消化障碍)명구《의학》〈암〉/〈위장병〉섭취된 음식이 적절히 소화되지 못하여 생기는 다양한 증상. 복통, 구역질, 구토, 위산 역류, 트림 따위의 증상이 있다. ¶췌장암의 후기 합병증으로는 위 배출 지연, 소화 장애 등이 있다.

소화기 장애(消化器障礙)명구《의학》〈위장병〉소화가 원활하게 이루어지지 않아 불편함을 느끼는 상태. 설사, 복통, 구토, 소화 불량 따위가 나타난다. ¶○○ 도내 근로자 가운데 4.5%가 소화기 장애 등 각종 질병을 앓고 있는 것으로 나타났다. / 여드름으로 오래 고생하는 10~20대 여성의 반수 이상이 만성 소화기 장애나 월경 불순 등을 동반한다.

속(이) 뒤집히다( )동구〈통증〉(사람이) 몹시 비위가 상하다. ¶영수는 길가의 구토물을 보고는 속이 뒤집혔다.

속발 쓸개관 간경화증(續發쓸개管肝硬化症)명구《의학》〈간 질환〉선천적 폐쇄 또는 협착으로 인한 만성 담즙 폐쇄로 인한 간경변.

속발 폐렴(續發肺炎)명구《의학》〈폐렴〉장티푸스, 디프테리아 또는 페스트와 같은 특정 전신 질환과 관련하여 발생하는 폐렴.

속발성 고혈압(續發性 高血壓)명구《의학》〈고혈압〉속발성 고혈압은 환자에게 고혈압을 일으키는 원인 질환이 있으며, 이로 인해 고혈압이 발생하는 것을 의미한다. 대개 원인 질환을 치료하면 혈압도 조절된다.〈유〉이차성 고혈압 ¶고혈압 환자의 약 5~10%는 원인을 찾을 수 있는 이차성(속발성) 고혈압입니다.

속병(속病)[속:뼝]명〈위장병〉1. 몸속의 병을 통틀어 이르는 말. 2. '위장병'을 일상적으로 이르는 말. 3. 화가 나거나 속이 상하여 생긴 마음의 심한 아픔.〈유〉속증 ¶1. 그는 여러 가지 속병이 겹쳐서 결국 죽었다. 2. 속병으로 봄내 음식을 못 먹어서 봄 타는 사람같이 저렇게 말랐다네.

속이 넘어오다( )[너머오다]동구〈통증〉(음식물이나 울음 따위가 목구멍으로) 밖으로 나오다. ¶목구멍으로 신물이 넘어왔다. / 심한 뱃멀미로 인해 먹은 것이 모두 넘어왔다.

속이 보대끼다( )[보대끼다]동구〈통증〉(사람이) 탈이 나서 뱃속이 몹시 쓰리거나 울렁울렁하다. ¶속이 보대껴 식사를 못 했다. / 먹은 것이 체했는지 보대껴.

속증(속症)[속:쯩]명〈위장병〉1. 몸속의 병을 통틀어 이르는 말. 2. '위장병'을 일상적으로 이르는 말.〈유〉속병

손 습진(손濕疹)명구《의학》〈알레르기〉손 부위에 발생하는 습진.

손목 터널 증후군(손목tunnel症候群)명구《의학》〈통증〉손바닥과 손목의 연결 부위인 신경이 눌려 손목에 통증을 느끼는 증상. 컴퓨터를 많이 사용하거나 빨래, 설거지, 청소 따위의 반복적인 일을 많이 하는 사무직이나 주부에게 흔히 발생한다.〈유〉마우스 증후군(mouse症候群), 수근관 증후군(Carpal Tunnel Syndrome/CTS) ¶중년 여성들에게 흔히 나타나는 손이 저리고 아픈 증상에 대해 전문가들은 손목 터널 증후군을 의심해 봐야 한다고 지적한다.

쇄복통(殺腹痛)[쇄복통]명〈위장병〉증세가 곽란(霍亂)과 비슷한 급성 위장병의 한 가지.

수근관 증후군(手根管症候群)명구《의학》〈통증〉손목을 통과하고 있는 뼈 언저리 부분이 아프고 저림으로 말미암아 한꺼번에 나타나는 여러 가지 병적 증상.〈유〉마우스 증후군(mouse症候群), 손목 터널 증후군(손목tunnel症候群) ¶집 안에서 주부들이 걸레, 빨래 등을 자주 쥐어짜다 보면 손목에 상당

ㅅ

한 무리가 가해져 손 저림증, 즉 수근관 증후군에 시달리는 일이 흔하며 컴퓨터나 타자기를 계속 사용할 경우에도 손목을 수평으로 유지해야 하므로 손목 인대에 무리가 간다. / 손 저림은 대개 손목 부위의 인대가 두꺼워져 신경을 눌러 증상이 나타나는데 '수근관 증후군'인 경우가 대부분이다.

수막 폐렴(髓膜肺炎)명구《의학》〈폐렴〉폐와 수막 모두에서 발생하는 염증.

수술 후 폐 합병증(手術後肺合倂症)명구《의학》〈폐렴〉수술을 받고 나서 부작용으로 폐에 생기는 여러 가지 병. 폐허탈, 폐렴, 폐부종, 폐경색, 폐 고름집, 괴사 폐렴, 폐색전 따위가 있다.

수심낭(水心囊)[수심낭]명《의학》〈심장 질환〉심낭 속에 장액성 액체가 비정상적으로 고여 있는 상태. 〈유〉물심장막-증

수양암(髓樣癌)[수양암]명《의학》〈암〉암 조직 가운데 사이질보다 실질(實質)이 많은 암. 뇌처럼 물렁물렁하고 쉽게 붕괴되며 발육과 전이가 빠른 악성(惡性)이다. ¶갑상선 수양암 환자의 가족을 조사해 보면 수양암을 가지고 있는 사람이 많이 발견됩니다.

수질암(髓質癌)명《의학》〈암〉속질에서 발생한 암. 암세포가 많고 사이질과 결합직이 적다. 다른 갑상선암은 여포세포에서 발생한 암인데 비해 수질암은 부여포세포(C-세포)에서 암이 발생한 경우이다. 국내에서는 드문 암으로 분화 갑상선과 미분화 갑상선 암 중간 정도의 예후를 보인다. 10년 생존율은 75%이다. ¶현재 암 예방을 위해 신체 일부를 잘라 내는 수술은 통상 갑상선암의 일종으로 흔치 않은 수질암에 한한다.

수축기 고혈압(孤立性收縮期高血壓)명구《의학》〈고혈압〉수축기 혈압은 160 이상으로 매우 높고 확장기 혈압은 95mmHg 미만인 상태. 갑상샘 항진증, 대동맥 판막 기능 부족 따위로 심박출량이 증가하거나, 동맥 경화로 말초 혈관 저항이 높아지는 데 원인이 있다. ¶아시아 지역의 고령층 인구에서 단독 수축기 고혈압의 유병률이 높은 만큼, 특성화 치료전략이 요구된다는 주장이 제기됐다.

수축기 잡음(收縮期雜音)명구《의학》〈고혈압〉심장의 심실이 수축할 때 생기는 잡음. 흔히 심장 판막증이나 선천 심장병이 있을 때 생기며 때로는 고혈압, 심장 근육 질병(心臟筋肉疾病), 빈혈, 갑상샘 기능 항진증 따위가 있을 때에도 들리는데 유연하고 부드러운 잡음은 기능적인 것이고, 거칠고 조잡하며 센 것은 기질적인 변화이다.

수혈 간염(輸血肝炎)명구《의학》〈간 질환〉에이치비 바이러스의 감염에 의한 간염. 성인은 성교나 수혈을 통해서 감염되고 일과성 감염의 경과를 거치지만, 신생아나 소아는 지속적으로 감염되는 일이 많다.〈유〉비형 간염

순환기계 질환(循環器系疾患)명구《의학》〈고혈압〉순환기계에서 발생하는 질환. 고지혈증이나 고혈압 따위가 있다.〈유〉순환기 계통 질환(循環器系統疾患) ¶노인 순환기계 질환과 예방법

술포닐 요소(sulfonyl尿素)명구《약학》〈당뇨〉술포닐기를 함유한 당뇨병 치료제. 혈당 강하 작용이 있다. ¶만약 이 환자가 당뇨병 치료를 위해 술포닐 요소를 복용하고 있다면 정확하게 심전도 검사를 할 수가 없다는 새로운 연구 결과가 최근 나왔다.

숨 내쉬기 명구《생명》〈만성 하기도질환〉숨을 쉴 때 폐로부터 공기를 내뿜는 활동. 정상적으로는 날숨이 들숨보다 짧다. 날숨이 들숨보다 시간이 길어지는 경우는 천식 또는 폐 공기증과 같은 증상에서 나타난다.

숨뇌(숨腦)[숨:뇌/숨:눼]명《의학》〈뇌졸중〉아래쪽 척수, 위쪽 다리뇌, 뒤쪽 소뇌 사이에 있는 원뿔 모양의 뇌 부분. 위와 아래쪽으로 달리는 신경 섬유 다발과 호흡 및 순환 따위의 생명 기능을 포함한 여러 기능을 하는 신경 세포체의 집단으로 이루어져 있다.〈유〉숨골, 연수

숨뇌 마비(숨腦痲痹)명구《의학》〈뇌졸중〉숨뇌를 다치어 숨쉬기, 음식물을 씹거나 삼키기, 발음 따위에 장애가 있는 상태.

숨뇌졸중(숨腦卒中)[숨:뇌졸쭝/숨:눼졸쭝]명《의학》〈뇌졸중〉숨뇌에 다량의 출혈이 발생하는 상태. 뇌졸중의 한 종류이다.

ㅅ

숨참( )[숨참]명《의학》〈만성 하기도질환〉힘쓰지 아니하면 숨쉬기가 어렵거나 숨 쉬는 데 고통을 느끼는 상태. 이물질이 차 있거나 천식, 폐렴인 경우에 일어난다.〈유〉호흡 곤란(呼吸困難)

스타우프·트라우곳트 현상(Staub-Traugott現象)명구《의학》〈당뇨〉건강한 사람에게 당의 일정량을 간격을 두고 2회 부하하면, 두 번째의 부하 후의 혈당 상승은 첫 번째 부하 후보다 지극히 낮아지는 현상. 당뇨병 환자에서는 이 현상은 전혀 볼 수 없기 때문에, 이 현상을 당뇨병의 진단에 응용하는 일이 있다.

스트레스(stress)명《심리》〈고혈압〉적응하기 어려운 환경에 처할 때 느끼는 심리적·신체적 긴장 상태. 장기적으로 지속되면 심장병, 위궤양, 고혈압 따위의 신체적 질환을 일으키기도 하고 불면증, 신경증, 우울증 따위의 심리적 부적응을 나타내기도 한다. ¶스트레스로 인한 병이 현대병의 대표적인 예가 된다. / 고혈압은 유전적인 인자나 체질, 환경이나 식사, 스트레스 등에 의해 발병한다.

스트레스 당뇨병(stress糖尿病)명구《의학》〈당뇨〉현 시점에서는 높은 포도당 대사 능력을 가지고 있어 당뇨병은 아니지만 스트레스 이전의 상태. 예를 들면 임신, 감염증, 비만일 때, 당뇨병이 걸리는 경우를 말한다.

스트레스 적혈구 증가증(stress赤血球增加症)명구《의학》〈고혈압〉불안 증상과 고혈압이 있는 환자들에게 잘 오는 만성 상대 적혈구 증가증.

스포츠 심장(sports心臟)명구《의학》〈심장 질환〉격렬한 스포츠를 장기적으로 계속하는 사람에게서 볼 수 있는 비대한 심장. 운동을 할 때에 많은 양의 혈액을 필요로 하기 때문에 그에 따라 심장 근육이 비대해진 것이다. 맥박은 느리지만 힘차게 박동하여 기능적으로 우수한 것으로 여겨진다. ¶스포츠 심장은 심장 근육에 혈액을 공급하는 관상 동맥이 발달하기 때문에 과격한 운동을 한 후에 회복까지 적은 시간이 소요된다.

습담(濕痰)[습땀]명《한의》〈폐렴〉습(濕)과 담(痰)을 아울러 이르는 말. ¶충분히 휴식을 취했는데도 피로 증세가 오래 지속되면 혈액순환을 원활하게 해 주며 몸에 쌓여 있는 노폐물인 습담과 어혈을 없애주는 치료를 하게 된다.

습성 기침(濕性기침)명구《의학》〈폐렴〉기관지염, 기관지 폐렴, 폐 고름집 따위의 후기에 나타나는 가래가 섞인 기침.〈유〉젖은기침〈참〉건성 기침

습성 천식(濕性喘息)명구《의학》〈만성 하기도질환〉〈알레르기〉많은 양의 가래가 생기는 천식. ¶습성 천식은 기관지에 결핵균, 화농성 구균, 바이러스가 침입하여 염증을 일으켜 나타나며, 기침이 매우 힘들고 가래가 나올 뿐만 아니라 열을 동반하는 경우가 많다.

습열 요통(濕熱腰痛)명구《한의》〈통증〉습열로 인한 요통. 허리 부위에 열이 있고 아프다. ¶기름진 음식을 자주 먹으면 순환과 소화 능력이 떨어져 여름철 덥고 습한 기운이 몸 안에 정체되는데, 이는 습열 요통의 원인이 된다.

습요통(濕腰痛)[스뇨통]명《한의》〈통증〉축축하거나 찬 곳에 오래 앉아 있을 때 생기는 요통. 허리가 무겁고 아프며 차다. 날이 흐리거나 습할 때 증세가 더 심해지고 오줌이 잦다. ¶습요통은 특히 장마철에 주로 통증이 심해지고 비가 오려면 허리가 더 아파진다고 호소하는 경우에 해당한다.

습진(濕疹)[습찐]명《의학》〈알레르기〉여러 가지 자극물로 인하여 피부에 일어나는 염증. 벌겋게 붓거나 우툴두툴하게 부르트고, 물집이나 딱지가 생기거나 피부가 꺼칠해지는 것과 같은 여러 가지 증상이 나타나며 가려움을 동반하는 것이 특징이다.〈유〉진버짐 ¶물일을 자꾸 하다 보면 손에 습진이 생기기 쉽다. 고무장갑을 끼지 않고 빨래를 했더니 손에 습진이 생겼다.

습진 유발 상태(濕疹誘發狀態)명구《의학》〈알레르기〉습진이 한군데에 심하게 있으면 다른 피부 부위에도 잘 유발되는 상태.

습진 피부병(濕疹皮膚病)명구《의학》〈알레르기〉가려움을 특징적으로 나타내는 피부의 염증 상태. 만성기에는 피부가 두꺼워지고 비늘이 생기며, 급성기에는 물집, 홍반, 부종, 진물 따위가 나타난다.

습진화(濕疹化)[습찐화]명《의학》〈알레르기〉어떤 병터가 습진과 같은 모양으로 나타난 상태.

승압 섬유(昇壓纖維)명구《의학》〈고혈압〉혈관을 수축하고 혈압을 높이는 교감 신경 섬유.〈유〉승압 신경 섬유(昇壓神經纖維)

시근시근하다( )[시근시근하다]동〈통증〉관절 따위가 신 느낌이 들다. ¶이제는 나이가 들었는지 팔다리가 시근시근하기 시작한다.

시다( )[시다]형〈통증〉(눈이) 강한 빛을 받아 슴벅슴벅 찔리는 듯하다. ¶햇살이 비쳐 눈이 시다./지갑을 찾다가 눈이 시어 눈을 감았다.

시리다( )[시리다]형〈통증〉(몸의 한 부분이) 차가운 것에 닿아서 춥고 얼얼하다. ¶양말을 두 켤레나 신었는데도 발가락이 시렸다. / 바람이 어찌나 찬지 코끝이 시려서 가만히 서 있을 수가 없었다.

시브이에이(CVA)명《의학》〈뇌졸중〉혈관 및 림프관 속으로 운반되어 온 부유물(浮遊物)이 혈관 내의 일부나 전부를 막은 상태.〈유〉색전증

시스틴 축적증(cystine蓄積症)명구《의학》〈당뇨〉보통 염색체 열성 유전이 되는 여러 형태의 리소좀 축적증. 심한 아미노산뇨, 당뇨, 다뇨, 만성 산증 따위를 동반한다.〈유〉시스틴-증(cystine症) ¶시스틴 축적증의 주요 합병증은 신장 판코니 증후군이다.

시큰거리다( )[시큰거리다]동〈통증〉(팔다리나 뼈마디가) 심하게 자꾸 시리고 쑤시다. ¶테니스를 너무 오래 쳤더니 손목이 시큰거린다. / 이빨 부러진 곳이 욱신거리기도 하고 시큰거리기도 해.

시큰시큰하다( )[시큰시큰하다]형〈통증〉(팔다리나 뼈마디가) 심하게 자꾸 시리고 쑤시는 느낌이 있다.〈참〉시근시근하다, 새큰새큰하다 ¶다리가 시큰시큰해서 더 이상 걷지 못하겠다. / 학교에 가서도 층층대를 오르내리려면, 다리가 무겁고 무릎이 시큰시큰하여서 매우 괴로웠다.

시큰하다( )[시큰하다]형〈통증〉(팔다리나 뼈마디가) 조금 시리고 쑤신 느낌이 있다.〈참〉시근하다, 새큰하다 ¶너무 오래 앉아 있었더니 허리가 시큰하

며 아프다. / 무르팍이 시큰했다.

시타글립틴(sitagliptin)명《보건일반》〈당뇨〉제이형 당뇨병 환자의 혈당 조절을 향상시키기 위한 식사 요법 및 운동 요법의 보조제. ¶제2형 당뇨병 치료에 광범위하게 사용되고 있는 DPP-4억제제 '시타글립틴'이 동종 줄기세포 이식 환자에서 발생하는 급성 이식편대숙주병 예방에 효과적이라는 연구 결과가 나와 주목받고 있다.

시통(始痛)[시ː통]명《한의》〈통증〉천연두를 앓을 때, 발진이 돋기 전에 나타나는 통증. 열이 오르거나 두통 따위의 증세가 있다.

시형 간염(C型肝炎)명구《의학》〈간 질환〉시형 간염 바이러스에 감염되어 발생하는 간염. 수혈, 성 접촉, 비위생적인 미용 시술 등을 통해서 감염되며 감기, 몸살, 메스꺼움, 식욕 부진 따위의 증상을 보인다. ¶감염자는 인구의 1% 정도에 불과하지만 비형 간염보다 더욱 까다로운 질병이 시형 간염이다. / 시형 간염은 예방 백신이 없지만 완치 약이 있다.

식감(食疳)[식깜]명《한의》〈위장병〉어린아이에게 생기는 소화 기관 질환. 〈유〉비감

식도암(食道癌)[식또암]명《의학》〈암〉식도에 발생하는 악성 종양. 목에 무엇이 자꾸 걸리는 듯한 느낌이나 압박감 따위의 증상으로 시작하여 식도가 좁아지고 음식물을 삼키기가 어려워지는데, 보통 50~70세의 남자에게 많다. ¶식도암은 주로 50~60대의 남자에게서 많이 발생하며, 술, 담배와 밀접한 관련이 있습니다.

식물 요법(植物療法)명구《보건일반》〈당뇨〉음식물의 품질, 분량 따위를 조절하여서 직접 질병을 치료하거나 예방하고 장기(臟器)를 보호하면서 전신의 영양을 완전하게 하는 방법. 당뇨병, 위장병, 콩팥병, 비타민 결핍증, 순환기·호흡기병 따위에 쓴다. 〈유〉식사 요법(食事療法), 식사 치료법(食事治療法), 식이 요법(食餌療法), 영양 요법(營養療法), 음식 치료법(飮食治療法) ¶식물 요법은 위험한 화학 물질이 없고, 기존 의약품과 비교해 경제적일 뿐

만 아니라 부작용이 많지 않아 이상적인 선택권이 될 수 있다.

식물 중독(食物中毒)명구《보건일반》〈위장병〉섭취한 음식물 속에 있는 세균이나 독소에 의해 일어나는 급성 또는 만성의 건강 장애. 주로 발열, 구역질, 구토, 설사, 복통 등의 증세가 나타난다.〈유〉식이 중독, 식중독, 식품 중독

식사 당뇨(食事糖尿)명구《의학》〈당뇨〉한꺼번에 포도당 200g 이상의 당분을 섭취하였을 때 나타나는 일시적인 당뇨. 특히 24시간 동안 1g 이상의 당이 오줌으로 배출되는 것을 이른다. 탄수화물을 섭취하였을 때, 장내(腸內)에서의 당(糖)의 흡수는 빠른 반면, 체내에서의 당의 처리는 늦어져 초기에 일시적으로 나타나는 당뇨. 건강인에게서도 볼 수 있는 것이다.〈유〉식이성 당뇨병(食餌性糖尿病)

식사 알레르기(食事Allergie)명구《의학》〈알레르기〉섭취한 음식이 원인이 되어 나타나는 알레르기 반응. 주로 달걀, 우유, 고기, 생선, 콩 따위의 식품이 원인이 되며 발열 따위의 증상이 나타난다.〈유〉식품 알레르기

식심통(食心痛)[식씸통]명《한의》〈통증〉음식을 먹고 탈이 나서 가슴과 배가 그득하며 아픈 증상. 생것이나 차가운 음식을 과음·과식하여 생긴다.

식욕 과다(食慾過多)명구《의학》〈당뇨〉비정상적으로 허기를 느끼거나, 이전에 비하여 눈에 띄게 식욕이 늘어난 상태. 당뇨병, 갑상샘 항진증, 위장관(胃腸管)의 기생충 감염이나 폭식증이 있는 환자에게서 나타나는 경우가 있다.〈유〉식욕 과잉(食慾過剩) ¶물론 식욕이 과다하다고 병원을 찾는 경우는 소아비만일 정도지만, 아이의 다른 질환이나 증상을 진료하다 보면 식욕 과다인 경우가 많이 보인다는 것이죠.

식이 중독(食餌中毒)명구《보건일반》〈위장병〉음식물 가운데 함유된 유독 물질의 섭취로 생기는 급성 소화 기관 병. 설사·복통·구토 따위의 증상이 나타나며 피부에 발진이 생기기도 하는데, 원인은 음식물의 부패에 기인하는 것이 대부분이나, 익지 않은 과일을 먹거나 음식을 지나치게 먹는 것도 원

인이 될 수 있다. 〈유〉 식중독

식적 요통(食積腰痛)명구《한의》〈통증〉먹은 음식이 잘 소화되지 않고 위장에 체기가 있어 허리가 아픈 증상. ¶식적 요통을 피하려면 술자리에서 자극적이고 기름진 음식을 피해야 합니다.

식적수(食積嗽)[식쩍쑤] 명《한의》〈폐렴〉해수의 하나. 식적으로 담이 생긴 후 그 담기가 거슬러 올라가 폐기에 영향을 미쳐 기침할 때 가래가 많이 나오게 하고 날이 밝으면 더 심해지는 병증이다. 〈유〉 식해(食咳)

식중독(食中毒)[식쭝독] 명《보건일반》〈위장병〉음식물 가운데 함유된 유독 물질의 섭취로 생기는 급성 소화 기관 병. 설사·복통·구토 따위의 증상이 나타나며 피부에 발진이 생기기도 하는데, 원인은 음식물의 부패에 기인하는 것이 대부분이나, 익지 않은 과일을 먹거나 음식을 지나치게 먹는 것도 원인이 될 수 있다. ¶봄철 식중독이 많이 발생하는것은 야외 활동이 늘어나고 일교차가 커서 낮에 따뜻하게 식중독 균이 쉽게 생기고 퍼질 수 있기 때문이다. / 여름철에 음식물을 잘못 먹으면 식중독에 걸리기 쉽다.

식품 알레르기(食品Allergie)명구《의학》〈알레르기〉섭취한 음식이 원인이 되어 나타나는 알레르기 반응. 주로 달걀, 우유, 고기, 생선, 콩 따위의 식품이 원인이 되며 발열 따위의 증상이 나타난다. 〈유〉 식사 알레르기

식품 유발 시험(食品誘發試驗)명구《의학》〈알레르기〉환자의 병력을 기초로 하여 의사의 감독 아래, 환자에게 식품 알레르기 유발이 의심되는 음식을 먹인 후 알레르기 반응의 유무 및 정도를 살피는 검사법.

식품 중독(食品中毒)명구《보건일반》〈위장병〉음식물 가운데 함유된 유독 물질의 섭취로 생기는 급성 소화 기관 병. 설사·복통·구토 따위의 증상이 나타나며 피부에 발진이 생기기도 하는데, 원인은 음식물의 부패에 기인하는 것이 대부분이나, 익지 않은 과일을 먹거나 음식을 지나치게 먹는 것도 원인이 될 수 있다. 〈유〉 식중독

신경 내분비 암종(神經內分泌癌腫)명구《의학》〈암〉신경 내분비 세포에서 기

원한 종양. 폐에 가장 흔하지만 어느 장기에나 생길 수 있다. ¶위암에는 호르몬을 분비하는 신경 내분비 암종 등이 있다.

신경 모세포종(神經母細胞腫)명구《의학》〈암〉신경 모세포에서 발생하는 악성 종양. 5세 이하의 어린이에게 생기며 복부의 교감 신경이나 부신, 후복막 따위에서 발생하는데, 전이(轉移)가 빠른 것이 특징이다.〈유〉신경 아세포종 ¶신경모세포종은 드물지만 1년 미만의 어린이에게 가장 많이 발생하는 악성 종양이다.

신경 알레르기(神經Allergie)명구《의학》〈알레르기〉신경 조직에 알레르기 반응이 일어나는 현상.

신경병성 관절 병증(神經病性關節病症)명구《의학》〈당뇨〉느끼지 못하는 반복된 손상에 의하여 관절이 점차 파괴되어 고유 감각이 감소된 관절병. 흔히 척수 매독, 당뇨 신경 병증 또는 척수 구멍증과 연관되어 있다.〈유〉신경 병증성 관절 병증(神經病症性關節病症), 신경병성 관절(神經病性關節), 신경병성 관절염(神經病性關節炎) ¶당뇨병이나 척수 질환 등을 통해 신경이 손상되었기 때문에, 신경병성 관절 병증의 경우 관절 손상의 초기 징후를 인지하지 못할 가능성이 높다.

신경병성 궤양(神經病性潰瘍)명구《의학》〈당뇨〉피부에 감각이 없는 상태에서 발생하는 궤양. 염증이 없는 상태에서 발생하고 통증이 없는 지속적 궤양이 많으며 당뇨병, 나병 따위의 신경 손상을 일으키는 여러 질환에 의하여 발생한다. ¶감각 신경병증은 양성증상이 주인 경우에는 신경병증을 쉽게 의심할 수 있으나, 음성증상인 경우에는 진단이 늦어지고, 신경병성 궤양의 원인이 되기도 한다.

신경성 천식(神經性喘息)명구《의학》〈만성 하기도질환〉'교감 신경'의 장애가 원인이 되어 발생하는 천식. 신경이 예민하거나 스트레스에 취약하거나 몸이 허약한 사람에게 잘 나타난다. ¶신경성 천식은 불면증이나 스트레스로 기관지 평활근이 민감하게 반응할 때 온다.

신경통(神經痛)[신경통] 명 《의학》〈통증〉말초 신경이 자극을 받아 일어나는 통증. 아픈 부위가 한 개의 말초 신경의 지배 영역에 일치하고, 예리하면서 격심한 아픔이 발작적으로 일어나 짧게 지속되다 멈추기를 되풀이한다. 통증이 없는 상태에서도 해당 말초 신경 부위를 누르면 통증이 유발되는 특징이 있다. 원인이 뚜렷한 증후 신경통과 특정한 원인이 없는 특발 신경통으로 나눈다. ¶영검하게도 미리 알고 쿡쿡 쑤시기 시작하는 외할머니의 신경통과 함께 역시 그것은 오래지 않아 비가 내릴 거라는 징조였다. / 대상포진은 발병하면 신경통 등 후유증이 심해, 후유증·합병증 위험이 높은 고령층은 예방 백신을 맞는 것이 좋다.

신물이 넘어오다( ) 동구 〈통증〉음식에 체하거나 과식하였을 때 트림과 함께 위에서 목으로 넘어오는 시척지근한 액체가 목구멍 밖으로 나오다 ¶저녁을 급히 먹었더니 소화가 되지 않고 자꾸 신물이 넘어오는구나.

신부전(腎不全)[신:부전] 명 《의학》〈암〉콩팥의 기능이 제대로 되지 않아 노폐물이 혈액에 축적되는 상태. ¶전립선암이 진행되면 요관이 막혀서 신장이 붓는 수신증, 신부전 증상, 암이 전이된 뼈의 통증 등이 나타날 수 있다.

신산통(腎疝痛)[신:산통] 명 《의학》〈통증〉'콩팥 급통증(콩팥急通症)'의 이전 말. 결석이 신장에 위치해 발생하는 통증. ¶신산통은 허리 깊숙한 곳에서 시작되어 허리 옆으로 퍼지게 되며 여성은 통증이 방광 쪽으로 이어지거나 남성은 고환을 향해 밑으로 퍼질 수 있다.

신생아 당뇨병(新生兒糖尿病) 명구 《의학》〈당뇨〉신생아에게서 고혈당, 탈수, 영양실조, 다뇨, 발열 따위의 당뇨병과 비슷한 증상을 보이는 질환. 저출생 체중아에게 많다. 생후 1~6주에 발견되고 수 주에서 수개월의 경과로 자연 치유가 된다. ¶지금까지 생후 6개월 이전에 발생하는 당뇨병은 신생아 당뇨병(neonatal diabetes)으로 췌장의 인슐린 생산 베타 세포에 영향을 미치는 유전자 변이에 의해서만 발생하는 것으로 알려져 왔다.

신생아 지속성 폐고혈압증( ) 명구 〈고혈압〉아기가 출생하여 태아에서 신생아

ㅅ

로 넘어가는 과정에서 폐혈관의 저항이 감소되지 않고 지속적으로 상승되어 있음으로 인해 폐동맥압이 체동맥압과 같거나 더 높아 생겨나는 질환군을 일컫는 말

신생아 폐렴(新生兒肺炎)명구《의학》〈폐렴〉갓난아이가 걸리는 폐렴. 모태 안에서 감염되는 선천 폐렴과 출생 후의 감염으로 나누어지며 호흡수 증가, 청색증, 신음 따위의 증상을 보이는데 중증인 경우가 많다.

신성 고혈압증(腎性高血壓症)명구《의학》〈고혈압〉'콩팥 고혈압증'의 전 용어. ¶신성 고혈압증은 밤에 자주 소변을 본다.

신알비연(辛頞鼻淵)[시날비연]명《한의》〈알레르기〉'코염'을 한방에서 이르는 말.〈유〉비연, 코염

신우(腎盂)[시:누]명《생명》〈암〉척추동물의 콩팥 안에 있는 빈 곳. 오줌이 세뇨관을 통하여 이곳에 모였다가 다시 요관을 통하여 방광으로 빠져나간다.〈유〉콩팥 깔때기 ¶신우에서 발생하는 신우암은 신장암의 5~10%를 차지하고 있다.

신장(腎臟)[신:장]명《생명》〈암〉척추동물의 비뇨 기관과 관련된 장기의 하나. 사람의 경우 강낭콩 모양으로 좌우에 한 쌍이 있으며, 체내에 생긴 불필요한 물질을 몸 밖으로 배출하고 체액의 조성이나 양을 일정하게 유지하는 작용을 한다.〈유〉콩팥 ¶그때 영호 어머니는 얼굴과 손발이 퉁퉁 부은 채 앓고 있었어요. 신장에 이상이 생겼던 겁니다.

신장 유두 괴사(腎臟乳頭壞死)명구《의학》〈당뇨〉급성 신우신염의 합병증으로 신장 유두가 괴사되어 떨어져 나가는 병. 당뇨병 환자에게서 흔히 볼 수 있다. ¶산장 유두 괴사는 특히 당뇨병이나 환자나 진통제 신장 병증에서 잘 나타나며 신장 기능의 상실을 초래할 수 있다. / 요로 결석을 장기간 방치하면 폐색으로 인한 신장 유두 괴사 등과 같은 비가역적인 손상이 발생하므로 반드시 치료를 받아야 한다.

신장 혈관 고혈압(腎臟血管高血壓)명구《의학》〈고혈압〉신장 혈관이 좁아지거

나 막혀서 발생하는 고혈압. 〈유〉 콩팥 혈관 고혈압(콩팥血管高血壓)

신장성 고혈압(腎臟性高血壓)명구《의학》〈고혈압〉 신장 실질의 병변으로 인해 발생하는 고혈압. 신장 기능 부전으로 수분, 염분의 배설이 저하되고 체내에 축적되므로 고혈압이 발생한다. ¶고혈압의 원인 중 신장성 고혈압이 가장 많은 비중을 차지하고 있다.

신장성 당뇨(腎臟性糖尿)명구《의학》〈당뇨〉 혈당은 정상이나, 신장 요세관이 포도당을 재흡수하지 못해 오줌에서 당이 검출되는 상태. ¶현대에는 과식, 영양과다와 운동부족으로 인해 신장성 당뇨가 유발되는데, 이는 비만증과도 깊은 관계가 있다.

신장염(腎臟炎)[신ː장념]명《의학》〈고혈압〉 콩팥에 생기는 염증. 급성, 만성, 위축 콩팥 따위의 세 가지가 있는데, 급성 콩팥염과 만성 콩팥염은 부기, 단백뇨, 혈뇨, 고혈압 따위의 증상을 보이며 위축 콩팥은 소변의 양이 증가한다. 〈유〉 신염(腎炎), 콩팥-염(콩팥炎) ¶그는 신장염에 기관지병이 겹쳐서 중태이다. / 정윤은 귀남의 부기가 남은 얼굴을 유심히 쳐다본다. 병은 신장염이었다.

신허 요통(腎虛腰痛)명구《한의》〈통증〉 신장의 기능이 쇠약하거나 과도한 성교로 인하여 허리가 아픈 증세 ¶아침에 허리 통증이 더 심해지거나 오래 서 있을 때 통증이 나타났다면 신허 요통을 의심해 봐야 한다.

신혈관(성) 고혈압(腎血管(性)高血壓)명구《의학》〈고혈압〉 콩팥 동맥의 폐쇄나 협착으로 생기는 고혈압. 〈유〉 신혈관 고혈압(腎血管高血壓) ¶노인 고혈압에서 죽상동맥경화에 의한 신혈관 고혈압이 흔히 관찰된다. / 신혈관 고혈압은 일측 또는 양측 신동맥 또는 신동맥 분지의 하나의 폐색의 결과로 옵니다.

실어증(失語症)[시러쯩]명《의학》〈알츠하이머〉 대뇌의 손상으로 어릴 때부터 습득한 언어의 표현이나 이해에 장애가 생기는 병적 증상. 발화하는 근육은 정상이지만 뇌의 언어 중추 이상으로 일어나며, 운동성 실어와 감각성 실어, 또는 이 두 가지의 혼합형이 있다. 〈유〉 언어 상실증 ¶심한 충격으로 실어증에 빠지다. / 실어증에 걸리다. / 뇌졸중은 실어증의 가장 일반적인 원인이고 이밖에 중증 두부 외상, 뇌종양 및 뇌 감염이 있다.

실인증(失認症)[시린쯩] 명《의학》〈알츠하이머〉감각 기관에는 이상이 없지만 뇌가 손상을 입어 대상물을 인식하지 못하는 병적인 증상. 〈유〉 인식불능증

실천(實喘)[실천] 명《한의》〈폐렴〉천증(喘症) 중 실증에 해당하는 병증. 폐가 사기에 의해 막히면서 나타나는 숨찬 증상이다. 주로 풍한, 담탁, 담열에 의해서 발병되며, 병의 발생이 빠르고 맥이 실하며 사람이 건장하고 숨찬 현상으로 가슴이 가득하고 목소리가 높으며 숨 쉬는 소리가 크고 호기를 배출하면 편안해진다.

실행증(失行症)[실행쯩] 명《의학》〈알츠하이머〉대뇌의 특정 부위의 손상으로, 운동계나 감각 신경에 이상이 없음에도 불구하고 목적하는 행위나 동작을 할 수 없는 증세.

실험적 고혈압증(實驗的高血壓症) 명구《보건일반》〈고혈압〉임상적 고혈압의 여러 문제 해결을 위하여 개, 토끼, 래트 따위의 실험동물에 만들어지는 고혈압증.

심근(心筋)[심근] 명《의학》〈심장 질환〉심장의 벽을 이루는 두꺼운 근육. 가로무늬근이지만 생리적으로는 불수의근이므로 자율적이고 주기적인 수축 운동을 한다. 〈유〉 심장 근육(心臟筋肉), 심장-근(心臟筋), 염통-근(염통筋) ¶그는 그 어둠 때문에 간이 찌들고, 허파의 폐포가 썩고, 심장의 심근이 빼드러지고 있다고 생각했다.

심근 경색 후 심장막염(心筋梗塞後心臟膜炎) 명구《의학》〈심장 질환〉심근 경색이 일어나고 약 일주일 후에 발생하는 급성 심장막염.

심근 경색증(心筋梗塞症) 명구《의학》〈심장 질환〉심장 동맥 경화증 때문에 혈액 순환이 제대로 되지 않아 심장 근육에 괴사가 일어나는 병. 〈유〉 심근 경

색(心筋梗塞) ¶당분의 섭취가 과중되면 심근 경색증을 일으키는 원인과도 관계된다는 보고가 있다. / 이 제약 회사는 성체 줄기세포를 이용한 급성 심근 경색증 치료제를 세계 최초로 개발하여 상업화에 성공하였다. / 아주 건강하시던 할아버지가 심근 경색으로 갑자기 돌아가셨다. / 법의학자 등 전문가들은 시신을 확인한 뒤 심근 경색으로 사망한 것으로 결론을 내렸다.

심근 병증(心筋病症)명구《의학》〈심장 질환〉〈고혈압〉비염증성인 여러 심근층 장애가 나타나는 증상. 관상 동맥 경화, 고혈압증, 갑상샘 기능 항진 등에 기인하며 심부전을 유발하는 요인이 된다.〈유〉심근-증(心筋症), 심장 근육 병증(心臟筋肉病症) ¶일반적으로 임신과 더불어 임산부는 심장에 용적 부담이 가해지며 심하면 확장성 심근병증이라는 위험에 처할 수 있고, 출산 시 추가적인 스트레스에 의해서도 쇼크 후 심근병증이라는 심장 기능 저하에 빠질 수 있다.

심근 심장막염(心筋心臟膜炎)명구《의학》〈심장 질환〉심장의 근육층과 심장을 싸고 있는 심장막의 염증.〈유〉심근 심낭염(心筋心囊炎), 심근 심막염(心筋心膜炎)

심근염(心筋炎)[심근념]명《의학》〈심장 질환〉심장의 벽을 이루는 근육에 생기는 염증.〈유〉심장 근육염(心臟筋肉炎) ¶공단 측은 H 씨 남편의 사인은 직무와 직접 관련이 없는 생물성 병인에 해당하는 심근염이라며 지급을 거부했다.

심근증(心筋症)[심근쯩]명《의학》〈고혈압〉〈심장 질환〉비염증성인 여러 심근층 장애가 나타나는 증상. 관상 동맥 경화, 고혈압증, 갑상샘 기능 항진 등에 기인하며 심부전을 유발하는 요인이 된다.〈유〉심근 병증(心筋病症), 심장 근육 병증(心臟筋肉病症) ¶심근증의 형태와 심부전의 정도에 따라 다르지만 심근증은 적절한 치료가 이루어지지 않을 경우 치명적인 결과를 낳을 수 있습니다. / 출산기 심근증이 있는 여성에게 약물을 투여할 때는 특별한 주의가 필요합니다.

심근층(心筋層)[심근층]명《의학》〈심장 질환〉심장의 속막과 바깥막 사이에 심장 근육으로 이루어진 층. 심장 벽의 대부분을 이룬다.〈유〉심장 근육층(心臟筋肉層), 심장근-층(心臟筋層) ¶심근 경색은 간단히 말해서 심장의 근육인 심근층이 손상되어 죽은 상태를 말한다.

심기허(心氣虛)[심기허]명《한의》〈심장 질환〉심기(心氣)가 모손(耗損)되어 생기는 병증. 나이 들어 장기(臟氣)가 노쇠해져 땀을 많이 흘리거나, 사기(邪氣)가 심하거나, 마음을 지나치게 써서 심기가 모손되어 생기며, 소아의 경우는 태원(胎元)이 부족하거나 병을 앓은 후에 몸이 허약하여 발생한다. 가슴이 두근거리고, 호흡이 짧아지는데 활동을 하면 더욱 짧아지며, 저절로 땀이 나고, 가슴이 답답하여 편안하지 않거나 아프며, 얼굴색이 하얗게 되고, 몸이 피곤하고 힘이 빠지며, 설질(舌質)이 멀겋고, 설체(舌體)가 살지고 연약하며 설체(舌體)가 희고 맥이 허한 따위의 증상을 말한다.〈유〉심양허(心陽虛) ¶엔진의 출력부족을 심기허(心氣虛)라고 하는데 숨이 가쁘고, 조금만 움직여도 숨이 차고 쉽게 피로를 느끼는 경우이다.

심낭(心囊)[심낭]명《의학》〈심장 질환〉심장과 대혈관 기부(基部)를 이중으로 싸고 있는 결합 조직성의 막. 심장막 안에 있는 심장막액은 심장막과 주변 장기(臟器) 간의 마찰을 줄이는 구실을 한다.〈유〉심낭-막(心囊膜), 심막(心膜), 심장-막(心臟膜), 염통-주머니, 위심-강(圍心腔), 위심-낭(圍心囊), 위심-두(圍心竇) ¶심낭염은 심근 손상은 없는 대신, 심낭에 자극이 올 때 통증이 발생한다.

심낭 게실(心囊憩室)명구《의학》〈심장 질환〉심장 벽측의 심장막 일부가 두드러지게 튀어나온 기형.〈유〉심장막 곁주머니

심낭 결손(心囊缺損)명구《의학》〈심장 질환〉'심장막 결손'의 전 용어. ¶심전도의 변화는 심낭 결손으로 심장 위치의 변화가 있을 때 나타날 수 있다.

심낭 기종(心囊氣腫)명구《의학》〈심장 질환〉심장막 안에 공기가 차는 병. 식도나 위의 궤양 따위가 심장막 안으로 터져서 생기며 흔히 고름이 차게 되

고 심장 압박 증상이 나타난다. ¶오늘 병원에 온 아이가 심낭 기종 증상을 보인다. / 어른의 심낭층은 매우 조밀하여 성인층에서 심낭 기종은 드물지만 어린이의 경우에는 쉽게 발생한다.

심낭 수종(心囊水腫)(명구)《의학》〈심장 질환〉심장막 안에 투명한 장액성(漿液性)의 누출액이 고이는 병.〈유〉물심장막-증 ¶오늘 의사 선생님께서 학생들에게 심낭 수종에 대한 강의를 해주셨다. / 심낭 수종은 심장마비가 올 수 있는 상황이므로 심장에 고인 피를 빨리 제거해줘야 한다.

심낭 혈종(心囊血腫)(명구)《의학》〈심장 질환〉심장막 안에 피가 고이는 병. 심장 대동맥, 심장 동맥 따위가 터져서 생기며 쇼크와 심장 압박 증상이 나타난다.〈유〉혈액 심장막증(血液心臟膜症) ¶의사는 사망 원인을 심낭 혈종이라고 했다.

심낭염(心囊炎)[심낭념](명)《의학》〈심장 질환〉심장의 바깥을 둘러싸고 있는 바깥막에 생기는 염증. 주로 결핵과 류머티즘성 질환이 원인이며, 심장과 심장막 사이에 물이 괴어 심장이 눌려서 숨이 차고 고통을 느끼게 된다.〈유〉심막-염(心膜炎), 심장막-염(心臟膜炎) ¶심낭염은 대부분 특정 원인을 발견할 수 없습니다.

심내막(心內膜)[심내막](명)《의학》〈심장 질환〉심장 내부를 싸고 있는 막. 심장에서 나온 대혈관(大血管)의 내면과 같은 성질을 가지며 심장 안의 요철(凹凸) 또는 돌기(突起), 유두부(乳頭部) 등 내표면(內表面) 전부에 걸쳐 있다. 이 심내막의 주름이 심장의 판막(瓣膜)을 이룬다.〈원〉심장 내막(心臟內膜)〈유〉심장 속막(心臟속膜)〈참〉심외막(心外膜) ¶심내막에 염증이 생겼다고 한다.

심내막 심장 근육 섬유증(心內膜心臟筋肉纖維症)(명구)《의학》〈심장 질환〉심실의 심내막이 섬유화로 두꺼워지는 증상. 심내막하 심근과 방실판을 침범하여 혈전이 생기고, 심실 기능 부전으로 진행한다.〈유〉심내막 심장 근육 섬유화(心內膜心臟筋肉纖維化)

심내막 심장 근육 섬유화(心內膜心臟筋肉纖維化)명구《의학》〈심장 질환〉심실의 심내막이 섬유화로 두꺼워지는 증상. 심내막하 심근과 방실판을 침범하여 혈전이 생기고, 심실 기능 부전으로 진행한다.〈유〉심내막 심장 근육 섬유증(心內膜心臟筋肉纖維症) ¶고양이도 심내막 심장 근육 섬유증에 걸릴 수 있다.

심내막염(心內膜炎)[심내망념]명《의학》〈심장 질환〉심장 내부를 싸고 있는 막에 생기는 염증.〈원〉심장 내막염(心臟內膜炎)〈유〉심장 속막염(心臟속膜炎)〈참〉심장 판막증(心臟瓣膜症) ¶심내막염으로 흉통이 가끔 온다.

심내막염형(心內膜炎型)[심내망념형]명《의학》〈심장 질환〉세균 감염이 된 경우 발생하는 증상 가운데, 심막낭 안쪽에 염증이 일어나는 심내막염의 형태로 발병되는 유형.

심내성 잡음(心內性雜音)명구《의학》〈심장 질환〉'심장 내 잡음'의 전 용어.

심막(心膜)[심막]명《의학》〈심장 질환〉심장과 대혈관 기부(基部)를 이중으로 싸고 있는 결합 조직성의 막. 심장막 안에 있는 심장막액은 심장막과 주변 장기(臟器) 간의 마찰을 줄이는 구실을 한다.〈유〉심낭(心囊), 심낭-막(心囊膜), 심장-막(心臟膜), 염통-주머니, 위심-강(圍心腔), 위심-낭(圍心囊), 위심-두(圍心竇) ¶심장은 두 겹의 얇은 막인 심막이 둘러싸고 있다.

심막강(心膜腔)[심막깡]명《의학》〈심장 질환〉심장을 둘러싼 심장막의 안에 있는 빈 곳. 약간의 액체가 들어 있어 윤활 작용을 한다.〈유〉심장막-안 ¶심막강은 심장의 주요 요소 중 하나이다. / 심막강은 심장이 수축할때 마찰을 줄여주는 역할을 하는 장액성 윤활액(심막액)이 있다.

심막액(心膜液)[심마객]명《의학》〈심장 질환〉잠재적 공간인 심장막 안에 있는 적은 양의 액체.〈유〉심장막-액(心臟膜液)

심막염(心膜炎)[심망념]명《의학》〈심장 질환〉심장의 바깥을 둘러싸고 있는 바깥막에 생기는 염증. 주로 결핵과 류머티즘성 질환이 원인이며, 심장과 심장막 사이에 물이 괴어 심장이 눌려서 숨이 차고 고통을 느끼게 된다.〈유〉심낭-염(心囊炎), 심장막-염(心臟膜炎) ¶심막염으로 인한 통증은 일반적으로 일어나 앉았을 때 덜 심하고 눕거나 깊게 숨을 쉴 때 더 심하다.

심박동(心搏動)[심박똥]명《의학》〈심장 질환〉심장이 주기적으로 오므라졌다 부풀었다 하는 운동. 심방과 심실의 신축에 의하여 일어난다.〈유〉심장박동(心臟搏動) ¶차는 항산화 성분을 함유하고 있어서 건강에 도움이 되는 반면 커피는 많이 마시면 심박동에 이상을 일으키는 등 건강에 좋지 않은 것으로 생각되어 왔다. / 관절염이나 스트레스 질환자 등을 대상으로 한 스트레스 극복 프로그램에서는 심박동과 심박 변이도가 통계적으로 유의한 호전 효과를 보여 심혈관계와 자율 신경계를 안정시켰다는 것이다.

심박출량(心搏出量)[심박출량]명《의학》〈심장 질환〉심장이 한 번 수축할 때마다 뿜어내는 혈액의 양.〈유〉박출-량(搏出量), 심장박출-량(心臟搏出量) ¶운동은 심박출량을 증가시켜서 한 번의 박출만으로도 많은 양의 혈액을 분출할 수 있도록 해 준다. / 노인들의 기립성 저혈압은 나이가 들면서 심박출량이 감소하고 혈관의 탄력성이 떨어진 탓으로 뇌 혈류량이 줄어들기 때문에 발생하는 노화 현상의 하나다.

심방(心房)[심방]명《의학》〈심장 질환〉심장에 있는 네 개의 방 가운데 위쪽에 있는 좌우의 두 개.〈유〉염통-방 ¶일반적으로 사람은 심방보다 심실이 더 크다.

심방 된떨림(心房된떨림)명구《의학》〈심장 질환〉심방 근육이 규칙적으로 수축하지만, 너무 잦은 수축 운동을 하는 병적인 상태. 심방 잔떨림으로 옮겨 가는 경우가 많다.〈참〉심방 잔떨림 ¶심방 된떨림이 너무 심하다. / 아이젠멩거증후군 환자 중 35%는 심방 잔떨림이나 심방 된떨림을 보이며 10%는 심실 빠른맥을 보인다.

심방 사이막(心房사이膜)명구《의학》〈심장 질환〉좌우 심방을 나누는 벽.〈유〉심방-중격(心房中隔)

심방 사이막 결손증(心房사이膜缺損症)명구《의학》〈심장 질환〉좌우 심방 사이의 벽에 구멍이 뚫려 피가 서로 통하는 선천성 심장병. 숨이 차고 헐떡거리는 증상을 보인다.〈유〉심방중격 결손증(心房中隔缺損症) ¶심실 사이막에 구멍이 나면 심 실사이막 결손, 심방 사이막에 구멍이 나면 심방 사이막 결손입니다.

심방세동(心房細動)[심방세동] 명《의학》〈심장 질환〉'심방 잔떨림'의 전 용어. 심방에서 발생하는 빠른맥의 형태로 심방이 규칙적으로 뛰지 않고 분당 300~600회의 매우 빠른 파형을 형성하여 불규칙한 맥박을 일으키는 부정맥 질환의 일종.

심방 잔떨림(心房잔떨림) 명구《의학》〈심장 질환〉심방 근육이 국부적으로 불규칙하고 잦은 수축 운동을 하는 병적인 상태.〈참〉심장 된떨림. 심장의 심방 잔떨림(심방세동)은 나이가 들수록 유병률이 급격하게 증가하며 심방 잔떨림에 의한 뇌경색의 경우 다른 원인의 뇌졸중에 비해 사망이나 중증의 장애를 남길 위험이 크다.

심방조동(心房粗動)[심방조동] 명《의학》〈심장 질환〉'심방 된떨림'의 전 용어. 심방 조동은 심방이 분당 250~400회 정도로 빠르게 수축하는 상태를 의미한다. 대부분 우심방에 비정상적인 회귀 회로가 있어서 전기가 지속적으로 심방 내를 돌게 되어 심방이 빨리 뛰는 부정맥에 해당한다. ¶심방조동 환자는 심계항진, 호흡곤란, 피로감, 흉통이나 운동 시 피로감과 심부전의 악화 등을 호소할 수 있습니다.

심방중격(心房中隔)[심방중격] 명《의학》〈심장 질환〉좌우 심방을 나누는 벽.〈유〉심방 사이막 ¶심방중격에 구멍이 있는 선천성 심장 질환으로 결손의 크기는 다양하게 보입니다.

심방중격 결손증(心房中隔缺損症) 명구《의학》〈심장 질환〉좌우 심방 사이의 벽에 구멍이 뚫려 피가 서로 통하는 선천성 심장병. 숨이 차고 헐떡거리는 증상을 보인다.〈유〉심방 사이막 결손증 ¶선천성 심장병의 약 10%를 차지하는 심방중격 결손증은 심부전증, 폐고혈압, 부정맥이나 뇌경색까지 일으키기 때문에 대부분의 경우 구멍을 막는 치료를 받아야 한다.

심복통(心腹痛)[심복통]명《한의》〈통증〉근심 따위로 인하여 명치 아래와 배가 동시에 아픈 증상. ¶각총(산마늘)은 비위를 따뜻하게 하며, 건위작용 및 해독작용이 있어 심복통에 쓰인다.

심부전(心不全)[심부전]명《의학》〈심장 질환〉심장의 수축 운동이 비정상적이어서 신체의 각 부위로 피를 충분히 보내지 못하는 병적인 상태. 호흡 곤란, 부기 따위의 증상이 나타난다.〈유〉심부전-증(心不全症), 심장 기능 상실(心臟機能喪失), 심장 부전(心臟不全) ¶원인에 따라 차이는 있지만 수축기 심부전은 대부분 심장이 커져 있고, 심실 벽이 얇으며, 심근 수축력을 떨어뜨리는 심실 재형성과 함께 판막 기능 부전도 동반된다.

심실(心室)[심실]명《의학》〈심장 질환〉심장의 네 방 가운데 아래쪽에 있는 두꺼운 벽을 가진 좌우의 두 개.〈유〉염통-집 ¶심장이 수축하면 심실의 혈액이 압력을 받는다. / 심장은 좌우 심방과 좌우 심실, 총 4개의 방으로 구성되어 있다. / 최고 혈압은 수축기의 심실 및 동맥계의 가장 높은 압력을 말한다.

심실 기외수축(心室期外收縮)명구《의학》〈심장 질환〉심실의 수축 운동이 정상보다 느려지는 병. 조기수축 다음의 정상 수축까지의 시간과 조기수축 전의 정상 수축까지의 시간의 합이 정상 수축 시간의 두 배와 같다. 심장이 멈춘 것 같은 느낌이 들고 불안에 빠지게 된다. ¶심실 기외수축 자체를 특별히 치료할 필요는 없으나 이로 인해 가슴 두근거림, 호흡 곤란 등의 증상이 심하거나 심실 기외수축이 다른 형태의 부정맥인 빈맥을 유발시킨다면 선택적으로 약물 치료가 필요하다.

심실 사이막(心室사이膜)명구《의학》〈심장 질환〉심실을 좌우로 나누고 있는 사이의 벽.〈유〉심실-중격(心室中隔)

심실 사이막 결손(心室사이막缺損)명구《의학》〈심장 질환〉심실을 좌우로 나누고 있는 사이막의 선천적 결손. 흔히 대동맥 허파 동맥 사이막이 심실 사이의 구멍을 닫지 못해 생긴다.〈유〉브이에스디(VSD), 심실중격 결손(心室中隔缺損) ¶심실 사이막 결손은 선천 심장 질환 중 발병률이 가장 높다.

심실 사이막 결손증(心室사이膜缺損症)명구《의학》〈심장 질환〉좌우 심실 사이의 벽에 구멍이 뚫린 선천성 심장병. 엑스선 검사를 통하여 오른심실의 비대 확장을 볼 수 있으며 구멍이 크면 심장 기능 부족에 이른다.〈유〉심실중격 결손증(心室中隔缺損症)

심실 잔떨림(心室잔떨림)명구《의학》〈심장 질환〉심실 근육이 국부적으로 불규칙한 수축 운동을 하는 병적인 상태. 심장에서 혈액을 원활히 내보내지 못하기 때문에 심하면 죽을 수도 있다.〈유〉심실-세동(心室細動) ¶자동 심장 충격기는 심정지 원인 중 심신 잔떨림을 제거하기 위해 만들어진 의료 장비이다.

심실성 기외수축(心室性期外收縮)명구《의학》〈심장 질환〉'심실 기외수축'의 전 용어.

심실세동(心室細動)[심실세동]명《의학》〈심장 질환〉심실 근육이 국부적으로 불규칙한 수축 운동을 하는 병적인 상태. 심장에서 혈액을 원활히 내보내지 못하기 때문에 심하면 죽을 수도 있다.〈유〉심실 잔떨림 ¶OO는 심실세동 등 부정맥에 활용되는 이식형 제세동기인 OO가 건강 보험 급여 품목에 포함됐다고 밝혔다.

심실중격(心室中隔)[심실중격]명《의학》〈심장 질환〉심실을 좌우로 나누고 있는 사이의 벽.〈유〉심실 사이막

심실중격 결손증(心室中隔缺損症)명구《의학》〈심장 질환〉좌우 심실 사이의 벽에 구멍이 뚫린 선천성 심장병. 엑스선 검사를 통하여 오른심실의 비대 확장을 볼 수 있으며 구멍이 크면 심장 기능 부족에 이른다.〈유〉심실 사이막 결손증 ¶심실중격 결손은 선천성 심장병 중 가장 흔한 기형으로 전체 선천성 심장병의 25~30%에 달하는 흔한 병이다.

심양부족증(心陽不足證)[심양부족쯩]명《한의》〈심장 질환〉심(心)의 양기(陽

氣)가 부족한 심허(心虛)를 말하며 가슴이 몹시 답답하거나 아프며 가슴이 두근거리고 숨이 찬 것이 움직이면 더 심해지고 맥이 미약하며 추위를 잘 타고 손발이 차고 땀이 쉽게 잘 나는 증상. 〈유〉 심양허(心陽虛), 심양부진(心陽不振)

심장(心臟)[심장] 명 《의학》 〈심장 질환〉 주기적인 수축에 의하여 혈액을 몸 전체로 보내는, 순환 계통의 중심적인 근육 기관. 어류는 1심방 1심실, 양서류는 2심방 1심실, 조류와 포유류는 2심방 2심실이다. 사람의 경우에는 가슴 안에서 중앙보다 왼쪽에 있고, 주먹보다 약간 큰 근육질 덩어리로 원뿔형의 주머니 모양을 하고 있다. 〈유〉 염통, 중-단전(中丹田) ¶의사의 사망 진단은 심장과 뇌세포의 활동 정지로서 가늠된다. / 왼쪽 옆구리에 찔린 자리가 심장과 폐를 피했기 때문에 요행 치명적인 상처는 아니었다.

심장 각기(心臟脚氣) 명구 《의학》 〈심장 질환〉 순환 계통에 나타나는 각기 증상. ¶나는 어렸을 때 우연히 불치병인 심장 각기로 의사로부터 사형선고까지 받았다.

심장 간경화(心臟肝硬化) 명구 《의학》 〈간 질환〉/〈심장 질환〉 만성 협착 심장막염 혹은 오래된 울혈 심부전증에 의한 간의 광범위한 섬유화 반응. 〈유〉 심장성 간경화(心臟性肝硬化)

심장 간경화증(心臟肝硬化症) 명구 《의학》 〈간 질환〉/〈심장 질환〉 간의 진행성 섬유증. 오랫동안 심한 심장병을 앓아서 정맥혈이 간에 오래 머무는 것이 원인이다.

심장 감압 반사(心臟減壓反射) 명구 《의학》 〈심장 질환〉 대동맥활과 심장 바닥에서 심장 감압 신경의 종말 자극에 의한 말초 혈관 확장과 심장 억제에 의한 혈압의 하강.

심장 갑상샘 항진증(心腸甲狀샘亢進症) 명구 《의학》 〈심장 질환〉 갑상샘 항진증으로 인한 심장 질환. 〈유〉 갑상샘 항진성 심장병

심장 결여증(心臟缺如症) 명구 《의학》 〈심장 질환〉 선천적으로 심장이 없는 기

형. 대개 일란성 쌍둥이나 결합 쌍둥이 가운데 하나에서 일어난다. ¶내 쌍둥이 동생은 심장 결여증이다.

심장 경화(증)(心臟硬化(症))명구《의학》〈심장 질환〉심장의 조직이 여러 요인들에 의해 굳어져서 박동이 불규칙해지는 증상.〈유〉심장 경화(心腸硬化) ¶심장 박동이 불규칙적이라 병원에 갔는데 심장 경화였다.

심장 근육(心臟筋肉)명구《의학》〈심장 질환〉심장의 벽을 이루는 두꺼운 근육. 가로무늬근이지만 생리적으로는 불수의근이므로 자율적이고 주기적인 수축 운동을 한다.〈유〉심근(心筋), 심장-근(心臟筋), 염통-근 ¶심장으로 유입되는 동맥이 혈전으로 막혀서 피가 원활히 공급되지 못하면 심장 근육이 심각한 손상을 입게 된다. / 심부전증은 심장 근육이 극도로 약해져서 숨이 차고 기침이 나며 가래도 끓고 심하면 다리가 붓고 복수가 차는 증상을 나타낸다.

심장 근육 병증(心臟筋肉病症)명구《의학》〈심장 질환〉비염증성인 여러 심근층 장애가 나타나는 증상. 관상 동맥 경화, 고혈압증, 갑상샘 기능 항진 등에 기인하며 심부전을 유발하는 요인이 된다.〈유〉심근-증(心筋症), 심근 병증(心筋病症)

심장 근육 섬유증(心臟筋肉纖維症)명구《의학》〈심장 질환〉심장 벽의 근육이 섬유화 되는 증상.〈유〉심근 섬유증(心筋纖維症)

심장 근육 성형술(心臟筋肉成形術)명구《의학》〈심장 질환〉뼈대의 근육을 심장 근육에 이식하여 병든 심장의 기능을 보완하는 성형 수술.〈유〉심근 성형술(心筋成形術)

심장 근육 허혈(心臟筋肉虛血)명구《의학》〈심장 질환〉심장 동맥의 수축 또는 막힘으로 심장 근육의 혈류량이 감소하여 심장 근육이 필요로 하는 양의 산소를 충분히 공급하지 못하는 상태.〈유〉심근 허혈(心筋虛血)

심장 근육염(心臟筋肉炎)명구《의학》〈심장 질환〉심장의 벽을 이루는 근육에 생기는 염증.〈유〉심근-염(心筋炎) ¶심장 근육에 염증이 생기는 심장 근육염에 걸렸다.

심장 근육층(心臟筋肉層)명구《의학》〈심장 질환〉심장의 속막과 바깥막 사이에 심장 근육으로 이루어진 층. 심장 벽의 대부분을 이룬다.〈유〉심근-층(心筋層), 심장근-층(心臟筋層)

심장 기능 부족(心臟機能不足)명구《의학》〈심장 질환〉심장의 수축 운동이 비정상적이어서 신체의 각 부위로 피를 충분히 보내지 못하는 병적인 상태. 호흡 곤란, 부기 따위의 증상이 나타난다.〈유〉심부전-증(心不全症), 심장 기능 상실(心臟機能喪失), 심장 부전(心臟不全) ¶운동을 잘 못하는 나는 친구들이 심장 기능 부족이냐고 물어보곤 한다.

심장 기능 상실(心臟機能喪失)명구《의학》〈심장 질환〉심장의 수축 운동이 비정상적이어서 신체의 각 부위로 피를 충분히 보내지 못하는 병적인 상태. 호흡 곤란, 부기 따위의 증상이 나타난다.〈유〉심-부전(心不全), 심부전-증(心不全症), 심장 기능 부족(心臟機能不足), 심장 부전(心臟不全) ¶심장 기능 상실로 인해 병실에 누워 있다.

심장 기형(心臟畸形)명구《의학》〈심장 질환〉심장의 발생 단계에서 여러 가지 장애가 생겨서 발생하는 기형. 발생 빈도는 약 0.5% 정도로, 주로 심실중격 이상, 심방중격 결손, 동맥관개존, 대혈관 전위, 대동맥 협착, 폐동맥 협착 따위가 발생하며, 대부분은 원인이 밝혀지지 않았다.

심장 꼭대기(心臟꼭대기)명구《의학》〈심장 질환〉심장에서, 뭉뚝하게 좁아진 부분. 앞쪽·아래쪽·왼쪽으로 향해 있다.〈유〉심장-끝(心臟끝), 심장 꼭지, 심첨(心尖)

심장 내 심전도(心臟內心電圖)명구《의학》〈심장 질환〉심장강 속에 전극을 넣어 기록한 심전도. 심장의 활동 전위가 미세하게 변화하는 것까지 알 수 있으며, 선천 심장병을 진단하는 데에 쓰인다. ¶직경 2mm 정도의 가는 여러 개의 줄(전극도자, electrode catheter)을 정맥이나 동맥을 통해 심장 안에 넣으면 심장 내 전기의 활동과 흐름 등을 알 수 있어 심장 내 심전도를 얻을 수 있다.

심장 내 잡음(心臟內雜音)명구《의학》〈심장 질환〉심장에 있는 심장 속막, 판막, 혈관 벽 따위에 선천 이상이나 염증이 있을 때 나는 소리. 피의 흐름에 소용돌이가 생겨 혈관 벽이 진동하여 이러한 잡음이 나게 된다. ¶심장 내 잡음은 정상적인 심장 소리 외에 속삭이는 듯한 소리가 나는 이상 증상이다.

심장 내막(心臟內膜)명구《의학》〈심장 질환〉심장의 속을 싸고 있는 층. 결합 조직으로 된 바탕에 내피 세포가 싸고 있다.〈유〉심내-막(心內膜), 심장 속막(心臟속膜) ¶서울대병원팀이 심장 내막이 기원인 상위 줄기세포(CiMS; Circulating Multipotent Stem cell)를 세계 최초로 발견했다.

심장 내막 섬유 탄력 섬유증(心臟內膜纖維彈力纖維症)명구《의학》〈심장 질환〉좌심실 벽의 심내막이 섬유 조직과 탄성 조직에 의해 두꺼워지는 선천성 질환. 심장 판막의 비후 및 기형이 생기며 심장 기능 상실로 진행할 수 있다.〈유〉심내막 탄력 섬유증(心內膜彈力纖維症), 심장 속막 탄력 섬유증(心臟속膜彈力纖維症)

심장 내막밑 경색증(心臟內膜밑梗塞症)명구《의학》〈심장 질환〉심근층에서 심장 내막의 아래층과 그 주변부가 경색되는 질환.

심장 내막밑 허혈(心臟內膜밑虛血)명구《의학》〈심장 질환〉심장 내막의 심장 근육에 혈액 공급이 부족한 상태.

심장 내막염(心臟內膜炎)명구《의학》〈심장 질환〉심장 내부를 싸고 있는 막에 생기는 염증.〈유〉심내막-염(心內膜炎), 심장 속막염(心臟속膜炎) ¶심장 내막염으로 심장 이식을 대기 중이던 한 환자는 2020년 5월 이식 수술 일정을 잡는 데 성공했지만 팬데믹을 이유로 수술이 취소됐다.

심장 내압(心臟內壓)명구《의학》〈심장 질환〉심장 안에 있는 혈액의 압력. ¶심장 탐폰의 세 가지 주요 특징은 심장 내압의 증가, 심실 충만의 제한, 심박 출량의 감소입니다.

심장 눌림증(心臟눌림症)명구《의학》〈심장 질환〉심장을 둘러싼 심장막 공간으로 혈액 따위가 고여 심장을 압박하는 상태. ¶심장 눌림증은 신속하게 치료하지 않으면 위험한 질병입니다.

심장 도관술(心臟導管術)명구《의학》〈심장 질환〉팔, 다리 혹은 목의 정맥을 통하여 심장에 카테터를 삽입하는 수술. ¶독일 의학자 베르터 포르스만은 자기 혈관을 자른 후 가느다란 고무관(카테터)을 심장까지 삽입하여 심장 도관술을 개발하였고 1956년 노벨 생리의학상을 수상하였다.

심장 독성(心臟毒性)명구《의학》〈심장 질환〉심장의 전기 생리적 기능이나 근육의 손상을 초래하는 독성. ¶부정맥 등 심장 독성(cardiac toxity)을 유발할 수 있는 약을 분별해 내는 컴퓨터 모델이 개발됐다.

심장 독성 근육 용해(心藏毒性筋肉溶解)명구《의학》〈심장 질환〉몸에 열과 여러 가지 감염이 있을 때 생기는 심장 연화증, 또는 심장 근육의 퇴행성 변화.〈유〉관-동맥(冠動脈), 관상 동맥(冠狀動脈)

심장 동맥(心臟動脈)명구《의학》〈심장 질환〉대동맥에서 일어나 심장에 분포하는 두 개의 동맥. ¶막힌 심장 동맥을 뚫는 '하이브리드 수술'은 최소한의 절개로 합병증 발생과 재발의 위험을 크게 낮출 수 있다.

심장 동맥 경화(心臟動脈硬化)명구《의학》〈심장 질환〉심장 근육에 피를 공급하는 심장 동맥이 죽종에 의하여 딱딱해지고 혈관의 내강이 좁아지거나 막히는 병. 심장에 만성적으로 허혈성 변화를 일으킨다.〈유〉관상 동맥 경화증(冠狀動脈硬化症), 심장 동맥 경화증(心臟動脈硬化症) ¶연구팀은 우울증과 관련하여 식욕 부진 이외에도 특히 심장 동맥 경화의 초기 상태를 유발할 수 있다는 가능성을 강조하였다.

심장 동맥 경화증(心臟動脈硬化症)명구《의학》〈심장 질환〉심장 근육에 피를 공급하는 심장 동맥이 죽종에 의하여 딱딱해지고 혈관의 내강이 좁아지거나 막히는 병. 심장에 만성적으로 허혈성 변화를 일으킨다.〈유〉관상 동맥 경화증(冠狀動脈硬化症), 심장 동맥 경화(心臟動脈硬化) ¶국내 기준으로 고

ㅅ

혈압 전단계에 해당되는 사람들은 정상인에 비해 심장 동맥 경화증 발생 위험이 1.37배 더 높은 것으로 나타났다.

심장 동맥 기능 부족(心腸動脈機能不足)명구《의학》〈심장 질환〉심장 동맥 경화증이나 대동맥염, 쇼크 따위로 인하여 심장에 필요한 산소가 충분히 공급되지 않는 상태. 협심증이나 심근 경색의 원인이 된다.〈유〉관-부전(冠不全), 관상 동맥 기능 부족(冠狀動脈機能不足), 관상 동맥 부전(冠狀動脈不全), 관상 부전(冠狀不全), 심장 동맥 기능 상실(心臟動脈機能喪失), 심장 동맥 혈류 저하(心臟動脈血流低下)

심장 동맥 기능 상실(心臟動脈機能喪失)명구《의학》〈심장 질환〉심장 동맥 경화증이나 대동맥염, 쇼크 따위로 인하여 심장에 필요한 산소가 충분히 공급되지 않는 상태. 협심증이나 심근 경색의 원인이 된다.〈유〉관-부전(冠不全), 관상 동맥 기능 부족(冠狀動脈機能不足), 관상 동맥 부전(冠狀動脈不全), 관상 부전(冠狀不全), 심장 동맥 기능 부족(心腸動脈機能不足), 심장 동맥 혈류 저하(心臟動脈血流低下)

심장 동맥 두름길(心腸動脈두름길)명구《의학》〈심장 질환〉심장 근육에 혈류를 공급하기 위해 막힌 심장 동맥을 우회시켜 만든 길.〈유〉심장 동맥 바이패스 ¶증세가 아주 심하면 흉부외과에서 막힌 심장 동맥을 둘러 새 혈관을 만들어주는 '심장 동맥 두름길 수술'을 받아야 한다.

심장 동맥 바이패스(心臟動脈bypass)명구《의학》〈심장 질환〉심장 근육에 혈류를 공급하기 위해 막힌 심장 동맥을 우회시켜 만든 길.〈유〉심장 동맥 두름길 ¶심장 동맥에 복수의 협착부가 있을 경우나 심장 동맥의 근원이 막혀 있어 카테치료(PCI)가 어려운 경우는 '심장 동맥 바이패스 수술'이 이루어진다.

심장 동맥 샛길(心臟動脈샛길)명구《의학》〈심장 질환〉심장 동맥과 심장 오른쪽 또는 폐동맥 사이에 비정상적인 교통이 있는 선천 기형.

심장 동맥 심장병(心臟動脈心臟病)명구《의학》〈심장 질환〉심근에 피를 공급하는 심장 동맥에 병변이 있어서 심장의 기능이 원활하지 못하게 되는 병. 대개 심장 동맥 죽종에 의해 일어난다. ¶지방 함유량이 높은 서구형 식사의 증가로 심장 동맥 심장병은 가파른 증가 추세를 보이고 있다.

심장 동맥 죽경화증(心臟動脈粥硬化症)명구《의학》〈심장 질환〉심장 동맥이 딱딱해지고 좁아지는 증상. 심장 동맥의 벽에 콜레스테롤 같은 지방이 침착하여 죽같이 끈적끈적한 덩어리가 형성되고, 그 위에 딱딱한 섬유질 덮개가 덮이는 죽상반이 생겨서 나타난다.

심장 동맥 죽종(心臟動脈粥腫)명구《의학》〈심장 질환〉지질 침착과 대식 세포의 침윤으로 인해 심장 동맥의 내막에 올라온 노란 덩어리.

심장 동맥 혈류 저하(心臟動脈血流低下)명구《의학》〈심장 질환〉심장 동맥 경화증이나 대동맥염, 쇼크 따위로 인하여 심장에 필요한 산소가 충분히 공급되지 않는 상태. 협심증이나 심근 경색의 원인이 된다.〈유〉관-부전(冠不全), 관상 동맥 기능 부족(冠狀動脈機能不足), 관상 동맥 부전(冠狀動脈不全), 관상 부전(冠狀不全), 심장 동맥 기능 부족(心腸動脈機能不足), 심장 동맥 기능 상실(心臟動脈機能喪失)

심장 동맥 혈전증(心臟動脈血栓症)명구《의학》〈심장 질환〉심장 동맥 내 주로 혈소판, 세포 성분, 섬유소로 구성된 혈액 성분의 응집이 생겨 심장 동맥이 막히는 증상. 대개 동맥벽의 죽종 변화로 생기며 심근 경색증을 일으킨다.〈유〉관상 동맥 혈전증(冠狀動脈血栓症), 심혈관 혈전증(心血管血栓症)

심장 동맥병(心臟動脈病)명구《의학》〈심장 질환〉심장 동맥의 혈관이 좁아져 심장에 혈액이 제대로 공급되지 않아 생기는 질환. ¶심장의 표피를 둘러싼 두 갈래의 심장 동맥에 동맥 경화가 일어나면, 심장 동맥병, 협심증과 같은 질환이 생길 수 있다.

심장 두 칸증(心臟두칸症)명구《의학》〈심장 질환〉심방 사이의 막과 심실 사이의 막이 없거나 불완전하여 심장의 방이 두 개뿐인 기형.

심장 딴곳증(心臟딴곳症)명구《의학》〈심장 질환〉심장이 선천적으로 가슴의 바깥 같은 비정상적인 위치에 존재하는 증상. 발생 과정 중에 복장뼈를 만드는 양쪽의 중배엽 띠가 서로 융합하지 못하여 생긴 틈새를 통하여 심장이 몸 밖으로 나와 존재하게 되고, 대개 출생 후 며칠 내로 사망한다. 〈유〉 심장 이소증(心臟異所症), 심장 전위(心臟轉位) ¶심장 딴곳증은 신생아 100만 명당 8명꼴로 나타나는 희귀 질환으로 이 질환을 가진 태아는 대부분 유산되거나 태어나더라도 생후 며칠 안에 사망하는 경우가 대부분이다.

심장 리듬 장애 (心腸rhythm障礙) 명구 《의학》 〈심장 질환〉 심장 박동의 수나 규칙성, 연속성이 비정상적인 상태. 〈유〉 심-부정맥(心不整脈), 심장성 부정맥(心臟性不整脈) ¶24시간 심전도는 주로 의심되는 심장 리듬 장애를 구분하는데 사용됩니다.

심장 마비 (心臟痲痹) 명구 《의학》 〈심장 질환〉 심장의 기능이 갑자기 멈추는 일. 여러 가지 원인으로 발생하며 생명을 잃는 경우가 많다. ¶그의 막냇동생은 바다에 빠져 심장 마비로 죽어 버렸다. / 숨통이 조여 호흡을 할 수가 없었고, 이렇게 질식해서 죽는다면 남들은 뇌일혈이나 심장 마비로 죽었다고 말하리란 생각이 들기도 했다.

심장 마사지(법) (心臟massage(法)) 명구 《의학》 〈심장 질환〉 사고나 질병 따위로 갑자기 심장의 박동이 멈추었을 때, 심장을 압박하여 혈액을 보냄으로써 혈액의 순환이 지속되도록 하는 처치. 〈유〉 심장 마사지 ¶심한 부정맥 환자의 경우 급사의 위험도 무시할 수 없으니 가족 등 주변에서 응급 상황에 대비해 반드시 심장 마사지법을 숙지해야 한다.

심장 무수축 (心臟無收縮) 명구 《의학》 〈심장 질환〉 일정한 시간 동안 심장의 박동이 일어나지 않는 현상.

심장 바깥막 (心臟바깥膜) 명구 《의학》 〈심장 질환〉 심장 근육의 바깥을 싸고 있는 얇은 막. 장막으로 된 심장막의 속 층과 같은 것이다. 〈유〉 심외-막(心外膜), 심장 외막(心臟外膜)

심장 박동 (心臟搏動) 명구 《의학》 〈심장 질환〉 심장이 주기적으로 오므라졌다 부풀었다 하는 운동. 심방과 심실의 신축에 의하여 일어난다.〈유〉심-박동(心搏動), 심첨 박동(心尖搏動) ¶스트레스를 받으면 심장 박동이 빨라지고 근육이 긴장된다. / 시험 시간이 다가오자 심장 박동이 빨라지는 것이 느껴졌다.

심장 반사(心臟反射) 명구 《의학》〈심장 질환〉심장을 효과기로 하는 반사. 압수용 반사, 베인브리지 반사, 상 인두 신경 반사 따위가 있다.

심장 발생(心臟發生) 명구 《의학》〈심장 질환〉태아에게 있는 심장 조직이 발달하는 일. 초기에 태아 혈관계가 먼저 나타나고 일련의 발생 과정을 거친 후 심장이 형성된다.

심장 발작(心臟發作) 명구 《의학》〈심장 질환〉심장 동맥이 폐쇄되어 심장 근육이 경색되는 일.〈유〉심장 위기(心臟危機) ¶심장 발작을 일으킨 그는 병원으로 급송되었다.

심장 병증(心臟病症) 명구 《의학》〈심장 질환〉심장에 생기는 여러 가지 질환. 심장 내막염, 심장 판막증, 심장 근육염, 심근 경색, 심장 파열 따위가 있다.〈유〉심장-병(心臟病)

심장 부기(心臟浮氣) 명구 《의학》〈심장 질환〉심장막염이나 심장 판막증 같은 심장 질환으로 심장의 부담이 커지고 순환 기능이 완전하지 못하게 되어 다리나 등, 배 따위에 오른 부기.

심장 부전(心臟不全) 명구 《의학》〈심장 질환〉심장의 수축 운동이 비정상적이어서 신체의 각 부위로 피를 충분히 보내지 못하는 병적인 상태. 호흡 곤란, 부기 따위의 증상이 나타난다.〈유〉심부전-증(心不全症), 심장 기능 부족(心臟機能不足), 심장 기능 상실(心臟機能喪失)

심장 부종(心臟浮腫) 명구 《의학》〈심장 질환〉심장막염이나 심장 판막증 같은 심장 질환으로 심장의 부담이 커지고 순환 기능이 완전하지 못하게 되어 다리나 등, 배 따위에 생기는 부종.〈유〉심장성 부종(心臟性浮腫)

심장 블록(心臟block) 명구 《의학》〈심장 질환〉심방에서 심실로 자극이 전달되는 과정에 장애가 생긴 심장의 상태.

심장 비대(心臟肥大)명구《의학》〈고혈압〉/〈심장 질환〉심장에 지나치게 부담이 가서 심장 근육이 두꺼워지고 심장이 커진 상태. 선천성 심장 기형, 심장 판막증, 고혈압증 따위의 각종 심장 질환에 의한 것과 운동선수나 육체노동자에게 나타나는 건강한 것이 있다. ¶심장 비대는 어떤 원인 질환이나 심장 자체의 보상작용의 현상이므로 심실이 견딜 수 없을 정도로 압력이 초과되면 심부전이 초래됩니다. / 심장 비대는 심장 근육을 증가시키고 심장 근육이 필요로 하는 혈액량도 증가시킨다.

심장 생검(心臟生檢)명구《의학》〈심장 질환〉심장에서 심장 근육 조각을 떼어 내어 현미경으로 하는 검사. 심장 도관으로 떼어 내는 방법과 수술할 때 떼어 내는 방법이 있다.

심장 세 칸증(心臟세칸症)명구《의학》〈심장 질환〉심방 사이막이나 심실 사이막 가운데 하나가 형성되지 않아 심장의 방이 세 개뿐인 기형.

심장 세동(心臟細動)명구《생명》〈심장 질환〉심장의 일부분인 심방이나 심실에서 빈번하게 일어나는 수축 현상. 특히 그 빈도가 1분당 300~600회 또는 500~1,000회 정도의 것을 말한다.〈유〉심장 전동(心臟顫動) ¶부정맥은 심장 박동수가 빠르거나 불규칙한 경우를 말하는데 빈맥, 서맥, 심장 세동 등이 있다.

심장 소리(心臟소리)명구《의학》〈심장 질환〉심장이 수축하거나 확장할 때 나는 소리. 수축할 때는 소리가 낮고 길며 확장할 때는 높고 짧다.〈유〉심음(心音) ¶청진기로 환자의 심장 소리를 듣다. / 엄마의 심장 소리는 아이에게 안도감을 준다.

심장 속막(心臟속膜)명구《의학》〈심장 질환〉심장의 속을 싸고 있는 층. 결합 조직으로 된 바탕에 내피 세포가 싸고 있다.〈유〉심내-막(心內膜), 심장 내막(心臟內膜)

심장 속막 융기 결손(心臟속膜隆起缺損)명구《의학》〈심장 질환〉심장 속막 융기의 성장과 융합이 불완전하여 태생기의 방실관이 지속적으로 남아 발생하는, 심장의 다양한 중격 결손. 〈유〉 심내막 융기 결손증(心內膜隆起缺損症), 심내막 융기 결함(心內膜隆起缺陷)

심장 속막 탄력 섬유증(心臟속膜彈力纖維症) 명구 《의학》 〈심장 질환〉 좌심실 벽의 심장 속막이 섬유 조직과 탄성 조직에 의해 두꺼워지는 선천성 질환. 심장 판막의 비후 및 기형이 생기며 심장 기능 상실로 진행할 수 있다. 〈유〉 심내막 탄력 섬유증(心內膜彈力纖維症), 심장 내막 섬유 탄력 섬유증(心臟內膜纖維彈力纖維症)

심장 속막밑 가지(心臟속膜밑가지) 명구 《의학》 〈심장 질환〉 변형된 심장 근육 세포로 이루어진, 심장 속막 깊은 곳에 있는 심장 자극 전도 계통의 마지막 가지. 〈유〉 푸르킨예 섬유, 푸르킨예 전도 섬유

심장 속막밑 경색증(心臟속膜밑梗塞症) 명구 《의학》 〈심장 질환〉 심장 속막의 주위 근육층만 침범하는 경색증. 심장 속막 주위 근육의 내측 1/3~1/2에 국한된 경색을 말한다.

심장 속막염(心臟속膜炎) 명구 《의학》 〈심장 질환〉 심장 내부를 싸고 있는 막에 생기는 염증. 〈유〉 심내막-염(心內膜炎), 심장 내막염(心臟內膜炎)

심장 손상(心臟損傷) 명구 《의학》 〈심장 질환〉 외부의 자극에 의해 심장이 손상된 것. 칼, 총탄 또는 심도자법 따위의 검사로 인한 천통성 심장 손상과 자동차 사고, 무거운 것에 의한 전흉부 타박 따위에 따른 비천통성 심장 손상으로 대별된다. 〈유〉 심장의 손상 ¶영국 유니버시티 칼리지런던대학 연구팀은 6개 병원에서 중증 코로나19 환자 148명을 대상으로 퇴원 한 달 후 MRI 스캔을 통해 중증 코로나19가 심장 손상에 미치는 영향을 조사했다.

심장 쇼크(心臟shock) 명구 《의학》 〈심장 질환〉 심장에서 조직에 적절한 양의 피와 산소를 공급할 수 없을 정도로 심장박출량이 감소하여 나타나는 쇼크. 특히 급성 심근 경색이 주요 원인이다. 〈유〉 심원성 쇼크, 심인선 쇼크, 심장성 쇼크, 심장탓 쇼크 ¶심장 마비 후에 난치성(또는 불응성) 심장 쇼크

(refractory cardiogenic shock) 상태에 빠진 환자들에게 다학제 진료를 하면 생존율이 1.4배까지 오른다는 연구 결과가 나왔다.

심장 신경증(心臟神經症)명구《의학》〈심장 질환〉심리적 원인으로 일어나는 심장의 기능적 장애. 두근거림·질식·흉통·현기증·불안감 따위의 증상이 나타나며, 정신 요법과 약물 요법으로 치료한다.〈유〉심장성 신경증(心臟性神經症)

심장 어택(心臟attack)명구〈심장 질환〉어떤 일이나 대상을 봤을 때, 심장을 공격당한 것처럼 몹시 설렘. 또는 몹시 설레게 함. ¶○○○과 ○○○ 그리고 ○○○는 순정 만화에서 막 튀어나온 듯한 비주얼로 남녀를 불문한 심장 어택에 나서고 있다. / 촉촉한 눈망울에 비현실적 외모까지 겸비한 ○○○의 침범은 누나 관객들의 심장 어택을 유발하기에 충분했다.

심장 억제(心臟抑制)명구《의학》〈심장 질환〉심장의 활동성을 감소시켜 심장박동을 늦추는 일. ¶실신 환자 중 기립경사 검사에서 제2b 무수축을 동반하는 심장 억제형 양성 반응을 보이는 경우 영구 심박동기가 실신 예방에 효과가 있다는 보고가 있었으나 그 이후 전향적 연구에서는 실신 재발방지 효과가 없는 것으로 발표되어 현재는 매우 제한된 경우에만 권장된다.

심장 얼굴 증후군(心臟얼굴症候群)명구《의학》〈심장 질환〉특정한 선천적 심장병이 동반되어 일시적 또는 지속적으로 한쪽 얼굴의 아래쪽이 부분적으로 마비되는 증상.

심장 없음증(心臟없음症)명구《의학》〈심장 질환〉발생 과정의 장애로 선천적으로 심장이 형성되지 않은 기형.〈유〉무심-증(無心症), 무심장-증(無心腸症)

심장 연축(心臟攣縮)명구《보건일반》〈심장 질환〉심장 기능의 장해로 인한 심방 근육의 연축.

심장 외 잡음(心臟外雜音)명구《의학》〈심장 질환〉심장막 또는 심장 주위의 조직에 선천 이상이나 염증이 있을 때 나는 소리.

심장 외막(心臟外膜)명구《의학》〈심장 질환〉심장 근육의 바깥을 싸고 있는

얇은 막. 장막으로 된 심장막의 속 층과 같은 것이다.〈유〉심외-막(心外膜), 심장 바깥막

심장 위기(心臟危機)명구《의학》〈심장 질환〉심장 동맥이 폐쇄되어 심장 근육이 경색되는 일.〈유〉심장 발작(心臟發作)

심장 이소증(心臟異所症)명구《의학》〈심장 질환〉심장이 선천적으로 가슴의 바깥 같은 비정상적인 위치에 존재하는 증상. 발생 과정 중에 복장뼈를 만드는 양쪽의 중배엽 띠가 서로 융합하지 못하여 생긴 틈새를 통하여 심장이 몸 밖으로 나와 존재하게 되고, 대개 출생 후 며칠 내로 사망한다.〈유〉심장 딴곳증, 심장 전위(心臟轉位)

심장 이식(心臟移植)명구《의학》〈심장 질환〉다른 사람의 건강한 심장이나 인공 심장을 환자에게 이식하는 수술. ¶요즘에는 심장 이식 수술의 성공률이 무척 높다. / 심장 이식 수술이 시도된 지는 오래되었지만 장기를 기증하는 사람은 별로 많지 않다.

심장 잡음(心臟雜音)명구《의학》〈심장 질환〉심장부에서 들을 수 있는 병적인 잡음. 심장 내 잡음과 심장 외 잡음이 있다.〈유〉미세 심장 잡음(微細心臟雜音), 심-잡음(心雜音) ¶심장 잡음에 대한 그릇된 인식으로 인해 불필요한 검사를 반복적으로 받게 되고 과도한 걱정을 하는 경우가 많다.

심장 저형성증(心臟低形成症)명구《의학》〈심장 질환〉심장이 형성될 때 심장의 조직이나 기관이 제대로 성장하지 못하는 증상.〈유〉심장 형성 저하(心臟形成低下), 심장 형성 저하증(心臟形成低下症)

심장 전위(心臟轉位)명구《의학》〈심장 질환〉심장이 선천적으로 가슴의 바깥 같은 비정상적인 위치에 존재하는 증상. 발생 과정 중에 복장뼈를 만드는 양쪽의 중배엽 띠가 서로 융합하지 못하여 생긴 틈새를 통하여 심장이 몸 밖으로 나와 존재하게 되고, 대개 출생 후 며칠 내로 사망한다.〈유〉심장 딴곳증, 심장 이소증(心臟異所症)

심장 절개 후 심장막염(心臟切開後心臟膜炎)명구《의학》〈심장 질환〉심장 절개

수술을 한 후에 나타나는 심장막염. 주로 삼출만 나오며 협착은 잘 발생되지 않는다.

심장 정지(心臟停止)명구《의학》〈심장 질환〉심장이 수축하지 않아 혈액 공급이 완전히 멎은 상태. 몇 분이 지나면 뇌사 상태가 된다.〈유〉심-정지(心停止) ¶심장 마비와 심장 정지를 혼동하는 사람들이 많다.

심장 질환(心臟疾患)명구《의학》〈심장 질환〉심장에 생기는 병. 협심증, 심근경색증 따위가 있다. ¶가족력 진단을 통해서도 심장 질환을 예방할 수 있다. / 의사가 심장 질환이 있는 남성에게 무리한 운동을 하지 말도록 권고했다.

심장 처짐증(心臟처짐症)명구《의학》〈심장 질환〉심장이 정상적인 위치보다 아래쪽으로 처지는 병.

심장 천식(心臟喘息)명구《의학》〈심장 질환〉심장, 특히 왼심실이 완전하지 못하여 생기는 발작성 호흡 곤란. 과식, 운동 따위가 원인이며 흔히 잠자는 사이에 일어난다. 보통 20~30분 지속되다 멈추는데 오래 계속되면 폐부종을 일으킨다.〈유〉심장성 천식(心臟性喘息)

심장 촉진(心臟促進)명구《의학》〈심장 질환〉심박동 수를 증가시키는 작용.〈유〉심장 흥분(心臟興奮)

심장 탈출(心臟脫出)명구《의학》〈심장 질환〉심장의 전부 또는 일부가 가슴 공간 밖으로 나온 선천 기형.

심장 통증(心臟痛症)명구《의학》〈심장 질환〉복장뼈 아래쪽의 심장 부위에 일어나는 통증. 심장 동맥의 기능 부족으로 일어나거나 신경성 이상 감각이 원인이 되어 일어난다.〈유〉심장-통(心臟痛) ¶세르히오 아궤로(34)는 지난해 10월 데포르티보 알라베스와의 '2021-2022 시즌 스페인 라리가 12라운드' 일정에서 전반전 막판 심장 통증을 느끼며 쓰러졌다.

심장 파열(心臟破裂)명구《의학》〈심장 질환〉심장의 벽이 터짐. ¶제주한라병원(병원장 김성수) 권역외상센터가 최근 사고로 심장 파열이라는 치명적인 손상을 당한 환자를 신속한 대응 조치와 고난도 수술 등을 시행하여 극적으로 살려냈다.

심장 판막 기능 부전(心臟瓣膜機能不全) 명구 《의학》〈심장 질환〉 심장 판막이 제대로 닫히지 않아 혈액이 틈새를 통해 역류하는 현상.

심장 판막 부전증(心臟瓣膜不全症) 명구 《의학》〈심장 질환〉 심장에 있는 이첨판, 삼첨판, 반월판 따위의 판막이 기능을 제대로 하지 못하는 상태.

심장 판막염(心腸瓣膜炎) 명구 《의학》〈심장 질환〉 심장의 판막에 생기는 염증. 〈유〉 판막-염(瓣膜炎)

심장 판막증(心臟瓣膜症) 명구 《의학》〈심장 질환〉 심장 판막의 기능에 이상이 생겨 일어나는 병. 맥박이 빠르고 불규칙하게 되는데, 호흡이 곤란하고 피로를 느끼며 붓는 증상이 나타난다. 〈유〉 심내막-염(心內膜炎), 심장 내막염(心臟內膜炎), 심장 속막염(心臟속膜炎)

심장 하수증(心臟下垂症) 명구 《의학》〈심장 질환〉 '심장 처짐증'의 전 용어.

심장 허파 잡음(心臟허파雜音) 명구 《의학》〈심장 질환〉 심장의 박동과 일치해서 나타나나 숨을 참고 있는 동안에는 소리가 사라지는 비정상적인 소리. 심장이 수축하면서 허파의 일부를 누르면 기도가 좁아지게 되고, 좁아진 기도를 공기가 지나가면서 잡음이 발생한다. 〈유〉 심폐성 잡음(心肺性雜音)

심장 허파 정지(心臟허파停止) 명구 《의학》〈심장 질환〉 심장의 박동과 호흡이 멎은 상태.

심장 허파사(心臟허파死) 명구 《의학》〈심장 질환〉 심장과 허파의 기능이 영구히 정지되는 상태. 〈유〉 심폐-사(心肺死)

심장 혈관 매독(心臟血管梅毒) 명구 《의학》〈심장 질환〉 매독으로 인해 심장이나 혈관에 염증이 생긴 상태. ¶신경 매독 이외의 3기 매독(고무종, 심장 혈관 매독)의 치료는 만기 매독과 동일하게 시행합니다.

심장 혈관 신경증(心臟血管神經症) 명구 《의학》〈심장 질환〉 '심장 신경증'의 전 용어.

심장 형성 저하(心臟形成低下)명구《의학》〈심장 질환〉심장이 형성될 때 조직이나 기관이 제대로 성장하지 못하는 일.〈유〉심장 저형성증(心臟低形成症), 심장 형성 저하증(心臟形成低下症)

심장 형성 저하증(心臟形成低下症)명구《의학》〈심장 질환〉심장이 형성될 때 조직이나 기관이 제대로 성장하지 못하는 증상.〈유〉심장 저형성증(心臟低形成症), 심장 형성 저하(心臟形成低下)

심장 확대(心臟擴大)명구《의학》〈심장 질환〉심장이 무게는 달라지지 않으면서 부피가 커진 상태. 심장 근육 섬유의 길이가 길어지는 것이 원인이다. ¶다섯 사람 중 한 사람은 운동과 높은 혈압, 비만과 그리고 심장 판막 질환에 반응하여 심장 확대의 원인이 될 수 있는 유전자 변이를 가진다고 영국 연구진이 새로운 연구결과에서 밝혔다.

심장 흥분(心臟興奮)명구《의학》〈심장 질환〉심박동 수를 증가시키는 작용.〈유〉심장 촉진(心臟促進)

심장경(心臟鏡)[심장경]명《의학》〈심장 질환〉심장의 내부, 특히 판(瓣)의 성상을 직접 관찰하는 기구. 심장외과에서 수술할 때 심장을 크게 절개하지 않고 몸 안의 공간을 보기 위하여 사용한다. ¶내시경의 응용 범위는 빠르게 확대되어 동맥을 통해 심장의 혈관과 내부를 살펴볼 수 있는 심장경(心臟鏡)도 있다.

심장근(心臟筋)[심장근]명《의학》〈심장 질환〉심장의 벽을 이루는 두꺼운 근육. 가로무늬근이지만 생리적으로는 불수의근이므로 자율적이고 주기적인 수축 운동을 한다.〈유〉심근(心筋), 심장 근육(心臟筋肉), 염통-근 ¶우리 몸의 근육은 크게 골격근, 심장근, 내장근으로 구분할 수 있으며 기능에 따라 자신의 의사로 수축을 조절할 수 있는 수의근과 수축을 조절할 수 없는 불수의근, 모양에 따라 가로무늬근과 민무늬근으로 나눌 수 있습니다.

심장근층(心臟筋層)[심장근층]명《의학》〈심장 질환〉심장의 속막과 바깥막 사이에 심장 근육으로 이루어진 층. 심장 벽의 대부분을 이룬다.〈유〉심근-

층(心筋層), 심장 근육층(心臟筋肉層)

심장끝 박동(心臟끝搏動)명구《의학》〈심장 질환〉심장이 주기적으로 오므라졌다 부풀었다 하는 운동. 심방과 심실의 신축에 의하여 일어난다.〈유〉심장 꼭대기 박동, 심첨 박동(心尖搏動)

심장류(心臟瘤)[심장뉴]명《의학》〈심장 질환〉심장 벽의 일부가 내압에 대한 저항이 약해져 혈압 때문에 부분적으로 팽팽하게 밀려 나온 병적 상태.

심장막(心臟膜)[심장막]명《의학》〈심장 질환〉심장과 대혈관 기부(基部)를 이중으로 싸고 있는 결합 조직성의 막. 심장막 안에 있는 심장막액은 심장막과 주변 장기(臟器) 간의 마찰을 줄이는 구실을 한다.〈유〉심낭(心囊), 심막(心膜), 염통-주머니, 위심-강(圍心腔), 위심-낭(圍心囊), 위심-두(圍心竇) ¶심장막 내에 장액혈액성 액체가 50ml 이상 축적되는 것을 심낭 삼출액이라 하며, 이 액체를 뽑아내는 것을 말합니다.

심장막 결손(心臟膜缺損)명구《의학》〈심장 질환〉심장막의 일부가 없는 기형. 흔히 심장 벽측 심장막이 없으며 다른 심장 기형과 함께 나타난다.

심장막 곁주머니(心臟膜곁주머니)명구《의학》〈심장 질환〉심장 벽측의 심장막 일부가 두드러지게 튀어나온 기형.〈유〉심낭 게실(心囊憩室)

심장막 고름 공기증(心臟膜고름空氣症)명구《의학》〈심장 질환〉심장막에 고름이나 공기가 차는 증상.〈유〉고름 공기 심장막증, 농기심장-막(膿氣心腸膜), 농심낭 기종(膿心囊氣腫)

심장막 마찰음(心臟膜摩擦音)명구《의학》〈심장 질환〉심장막염 환자의 심장 표면 쪽에서 들리는, 앞뒤로 문지르거나 박박 긁는 듯한 소리. 드물게 삐걱거리는 소리도 들리며, 심장의 수축과 이완이 일어날 때 염증이 있는 심장막의 면이 비벼지면서 발생한다.〈유〉심낭 마찰음(心囊摩擦音)

심장막 반사(心臟膜反射)명구《의학》〈심장 질환〉심장막을 조작하는 것을 포함하는 수술을 할 때에 나타나는 미주 신경 반사. 느린맥박과 동맥 저혈압 따위의 미주 신경 자극의 징후를 특징으로 한다.

심장막 삼출(心臟膜滲出)(명구)《의학》〈심장 질환〉심장막 내에 장액이 증가되는 현상. 염증, 감염, 암종, 요독증 따위에 의해 일어나며, 심장을 압박하여 순환에 문제가 생길 수 있다. ¶골수형성이상증후군(MDS) 치료제 및 백혈병 치료로 허가된 '아자시티딘' 제제의 사용상 주의사항에 '심장막 삼출'이 신설된다.

심장막 유착(心臟膜癒着)(명구)《의학》〈심장 질환〉만성 협착 심장막염에서 심장막 내부의 공간이 소실된 상태.

심장막 잡음(心臟膜雜音)(명구)《의학》〈심장 질환〉심장막에서 들리는 잡음으로, 심장의 운동과 함께 동시에 들리는 마찰 잡음.〈유〉심낭 잡음(心囊雜音)

심장막 절개 후 증후군(心臟膜切開後症候群)(명구)《의학》〈심장 질환〉심장 수술 후에 심장막염이 나타나는 증상. 열의 유무와는 관계가 없고, 수술 후 몇 주 내지 몇 달간에 걸쳐 반복되기도 한다.

심장막 혈성 삼출(心臟膜血性滲出)(명구)《의학》〈심장 질환〉'심장막' 내에 피를 함유한 장액이 증가하는 현상. 심장을 압박하여 순환에 문제를 일으킬 수 있다.〈유〉심장막 혈액성 삼출(心臟膜血液性滲出)

심장막 혈액성 삼출(心臟膜血液性滲出)(명구)《의학》〈심장 질환〉'심장막' 내에 피를 함유한 장액이 증가하는 현상. 심장을 압박하여 순환에 문제를 일으킬 수 있다.〈유〉심장막 혈성 삼출(心臟膜血性滲出)

심장막안(心臟膜안)[심장마간](명)《의학》〈심장 질환〉심장을 둘러싼 심장막의 안에 있는 빈 곳. 약간의 액체가 들어 있어 윤활 작용을 한다.〈유〉심막-강(心膜腔), 심장막-강(心臟膜腔)

심장막액(心臟膜液)[심장마객](명)《의학》〈심장 질환〉잠재적 공간인 심장막 안에 있는 적은 양의 액체.〈유〉심막-액(心膜液)

심장막염(心臟膜炎)[심장망념](명)《의학》〈심장 질환〉심장의 바깥을 둘러싸고 있는 바깥막에 생기는 염증. 주로 결핵과 류머티즘성 질환이 원인이며, 심장과 심장막 사이에 물이 괴어 심장이 눌려서 숨이 차고 고통을 느끼게 된다. 〈유〉 심낭-염(心囊炎), 심막-염(心膜炎) ¶식약처는 "소아 백신의 부작용 우려에 대해 예방적 차원으로 심근염, 심장막염 등에 대한 안전성을 관찰하고 이상 사례를 수집하는 등 모니터링을 하겠다"고 강조했다.

심장병(心臟病)[심장뼝] 명 《의학》〈심장 질환〉 심장에 생기는 여러 가지 질환. 심장 내막염, 심장 판막증, 심장 근육염, 심근 경색, 심장 파열 따위가 있다. 〈유〉 심장 병증(心臟病症) ¶아버지께서 심장병 때문에 쓰러지셨다. / 심장병의 예방은 우선 고혈압 예방으로부터 시작된다.

심장병 공포증(心臟病恐怖症) 명구 《의학》〈심장 질환〉 심장병에 대해 몹시 두려워하거나 무서워하는 병적인 증상. ¶할아버지께서 심장병으로 돌아가셔서 그런지, 나와 아버지는 심장병 공포증이 있다.

심장부(心臟部)[심장부] 명 〈심장 질환〉 심장이 있는 부분. ¶심장부를 진찰하여 심장병 유무를 진단하려고 한다.

심장사(心臟死)[심장사] 명 《의학》〈심장 질환〉 심장병을 앓고 있던 사람이 갑자기 죽는 일. 또는 원인이 심장에 있다고 생각되는 죽음. 심장 파열, 심장 동맥 막힘, 자극 전도 장애, 미주 신경 자극 따위가 원인이다. ¶뇌사 상태에 빠진 환지는 인공 호흡기 같은 연명 치료에 의지해 일정 기간 동안 심폐 기능을 유지할 수 있지만 회복 가능성이 전혀 없고 연명 장치를 제거하면 반드시 심장사가 발생해 사망한다.

심장성(心臟性)[심장썽] 명 《의학》〈심장 질환〉 심장병으로 인하여 나타나는 병의 특성.

심장성 간경변(心臟性肝硬變) 명구 《의학》〈심장 질환〉 심부전, 특히 오른쪽 심부전에서는 간장에 울혈을 초래하는데 이것이 장기에 걸쳐 간 실질의 위축으로 일어나는 경변. 수축성 심막염, 삼첨변 질환, 중증 우심부전으로 일어나기 쉽다.

심장성 간경화(心臟性肝硬化) 명구 《의학》〈심장 질환〉 만성 협착 심장막염 혹은 오래된 울혈 심부전증에 의한 간의 광범위한 섬유화 반응. 〈유〉 심장 간

경화(心臟肝硬化)

심장성 급사(心臟性急死)명구《의학》〈심장 질환〉이미 심장병이 있는 환자가 급성 증상이 일어난 후에 예기치 않게 죽는 현상.〈유〉급성 심장사(急性心臟死) ¶비후성 심근증은 30세 이하의 젊은 나이의 운동 선수에서 심장성 급사의 가장 흔한 원인이다.

심장성 부정맥(心臟性不整脈)명구《의학》〈심장 질환〉심장 박동의 수나 규칙성, 연속성이 비정상적인 상태.〈유〉심-부정맥(心不整脈), 심장 리듬 장애 ¶2016년에 통계청에서 발표한 국내 사인 중 전도장애 및 심장성 부정맥에 의해 사망한 경우는 우리나라에 많은 위암에 의해 사망한 경우와 거의 유사한 발생률을 보였다.

심장성 부종(心臟性浮腫)명구《의학》〈심장 질환〉심장막염이나 심장 판막증 같은 심장 질환으로 심장의 부담이 커지고 순환 기능이 완전하지 못하게 되어 다리나 등, 배 따위에 생기는 부종.〈유〉심장 부종(心臟浮腫) ¶심부전증, 고혈압 등의 원인으로 오는 심장성 부종은 발등이나 종아리 쪽의 하지 말단에서 올라오면서 붓기 시작한다.

심장성 쇼크(心臟性shock)명구《의학》〈심장 질환〉심장에서 조직에 적절한 양의 피와 산소를 공급할 수 없을 정도로 심장박출량이 감소하여 나타나는 쇼크. 특히 급성 심근 경색이 주요 원인이다.〈유〉심원성 쇼크, 심인성 쇼크, 심장 쇼크, 심장탓 쇼크 ¶소아에서는 주로, 선천심장병 또는 급성 심근염을 포함한 심근병증 환자에서 심장성 쇼크가 발생한다.

심장성 신경증(心臟性神經症)명구《의학》〈심장 질환〉심리적 원인으로 일어나는 심장의 기능적 장애. 두근거림·질식·흉통·현기증·불안감 따위의 증상이 나타나며, 정신 요법과 약물 요법으로 치료한다.〈유〉심장 신경증(心臟神經症) ¶심장성 신경증은 전형적으로 '답답하다' '숨이 잘 쉬어지지 않는 것 같다'는 불쾌감이며 통증이라고까지 말하기는 힘들다.

심장성 실신(心臟性失神)명구《의학》〈심장 질환〉맥박이 너무 느려져서 뇌에 혈액 공급이 원활히 되지 않아 생기는 갑작스러운 의식 상실. 오래 서있거나 밀폐된 공간에서 산소가 부족할 때 일어나기 쉽다. 요즘같이 코로나19로 인해 마스크를 필수로 착용해야 하는 시기에는 심장성 실신이 발생할 가능성이 높아진다.

심장성 천식(心臟性喘息) 명구 《의학》〈만성 하기도질환〉/〈심장 질환〉 심장, 특히 왼심실이 완전하지 못하여 생기는 발작성 호흡 곤란. 과식, 운동 따위가 원인이며 흔히 잠자는 사이에 일어난다. 보통 20~30분 지속되다 멈추는데 오래 계속되면 폐부종을 일으킨다. 〈유〉 심장 천식(心臟喘息) ¶심장성 천식은 심장이 비정상적으로 뛰며 목이 간질간질하며 숨이 가쁘거나 숨을 조르는 듯한 증상이 나타난다. / 2년 전 겨울에는 심한 호흡 곤란이 일어나 기관지 천식이거나 심장성 천식이라고 진단을 받았다.

심장성 호흡 곤란(心臟性呼吸困難) 명구 《의학》〈심장 질환〉 심부전 따위에 의해 심장박출량이 감소하여 호흡하기 곤란한 상태.

심장에 불을 지피다( ) 관용 〈심장 질환〉 사람의 마음을 일어나게 하다. ¶그의 연설은 광장 가득 모인 사람들의 심장에 불을 지피는 역할을 하였다.

심장에 새기다( ) 관용 〈심장 질환〉 '가슴에 새기다'를 강조하여 이르는 말. 〈유〉 뼈에 새기다, 폐부에 새기다 ¶그는 바른 사람이 되라는 선생님의 말씀을 심장에 새기고 살았다.

심장염(心臟炎)[심장념] 명 《의학》〈심장 질환〉 심장 근육, 심장 내막 및 심장막에 동시에 일어나는 염증.

심장음(心臟音)[심장음] 명 《의학》〈심장 질환〉 심장이 수축하거나 확장할 때 나는 소리. 수축할 때는 소리가 낮고 길며 확장할 때는 높고 짧다. 〈유〉 심음(心音) ¶청진기를 통해 질환을 이해하는 기술은 개개인에 따라 그 능력에 상당한 차이가 나며, 그 능력의 차이는 개개 질환에 따라 달리 들리는 심장음을 얼마나 다양한 질환에서 오랜 기간 동안 들어왔는지에 달려 있다고 해도 될 것이라는 게 저자들의 설명이다.

심장음 이상(心臟音異常)명구《의학》〈심장 질환〉심장 박동 시에 나는 소리가 비정상적인 상태.

심장의 법칙(心臟의法則)명구《의학》〈심장 질환〉심장 활동에 관한 생리적 법칙. 심실로 들어오는 혈액의 양이 늘어나면 심장 근육의 수축력이 커져서 나가는 혈액의 양도 많아지는 것을 이른다.

심장의 손상(心臟의損傷)명구《의학》〈심장 질환〉외부의 자극에 의해 심장이 손상된 것. 칼, 총탄 또는 심도자법 따위의 검사로 인한 천통성 심장 손상과 자동차 사고, 무거운 것에 의한 전흉부 타박 따위에 따른 비천통성 심장 손상으로 대별된다.〈유〉심장 손상(心臟損傷) ¶가슴 통증 등 급성 심근 경색증의 증상이 나타날 경우에는 2시간 내로 혈관을 개통해야만 심장 손상을 최소화할 수 있다.

심장이 뛰다( )동구〈심장 질환〉가슴이 조마조마하거나 흥분되다. ¶지금도 그 생각을 하면 심장이 뛰었다. 그것이 그에게는 초련의 독배였다. / 수상자를 발표하려 하자 모두의 심장이 뛰기 시작했다. / 심장이 펄떡펄떡 뛰다.

심장탓 쇼크(心臟탓shock)명구《의학》〈심장 질환〉심장에서 조직에 적절한 양의 피와 산소를 공급할 수 없을 정도로 심장박출량이 감소하여 나타나는 쇼크. 특히 급성 심근 경색이 주요 원인이다.〈유〉심원성 쇼크, 심인성 쇼크, 심장 쇼크, 심장성 쇼크

심장탓 실신(心臟탓失神)명구《의학》〈심장 질환〉갑작스럽게 심장박출량이 감소하여 일어나는 실신. 심장박출량의 감소는 대개 부정맥, 특히 느린부정맥에 의해서 발생한다.

심장통(心臟痛)[심장통]명《의학》〈심장 질환〉/〈통증〉복장뼈 아래쪽의 심장 부위에 일어나는 통증. 심장 동맥의 기능 부족으로 일어나거나 신경성 이상 감각이 원인이 되어 일어난다.〈유〉심장 통증(心臟痛症) ¶지속되는 소화불량, 원인 불명의 체중 감소, 구토물에 섞인 혈흔, 상복부 통증이 심장통이라 의심되거나 등이나 팔 쪽으로 번지는 방사통인 경우 등에는 진료가 필요

할 수 있다. / 혈액 순환을 개선하면 요통이나 심장통뿐만 아니라 당뇨병성 신경통 치료에도 도움이 된다.

심장하낭(心臟下囊)[심장하낭]명《의학》〈심장 질환〉배아의 우측 폐 하단의 중앙 부분에 생기는 주머니.

심전도(心電圖)[심전도]명《의학》〈심장 질환〉심장의 수축에 따른 활동 전류 및 활동 전위차를 파상 곡선으로 기록한 도면. 보통 심전도계를 사용하여 몇 개의 심전 곡선으로 나타내며, 심장병의 진단에 매우 중요하다.〈유〉심장 전기도(心臟電氣圖), 전기 심동도(電氣心動圖) ¶병원에서 진료할 때에는 흔히 심전도나 혈압 등을 검사하는 계측기를 이용한다. / 사실은 엑스레이 시설을 갖춰 심전도도 관찰해야 원칙인데, 어디 이런 소읍에서야 엄두를 낼 수 있습니까.

심정지(心停止)[심정지]명《의학》〈심장 질환〉심장이 수축하지 않아 혈액 공급이 완전히 멎은 상태. 몇 분이 지나면 뇌사 상태가 된다.〈유〉심장 정지(心臟停止) ¶영아와 소아에게서는 기도나 환기의 문제로 인한 일차성 호흡 정지가 심정지의 가장 흔한 원인이다.

심주설(心主舌)[심주설]명《한의》〈심장 질환〉심장이 혀를 주관한다는 한의학 이론. 혀가 다섯 가지 맛을 가려내고 발음을 내는 기능은 모두 심장과 일정한 관계가 있다는 주장이다.

심주신명(心主神明)[심주신명]명《한의》〈심장 질환〉심장이 신명을 주관한다는 한의학 이론. 심장은 정신 의식 활동과 일정한 관계가 있다는 주장이다. ¶한의학에서 바라보는 심장의 생리적 활동을 살펴보면 '심주신명'(心主神明)이라 하여 인간 일체의 의식 활동의 주체를 심장으로 보고 있다.

심주한(心主汗)[심주한]명《한의》〈심장 질환〉심장이 땀을 주관한다는 한의학 이론. 땀이 나는 것은 심장과 일정한 관계가 있다는 주장이다.

심주혈(心主血)[심주혈]명《한의》〈심장 질환〉심장이 혈을 주관한다는 한의학 이론. 심장이 온몸의 혈맥과 혈액 순환 기능에 일정한 관계가 있다는 주장이다. ¶혈허증은 소화기능의 저하로 인해 음식물에서 영양분을 충분하게 공급받지 못해 혈액의 구성 물질이 부족(비위기능), 간기능 저하(간장혈, 肝藏血), 심장기능 저하(심주혈, 心主血), 출혈(위장관내 출혈이나 자궁출혈 같은 급/만성 출혈)이나 외상으로 인한 혈액량 부족 외 심한 스트레스, 영양 불균형, 무리한 다이어트 등이 원인이 된다.

심축(心軸)[심축]명《의학》〈심장 질환〉심장 바닥의 중심에서 심장 꼭대기를 지나는 가상의 축. 심장의 위쪽 뒤에서 앞, 아래, 왼쪽으로 비스듬히 향한다.〈유〉심장-축(心臟軸)

심폐(心肺)[심폐/심페]명〈심장 질환〉심장과 폐를 아울러 이르는 말. ¶뚜껑에 못 박는 소리가 심폐의 한복판으로 깊이 저며 들어 효원은 관 위로 고꾸라지며 흐느끼어 곡을 한다.

심폐 계수(心肺係數)명구《의학》〈심장 질환〉가슴 방사선 사진으로 심장의 음영 크기를 나타내는 수치. 또는 심폐의 작업 능력을 나타내는 계수.

심폐 기능(心肺機能)명구《의학》〈심장 질환〉허파를 중심으로 하는 호흡 계통과 심장을 중심으로 하는 순환 계통의 기능을 통틀어 이르는 말. ¶육상은 심폐 기능의 단련에 안성맞춤인 운동이다. / 측만 각도가 50도가 넘고 마비 또는 감각 이상이 있거나 심폐 기능에 장애가 있는 경우에는 척추 고정술이 필요하다. / 태호는 운동선수들이 심폐 기능과 근력을 바탕으로 성실히 자기 관리를 했을 때 몇 살까지 운동할 수 있는지를 연구한다.

심폐 이식(心肺移植)명구《의학》〈고혈압〉〈심장 질환〉심장과 폐를 동시에 이식하는 수술. 폐 고혈압증 따위로 심장과 폐에 동시에 병이 있는 경우에 사용한다. ¶친구가 심폐 이식 수술을 한다고 한동안 학교에 나오지 못했다. / 심장 이식, 폐 이식, 심폐 이식 등의 이식 수술과 흉강경 수술, 로봇 수술 및 심실 보조 장치 치료술 등의 최신 수술 기법들을 시행하고 있다.

심포(心包)[심포]명《한의》〈심장 질환〉심장의 바깥막. 기혈(氣血)이 지나는 통로인 낙맥(絡脈)이 연결되어 있으며 심장을 보호하고 심장의 기능을 돕는 작용을 한다. ¶급성전염병 등으로 사열(邪熱)이 심포에 침입하면 정신(精神)을 주재(主宰)하고 있는 심(心)의 기능(機能)이 장애되어 정신이 혼미(昏迷)해지고 헛소리를 하면서 날뛰고 잠을 잘 자지 못하는 증상이 나타나게 되는데 이를 "熱入心包"(열입심포, 사열이 심포를 침입하다.)라고 부른다.

심포경(心包經)[심포경]명《한의》〈심장 질환〉가슴 속에서 시작하여 심포(心包)에 속하고 가로막을 지나 삼초(三焦)에 속하는 경맥.〈유〉수궐음-심포경(手厥陰心包經)

심포락(心包絡)[심포락]명《한의》〈심장 질환〉심장의 겉면을 둘러싸고 있는 막과 그에 부착된 낙맥(絡脈)을 통틀어 이르는 말. ¶대개 찬 기운이 심포 부위를 직접 침범하는 경우도 있고 아니면 지나친 스트레스에 의해 정신적으로 위축이 되면서 심포락의 기능이 차지는 경우도 있다.

심하통(心下痛)[심하통]명《한의》〈통증〉'위통'을 한방에서 이르는 말.〈유〉위완통(胃脘痛) ¶소설 동의보감에는 허준이 심하통(心下痛)으로 죽은 유의태의 위를 수술하는 것으로 그려진다.

심한(心汗)[심한]명《한의》〈심장 질환〉심장과 지라가 허해져서 명치 끝 부위에서만 땀이 나는 증세. 또는 그 땀. ¶명치에 심한이 자꾸 난다.

심허병증(心虛病證)[심허병쯩]명《한의》〈심장 질환〉심혈허(心血虛)·심음허(心陰虛)·심기허(心氣虛)·심양허(心陽虛)로 나뉘며 심(心)의 음양(陰陽)·기혈(氣血)이 부족하여 생긴 여러 가지 병증임.

심허증(心虛證)[심허쯩]명《한의》〈심장 질환〉심기(心氣)와 심혈(心血)이 부족하여 나타난 증후. ¶환자에게 큰 고통이 되는 만성 불면증의 원인인 심허증은 심장과 담이 약해져 오는 심담허겁과 예민하고 생각이 많은 이들에게 나타나는 사려과다의 유형이 있다.

심혈관(心血管)[심혈관]명《의학》〈심장 질환〉심장의 혈관. ¶분노를 가슴 안에 차곡차곡 쌓아 두는 것은 폭발하는 것만큼이나 심혈관에 위험하다. / 무기 호흡을 할 경우 심혈관이 강화돼 최고점에서 더 오래 경기할 수 있는 능력이 향상된다.

심혈관 질환(心血管疾患) 명구 《의학》〈심장 질환〉 심혈관 이상으로 생기는 병. 고혈압, 협심증, 심근 경색 따위가 있다. ¶심혈관 질환은 원인을 빨리 찾아내 치료하는 게 무엇보다 중요하다.

심혈관 혈전증(心血管血栓症) 명구 《의학》〈심장 질환〉 심장 동맥 내 주로 혈소판, 세포 성분, 섬유소로 구성된 혈액 성분의 응집이 생겨 심장 동맥이 막히는 증상. 대개 동맥벽의 죽종 변화로 생기며 심근 경색증을 일으킨다. 〈유〉 관상 동맥 혈전증(冠狀動脈血栓症), 심장 동맥 혈전증(心臟動脈血栓症) ¶프랑스 니스에 소재한 파스퇴르병원 연구팀은 심혈관 혈전증이나 폐색전증을 앓는 입원환자 160명과 정맥 혈전색전성 질환 이외의 사유로 입원한 환자 160명을 대상으로 입·퇴원시 300문항에 걸쳐 설문조사를 실시했다.

심혈관계(心血管系)[심혈관계/심혈관게] 명 《의학》〈심장 질환〉 심장과 혈관으로 구성되어 있는 하나의 계통. 이들에 의해서 혈액이 내보내지고 체내를 순환하게 된다. 〈유〉 심장 혈관 계통(心臟血管系統), 심장 혈관계(心臟血管系) ¶임신과 운동의 공통점은 둘 다 비임신과 휴식 시에 비해 신체의 에너지 소비량 및 소비 형태, 심혈관계 및 호흡기계에 영향을 준다는 것이다. / 관절염이나 스트레스 질환자 등을 대상으로 한 스트레스 극복 프로그램에서는 심박동과 심박 변이도가 통계적으로 유의한 호전 효과를 보여 심혈관계와 자율 신경계를 안정시켰다는 것이다.

심혈관계 질환(心血管系疾患) 명구 《의학》〈고혈압〉/〈심장 질환〉 심혈관 이상(異常)으로 생기는 질병. 고혈압, 협심증, 심근 경색 따위가 있다. ¶혈압 강하제를 꾸준히 처방 받지 않은 고혈압 환자는 심혈관계 질환이 초래될 가능성이 크다. / 식물을 주원료로 한 종합 비타민과 미네랄이 심혈관계 질환에 효과적이라는 연구 결과가 나왔다.

심혈관계 합병증(心血管系合併症) 명구 《의학》〈당뇨〉/〈심장 질환〉 당뇨병 따위와 같은 질병을 치료하지 않고 방치한 경우나 에스트로겐과 같은 약물 사용의 부작용으로 심장과 혈관에 발생되는 병변. ¶당뇨병 합병증은 주로 당뇨망막병증, 당뇨발, 당뇨병성 신경병증이 꼽히는데, 정작 당뇨병 환자의 최대 70%가 심혈관계 합병증으로 사망한다. / 만성 콩팥병 환자는 다른 사람들보다 심혈관계 합병증의 발생 위험이 2배 이상 높다.

심혈어조(心血瘀阻)[심혈어조] 명《한의》〈심장 질환〉심기허(心氣虛)또는 심양허(心陽虛)로 심혈(心血)이 응체(凝滯)되어 맥도(脈道)가 막혀 가슴이 두근거리고 심장부가 찌르는 듯이 아프거나 답답하면서 팔뚝의 안쪽이 땅기는 병증임.

십이지장 궤양(十二指腸潰瘍) 명구《의학》〈위장병〉위산에 의해 샘창자의 점막이 허는 것.〈유〉샘창자 궤양

십이지장염(十二指腸炎)[시비지장념] 명《의학》〈위장병〉샘창자 점막에 생기는 염증.〈유〉샘창자염 ¶위 X-선 촬영으로 위염, 위궤양, 위암, 십이지장염 등을 체크하고, 복부 X-선으로는 신장이나 방광요로 이상 유무를 밝혀낸다.

싸하다( )[싸하다] 형〈통증〉혀나 목구멍 또는 코에 자극을 받아 아린 듯한 느낌이 있다. ¶코가 싸하다. / 하품을 하고 난 뒤처럼 코 속이 싸하게 쓰리면서 눈물이 징 솟아올랐다.

쌀뜨물 오줌 명구《의학》〈당뇨〉암죽이나 지방이 섞여 유백색을 띠는 오줌. 흔히 필라리아의 기생으로 폐쇄된 림프관이 파괴되어 일어나며, 당뇨병·콩팥염에서도 볼 수 있다.〈유〉암죽-뇨(암粥尿) ¶림프관에 흡수된 지방이 우유빛깔의 액체 상태(암죽)가 되는 순환 상태에 이상이 생기면 소변에 암죽이 섞여 나와 색이 쌀뜨물색이 되는데, 이것을 쌀뜨물 오줌이라고 합니다.

쌍구균(雙球菌)[쌍구균] 명《생명》〈폐렴〉두 개의 균체(菌體)가 짝을 이루어 고치 모양을 하고 있는 구균. 폐렴균, 임질균 따위가 이에 속한다.

쌕쌕거림( )[쌕쌕꺼림] 명《의학》〈만성 하기도질환〉가래가 끼어 목에서 나는 소리. 호흡 기도가 협착되거나 막혔을 때 들리며, 대개의 경우 호흡 곤란을 수반한다.〈유〉천명(喘鳴) ¶진료실에 들어와 앉아서 숨이 차다고 할 때 다

가왔던 증상보다 함께 걸으며 직접 들은 쌕쌕거림의 강도는 더 심했고 선명했다.

쑤시다( )[쑤시다]동〈통증〉신체의 일부분이 바늘로 찌르는 것처럼 아픈 느낌이 들다 ¶머리가 지끈지끈 쑤시다. / 잇몸이 붓고 쑤신다. / 사지가 쑤셔댄다.

쓰라리다( )[쓰라리다]동〈통증〉상처가 쓰리고 아리다. ¶며칠을 굶었더니 속이 쓰라리다. / 부르튼 발이 쓰라려서 걷기가 힘들다.

쓰리다( )[쓰리다]형〈통증〉1.(몸이) 쑤시는 것처럼 아프다. 2.(뱃속이) 몹시 시장하거나 과음하여 쓸어내리듯 아프다. ¶1. 뜨거운 모래가 허벅지에 닿아서 살갗이 몹시 쓰리고 아팠다. / 이미 실밥까지 뽑아낸 다 아문 상처는 새살이 빨갛게 돋아나서 조금만 스쳐도 불에 덴 듯이 쓰리고 아프다. 2. 하루 종일 굶었더니 속이 너무 쓰리네. / 어제 빈속에 술을 너무 많이 마셨나 봐. 속이 쓰려.

쓸개(쓸개)명《의학》〈간 질환〉간에서 분비되는 쓸개즙을 일시적으로 저장·농축하는 주머니. 샘창자 안에 음식물이 들어오면 쓸개즙을 내어 소화를 돕는다.〈유〉담, 담낭, 쓸개주머니 ¶쓸개에 생기는 병으로 가장 많은 것은 쓸개돌이며, 그 밖에 쓸개암, 쓸개염 등이 있으나 암이나 염증은 쓸개돌에 합병증으로 발생되는 것이다.

쓸개 계통(쓸개系統)명구《의학》〈간 질환〉담낭, 담관 내 담관, 담낭, 담관으로 이어지는 담관, 소장으로 가는 담관 등으로 구성되는 담도 배관 체계.〈유〉담도계

쓸개 고정술(쓸개固定術)명구《의학》〈간 질환〉담낭을 복벽에 고정하는 수술.〈유〉담낭고정술

쓸개 꿰멤술(쓸개꿰맴術)명구《의학》〈간 질환〉절개되거나 파열된 담낭의 봉합 수술.〈유〉담낭 봉합술

쓸개 돌창자 연결술(쓸개돌창자連結術)명구《의학》〈간 질환〉쓸개와 돌창자 사

이를 외과적으로 연결해 주는 수술. 〈유〉 담낭 회장 연결술(膽囊回腸連結術)

쓸개 빈창자 연결술(쓸개빈창자連結術) 명구 《의학》 〈간 질환〉 담낭과 빈창자를 연결하는 외과적 수술. 〈유〉 담낭공장연결술

쓸개 샘창자 연결술(쓸개샘창자連結術) 명구 《의학》 〈간 질환〉 담낭과 십이지장을 연결하는 외과적 수술. 〈유〉 담낭 십이지장 연결술

쓸개 세관염성 간염(쓸개細管炎性肝炎) 명구 《의학》 〈간 질환〉 작은 쓸개관 주위의 염증 변화를 동반한 간염. 주로 폐쇄 황달 증상을 일으킨다. 〈유〉 담 세관염성 간염

쓸개 수축 촉진제(쓸개收縮促進劑) 명구 《의학》 〈간 질환〉 담낭의 수축을 촉진하는 물질. 〈유〉 담낭 수축 촉진제

쓸개 위 연결술(쓸개胃連結術) 명구 《의학》 〈간 질환〉 담과 위 사이를 연결하는 외과적 수술. 〈유〉 담낭 위 연결술

쓸개 잘록창자 연결술(쓸개잘록창자連結術) 명구 《의학》 〈간 질환〉 쓸개주머니와 잘록창자를 연결하는 수술. 〈유〉 담낭 결장 연결술(膽囊結腸連結術)

쓸개 절개술(쓸개切開術) 명구 《의학》 〈간 질환〉 쓸개를 절개하는 수술. 〈유〉 담낭 절개술(膽囊切開術), 쓸개주머니 절개술(쓸개주머니切開術)

쓸개 절제술(쓸개切除術) 명구 《의학》 〈간 질환〉 복벽을 열어 쓸개를 잘라 내는 시술법. 〈유〉 담낭 절제술(膽囊切除術)

쓸개 조영상(cholecystogram) 명구 《의학》 〈간 질환〉 방사선 촬영으로 얻은 담낭 구조 및 기능에 대한 기록. 〈유〉 담낭 조영상

쓸개 조영술(쓸개造影術) 명구 《의학》 〈간 질환〉 쓸개의 형태나 운동 상태, 쓸갯돌의 유무 따위를 진단하기 위하여 사진을 찍는 방법. 쓸개는 특별한 경우를 제외하고는 보통의 방사선 촬영으로는 찍히지 않기 때문에, 쓸개즙과 조영제로 쓸개를 채운 뒤 촬영한다. 〈유〉 담낭 조영술

쓸개 창냄술(쓸개窓냄術) 명구 《의학》 〈간 질환〉 담낭에 누공을 설치하는 수술. 〈유〉 담낭 조루술

쓸개 창자 봉합술(쓸개창자縫合術)명구《의학》〈간 질환〉담낭을 장벽에 봉합하는 수술.〈유〉담낭 장 봉합술

쓸개 창자 연결술(쓸개창자連結術)명구《의학》〈간 질환〉담낭과 장을 직접 연결하는 외과적 수술.〈유〉담낭 장 연결술

쓸개관(쓸개管)[쓸개관]명《의학》〈간 질환〉간과 쓸개에서 쓸개즙을 받아 샘창자로 보내는 관을 통틀어 이르는 말. 간관, 쓸개주머니관, 온쓸개관으로 이루어져 있다.〈유〉담관, 담도, 쓸갯길, ¶담즙은 간에서 분비되어 쓸개관을 통해 이동한다.

쓸개관 간경화증(쓸개管肝硬化症)명구《의학》〈간 질환〉담도 폐쇄로 인하여 장기적인 황달이 생기는 것이 특징인 간경화. 이러한 간경화는 일차 간 내 질병이거나 간 외의 담도 폐쇄로 인한 이차 질병일 수 있다. 후자일 경우 담즙 정체와 담도의 섬유화로 작은 담도의 증식을 초래할 수 있다.〈유〉담관성 간경화(膽管性肝硬化), 쓸개관 간경화(쓸개管肝硬化)

쓸개관 경화간(쓸개管硬化肝)명구《의학》〈간 질환〉담관의 감염이나 폐쇄로 인해 형성된 섬유조직에 의해 발생한 간 경화.〈유〉담관경화간

쓸개관 빈창자 연결술(쓸개管빈창자連結術)명구《의학》〈간 질환〉쓸개관과 빈창자 사이에 외과적으로 통로를 설치하는 수술.〈유〉담관공장연결술

쓸개관 섬광 조영술(쓸개管閃光造影術)명구《의학》〈간 질환〉혈액에 주입되었을 때 빠르게 담관과 담관에 집중되는 방사성 물질을 사용하여 담도를 시각화하는 방법.〈유〉담관 섬광 조영술

쓸개염(쓸개炎)[쓸개염]명《의학》〈간 질환〉쓸개에 생기는 염증.〈유〉담낭염 ¶쓸개염 또는 담낭염(膽囊炎, cholecystitis)은 쓸개에 염증이 생기는 증상으로 대부분 담석과 함께 발생한다.

쓸개즙 정체 간염(汁停滯肝炎)명구《의학》〈간 질환〉염증이 있는 간 내 쓸개관에 쓸개즙이 정체되어 황달이 생기는 간염. 이는 대부분 약물의 독성 효과 때문에 생긴다.〈유〉담즙 정체 감염

쓸갯돌증(쓸갯돌症)[쓸개똘쯩/쓸갣똘쯩]㊔《의학》〈간 질환〉담쓸개나 온쓸개관에 돌이 생겨 일어나는 병.〈유〉담석-증(膽石症), 담석-통(膽石痛), 인황-병(人黃病)

씀벅씀벅하다( )[씀벅씀벅하다]㊍〈통증〉눈이나 살 속이 찌르듯이 잇따라 시근시근하다.

ㅅ

한국어 질병 표현 어휘 사전
ㅇ

아교질성 결장염(阿膠質性結腸炎)명구《의학》〈위장병〉대장 내벽에 염증을 일으켜 나타나는 장 질환. 의사가 대장 내벽을 관찰하는 기구를 통해 육안으로 확인할 수 없고, 조직을 떼어 내 현미경을 통한 생체 검사를 통해서만 진단할 수 있다.

아급성 해면 모양 뇌 병증(亞急性海面模樣腦病症)명구《의학》〈알츠하이머〉40~50대에 증상이 나타나서 인격 파괴와 치매가 빠르게 진행되는 병. 떨림, 경련, 마비 따위의 신경 계통 운동 장애가 따르고 1년 안에 죽는 일이 많다. 독일의 크로이츠펠트와 야코프가 보고하였다.〈유〉크로이츠펠트·야코프병

아나필락시스(anaphylaxis)명《의학》〈알레르기〉심한 쇼크 증상처럼 과민하게 나타나는 항원 항체 반응. 알레르기가 국소성 반응인 데 비하여, 전신성 반응을 일으킨다.〈참〉과민증

아닐린(aniline)명《화학》〈암〉벤젠의 수소 하나가 아미노기로 치환한 화합물. 나이트로벤젠을 금속과 염산으로 환원시켜 만든다. 독특한 냄새가 나는 무색의 액체로, 독성이 있으며, 물에는 조금 녹고, 약한 염기성을 띤다. 빛이나 공기를 쐬면 붉은 갈색으로 변하며 합성물감, 의약·화학 약품 따위의 원료로 쓰인다. 화학식은 $C_6H_5NH_2$. ≒아미노벤젠. ¶아닐린은 벤젠과 함께 유기화학 및 화학공업상 가장 중요시되는 화합물이다.

아닐린 암(aniline癌)명구《의학》〈암〉주로 아닐린 가공에 종사하는 사람들의 방광에 생기는 암. ¶아닐린을 다루는 사람의 경우 아닐린 암에 걸리기 쉽다.

아데노바이러스 감염증(adenovirus感染症)명구《의학》〈폐렴〉아데노바이러스의 감염으로 생기는 전염병. 고열, 중간 정도의 전신 중독 증상, 입안염, 결막염, 기관지 폐렴, 설사, 뇌염, 두드러기 따위의 여러 증상이 나타난다.

아드레날린(adrenaline)명《생명》〈만성 하기도질환〉척추동물의 부신 속질에서 분비되는 호르몬. 흰색 고체로, 물이나 알코올에 거의 녹지 않는다. 교감

신경을 흥분시키고 혈당량의 증가, 심장 기능 강화에 의한 혈압의 상승, 기관의 확장, 지혈 따위의 작용을 한다. 지혈제, 강심제, 천식 진정제 따위로 쓴다. 화학식은 $C_9H_{13}O_3N$.〈유〉에페드린(ephedrine)

아드레날린 과다증(adrenaline過多症)명구《의학》〈고혈압〉부신 속질의 기능이 높아진 상태. 고혈압증, 동맥 경화증, 만성 심장 판막증 따위의 경우에 부신 속질의 발육이 좋아지고 아드레날린의 양이 증가한다.

아디포넥틴(adiponectin)명《의학》〈당뇨〉지방 조직에서 분비되는 단백질의 하나. 인슐린 저항성을 나타내는 데 중요한 기능을 하며, 비만과 당뇨병을 치료할 수 있는 물질로 알려져 있다. ¶아디포넥틴은 지방조직에서 분비되는 호르몬으로 식욕억제 효과를 가진다.

아르르하다( )[아르르하다]형〈통증〉(혀끝이) 매운 음식 따위를 먹어 알알하고 쏘는 느낌이 있다. ¶멋모르고 입속에 집어넣은 청양고추 때문에 혀끝이 아르르하다. / 기름에 덴 손가락이 아직도 아르르하다.

아리다( )[아리다]형〈통증〉1. 혀끝을 찌를 듯이 알알한 느낌이 있다. 2. 상처나 살갗 따위가 찌르는 듯이 아프다. 지역에 따라 '애리다'라고 쓰기도 한다 ¶1. 마늘을 깨물었더니 혀가 아리다. 2. 불에 덴 상처가 아리다.

아릿하다( )[아리타다]형〈통증〉(혀나 코가) 조금 알알한 느낌이 있다.〈참〉어릿하다 ¶혀끝이 아릿하다. / 그의 말을 듣고 있던 나는 코가 아릿하면서 눈물이 핑 돌았다.

아마인(亞麻仁)[아마인]명《한의》〈당뇨〉아마의 씨. 아마인유의 원료이며, 당뇨병과 장 질환을 치료하는 데 쓰거나 기관지의 카타르성 질환에 냉침제로 쓴다. 달걀 모양이며 노란색이나 갈색으로 광택이 난다. 부드러운 맛이 나며, 기름같이 미끈미끈하다.〈유〉양삼-씨(洋삼씨) ¶아마인은 한의학에서만 중요하게 사용한 것이 아니라 미국, 캐나다, 유럽 등에서도 건강식품으로 많이 사용하고 있으며, 우리나라에서도 2000년대에 들어서 건강식품으로 알려져 마트에서도 아마인을 판매하는 곳이 늘어나고 있는 추세이다.

아메바 간염(amoeba肝炎)명구《의학》〈간 질환〉아메바성 대장염 환자에게서 간 비대, 간 통증, 발열 등의 증상이 드러나는 백혈구 증가가 특징인 증후군.

아메바 결장염(amoeba結腸炎)명구《의학》〈위장병〉이질아메바에 의하여 대장에 발생하는 염증. 다발성으로 점막 부종과 궤양이 생기고, 통증을 동반한다.〈유〉아메바 잘록창자염

아메바성 간농양(amoeba性肝膿瘍)명구《의학》〈간 질환〉이질아메바가 간문맥에 침입하여 생기는 농양. 간이 액화 괴사된다. ¶간농양은 감염을 일으키는 원인이 세균인 '화농성 간농양'과 감염을 일으키는 원인이 '아메바'라는 기생충인 '아메바성 간농양'으로 나뉜다.

아미노필린(aminophylline)명《약학》〈만성 하기도질환〉티오필린을 물에 녹기 쉽게 하여 만든 강심·이뇨제. 흰색이나 연노란색의 결정성 가루로 맛이 쓰다. 중추 흥분, 뇌 혈류의 증가, 기관지 확장, 위산 분비 촉진 따위의 작용이 있어서 기관지 천식, 폐 공기증, 협심증, 신장성 부종 따위의 치료에 쓴다.

아밀로이드증(amyloid症)명《의학》〈당뇨〉대사 장애 때문에 아밀로이드가 온몸의 여러 기관에 쌓이는 병. 원인을 모르게 자체로 발생한 일차성인 것과 고름 질환, 당뇨병, 류머티즘성 관절염 따위에 뒤따르는 이차성인 것이 있다. 심장 기능 상실, 콩팥 기능 상실 따위가 되는데 예후(豫後)가 나쁘다.〈유〉유사 전분증(類似澱粉症) ¶아밀로이드증은 주로 노인에게 잘 발생하며 남성은 여성에 비해 2배 정도 많이 발생한다.

아세톤요증(acetone尿症)명《의학》〈당뇨〉오줌에 아세톤체가 많아지는 질환. 당뇨병, 발열, 기아, 암, 소화 불량 따위의 상태에서 발생한다.

아예르사 증후군(Ayerza症候群)명구《의학》〈고혈압〉작은 폐동맥들이 좁아져 폐동맥 고혈압을 일으키는 유전 질환. 작은 폐동맥을 구성하고 있는 세포들의 증식에 기인한다. 오른 심장에서 폐로 가는 혈액 순환이 어려워져 숨참,

어지러움, 부기, 가슴 통증, 청색증 등이 나타난다.

아예르자 증후군(Ayerza症候群)명구《의학》〈고혈압〉심한 청색증을 동반한 만성 폐 심장증 및 허파 동맥의 경화증. 진성 적혈구 증가증과 비슷한 상태이나 본태 동맥 경화증 또는 본태 폐동맥 고혈압으로부터 생기며, 세동맥의 얼기 병터가 특징이다.

아이젠멩거 증후군(Eisenmenger症候群)명구《의학》〈고혈압〉심실 사이막 결손이 원인이 되어 생기는 선천 심장 질환. 폐 고혈압증이 일어나고 호흡 곤란, 가슴 두근거림, 청색증 따위의 증상이 나타난다.〈유〉복합 아이젠멩거(複合Eisenmenger), 복합 아이젠멩거 증상(複合Eisenmenger症狀), 복합 아이젠멩거 증후군(複合Eisenmenger症候群) ¶과거에는 아이젠멩거 증후군에 대한 치료 방법이 전혀 없었지만, 지금은 망가진 심장과 폐를 한꺼번에 이식하는 심·폐 동시 이식술로 치료하기도 하고, 또는 새로 개발된 폐동맥 확장제를 사용해 증상을 완화시켜 주는 치료를 하기도 한다.

아킬레스 힘줄 반사(Achilles힘줄反射)명구《의학》〈당뇨〉아킬레스 힘줄을 치면 장딴지 근육들이 수축하여 발이 발바닥 쪽으로 굽어지는 현상. 이는 제1 엉치 신경 척수 반사로 일어난다.〈유〉아킬레스건 반사(Achilles腱反射)

아킬레스 힘줄 반사 시간(Achilles힘줄反射時間)명구《의학》〈당뇨〉아킬레스 힘줄 반사에 걸리는 시간. 갑상샘 저하증이나 당뇨 등 여러 질환에서 반사 시간이 길어진다.

아토피(atopy)명《의학》〈알레르기〉어린아이의 팔꿈치나 오금의 피부가 두꺼워지면서 까칠까칠해지고 몹시 가려운 증상을 나타내는 만성 피부염. 유아기에는 얼굴, 머리에 습진성 병변이 생기고 심하게 가렵다.〈유〉아토피 피부염 ¶유아용 아토피 화장품. / 왕의 온천으로 불리는 수안보 온천은 공인 연구기관 임상실험에서 아토피의 의료적 효능이 입증된 바 있다.

아토피 백내장(atopy白內障)명구《의학》〈알레르기〉아토피 피부염과 관련이 있는 백내장.

아토피 습진(atopy濕疹)명구《의학》〈알레르기〉유전성 피부 질환. 주로 영아기나 유아기에 처음 발생하여 사춘기 이후에 저절로 낫는데, 종종 성인이 되어도 지속되는 경우도 있다.〈유〉아토피성 습진

아토피 알레르기(atopy Allergie)명구《의학》〈알레르기〉경성의 알레르기 항원에 대한 과민 반응. 유전적으로 결정되며, 제1형 알레르기 반응은 면역 글로불린 이 항체 및 천식, 고초열, 아토피 피부염 따위의 질병과 연관된다.

아토피 천식(atopy喘息)명구《의학》〈알레르기〉아토피에 의하여 생기는 기관지 천식.〈유〉아토피성 천식

아토피 체질(atopy體質)명구《의학》〈알레르기〉아토피 피부염, 기관지 천식, 알레르기 코염 따위를 일으키기 쉬운 체질.〈유〉아토피성 체질 ¶아토피 체질을 개선하기 위해서는 아토피의 원인이 되는 만성염증을 없애는 것이 중요하다.

아토피 피부염(atopy皮膚炎)명구《의학》〈알레르기〉어린아이의 팔꿈치나 오금의 피부가 두꺼워지면서 까칠까칠해지고 몹시 가려운 증상을 나타내는 만성 피부염. 유아기에는 얼굴, 머리에 습진성 병변이 생기고 심하게 가렵다.〈유〉아토피 ¶건강보험심사평가원의 통계에 따르면, 2020년 기준 국내 아토피 피부염 환자는 100만 명에 이른다.

아토피성 천식(atopy性喘息)명구《의학》〈만성 하기도질환〉아토피에 의하여 생기는 기관지 천식.〈유〉아토피 천식(atopy喘息) ¶천식은 환경 알레르기 원인에 의한 아토피성 천식, 바이러스와 환경 오염물질에 의한 비 아토피성 천식, 약물유발 천식, 그리고 직업성 천식 등 다양한 유형이 있다.

악골(顎骨)[악꼴]명《의학》〈암〉턱을 이루는 뼈.〈유〉턱뼈 ¶살이 입술 부근부터 뭉텅뭉텅 썩어 들어가, 그것이 차츰 악골로, 콧등으로 전염되어 갔다.

악성 고혈압(증)(惡性高血壓(症))명구《의학》〈고혈압〉정도가 가장 심한 고혈압. 혈압이 비정상적으로 올라가며 악화되면 합병증으로 사망한다.〈유〉악성 고혈압(惡性高血壓) ¶악성 고혈압증의 원인은 급성 신장염, 갈색세포종,

ㅇ

쿠싱병 및 임신 중독증 등이 있으며, 드물게는 약물에 의한 고혈압성 발증에서도 일어날 수 있다.

악성 심장막 삼출(惡性心臟膜滲出)명구《의학》〈심장 질환〉심장막 내 장액의 양이 악성 종양의 침윤에 의해 증가하는 현상. 삼출액을 배액해도 빠른 속도로 다시 고인다.

안구 고혈압(眼球高血壓)명구《의학》〈고혈압〉경도 또는 중간 정도의 안압 상승이 이루어졌으나, 시신경 유두와 시야에 녹내장성의 변화가 없는 상태. ¶ 코솝-S 점안액은 개방각 녹내장 환자의 증가된 안내압 감소 또는 베타차단제로 불충분한 안구 고혈압의 감소를 위한 점안제로 보존제가 없는 최초의 녹내장 점안제이다.

안구 심장 반사(眼球心臟反射)명구《의학》〈심장 질환〉눈알을 누르거나 눈 밖 근육을 당기는 것과 연관되는 맥박의 감소. 어린이들에게서 특히 민감하게 나타나며, 비수축 심장 정지를 야기할 수 있다.〈유〉눈 심장 반사, 눈알 심장 반사

안구 표정 반사(眼球表情反射)명구《의학》〈당뇨〉묽심한 뇌출혈로 인한 혼수의 예에서, 눈알을 누르면 병터의 반대편 부위의 안면 표정 근육의 수축이 일어나는 반사. 이때 혼수가 당뇨, 요독증, 혹은 다른 독성 원인으로 오면 반사가 양쪽에서 나타난다.

안면근 반사(顔面筋反射)명구《의학》〈당뇨〉된 출혈로 인한 혼수상태일 때에 눈알을 누르면 병터의 반대편 부위의 안면 표정 근육의 수축이 일어나는 현상. 만약 혼수가 당뇨병, 요독증, 또는 다른 독성 원인으로 일어난 것일 경우 반사가 양쪽에서 나타난다.〈유〉얼굴 반사(얼굴反射)

안면통(顔面痛)[안면통]명《의학》〈통증〉삼차 신경의 분포 영역에 생기는 통증 발작. 얼굴 한쪽이 심하게 아프며 후두부나 어깨까지 아플 수도 있는데 중년 이후의 여성에게 많다. 원인은 분명하지 않으나, 뇌줄기에 발생한 종양이나 뇌동맥 자루가 원인일 가능성이 있고, 다발 경화증의 증상으로 나타

날 수도 있으며 뇌 바닥 세동맥의 동맥 경화증이 원인이 되는 경우도 있다. 〈유〉 삼차 신경통(三叉神經痛), 얼굴 신경통(--神經痛)

안저 동맥(眼底動脈) 명구 《의학》〈고혈압〉/〈당뇨〉 눈바닥에 있는 망막 중심 동맥. 이것의 경화 정도를 검사하여 뇌의 동맥 경화증의 정도를 알 수 있으며, 고혈압·당뇨병 따위의 진단에도 이용한다. ¶안저 동맥의 경화 정도를 검사하여 뇌의 동맥 경화증의 정도를 알 수 있으며, 고혈압·당뇨병 등의 진단에도 이용한다.

안저 출혈(眼底出血) 명구 《의학》〈고혈압〉 망막 혈관이 터져서 일어나는 출혈. 안구 타박·고혈압증·동맥 경화증 따위에 의하여 일어나며, 시력 장애·암점(暗點)·시야 결손 따위의 증상이 나타난다. ¶당뇨병에 의한 안저 출혈, 고혈압에 의한 안저 출혈 등 안저 출혈의 원인은 다양하다.

안저 혈압(眼底血壓) 명구 《의학》〈고혈압〉 망막을 지나는 동맥의 혈압. 그 값은 뇌동맥의 혈압값에 가까우므로, 고혈압 환자에게 임상적 의의가 크다. ¶안저 혈압은 팔의 혈압의 50~60%에 해당할 만큼 낮은 것이 보통이지만 70%이상이 되면 뇌일혈의 위험이 있다.

알 수 없는 알레르기 코염(알수없는Allergie코炎) 명구 《의학》〈알레르기〉 확인되지 않은 항원에 의해 코 점막이 그 항원에 대하여 과민 반응을 나타내는 상태. 알레르기를 일으키는 원인 물질이 코 점막에 노출된 후 자극 부위로 비만 세포, 호산구를 비롯한 여러 종류의 '면역 글로불린 이'를 매개로 하는 염증 세포가 몰려들어 이들이 분비하는 다양한 매개 물질에 의하여 염증 반응이 발생하는 질환이다.

알도스테론증(aldosterone症) 명 《의학》〈고혈압〉 알도스테론이 과잉 분비되어 생기는 병. 고혈압, 알칼리증 따위가 있다. ¶이차성 고혈압과 관련된 증상 가운데 '알도스테론증'의 경우 다뇨와 근육마비, 쇠력감 등이 나타납니다.

알러지(allergy) 명 《의학》〈알레르기〉 '알레르기'의 비규범 표기. 처음에 어떤 물질이 몸속에 들어갔을 때 그것에 반응하는 항체가 생긴 뒤, 다시 같은 물질이 생체에 들어가면 그 물질과 항체가 반응하는 일. 천식, 코염, 피부 발진 따위의 병적 증상이 일어난다.

알레르기(Allergie)명《의학》〈알레르기〉1.처음에 어떤 물질이 몸속에 들어갔을 때 그것에 반응하는 항체가 생긴 뒤, 다시 같은 물질이 생체에 들어가면 그 물질과 항체가 반응하는 일. 천식, 코염, 피부 발진 따위의 병적 증상이 일어난다. 2.어떤 사물이나 현상을 거부하는 심리적 반응을 비유적으로 이르는 말.〈참〉무반응 ¶나는 어설픈 광경이나 노래에 접하면 생리적으로 분격하는 알레르기 증세를 가지고 있는 터였다. / 1세 미만의 아기에게 가장 많은 알레르기 반응을 일으키는 식품은 계란과 우유인 것으로 밝혀졌다.

알레르기 결막염(Allergie結膜炎)명구《보건일반》〈알레르기〉눈의 가려움증 및 부종, 충혈, 잦은 눈물을 특징으로 하는 알레르기 질환. 계절성과 통년성이 있으며, 계절성은 꽃가루, 풀 따위에 의한 알레르기를 가진 경우 비염 증상과 동 반하여 발생하고, 통년성은 주로 집먼지진드기, 애완동물, 곰팡이에 의하여 발생된다.

알레르기 과민성(Allergie過敏性)명구《의학》〈알레르기〉알레르기에 대하여 민감도가 증가한 상태.

알레르기 반응 검사(Allergie反應檢査)명구《약학》〈알레르기〉알레르기를 유발할 것으로 의심되는 약물이나 물질을 피내로 주사하여 발적이 일어나는 정도로 알레르기 유발 가능성을 평가하는 시험.〈유〉알레르기 피부 반응 검사

알레르기 비염(Allergie鼻炎)명구《의학》〈알레르기〉먼지, 꽃가루 따위의 항원에 대한 알레르기 반응으로 코점막에 생기는 염증. 재채기, 콧물이 쉴 새 없이 나서 감기에 걸린 것 같은 상태가 된다. 흔히 천식이나 두드러기와 함께 일어나는 경우가 많다.〈유〉알레르기 코염, 알레르기성 비염

알레르기 소질(Allergie素質)명구《의학》〈알레르기〉어떤 물질을 투여하였을 때 천식, 화분증, 두드러기 따위의 알레르기 질환이 생기기 쉬운 체질.〈유〉알레르기 체질

알레르기 습진(Allergie濕疹)명구《의학》〈알레르기〉알레르기 반응에 의한 반, 구진, 혹은 잔물집 발진.

알레르기 식중독(Allergie食中毒)명구《의학》〈알레르기〉과민한 체질을 가진 사람이 정상적인 사람에게는 아무렇지도 아니한 어떤 음식을 먹고 일으키는 식중 단백질 식품에 의하여 잘 일어나며 습진, 두드러기, 구토, 설사 따위의 증상이 나타난다.〈유〉알레르기성 식중독

알레르기 유발 물질(Allergie誘發物質)명구《의학》〈알레르기〉알레르기 반응과 특이 과민증을 일어나게 하는 물질. 모든 사람을 면역 반응이 일어나도록 자극하는 것이 아니라 이전에 그것에 대한 '감작' 경험이 있는 사람만을 자극한다.〈유〉알레르기원 ¶특정한 알레르기 유발 물질과의 접촉이 성장 후 체질 결정에 주요한 영향을 미치는 것으로 유추되고 있다.

알레르기 육아종증(Allergie肉芽腫症)명구《의학》〈알레르기〉중간 또는 작은 크기의 혈관에 혈관염이 발생하는 것을 특징으로 하는 질환. 혈관염 주위에는 육아종이 잘 생기며, 천식, 알레르기 비염, 호산구 증가증, 피부 결절이 나타날 수 있다.〈유〉처크·스트라우스 동맥염

알레르기 자색반(Allergie紫色斑)명구《의학》〈알레르기〉혈관 벽에 알레르기성 염증이 생겨 쉽게 피가 나는 병. 흔히 팔다리에 좁쌀알 크기의 자색 반점이 대칭적으로 많이 생긴다.〈유〉알레르기성 자반증

알레르기 자색반병(Allergie紫色斑病)명구《의학》〈알레르기〉식물, 약물 및 곤충 물림에 의한 혈소판 비감소 자색반.

알레르기 접촉성 피부염(Allergie接觸性皮膚炎)명구《의학》〈알레르기〉화학 물질이나 동물성·식물성 따위의 자극 물질에 직접 접촉함으로써 발생하는 피부의 급성 염증. 옻나무나 오크 따위의 야생 식물로 인한 풀독이 대표적이다.〈유〉알레르기 접촉 피부염, 알레르기성 접촉 피부염, 알레르기성 접촉성 피부염

알레르기 질환(Allergie疾患)명구《의학》〈알레르기〉알레르기에 의하여 일어

나는 병. 알레르기 코염, 천식, 두드러기, 화분증, 혈청병 따위를 포함한다.

알레르기 질환자(Allergie疾患者) 명구 《의학》〈알레르기〉 알레르기 질환을 앓고 있는 사람. ¶영아 3명 중 1명이 아토피 피부염 발병 위험을 안고 있으며, 가족 중 알레르기 질환자가 있으면 발병 위험이 훨씬 높아지는 것으로 나타났다.

알레르기 체질(Allergie體質) 명구 《의학》〈알레르기〉 어떤 물질을 투여하였을 때 천식, 화분증, 두드러기 따위의 알레르기 질환이 생기기 쉬운 체질.

알레르기 코염(Allergie코炎) 명구 《의학》〈알레르기〉 먼지, 꽃가루 따위의 항원에 대한 알레르기 반응으로 코점막에 생기는 염증. 재채기, 콧물이 쉴 새 없이 나서 감기에 걸린 것 같은 상태가 된다. 흔히 천식이나 두드러기와 함께 일어나는 경우가 많다. 〈유〉 알레르기성 비염

알레르기 피부염(Allergie皮膚炎) 명구 《의학》〈알레르기〉 피부염을 일으키는 항원에 접촉하여 알레르기 반응이 일어나 생기는 피부염. 〈유〉 알레르기성 피부염

알레르기 항원(Allergie抗原) 명구 《보건일반》〈알레르기〉 과민 반응을 유발하는 항원. 꽃가루, 음식물의 특정한 성분, 의약품 따위가 있다.

알레르기 항원성(Allergie抗原性) 명구 《의학》〈알레르기〉 알레르기를 유발할 수 있는 성질.

알레르기 행진(Allergie行進) 명구 《보건일반》〈알레르기〉 개인의 알레르기 질환이 연령에 따라 형태를 달리하며 행진하듯 나타나는 현상. 일반적으로 영아기에 아토피 피부염과 식품 알레르기, 학령(學齡) 전기에 천식, 학령기에 알레르기 비염이 나타난다.

알레르기 혈관염(Allergie血管炎) 명구 《의학》〈알레르기〉 약물, 감염, 이물질 따위가 원인이 되어 이에 대한 과민 반응으로 발생하는 혈관염.

알레르기내과(Allergie內科) 명 《의학》〈알레르기〉 알레르기로 인하여 기관 내부에 생긴 병을 물리 요법이나 약으로 치료하는 의학 분야, 또는 병원의 그

부서. ¶봄철 알레르기 질환으로 고생하던 중, O 씨는 지인의 추천으로 전문 알레르기내과를 찾았다. / 알레르기내과는 전신적인 알레르기 질환을 모두 포괄적으로 볼 수 있다는 것이 강점으로 손꼽힌다.

알레르기원(Allergie原)명《의학》〈알레르기〉알레르기 반응과 특이 과민증을 일어나게 하는 물질. 모든 사람을 면역 반응이 일어나도록 자극하는 것이 아니라 이전에 그것에 대한 '감작' 경험이 있는 사람만을 자극한다.〈유〉알레르기 유발 물질

알레르기증(Allergie症)명《의학》〈알레르기〉알레르기에 의해 초래되는 비정상적인 상태.

알레르기학(Allergie學)명《의학》〈알레르기〉알레르기의 병인, 진단, 치료에 대하여 연구하는 의학의 한 분야.

알렌의 역설칙(Allen의逆說則)명구《의학》〈당뇨〉정상인에게 포도당의 이용은 섭취량에 비례하나, 당뇨병 환자에게는 반비례한다는 법칙.

알록산(alloxan)명《의학》〈당뇨〉적색 결절 모양으로 된 요산 산화물. 이자의 랑게르한스섬 세포를 파괴하는 성질이 있어 당뇨병을 일으킬 수 있다.

알부민뇨(albumin尿)명《의학》〈당뇨〉오줌 속에 혈청 단백질, 즉 혈청 알부민, 혈청 글로불린 따위가 감지할 만한 양으로 존재하는 병증.

알스트램 증후군(Alström症候群)명구《의학》〈당뇨〉눈떨림과 중심 시야 소실이 있는 망막 변성. 소아 비만과 관계가 있다. 감각 신경 난청과 당뇨병이 대개 10세 이후에 일어난다. 보통 염색체 열성 유전이다.

알짝지근하다( )[알짝찌근하다]형〈통증〉(살이) 따끔따끔 찌르는 듯이 아프다. ¶몸살이 났는지 살가죽이 알짝지근하다.

알츠하이머 질환(Alzheimer疾患)명구《의학》〈알츠하이머〉원인을 알 수 없는 뚜렷한 뇌 위축으로 기억력과 지남력이 감퇴하는 병. 노인성 치매와 거의 같은 뜻으로 쓴다.

알츠하이머 치매(Alzheimer癡呆)명구《의학》〈알츠하이머〉치매 증상을 나타내

는 점진적인 퇴행성 뇌 질환. 이는 가장 흔한 퇴행성 뇌 질환으로 모든 치매의 70%에 달한다. 기억력 장애, 혼동, 공간 지각력 장애, 지남력 장애, 이름 못 대기 등의 언어 기능 장애, 계산 능력 저하, 판단력의 와해로 발현되는 치매 증상을 보이며, 망상과 환각도 일어난다. 통상 증상 발병은 중년 이후에 시작되며, 5~10년 후에 걸쳐 사망에 이른다.

알츠하이머병(Alzheimer病) 명 《의학》〈알츠하이머〉 원인을 알 수 없는 뚜렷한 뇌 위축으로 기억력과 지남력이 감퇴하는 병. 노인성 치매와 거의 같은 뜻으로 쓴다. ¶올해 85번째 생일을 맞이한 레이건은 기억세포가 파괴되는 알츠하이머병으로 자신이 8년간 대통령을 지낸 사실조차 기억하지 못한다. / 하루에 한번 마시면 기억력을 높여줘 알츠하이머병을 예방할 수 있는 밀크쉐이크가 조만간 개발될 것으로 보인다.

알츠하이머형 노인 치매(Alzheimer型癡老人呆) 명구 《의학》〈알츠하이머〉 도파민 및 세로토닌계의 균형이 맞지 않는 노인에게 나타나는 알츠하이머성 치매의 증상.

알코올 간경화증(alchohol肝硬化症) 명구 《의학》〈간 질환〉 만성 알코올 중독에서 자주 발생하는 질환. 초기에는 가벼운 섬유증과 함께 지방 변화로 간이 커지고 나중에는 간 수축과 함께 라에넥 간경화가 나타난다.

알코올 간염(alcohol肝炎) 명구 《의학》〈간 질환〉 과다한 알코올 섭취로 인한 간의 급성 혹은 만성적인 염증 상태. 식욕 부진, 복부의 통증, 비장 증대, 간 증대, 황달, 복수, 뇌 질환 등을 나타낸다. 〈유〉 알코올성 간염(alcohol性肝炎)

알코올 심근 병증(alcohol心筋病症) 명구 《의학》〈심장 질환〉 장기간의 주정 중독 환자의 일부에서 나타나는 심근 질환. 주정 중독의 직접적인 결과 또는 티아민 결핍 또는 미지의 병태 생리에 의해 발병한다. 보통 호흡 곤란, 두근거림, 심장의 비대와 심장 기능 상실이 동반된다. 〈유〉 알코올성 심근 병증¶ 알코올 심근 병증이 발생할 확률은 전 생애에 걸쳐 섭취한 알코올의 양과 연관돼 있으며 남자의 경우 하루에 80g 이상의 알코올을 5년 이상 마시면 발생 위험도가 증가할 수 있다.

알코올성 심근 병증(alcohol性心筋病症)명구《의학》〈심장 질환〉장기간 알코올을 섭취한 만성 중독 환자의 일부에게서 나타나는 심근 질환. 알코올 중독의 직접적인 결과로, 티아민 결핍 또는 불확실한 병태 생리로 인하여 발병한다.〈유〉알코올 심근 병증 ¶장기간의 음주는 알코올 중독도 문제지만 알코올성 심근병증(alcoholic cardiomyopathy)으로 발전하는 경우가 있다.

알콜성 치매(alcohol性癡呆)명구《의학》〈알츠하이머〉오랜 기간 알코올을 과다 복용 하여 발생하는 신경 손상과 인지 장애. 정확한 진단 기준 및 실제 알코올이 치매에 기여하는 정도와 비슷한 증상을 보이는 타 질환과의 관련성에 대해서는 아직 충분히 확립되지 않았다. ¶적정한 음주는 치매 예방에 도움이 되지만 하루 6잔 이상의 지나친 음주는 뇌손상을 불러 알콜성 치매로 이어질 가능성이 크므로 주의해야 한다. / 과음 혹은 폭음 하게 될 경우 소화기 질병은 물론 각종 두통, 간 질환과 심혈관 질환, 알콜성 치매 증상 등을 유발할 수 있으므로 주의해야 한다.

암(癌)[암]명《의학》〈암〉생체 조직 안에서 세포가 무제한으로 증식하여 악성 종양을 일으키는 병. 결국에는 주위의 조직을 침범하거나 다른 장기에 전이하여 생체를 죽음에 이르게 한다. 유전성 외에 물리적 자극, 화학적 자극, 바이러스 감염 따위가 원인이며 완치는 어려우나 외과 수술, 방사선 요법, 화학 요법으로 치료한다.〈유〉암종(癌腫) ¶일본의 유명 피아니스트이자 영화 음악의 거장 사카모토 류이치가 암 투병 끝에 세상을 떠났다. / 유방암, 부인과암, 결장암, 폐암은 여성들이 가장 많이 걸리는 암이다.

암 가슴막염(癌가슴膜炎)명구《의학》〈암〉암이 원인이 되어 발생하는 가슴막염. 유방·폐·위·식도 따위 가까운 장기(臟器)의 암이 전이된 것이 많으며, 보통의 가슴막염보다 호흡 곤란과 흉부 통증이 심하다. ¶암 가슴막염과 같이 들어보지 못한 생소한 병에서 지원 범위를 넓혀 주목할 만하다.

암 궤양(癌潰瘍)명구《의학》〈암〉암 조직이 괴사하여 생기는 궤양. 대개 암 조직의 가운데에 나타나며 그 둘레에는 암세포가 증식하게 된다. ¶돌나물은 암궤양에도 좋다.

암 바이러스(癌virus)명구《보건일반》〈암〉암을 일으키는 바이러스. ¶인간이나 동물 감염 후 암을 일으키는 바이러스를 총칭하여 암 바이러스라고 한다.

암 복막염(癌腹膜炎)명구《의학》〈암〉암이 원인이 되어 발생하는 만성 복막염. 보통 위, 장, 난소 따위의 암이 복막으로 전이되어 일어난다. ¶암 복막염은 초기 진단은 어렵고 수술 시나 각종 증상이 나타난 후 진단되는 경우가 대부분입니다.

암 유발 물질(癌誘發物質)명구《생명》〈암〉암종(癌腫) 또는 다른 악성 종양을 일으킬 수 있는 물질. 실험동물에 투여하였을 때 비교적 짧은 시일 안에 고율(高率)의 암을 발생시킬 수 있는 것으로, 방향족 탄화수소·아민류·아조(azo) 화합물·방사성 물질 따위의 많은 화학 물질이 이에 속한다. 〈유〉발암물질 ¶WHO가 술을 암 유발 물질로 분류했다.

암 재발(癌再發)명구《의학》〈암〉일단 치료된 암이 재발하는 일. ¶과도한 체중이 전립선암 재발 위험을 높이는 것으로 나타났다. / 암 재발을 막기 위해 여러가지 면역 관리 생활 습관을 철저하게 지키고 있다.

암 전이(癌轉移)명구《의학》〈암〉암이 발병 부위로부터 다른 곳으로 옮겨서 증식하는 일. 〈유〉암종증 ¶의사는 환자의 암 전이 상태를 확인하기 위해 개복을 했다.

암 침윤(癌浸潤)명구《의학》〈암〉암 조직이 주위의 조직으로 뚫고 들어가 증식하는 일. ¶김 교수팀은 대장용종 29례 중 2례(6.9%)에서 부분적인 암 침윤이 발견돼 위암이나 대장암으로 진행될 가능성이 있는 환자를 조기치료하는데 성공했다.

암반응(癌反應)[암ː바능]명《의학》〈암〉암이 있는 조직이 보이는 특별한 생화학적 반응. 이를 이용하여 암을 조기 진단하는 데 활용한다. 혈청학적 반응, 피부 반응, 오줌을 사용하는 반응이 있다. 〈참〉 명반응(明反應) ¶암반응이란 암진단을 위하여 고안된 검사법으로서, 암종에 의해 뭔가 특이물질이 만들어지고 있지는 않는지, 항체가 만들어져 있지 않는지, 또는 혈액뇨의 물리화학적 변화가 있지는 않는지 하는 생각에서 오래전부터 여러 가지 방법이 사용되었다.

암성(癌性)[암:성]명《의학》〈암〉어떤 병이나 증상이 암으로 말미암아 생기는 성질. ¶암성 통증이란 암 환자 또는 암 생존자에서 암으로 인한 모든 통증을 의미한다.

암성 궤양(癌性潰瘍)명구《의학》〈암〉암궤양의 전 용어.

암성 늑막염(癌性肋膜炎)명구《의학》〈암〉암가슴막염의 전 용어.

암성 복막염(癌性腹膜炎)명구《의학》〈암〉암복막염의 전 용어.

암성 재발(癌性再發)명구《의학》〈암〉암 재발의 전 용어.

암성 전이(癌性轉移)명구《의학》〈암〉암 전이의 전 용어.

암성 침윤(癌性浸潤)명구《의학》〈암〉암 침윤의 전 용어.

암세포(癌細胞)[암:세포]명《생명》〈암〉암을 이루는 세포. 분열 능력이 크며 모양이나 크기가 정상 세포와 다르다. ¶암세포는 정상 세포보다 많은 포도당을 소비하기 때문에 과도한 당류 섭취는 암세포를 키우는 부작용이 생길 수 있다. / 미국 펜실베이니아대 의대 연구팀의 연구 결과에 따르면 녹차의 에피갈로카테킨(EGCG)이 정상 세포는 그대로 둔 채 암세포만 죽이는 것으로 나타났다.

암유전자(癌遺傳子)[암:뉴전자]명《생명》〈암〉세포의 암 변화를 일으키는 유전자. 정상 세포에 존재하며, 발암 물질이나 노화 따위에 의하여 세포에 암화 명령을 내린다고 판단된다. ¶종양 유전자는 암 변이를 일으킬 수 있는 잠재능력을 가진 유전자로 암유전자라고도 한다.

암유전자설(癌遺傳子說)[암:뉴전자설]명《생명》〈암〉모든 동물 세포에는 암을 만드는 유전자가 있다는 학설. 발암 물질이나 암 바이러스의 작용 따위의 계기가 있으면, 억제되던 암 변화 활동이 시작된다는 것이다. ¶처음 암 유전자설을 주장한 R.J. Huebner와 G.J. Todaro는 모든 척추동물세포는 C형의 RNA 암바이러스유전자를 통상 유전자의 일부로 갖고 있는 것으로 생각하였다.

암종(癌腫)[암:종]명《의학》〈암〉표피, 점막, 샘 조직 따위의 상피 조직에서 생기는 악성 종양. 조직을 파괴하고 각 부위로 전이를 일으킨다. 혀암, 후두암, 식도암, 이자암, 곧창자암, 폐암, 유방암, 자궁암, 피부암 따위가 있다.〈유〉암(癌) ¶국내 연구팀이 엑소좀을 활용해 한 번의 혈액검사로 6개 암종을 동시에 조기진단 할 수 있는 기술을 개발하였다.

암종 심장막염(癌腫心臟膜炎)명구《의학》〈심장 질환〉암으로 인하여 이차적으로 발생한 심장막염.

암종증(癌腫症)[암:종쯩]명《의학》〈암〉암이 발병 부위로부터 다른 곳으로 옮겨서 증식하는 일.〈유〉암 전이 ¶의학적 진단은 '진행성 위암 4기 암종증으로 인한 병사'라고 밝혔다.

압통(壓痛)[압통]명〈통증〉피부를 세게 눌렀을 때에 느끼는 아픔. ¶나무 기둥에 깔린 인부가 압통을 참지 못해 비명을 질렀다.

압통점(壓痛點)[압통쩜]명《의학》〈통증〉피부를 눌렀을 때에 아픔을 특히 강하게 느끼는 부위. 신경이 갈라지거나 깊은 층에서 얕은 층으로 나타나는 곳에 있는데, 특정 지점의 비정상적인 아픔은 특정 병과 관계가 있으므로 진단의 한 방법이 된다. ¶그는 압통점과 기맥에 수지침을 놓았다.

앞 발 습진(앞발濕疹)명구《의학》〈알레르기〉발바닥의 앞부분에 피부염이 주로 발생하는 질환. 어린아이에게 많으며, 피부 표면이 건조해지는 증상 따위가 나타난다. 양말이나 신발과의 마찰, 땀 축적과 관련이 있는 것으로 알려져 있다.〈유〉마른 발바닥 피부염, 아토피 겨울발

앞쪽 심장 기능 상실(앞쪽心臟機能喪失)명구《의학》〈심장 질환〉심장 기능 상실 증상이 심장 혈류 방향의 뒤에서 앞으로 파급되는 현상.〈유〉전향 심장

부전(前向心藏不全)

앵두술( )[앵두술]명〈만성 하기도질환〉과실주의 하나. 소주 따위에 앵두와 당류를 섞어 만든다. 폐 기능을 강화하고 천식과 담에 효능이 있다. ¶각종 곡주뿐만 아니라 이 집에서 담근 매실주와 앵두술도 손님들에게 꽤 인기가 좋다. / 특히 이번 축제는 기존의 먹을거리 축제에서 벗어나 앵두 입술 콘테스트, 앵두술 담그기, 고사리 채취, 인절미, 도토리묵 만들기 등 다양한 체험 행사 위주로 진행된다.

야간통(夜間痛)[야:간통]명《의학》〈통증〉밤에 잠들어 있을 때에만 일어나는 통증. ¶오십견의 경우에는 저녁에 통증이 심해지는 야간통이 발생해 수면 장애가 일어나기도 한다.

야뇨증(夜尿症)[야:뇨쯩]「의학」《일반》〈당뇨〉밤에 자다가 무의식 중에 오줌을 질금질금 싸는 증세.〈유〉유뇨증(遺尿症) ¶우리 아들은 한약으로 야뇨증을 고쳤다.

약물 과민 반응(藥物過敏反應)명구《약학》〈알레르기〉약물을 복용함으로써 생체에 일어나는 과민 반응. 해열 진통제와 항생 물질에서 두드러지게 나타나며 발진, 관절통, 부종 외에 쇼크도 일으킨다.〈유〉약물 알레르기

약물 발진(藥物發疹)명구《약학》〈알레르기〉약을 쓴 뒤에 몸에 피부 발진이 돋는 일. 흔히 사용하는 항생제, 진통제 따위가 원인이 되는 경우가 많으며 알레르기 체질인 사람에게 생기기 쉽다.〈유〉약진

약물 알레르기(藥物Allergie)명구《약학》〈알레르기〉약물을 복용함으로써 생체에 일어나는 과민 반응. 해열 진통제와 항생 물질에서 두드러지며, 발진·관절통·부종 외에 쇼크도 일으킨다.〈유〉약물 과민 반응

약물 유발 간염(藥物誘發肝炎)명구《의학》〈간 질환〉약물에 의한 간세포의 손상으로 일어나는 간염.

약식염천(弱食鹽泉)[약씨겸천]명《지구》〈위장병〉광천 1kg 중에 식염 5그램 이하가 들어 있는 식염천. 만성 위장병에 효험이 있다.〈유〉강식염천

ㅇ

약열(藥熱)[야결]명《약학》〈알레르기〉약물에 대한 알레르기 반응으로 생기는 열. 약물의 투여를 중지하면 곧 괜찮아진다.

약진(藥疹)[약찐]명《약학》〈알레르기〉약을 쓴 뒤에 몸에 피부 발진이 돋는 일. 흔히 사용하는 항생제, 진통제 따위가 원인이 되는 경우가 많으며 알레르기 체질인 사람에게 생기기 쉽다.

약진 알레르기(藥塵 Allergie)명구《의학》〈알레르기〉약사가 가루약을 조제하다가 걸리는 알레르기성의 피부염이나 코염 따위를 통틀어 이르는 말.

양( )[양]명《옛말》〈위장병〉'위'의 옛말.

양간(羊肝)[양간]명《한의》〈간 질환〉양의 간. 한방에서 간장병의 약으로 쓴다.

양간(養肝)[양:간]명《한의》〈간 질환〉혈(血)을 길러 간(肝)을 부드럽게 하는 치료법.〈유〉양혈유간

양성 고혈압(良性高血壓)명구《의학》〈고혈압〉비교적 오랜 기간에 걸쳐 증상이 드러나지 않는 고혈압.

양성자선 암 치료(陽性子線癌治療)명구《의학》〈암〉입자선을 이용한 암 치료 방법. 양성자 광선을 정밀하게 제어하여 암 부위에만 정확하게 쬠으로써 국소적으로 치료한다.≒양자선 암 치료.〈유〉양자선 암 치료 ¶양성자선 암 치료는 양성자선을 암세포에만 핀포인트로 조사하여 다른 장기에 손상을 주지 않는다.

양수 과다(羊水過多)명구《의학》〈당뇨〉양수가 비정상적으로 많은 상태. 일반적으로 2,000ml 이상인 경우로, 산모의 당뇨병, 다산, 염색체 이상 따위가 관찰될 수 있다. 산모의 양수 과다 혹은 과소 시 태아의 기형·조산을 유발할 확률이 높아진다는 연구 결과가 있다. ¶임산부에게 당뇨가 있는 경우, 모체의 고혈당증이 태아의 고혈당증을 일으키는데, 이에 따라 삼투압 이뇨와 양수 내 포도당 증가에 의한 삼투압 차로 수분이 양수 내로 이동하여 양수과다증이 발생할 수 있다.

양자선 암 치료(陽子線癌治療)명구《의학》〈암〉입자선을 이용한 암 치료 방법. 양성자 광선을 정밀하게 제어하여 암 부위에만 정확하게 쬠으로써 국소적으로 치료한다.〈유〉양성자선 암 치료 ¶양자선 암 치료법이 암 치료의 유망한 대안으로 떠오르고 있지만 의료 기관들에서 찾아볼 수 있는 주류를 이루는 서비스가 되기에는 아직 요원하다.

양혈유간(養血柔肝)[양:혈류간]명《한의》〈간 질환〉혈(血)을 길러 간(肝)을 부드럽게 하는 치료법.〈유〉양간, 유간 ¶시호청간탕에는 황련해독탕과 사물탕이 들어있는데 황련해독탕(黃連解毒湯)은 오래된 흉중열을 청열해독하고, 사물탕(四物湯)은 양혈유간(養血柔肝)해 보혈과 간기능을 좋게 한다. 이 처방 중에서 당귀와 백작약은 양혈유간(養血柔肝), 시호는 소간해울의 작용이 있고, 박하를 약간 넣는 것은 소통시키는[疏散條達] 효능을 증가시키기 위한 것이다.

어깨통(어깨痛)[어깨통]명《의학》〈통증〉목덜미로부터 어깨에 걸쳐 일어나는 근육통을 통틀어 이르는 말. 피로가 주된 원인이며 대개 어깨에 둔한 통증이 있다. ¶밤 중 욱신거리는 어깨통 때문에 잠을 설치고 팔을 들어 올릴 때 일정 각도와 동작에서 통증이 나타난다.

어릿하다( )[어리타다]형〈통증〉(혀나 혀끝이) 몹시 쓰리고 따가운 느낌이 있다. ¶가지를 날로 먹으니 혀끝이 어릿하다.

어의 실어증(語義失語症)명구《의학》〈알츠하이머〉단어나 구, 문장을 충분히 해득하지 못하는 실어증. 이러한 환자들은 자신이 듣거나 본 말들을 잘못 이해하여 단어나 구, 문장을 잘못 구사한다.

어지럽다( )[어지럽다]형〈통증〉몸을 제대로 가눌 수 없이 정신이 흐리고 얼떨떨하다. ¶아버지가 돌아가셨다는 소식을 듣자 갑자기 머리가 어지러워서 몸을 가눌 수가 없었다. / 그는 몹시 어지러운 듯 비틀거렸다.

어질어질하다( )[어질어질하다]형〈통증〉자꾸 또는 매우 정신이 아득하고 어지럽다. ¶허기 때문에 머리가 어질어질하다. / 그게 이것 같고 이게 그것

같아서, 제자리에 서서 맴을 돈 것처럼 어질어질했다.

어해적(魚蟹積)명《한의》〈위장병〉생선이나 게 따위를 많이 먹어 복통과 구토가 생기는 배탈.

어혈 요통(瘀血腰痛)명구《한의》〈통증〉외상(外傷)으로 인하여 또는 산후(産後)에 허리에 어혈이 생겨서 나타나는 요통(腰痛). ¶어혈 요통은 밤에 통증이 심해지는 것이 특징이다.

어혈통(瘀血痛)[어:혈통]명《한의》〈통증〉어혈이 진 부위가 아픈 증상. ¶교통사고나 사다리에서 떨어지는 등 타박에 의한 내상으로 생기는 어혈통은 처음에는 통증을 느끼지 못하다가도 시간이 지나면서 서서히 몸이 무겁거나 통증을 느끼게 된다.

억간(抑肝)[억깐]명《한의》〈간 질환〉간기(肝氣)가 지나치게 왕성한 것을 억제하는 치료 방법.

언어 상실증(言語喪失症)명구《의학》〈알츠하이머〉대뇌의 손상으로 어릴 때부터 습득한 언어의 표현이나 이해에 장애가 생기는 병적 증상. 발화하는 근육은 정상이지만 뇌의 언어 중추 이상으로 일어나며, 운동성 실어와 감각성 실어, 또는 이 두 가지의 혼합형이 있다.〈유〉실어증

언어 실행증(言語失行症)명구《의학》〈알츠하이머〉음소를 올바르지 못한 것으로 바꾸어 말하는, 언어 구사에 이상이 나타나는 증상.

얼굴통(얼굴痛)[얼굴통]명《의학》〈통증〉특정한 내장 질환이 있을 때 신체의 일정한 피부 부위에 투사되어 느껴지는 통증. 이자염일 때 좌측 흉부의 피부에 통증을 느끼거나 요석이 있을 때 샅굴 부위에 통증을 느낀다.〈유〉삼차 신경통(三叉神經痛), 안면통(顔面痛)

얼얼하다( )[어럴하다]형〈통증〉1.(몸의 일부가) 상처가 나거나 하여 몹시 아리다. 2.(입안이나 혀가) 몹시 맵거나 독한 것이 닿아 아리고 쏘는 느낌이 있다. ¶1. 맞은 뺨이 아직도 얼얼하다.2. 냉면이 얼마나 매운지 혀가 다 얼얼하다.

에르고트 알칼로이드 연관 심장병(ergotalkaloid聯關心臟病)명구《의학》〈심장 질환〉판막을 포함한 심내막의 섬유증에 의한 심장병. 협착증 또는 역류를 일으키며, 에르고트 알칼로이드를 사용했을 때 발생할 수 있다.

에이다( )[에이다]동〈통증〉(사람이나 사물이 날카로운 연장 따위에) 도려내듯 베이다. '에다'의 피동사. ¶추위에 살이 에일 것 같다.

에이비 이외 간염(AB以外肝炎)명구《의학》〈간 질환〉간염 바이러스 A와 B의 존재를 드러내는 방법으로는 검출할 수 없는 수많은 감염원에 의해 발생하는 간염.

에이즈 복합성 치매(AIDS複合性癡呆)명구《의학》〈알츠하이머〉후천 면역 결핍증 환자의 3분의 1이 경험하는 치매 현상. 뇌염 따위의 신경학적 영향으로 기억력 상실 및 다양한 수준과 형태의 치매를 일으킨다.

에이즈 치매 복합(AIDS癡呆複合)명구《의학》〈알츠하이머〉에이즈 환자에게 발생하는 뇌의 변성과 뇌염 따위의 신경학적 증상. 기억력 상실, 치매가 함께 나타난다.

에이형 간염(A型肝炎)명구《의학》〈간 질환〉에이형(A型) 간염 바이러스의 경구 감염으로 일어나는 간염. 늦은 여름에 4~10세의 어린이에게 감염되며, 15~30일의 잠복기를 거쳐 식욕 부진, 발열, 황달, 간 비대, 복통 따위의 증상을 보인다. 집단적으로 발병하는 일도 있다.〈유〉유행성 간염 ¶급성 A형 간염은 간염 바이러스의 한 종류인 A형 간염 바이러스(hepatitis A virus, HAV)에 감염되어 발생하는 급성 간염의 한 종류입니다.

에프형 간염(F型肝炎)명구《의학》〈간 질환〉1994년에 프랑스의 데카(Deka, N.)가 수혈한 환자의 대변에서 검출한 균. 여섯 번째 간염 바이러스로 보고되었었으나 간염과의 직접적인 연관성은 인정되지 못하였다.

에피소드 고혈압(episode高血壓)명구《의학》〈고혈압〉불안이나 정서적인 요소로 유발되는, 간헐적인 고혈압.

여포 암(濾胞癌)명구《의학》〈암〉소포에 생기는 암. 갑상선암의 10%를 차지

ㅇ

하며 40세 이상의 중년 여성에서 잘 발생한다. 주변 림프절 전이 빈도는 낮으나 혈관을 따라 전이를 잘하며 주로 뼈, 간, 폐 등에 전이된다. 10년 생존율은 70~90%이다. ¶유두 암과 여포 암은 암세포의 성장 속도가 매우 느리고 전이가 된 경우라도 완치가 가능하기 때문에 치료 성적은 다른 암에 비해 월등히 높다.

역류 회장염(逆流回腸炎)명구《의학》〈위장병〉만성 궤양 대장염에서 염증 및 궤양성 병터가 종말 돌창자에 생기는 증상. 이는 종말 돌창자 및 그 가까이에 있는 몸쪽 결장의 국한성 크론병과는 구별된다.〈유〉역류 돌창자염

역류성 식도염(逆流性食道炎)명구《의학》〈위장병〉식도 하부 조임근의 기형으로 인하여, 산성인 위 내용물이 식도로 역류되어 생기는, 식도 하부의 염증. ¶흡연이 역류성 식도염을 초래하는 중요한 위험 인자로 밝혀졌다는 연구 결과가 나왔다. / 여성에 비해 남성이 역류성 식도염에 2.8배 많이 걸린다는 연구 결과가 발표됐다.

연속적 거품소리(連續的거품소리)명구《의학》〈만성 하기도질환〉폐잡음의 일종으로, 분비물이 적은 기관지의 좁아진 곳을 호흡기(呼吸氣)가 통과할 경우에 생기는, '휴휴' 하는 피리를 부는 듯한 소리. 기관지 천식 등에서 현저하다.〈유〉건성 나음(乾性囉音), 건성 수포음(乾性水泡音) ¶연속적 거품소리는 높은 피리 소리와 저음의 코고는 소리로 나눌 수 있다.

연쇄 구균 폐렴(連鎖球菌肺炎)명구《의학》〈폐렴〉연쇄 구균의 감염에 의하여 발생하는 폐렴.

연쇄상 구균속(連鎖狀球菌屬)명구《보건일반》〈폐렴〉연쇄상으로 되어 있는 그람 양성 구균의 속. 토양, 물, 우유, 사람이나 동물의 입안, 코안, 인후에 존재하며 특히 병원성의 것은 단독(丹毒), 폐렴, 가운데귀염, 성홍열의 병원체이다. 녹색 연쇄상 구균, 용혈성 연쇄상 구균이 있다.

연하 곤란(嚥下困難)명구《의학》〈암〉음식물을 삼키기 어려운 증상. 목이나 식도에 병변이 있을 때 나타나고 중추적으로는 뇌종양의 경우에도 볼 수 있

다. 〈유〉 삼킴곤란(삼킴困難), 삼킴장애(삼킴障礙), 연하장애(嚥下障礙) ¶위암의 대표적인 증상으로는 연하 곤란이 있다.

연하 폐렴(嚥下肺炎)(명구)《의학》〈폐렴〉 음식물 따위가 기관지에 들어가서 일어나는 폐렴. 〈유〉 삼키기 폐렴

열궐 두통(熱厥頭痛)(명구)《한의》〈통증〉 머리가 아프고 번열이 나고 몹시 추운 겨울이라도 찬바람만 좋아하고 찬 바람을 쐬면 아픈 것이 잠깐 동안 멎었다가도 따뜻한 곳에 가거나 불을 보면 다시 아픈 증상

열대 당뇨 손 증후군(熱帶糖尿손症候群)(명구)《의학》〈당뇨〉 진행성이며 돌발적으로 퍼지는 손 패혈증. 주로 아프리카와 인도의 당뇨병 환자에게서 나타난다.

열대 습진(熱帶濕疹)(명구)《의학》〈알레르기〉 원인이 밝혀지지 않은 사지의 편쪽에 판 모양으로 나타나는 습진.

열복통(熱腹痛)[열복통](명)《한의》〈통증〉 배 속에 열이 몰려 갑자기 배가 아팠다 멎었다 하는 병. ¶열복통은 배를 만지면 뜨겁고 손이 닿으면 통증이 더욱 심해지는 특징이 있다.

열통(熱痛)[열통](명)《한의》〈통증〉 열을 동반하는 통증. 또는 열로 인한 통증.

엽성 폐렴(葉性肺炎)(명구)《의학》〈폐렴〉 여러 부위 림프 조직의 무한한 증식 및 눈에 띄는 비대, 혈액 및 여러 조직과 기관에서 림프구 계열 세포의 증식이 특징인 백혈병. 만성 질환에서의 세포는 성숙 림프구들인 반면, 급성더 질환인 경우에는 림프 모구들이 관찰된다.

엽절제(葉切除)[엽쩔쩨](명)《의학》〈암〉 어느 한 장기 또는 샘 안에서 해부학적으로 크게 구분된 한 부분인 엽을 제거하는 일. ¶갑상선을 제거하는 정도에 따라 전절제술과 엽절제술로 구분된다. / 갑상선암은 갑상선 전절제를 시행하면 갑상선 호르몬이 분비되지 않으므로 평생 갑상선 호르몬제를 복용해야 하며 엽절제를 시행한 경우에도 갑상선 호르몬제의 복용이 필요할 수 있다.

ㅇ

엽폐렴(葉肺炎)[엽폐렴/엽페렴]명《의학》〈폐렴〉폐렴 쌍구균으로 인하여 일어나는 폐렴. 오한, 구토, 경련으로 시작하여 높은 열이 나고 흉통, 호흡 곤란, 기침 따위의 증상이 나타난다.

영 증후군(Young症候群)명구《의학》〈만성 하기도질환〉폐쇄성 무정자증, 만성 코곁굴염, 기관지 확장증을 특징으로 하는 병. 폐 기능은 정상이나 점액의 점성이 높아 문제가 생기며, 정액의 점성이 높아 정자 이동이 어렵다.

영아 간염(嬰兒肝炎)명구《의학》〈간 질환〉생후 일이개월 사이에 발생하는 유아기 초기의 간염.

영아 복강병(嬰兒腹腔病)명구《의학》〈위장병〉생후 9개월 이전의 영아에서 보이는 글루텐 민감 소장병. 급성 발병, 설사, 복통 및 성장 저해가 특징이다.

영아 습진(嬰兒濕疹)명구《의학》〈알레르기〉영아에게 나타나는 습진. 임상 양상은 주원인 및 기전에 따라 다르다.

오른심장증(오른心臟症)[오른심장쯩]명《의학》〈심장 질환〉심장이 정상인과 달리 오른쪽에 있는 기형. 〈유〉우심-증(右心症) ¶동생의 심장은 조금 우측에 있는 오른심장증이다.

오매(烏梅)[오매]명《한의》〈당뇨〉덜 익은 푸른 매실을 짚불 연기에 쬐어 말린 것. 오래된 기침, 소갈(消渴), 설사에 쓰며 회충을 없애는 데도 쓴다. ¶매실을 오매로 섭취하면 당분은 줄이고 영양성분은 그대로 섭취할 수 있어 좋다.

오심(惡心)[오심]명《한의》〈암〉위가 허하거나 위에 한, 습, 열, 담, 식체 따위가 있어서 가슴 속이 불쾌하고 울렁거리며 구역질이 나면서도 토하지 못하고 신물이 올라오는 증상. ¶문집은 잠시도 떠나지 않는 오심이 또 부쩍 성하면서 구토를 일으킬까 봐 쉴 새 없이 침을 삼켰다. / 항암제와 관련한 오심은 통증이나 불안증과 마찬가지로 신경계에 이상이 생겨서 나타나는 증상이고 간호연구 저널 'Clinical Nursing Research'에 음악 치료를 통해 항암제와 관련한 오심을 완화시킬 수 있다는 실험 결과가 발표됐다.

오십견(五十肩)[오:십견]명《의학》〈통증〉어깨 관절을 둘러싼 관절막이 퇴행성 변화를 일으키면서 염증을 유발하는 질병. 50세 이후에 특별한 원인이 없이 나타나는 것이 특징이기 때문에 붙은 이름이다.〈유〉유착성 관절낭염(癒着性關節囊炎) ¶나이 먹어서 생기는 어깨 통증은 오십견일 확률이 많다.

오탄당뇨(五炭糖尿)[오:탄당뇨]명《의학》〈당뇨〉오줌 속에 오탄당(五炭糖)이 섞여 나오는 물질대사 이상증(異常症).〈유〉오탄당 요증(五炭糖尿症), 펜토스 요증(pentose尿症)

옥시테트라사이클린(oxytetracycline)명《약학》〈폐렴〉폐렴, 이질, 티푸스, 임질 따위의 치료에 쓰는 항생 물질. 방선균의 일종에서 뽑아낸 것으로 냄새가 없고 맛이 쓴 노란 결정성 가루이다. 독성이 적으며, 그람 양성균·그람 음성균·스피로헤타·리케차 따위에 의한 감염 치료에 효과가 있다.〈참〉테라마이신(Terramycin)

온간관(온肝管)[온:간관]명《의학》〈간 질환〉좌우 간관이 만나서 쓸개주머니관과 만나는 사이의 쓸개관.〈유〉총간관

온간동맥(온肝動脈)[온:간동맥]명《의학》〈간 질환〉간, 샘창자, 이자, 위장의 날문 부위에 혈액을 공급하는 동맥. 복강 동맥에서 나와 고유 간동맥, 위 샘창자 동맥, 오른 위장 동맥으로 갈라진다.〈유〉총-간동맥(總肝動脈) ¶복강 동맥에서 나온 온간동맥은 고유 간동맥이 되어 간에 산소를 운반한다.

올레안도마이신(oleandomycin)명《약학》〈폐렴〉방선균류에서 추출한 항생 물질. 포도상 구균·연쇄상 구균·폐렴 쌍구균·디프테리아균·수막염균·임균(淋菌) 따위에 의한 감염의 치료에 쓰이며, 다른 항생 물질에 내성이 생긴 세균에도 효과가 있다.

완선(頑癬)[완선]명《의학》〈알레르기〉피부병의 하나. 둥글고 불그스름한 헌데가 나고 몹시 가렵다. 남자에게 많으며 사타구니, 엉덩이, 불두덩에 주로 생긴다.〈유〉도화성 습진, 살백선증

외감해수(外感咳嗽)[외감해수]명《한의》〈폐렴〉풍, 한, 열, 조 등의 외사에 의

해 발병된 기침. 발병은 급하고 병의 과정은 비교적 짧으며, 풍한해수, 풍열해수, 풍조해수로 분류한다.

외분비(外分泌)[외:분비/웨:분비] 명 《의학》〈암〉분비물이 도관을 통하여 체표나 위창자관 속으로 배출되는 현상. 땀, 젖, 소화액의 분비 외에 누에의 고치, 조개류의 껍데기 형성 따위에서 볼 수 있는 특수한 분비도 있다. ¶췌장은 췌관을 통해 십이지장으로 췌액을 보내는 외분비 기능과 호르몬을 혈관 내로 투입하는 내분비 기능을 함께 지니고 있다.

외상 후 심장막염(外傷後心臟膜炎) 명구 《의학》〈심장 질환〉가슴에 외상을 입은 후에 발생하는 심장막염. ¶크게 다친 후 심장막염이 생겼는데, 외상 후 심장막염이었다.

외인성 알레르기 폐포염(外因性Allergie肺胞炎) 명구 《의학》〈알레르기〉유기질 먼지를 반복해서 흡입하여 과민성이 초래되어 발생하는 진폐증. 직업적인 노출에 기인하며 급성형에서는 먼지에 노출된 수 시간 후에 호흡기 증상과 발열이 발생한다. 〈유〉외인성 알레르기 허파 꽈리염

외인성 천식(外因性喘息) 명구 《의학》〈만성 하기도질환〉/〈알레르기〉흡입된 공기를 매개로 한 알레르기 항원, 꽃가루, 먼지 진드기, 곰팡이, 동물 비듬 혹은 섭취된 음식, 채소 혹은 약물과 같은 외부 물질에 대한 과민 반응으로 생긴 기관지 천식. 〈유〉외인 천식(外因喘息) ¶피부반응검사가 양성이면서 천식이 있으면 외인성 천식, 음성이면 내인성 천식이라고 이야기할 수 있다.

왼심장증(왼心臟症)[왼:심장쯩/웬:심장쯩] 명 《의학》〈심장 질환〉다른 장기들은 전위되어 있으나 심장은 정상적으로 왼쪽에 위치한 기형.

요각통(腰脚痛)[요각통] 명 《한의》〈통증〉허리와 다리가 아픈 질환을 말하며 크게 방광경(膀胱經)을 따라서 통증이 있는 경우와 담경(膽經)을 따라서 통증이 오는 경우로 나뉜다. 〈유〉요족통(腰足痛)

요과통(腰跨痛)[요과통] 명 《한의》〈통증〉허리의 통증이 양쪽 다리까지 미치는 증상. 〈유〉요수통(腰脽痛)

요도 협착(尿道狹窄)명구《의학》〈암〉염증이나 외상으로 요도 벽에 흉터가 생겨 요도 내강이 좁아진 상태. 소변보기가 힘들고 요도염, 방광염 따위를 앓기 쉽다. ¶전립선암 수술 후 합병증 요실금, 발기부전, 요도 협착, 혈전, 방광 경부의 수축이나 협착 등이 올 수 있다.

요독 심장막염(尿毒心臟膜炎)명구《의학》〈심장 질환〉신장의 기능 저하에 따른 오줌의 독성에 의해 심낭막에 생기는 염증.

요독 천식(尿毒喘息)명구《의학》〈만성 하기도질환〉요독증에 걸려 질소성 중독 물질이 허파에 들어오면서 심한 호흡 곤란을 일으키는 상태. ¶요독 천식의 치료를 위해서는 폐에 유입된 질소성 중독물질을 배출해야 한다.

요독성 심장막염(尿毒性心臟膜炎)명구《의학》〈심장 질환〉만성 콩팥 기능 상실증에서 나타나는 심장막염. 심장막 안에 섬유 삼출액이 분비되고 이것이 원인이 되어 심장막염이 발생한다.

요독증(尿毒症)[요독쯩]명《의학》〈암〉콩팥의 기능 장애로 몸 안의 노폐물이 오줌으로 빠져나오지 못하고 핏속에 들어가 중독을 일으키는 병증. 구토, 현기, 두통, 시력 감퇴, 전신 경련 따위의 증상이 나타나고 말기에는 혼수상태에 빠진다. ¶간염과 간경변으로 복수가 찰 때, 모든 암의 말기 증상에서와 요독증일 때도 식욕이 없어진다.

요배통(腰背痛)[요배통]명《한의》〈통증〉허리와 등골이 켕기면서 아픈 병증.

요수통(腰脽痛)[요수통]명《한의》〈통증〉허리의 통증이 양쪽 다리까지 미치는 증상. 〈유〉요과통(腰跨痛)

요제통(繞臍痛)[요제통]명《한의》〈통증〉배꼽노리가 아픈 병증.

요족통(腰足痛)[요족통]명《한의》〈통증〉허리와 다리가 아픈 병증. 〈유〉요각통(腰脚痛)

요척통(腰脊痛)[요척통]명《한의》〈통증〉허리 부분의 척추뼈와 그 주위가 아픈 병증.

요통(腰痛)[요통]명《의학》〈통증〉허리나 엉덩이 부분에 느끼는 통증을 통틀어 이르는 말. 척추 질환, 외상, 추간판의 이상 이외에도 임신이나 부인과 질환, 비뇨기계 질환, 신경 질환, 근육 질환 등이 원인이 된다. 〈유〉 허리앓이 ¶접영은 수영 선수에게도 요통을 불러일으킬 수 있는 과격한 동작이다. / 명절이 끝나면 주부 명절 증후군은 물론이고 가사 노동에 요통과 관절통으로 온몸이 아프기 마련이다.

욕지기나다( )[욕찌기나다]㊟ 〈통증〉 토할 것처럼 메스꺼운 느낌이 나다. 〈유〉 구역나다(嘔逆나다), 메스껍다, 구역질나다(嘔逆질나다) ¶상한 생선을 먹었는지 욕지기가 나서 뱉어 버리고 말았다.

용종성 장염(茸腫性腸炎)(명구) 《의학》 〈위장병〉 장내에 용종의 증식이 관찰되는 장염.

용종증(茸腫症)[용종쯩](명) 《의학》 〈암〉 여러 개의 용종이 존재하는 상태. 또는 다수의 용종을 성장시키는 질병. 〈유〉 살 버섯증(살버섯症), 폴립증(polyp症) ¶대장암 발병의 위험 요인에는 육류의 다량 섭취, 비만, 음주, 선종성 대장 용종증 등이 있다.

우리하다( )[우리하다](형) 〈통증〉 '신체의 일부가 몹시 아리고 욱신욱신한 느낌이 있다'는 뜻의 경상 방언 ¶침이 꽂히는 순간 허리가 뜨끔하며 우리하게 울려와 날카로운 통증을 희석시켰다.

우사이 증후군(Houssay症候群)(명구) 《의학》 〈당뇨〉 뇌하수체가 질병으로 파괴되거나 뇌하수체를 제거할 경우 당뇨병이 치료되는 현상. 〈유〉 우세이 증후군(Houssay症候群)

우유 알레르기(牛乳Allergie)(명구) 《의학》 〈알레르기〉 우유 또는 유제품을 섭취하였을 때 나타나는 알레르기 반응. 우유에 함유된 단백질에 대한 인체의 이상 면역 반응에 의하여 일어난다. ¶우유가 든 구운 식품을 섭취하는 것이 아이들에게 우유 알레르기를 극복하도록 도울 수 있는 것으로 나타났다.

욱신거리다( )[욱씬거리다](동) 〈통증〉 (머리나 상처가) 자꾸 쑤시는 듯이 아파오다. 〈유〉 욱신대다, 욱신욱신하다 ¶그녀는 병에 걸려 얼굴이 누렇게 뜨고 몸이 욱신거렸지만 참고 일을 했다. / 계단에서 넘어지면서 긁힌 손바닥이 욱신거리며 쓰렸다.

욱신욱신하다( )[욱씨눅씬하다]㉿〈통증〉(머리나 상처가) 자꾸 쑤시는 듯이 아파 오다.〈유〉욱신거리다, 욱신욱신하다 ¶정태는 공에 맞은 자리가 욱신욱신하여 잠을 이룰 수가 없었다.

운동 실행증(運動失行症)명구《의학》〈알츠하이머〉의도하는 대로 몸을 움직일 수 없는 실행증.〈유〉사지 운동성 실행증, 운동 행위 상실증

운동 행위 상실증(運動行爲喪失症)명구《의학》〈알츠하이머〉의도하는 대로 사물을 사용하거나 동작을 할 수 없는 실행증.〈유〉사지 운동성 실행증, 운동 실행증

울렁거리다( )[울렁거리다]㉿〈통증〉(사람이나 그 속이) 자꾸 토할 것같이 메슥거리다.〈유〉울렁대다, 울렁울렁하다, 울렁이다 ¶그는 배를 타자마자 속이 울렁거렸다. / 정인은 그 참혹한 광경에 다시 눈을 감았다. 그새 뒤집힐 듯 속이 울렁거렸다.

울렁대다( )[울렁대다]㉿〈통증〉(사람이나 그 속이) 자꾸 토할 것같이 메슥거리다.〈유〉울렁거리다, 울렁울렁하다, 울렁이다 ¶커피를 계속해서 마셨더니 속이 울렁댄다.

울렁울렁하다( )[울렁울렁하다]㉿〈통증〉(사람이나 그 속이) 자꾸 토할 것같이 메슥거리다.〈유〉울렁거리다, 울렁대다, 울렁이다 ¶급하게 먹은 밥이 체했는지 상호는 뱃속이 울렁울렁하고 식은땀이 흘렀다. / 나는 몸의 상태가 좋지 않을 때 자동차를 타면 멀미가 나서 속이 울렁울렁하다.

울렁이다( )[울렁이다]㉿〈통증〉(사람이나 그 속이) 자꾸 토할 것같이 메슥거리다.〈유〉울렁거리다, 울렁대다, 울렁울렁하다 ¶그녀는 울렁이는 속을 부여잡고 화장실로 부리나케 달려갔다.

울혈 심장 기능 상실(鬱血心臟機能喪失)명구《의학》〈심장 질환〉심장이 신체 조직에 충분한 산소와 영양분을 공급할 만큼 충분한 혈액을 밀어낼 수 없는

상태. 무호흡, 나트륨 이상, 수분 저류 따위의 특징을 보이고, 폐나 말초 순환계에 울혈이 있는 부종을 일으킨다. 〈유〉 울혈 심부전(鬱血心不全)

울혈간(鬱血肝)[울혈간] 명 《의학》 〈간 질환〉 간장에 피가 몰려 부은 상태. 심장 기능 상실이 원인이다.

울혈간 비대(鬱血肝肥大) 명구 《의학》 〈간 질환〉 심장마비로 인해 발생하는 간 내부 혈액의 역류.

울혈성 간경변(鬱血性肝硬變) 명구 《의학》 〈간 질환〉 '심장 간경화증'의 전 용어.

울혈성 심장 근육 병증(鬱血性心臟筋肉病症) 명구 《의학》 〈심장 질환〉 심장 근육이 늘어나 수축력이 약해진 경우에, 심실이 확장되어 울혈성 심장 기능 상실이 나타나는 증상.

울혈성 심장 기능 상실(鬱血性心臟機能喪失) 명구 《의학》 〈심장 질환〉 심장에서 피를 말초로 보내는 펌프 기능이 효과적이지 못하여, 피가 심장으로 들어오지 못하고 왼심방과 허파에 고이는 상태. 숨이 차고, 숨을 쉬기 힘들며, 발이나 발목 따위가 붓는 증상을 보인다. 만성 고혈압이나 심근 병증, 심근 경색 따위가 발병 원인이다. 〈유〉 울혈성 심부전(鬱血性心不全), 울혈성 심부전증(鬱血性心不全症) ¶양쪽 발이 붓는다면 심장이 혈액을 내보내기 어려운 상태인 울혈성 심장 기능 상실, 온몸이 붓고 단백뇨가 심해지며 소변의 양이 매우 적어지는 신장병의 일종인 네프로제증후군, 간경변이나 암 등에 따른 만성적 체력 저하가 원인일 수 있다.

원발 고혈압(原發高血壓) 명구 《의학》 〈고혈압〉 뚜렷한 원인을 알 수 없는 고혈압. 가장 흔한 형태의 고혈압으로, 가족력을 보이는 경향이 있다. 〈유〉 본태성 고혈압(本態性高血壓), 원발성 고혈압(原發性高血壓) ¶우리 가족은 원발 고혈압 가족력이 있다.

원발 비정형 폐렴(原發非定型肺炎) 명구 《의학》 〈폐렴〉 허파를 침범하는 급성 전신 질환. 대개 폐렴 미코플라스마 감염으로 발생하며, 열과 기침이 주요 증상이나 상대적으로 진찰 소견의 징후는 적다. 가슴 방사선 촬영에서 산재하는 음영을 볼 수 있다.

원발 쓸개관 경화증(原發쓸개管硬化症)명구《의학》〈간 질환〉담관이 점차 파괴되고 간경화가 발생하는 만성 염증성 질환으로 자가면역질환으로 간주된다.

원발 폐 고혈압증(原發肺高血壓症)명구《의학》〈고혈압〉심장 또는 허파의 질환이나 원인이 뚜렷한 혈관의 막힘이 없이 점차 허파 동맥의 혈압이 높아지는 병. 호흡 곤란, 흉부 통증, 객혈 따위가 일어나며 심하면 허파 동맥 파열로 죽는 수도 있다.

원발성 고혈압(原發性高血壓)명구《의학》〈고혈압〉뚜렷한 원인을 알 수 없는 고혈압. 가장 흔한 형태의 고혈압으로, 가족력을 보이는 경향이 있다.〈유〉본태성 고혈압(本態性高血壓), 원발 고혈압(原發高血壓)

원발성 심근 병증(原發性心筋病症)명구《의학》〈심장 질환〉심장 근육 자체의 심근 병증.〈유〉원발 심근증(原發心筋症) ¶대부분의 원발성 심근 병증은 그 원인이 알려지지 않아서 특발성이라고 한다.

원발성 치매(原發性癡呆)명구《의학》〈알츠하이머〉다른 정신병과는 독립하여 나타나는 치매.

원발성 퇴행성 치매(原發性退行性癡呆)명구《의학》〈알츠하이머〉알츠하이머(Alzheimer)형 원발성 퇴행성 치매라고도 한다. 50세 이후에 오며 잠행성(潛行性)으로 발생하고 점진적인 진행과정을 밟는 치매. 그 발생은 65세 이전 또는 이후에 따라 노인전 발생(presenile onset) 또는 노인 발생(senile onset)으로 분류한다. 대부분의 경우에 알츠하이머병의 특징적인 조직병리(組織病理)가 있고, 드물게는 픽크병(Pick's disease)의 조직병리도 있다.

원발성 폐 고혈압증(原發性肺高血壓症)명구《의학》〈고혈압〉'원발 폐 고혈압증'의 전 용어. ¶기타 다른 원인이 모두 배제된다면 원발성 폐 고혈압으로 진단할 수 있다.

원통형 기관지 확장증(圓筒形氣管支擴張症)명구《의학》〈만성 하기도질환〉기

ㅇ

관지 확장증의 하나. 기관지가 원통 모양으로 확장된다. 〈유〉 원주형 기관지 확장증 ¶기관지 확장증의 가장 흔한 형태가 바로 원통형 기관지 확장증이다.

원형 심장(圓形心臟) 명구 《의학》 〈심장 질환〉 영상 검사에서 음영이 비정상적으로 매끈하고 둥근 윤곽으로 보이는 심장. 심실의 질병이나 심장막 공간에 액체가 많이 찼을 때 나타난다. 〈유〉 공 모양 심장(공模樣心臟), 구상 심장(球狀心臟)

월경 발진(月經發疹) 명구 《의학》 〈알레르기〉 월경 전에 매번 피부에 두드러기, 혈관 신경성 부종, 홍반, 피부 가려움증, 습진, 포진 따위의 발진이 생기고 월경 개시 또는 종료와 함께 자연히 사라지는 피부 질환.

월경진(月經疹)[월경진] 명 《의학》 〈알레르기〉 월경 기간이나 월경이 끝난 며칠 뒤에 나타나는 발진(發疹).

월경통(月經痛)[월경통] 명 《의학》 〈통증〉 월경 때, 아랫배나 자궁 따위가 아픈 증세 〈유〉 생리통(生理痛), 경통증(經痛症) ¶월경통이 심한 환자들은 생리주기에 따라서 주기적으로 찾아오는 통증 때문에 삶의 질이 떨어지고, 학업 및 업무의 효율성이 저하되며 심한 경우 전신통증, 구토, 설사, 어지럼증 등의 증상이 동반되기도 한다.

위(胃)[위] 명 《생명》 〈암〉/〈위장병〉 식도와 샘창자 사이의 위창자관이 부풀어 커져 주머니처럼 생긴 부분. 조류에서는 2실, 포유류의 반추류는 4실로 나뉘어 있다. ¶위가 나빠져 음식을 소화시키지 못했던 것이다. / 사람이 삼킨 음식이 위에 도달하기까지는 평균적으로 약 8초가 걸린다.

위 공장 궤양(胃空腸潰瘍) 명구 《의학》 〈위장병〉 위 절제술을 하여 위와 공장을 문합했을 때 이 부분에 종종 발생하는 소화성 궤양.

위 꼬임(胃꼬임) 명구 《의학》 〈위장병〉 혈액 공급을 차단하거나 폐쇄를 일으키는 위의 뒤틀림. 식도 곁 탈장이나 가로막 내장 탈장에서 때때로 나타난다. 〈유〉 위 염전

위 나선균(胃螺旋菌)명구《보건일반》〈위장병〉요소 분해 효소를 생성하고 위염과 위 및 샘창자의 모든 소화 궤양병을 일으키는 세균.〈유〉위염균

위 대장염(胃大腸炎)명구《의학》〈위장병〉위와 대장에 생기는 염증. 또는 위와 결장에 생기는 염증.〈유〉위 잘록창자염

위 림프종(胃lymph腫)명구《의학》〈위장병〉위에 생긴 림프종. 명치 통증, 피로감, 체중 감소 따위의 증상이 나타난다.

위 샘창자염(胃샘창자炎)명구《의학》〈위장병〉위와 샘창자에 생기는 염증〈유〉위 십이지장염

위 심장 증후군(胃心臟症候群)명구《의학》〈심장 질환〉소화 계통, 특히 위의 잘못된 활동으로 인하여 심장 활동에 장애가 생기는 증상. ¶식사 중 또는 식사 후에 트림으로 약해진 심박수가 매우 낮거나 높다고 느낀 적이 있거나 식사 후 가슴 통증이 있었다면 위 심장 증후군으로 고통받을 것입니다.

위 십이지장염(胃十二指腸炎)명구《의학》〈위장병〉위와 십이지장에 생기는 염증.〈유〉위 샘창자염

위 염전(胃捻轉)명구《의학》〈위장병〉혈액 공급을 차단하거나 폐쇄를 일으키는 위의 뒤틀림. 식도 곁 탈장이나 가로막 내장 탈장에서 때때로 나타난다.〈유〉위 꼬임

위 장간막 동맥 증후군(胃腸間膜動脈症候群)명구《의학》〈위장병〉위 창자간막 동맥에 의하여 샘창자가 압박을 받아 나타나는 증상 및 징후. 구토를 하거나 급격한 체중 감소를 보인다.〈유〉상장간막맥 증후군, 위 창자간막맥 증후군

위 절제 후 증후군(胃切除後症候群)명구《의학》〈암〉위를 절제한 후 남은 위로부터 소장으로의 음식물의 통과, 소화액 분비 등 신경·화학적 조절에 이상이 생기는증상. 덤핑 증후군, 식후 저혈당 증후군 따위가 있다. ¶위암 수술 후 생길 수 있는 부작용으로는 위 절제 후 증후군 등이 있다.

위 정맥류(胃靜脈瘤)명구《의학》〈고혈압〉문맥 고혈압 때문에 위 점막, 특히

위의 들문과 바닥 부분에 흔하게 생기는 정맥류. 궤양으로 대량 출혈을 일으킬 수 있다. ¶위 정맥류는 식도 정맥류 파열보다 발생 빈도가 낮기는 하지만 파열할 경우 사망률이 거의 20%에 달하므로 매우 주의해야 한다.

위 주위염(胃周圍炎)명구《의학》〈위장병〉위를 둘러싸고 있는 배막에 생기는 염증.

위 창자간막 동맥 증후군(胃창자間膜動脈症候群)명구《의학》〈위장병〉위 창자간막 동맥에 의하여 샘창자가 압박을 받아 나타나는 증상 및 징후. 구토를 하거나 급격한 체중 감소를 보인다.〈유〉상장간맥〈유〉맥 증후군, 위 장간막〈유〉맥 증후군

위 처짐(胃처짐)명구《의학》〈위장병〉위가 정상 위치보다 처지는 병증. 선천 이상, 개복 수술과 출산에 따른 배안의 압력 저하 따위가 원인이며 위의 충만과 중압감, 구역질, 식욕 이상, 불면, 기억력 감퇴 따위의 증상을 보인다.〈유〉위 하수

위 천공(胃穿孔)명《의학》〈위장병〉위벽에 구멍이 뚫리는 일.〈유〉위뚫어지기

위 하수(胃下垂)명구《의학》〈위장병〉'위 처짐'의 전 용어〈유〉위 처짐

위가(胃家)[위가]명《한의》〈위장병〉위, 소장, 대장 따위를 통틀어 이르는 말.

위경련(胃痙攣)[위경년]명《의학》〈위장병〉명치 부분에서 일어나는 발작 통증.〈유〉총냥 ¶기욱은 그렇게 묻는 의사를 마음속으로 비웃으며 아뇨, 아직 위경련 한 번 일으켜 본 적이 없는 걸요. / 위경련은 담석증, 췌장염, 십이지장 궤양, 위궤양, 급성 위염 등이 있을 때 생길 수 있으므로 위경련이 특정 질환과 연관된 증상인지, 단순히 스트레스나 식습관으로 인한 일시적인 증상인지 알아보는 것이 좋다.

위궤양(胃潰瘍)[위궤양]명《의학》〈위장병〉위 점막에 궤양이 생기는 병. 명치 부위에 통증이 있고, 심하면 구토나 하혈을 일으킨다. ¶생활 속에서 스

트레스를 계속 받아 위 점막의 방어 체계가 약화되었거나 위산이 과다 분비되면 위궤양이 발생할 수 있다.

위궤양 형성법(胃潰瘍形成法)명구《의학》〈위장병〉항소화성 궤양 작용을 검토하기 위한 목적으로 행해지는 실험적 궤양 형성법. 스트레스법과 약물을 사용하는 방법이 있다.

위궤양암(胃潰瘍癌)[위궤양암]명《의학》〈암〉/〈위장병〉위궤양의 주변에 재생되는 상피 세포가 암화(癌化)하여 일어나는 위암. ¶위궤양에서 위궤양암이 되는 변성률은 학자에 따라 견해가 달라 병리학자는 30~45%, 내과임상의는 3~18%로 본다.

위근 무력증(胃筋無力症)명구《의학》〈위장병〉위 근육의 수축력이 약해지고 연동(蠕動) 운동이 감퇴하는 병. 과음·과식·자극 약제 남용 따위가 원인이며, 가슴이 따갑고 쓰리거나 구역질·변비 따위의 증상이 나타난다.〈유〉위무력증, 위근 쇠약증, 장-아토니증〈참〉긴장 없음증

위근 쇠약증(胃筋衰弱症)명구《의학》〈위장병〉위 근육의 수축력이 약해지고 연동(蠕動) 운동이 감퇴하는 병. 과음·과식·자극 약제 남용 따위가 원인이며, 가슴이 따갑고 쓰리거나 구역질·변비 따위의 증상이 나타난다.〈유〉위무력증, 위근 무력증, 장-아토니증

위막 장염(僞膜腸炎)명구《의학》〈위장병〉점막 표면에 거짓막을 만드는 급성 장염. 흔히 항생제 치료나 클로스트리듐 디피실레의 감염에 의하여 일어난다.

위무력증(胃無力症)[위무력쯩]명《의학》〈위장병〉위 근육의 수축력이 약해지고 연동(蠕動) 운동이 감퇴하는 병. 과음·과식·자극 약제 남용 따위가 원인이며, 가슴이 따갑고 쓰리거나 구역질·변비 따위의 증상이 나타난다.〈유〉위근 무력증, 위근 쇠약증

위산 감소증(胃酸減小症)명구《의학》〈위장병〉위산의 분비가 잘 안되는 병. 위축 위염, 위암, 위 수술 따위로 일어나며 가벼운 설사가 나거나 식후에 위가

거북하고 불쾌하다. 〈유〉 감산증, 저산증 〈참〉 무산증, 위산 과다증

위산 과다(胃酸過多) 명구 《의학》 〈위장병〉 위액의 산도가 비정상적으로 높거나 위벽 세포에서 분비되는 염산의 양이 정상보다 많은 상태. 이로 인해 가슴이 쓰리고 트림이 나오며, 위통이 있거나 구역질이 나기도 한다.

위산 과다 소화 장애(胃酸過多消化障礙) 명구 《의학》 〈위장병〉 위산 과다증으로 인한 소화 장애. 또는 위산 과다증을 동반한 소화 장애.

위산 과다증(胃酸過多症) 명구 《의학》 〈위장병〉 위액의 산도(酸度)가 비정상적으로 높은 병. 소화 궤양, 위염 따위가 원인으로 가슴이 쓰리고 트림이 나오며 공복(空腹) 때 위통이 있거나 구역질을 한다. 〈유〉 과산증 〈참〉 무산증(無酸症), 위산 감소증(胃酸減小症)

위산통(胃疝痛)[위산통] 명 《의학》 〈통증〉 위나 장의 병으로 명치 부근이 몹시 쓰라리고 아픈 증상.

위생 가설(衛生假說) 명구 《생명》 〈알레르기〉 바이러스나 세균 등에 의한 감염이 면역계에 영향을 미쳐서 아토피 피부염, 천식과 같은 알레르기 질환의 발병을 억제한다는 가설.

위심낭(圍心囊)[위심낭] 명 《의학》 〈심장 질환〉 심장과 대혈관 기부(基部)를 이중으로 싸고 있는 결합 조직성의 막. 심장막안에 있는 심장막액은 심장막과 주변 장기(臟器) 간의 마찰을 줄이는 구실을 한다. 〈유〉 심낭(心囊), 심낭-막(心囊膜), 심막(心膜), 심장-막(心臟膜), 염통-주머니, 위심-강(圍心腔), 위심-두(圍心竇)

위심통(胃心痛)[위심통] 명 《한의》 〈통증〉 배가 불러 오고 가슴이 그득하며, 특히 심장 부위에 통증이 심한 궐심통.

위암(胃癌)[위암] 명 《의학》 〈암〉 위에 발생하는 암. 초기에는 뚜렷한 증상이 없지만 점점 위 부위의 통증이나 팽만감, 메스꺼움, 식욕 부진 따위의 증상이 나타나며 토한 내용물이나 대변에 피가 섞여 나오는 수도 있다. ¶위암은 조기 발견이 어려우므로 꾸준한 검진이 중요하다. / 위암의 원인으로는 만

성 위축성 위염, 장 이형성, 위소장 문합술, 식이 요인, 헬리코박터 파일로리균(Helicobacter pylori) 감염, 유전 요인, 기타 환경적 요인 등이 있다.

위염(胃炎)[위염]명《의학》〈위장병〉위 점막에 생기는 염증성 질환을 통틀어 이르는 말. ¶보통 위 질환으로는 위염 말고도 위궤양, 위무력증, 위하수, 위암 등 여러 증상이 있으나 뚜렷한 병명이 없어도 소화 불량이 나타나거나 신트림을 자주 하는 경우가 있다.

위염균(胃炎菌)[위염균]명《보건일반》〈위장병〉요소 분해 효소를 생성하고 위염과 위 및 샘창자의 모든 소화 궤양병을 일으키는 세균.〈유〉위 나선균

위완통(胃脘痛)[위완통]명《한의》〈통증〉'위통'을 한방에서 이르는 말.〈유〉심하통(心下痛)

위장(胃腸)[위장]명《의학》〈위장병〉위(胃)와 창자를 아울러 이르는 말. ¶그들 친구가 영계백숙으로 사람들 위장 속으로 다 들어 갔는데 그놈들은 운수가 좋았단 말이요.

위장관 기질 종양(胃腸管基質腫瘍)명구《의학》〈위장병〉위장관에 발생하는 중배엽 기원의 드문 악성 종양.〈유〉위창자 기질 종양

위장관염(胃腸管炎)[위장관념]명《의학》〈위장병〉위와 장의 내막에 생긴 염증. 주로 음식과 물속에 들어 있는 바이러스와 세균에 의하여 발생하며, 메스꺼움, 설사, 복통, 식욕 부진 따위가 특징적으로 나타난다.

위장병1(胃腸病)[위장뼝]명《의학》〈위장병〉위 또는 장에 일어나는 병을 통틀어 이르는 말. 지역에 따라 '위장벵'이라고 쓰기도 한다.〈유〉속병, 속증 ¶위장병 때문에 얼굴이 노랗고 온몸이 뼈의 구조만 겨우 앙상하게 드러났던 사람도 이 철에는 입맛이라는 것을 되찾고 얼굴에 화안한 미소가 감돈다.

위장병2(胃臟病)[위장뼝]명《의학》〈위장병〉위에 생기는 병을 통틀어 이르는 말.〈유〉위병, 위장병 ¶무력증에 빠진 위장병 환자처럼 온몸에 나른하게 스며드는 피곤을 짙게 의식하며 그는 13층 자기 방을 나섰다.

위장병학(胃臟病學)[위장뼝학]명《의학》〈위장병〉입안, 목 안, 식도, 위, 작은

창자, 큰창자와 같은 위창자관과 이자 또는 침샘 따위를 비롯한 여러 가지 소화샘들의 구조나 원리 또는 거기에 생기는 여러 가지 병의 치료와 예방을 전문적으로 연구하는 학문. 의학의 한 분야이다.

위장염1(胃腸炎)[위장념]명《의학》〈위장병〉위와 창자에 생기는 염증. 위염과 창자염은 제각기 일어나기도 하지만, 대개는 동시에 발생하여 하나의 병적 증상을 보이므로 일괄하여 부른다.〈유〉위창자염 ¶'배탈'이란 어떤 음식물을 먹은 후에, 그로 말미암아 생기는 구토, 설사, 복통 등의 갑작스러운 위장염 증상을 일컫는 순수한 우리말이다.

위장염2(胃臟炎)[위장념]명《의학》〈위장병〉위 점막에 생기는 염증성 질환을 통틀어 이르는 말.〈유〉위염

위창자 기질 종양(胃창자基質腫瘍)명구《의학》〈위장병〉위장관에 발생하는 중배엽 기원의 드문 악성 종양.〈유〉위장관 기질 종양

위창자염(胃창자炎)[위창자염]명《의학》〈위장병〉위와 창자에 생기는 염증.〈유〉위장염

위축 간경화증(萎縮肝硬化症)명구《의학》〈간 질환〉간의 크기가 줄어드는 간경변증.

위축 신장(萎縮腎臟)명구《의학》〈고혈압〉신장이 정상의 절반 이하로 줄고 굳어져서 기능 장애가 일어난 상태. 고혈압에 따른 동맥 경화증이나 신장염의 말기 증상으로 일어난다. 다뇨(多尿), 야뇨(夜尿), 갈증, 탈수 따위의 증상이 나타나며 요독증으로 거의 죽는다.〈유〉위축 콩팥(萎縮콩팥)

위축 위염(萎縮胃炎)명구《의학》〈암〉/〈위장병〉위샘이 위축하는 만성 위염. ¶만성 위축 위염이 발생할 경우 위암을 의심해보는 것이 좋다.

위축 콩팥(萎縮콩팥)명구《의학》〈고혈압〉콩팥이 정상의 절반 이하로 줄고 굳어져서 기능 장애가 일어난 상태. 고혈압에 따른 동맥 경화증이나 콩팥염의 말기 증상으로 일어난다. 다뇨(多尿), 야뇨(夜尿), 갈증, 탈수 따위의 증상이 나타나며 요독증으로 거의 죽는다.〈유〉위축-신(萎縮腎), 위축 신장

(萎縮腎臟)

위축성 위염(萎縮性胃炎)명구《의학》〈위장병〉위샘이 위축하는 만성 위염.〈유〉위축 위염 ¶한의원을 찾은 그는 위축성 위염 진단을 받았다.

위축신(萎縮腎)[위축씬]명《의학》〈고혈압〉콩팥이 정상의 절반 이하로 줄고 굳어져서 기능 장애가 일어난 상태. 고혈압에 따른 동맥 경화증이나 콩팥염의 말기 증상으로 일어난다. 다뇨(多尿), 야뇨(夜尿), 갈증, 탈수 따위의 증상이 나타나며 요독증으로 거의 죽는다.〈유〉위축 콩팥(萎縮콩팥)

위치매(僞癡呆)[위치매]명《의학》〈알츠하이머〉'거짓 치매'의 전 용어.

위턱굴(위턱窟)[위턱꿀]명《의학》〈암〉코곁굴의 하나로 위턱뼈 가운데 있는 한 쌍의 공동(空洞). 안쪽은 코안의 점막으로 덮여 있으며 그 속에는 공기가 들어 있다. 코곁굴염이 잘 걸리는 곳이며 이뿌리에 가까워 염증을 일으키기도 한다.〈유〉상악동 ¶상호는 위턱굴에 염증이 생겼다.

위턱암(위턱癌)[위터감]명《의학》〈암〉위턱굴의 점막에 생기는 악성 종양. 처음에는 이가 아프고 코가 메다가 점점 악골이 파괴되며 살갗이 짓물러 피가 나고 코곁굴염 증상이 나타난다.〈유〉상악암 ¶부비동의 암은 위턱굴에 발생하기 쉽고 위턱암(상악암)이라고 불립니다.

위통(胃痛)[위통]명《의학》〈위장병〉/〈통증〉여러 가지 위 질환에 걸렸을 때 나타나는 위의 통증. 폭음, 폭식, 위염, 위궤양 따위로 위에 분포된 지각 신경이 자극을 받아 생긴다. ¶가슴이나 치아에 통증이 오거나 식욕 부진, 구토, 위통 등이 일어날 때는 협심증, 심근 경색, 심부전증 등 심장 질환의 가능성이 있다.

윌리엄스·캠벨 증후군(Williams-Campbell症候群)명구《의학》〈만성 하기도질환〉선천 기관지 연화증. 원인은 기관지 확장증을 일으키는 기관지 첫째 분지의 먼 쪽에 고리 연골이 없기 때문이다.

유간(柔肝)[유간]명《한의》〈간 질환〉혈(血)을 길러 간(肝)을 부드럽게 하는 치료법.〈유〉양혈유간

ㅇ

유당 불내성(乳糖不耐性)명구《의학》〈위장병〉우유, 아이스크림 등 유당을 함유한 음식을 섭취한 후에 복통, 설사 따위를 일으키는 질환. 장의 젖당 분해 효소 결핍에 의한 것으로 여겨진다.〈유〉젖당 못 견딤증, 젖당 불내증

유당뇨증(乳糖尿症)[유당뇨쯩]명《의학》〈당뇨〉소변에 유당이 존재하는 증상. 임신과 수유 기간 동안에 종종 나타난다.〈유〉젖당-뇨(젖糖尿)

유동식(流動食)명〈위장병〉소화되기 쉽도록 묽게 만든 음식. 미음·죽·수프 따위가 있으며, 중환자나 위장병 환자 등이 먹는다. ¶죽, 미음, 웅이는 모두 곡류로 만드는 유동식 음식이다. / 한두 숟갈 유동식을 받아 넘긴다든가 주삿바늘을 찌를 때 찡그리는 것 외엔 어머니에게 의식이 남아 있다는 표시는….

유두 암(乳頭癌)명구《의학》〈암〉손가락 모양의 수많은 작은 돌기가 불규칙하게 생기는 암. 갑상선암의 가장 흔한 암으로 90%를 차지하며, 비교적 악성도가 낮고 성장 속도가 느리다. 30대 전후 젊은 여성에서 호발한다. 전이 양상은 림프관을 따라 주위 경부 림프절로 전이되며 10년 생존율은 90~98%이다. ¶대상자 가운데 갑상선암이 발병한 것은 134명이며 이중 113명이 가장 일반적인 유두 암을 앓았다.

유리질 변성(琉璃質變性)명구《의학》〈알레르기〉콜라겐 섬유가 그 구조를 잃고 유리 모양을 띠는 상태. 알레르기 질환, 아교질병 따위의 병변 조직에서 볼 수 있는 특이한 현상이다.

유리질증(琉璃質症)[유리질쯩]명《의학》〈알레르기〉유리질이 변성되는 증상. 비교적 광범위한 정도로 변질되는 것을 이른다.〈유〉초자질증

유방(乳房)[유방]명《일반》〈암〉포유류의 가슴 또는 배의 좌우에 쌍을 이루고 있는, 젖을 분비하기 위한 기관. 암컷은 젖샘이나 피하 조직이 발달하여 융기하고, 분만 후 일정한 기간 동안 젖을 분비한다. ¶임신 기간에 유방은 젖을 생산하고 분비할 수 있도록 서서히 변화해 간다.

유방 습진(乳房濕疹)명구《의학》〈알레르기〉유방에 염증이 생겨 유방 상피가

발적이 되어 장액이 삼출됨으로써 미란이 되거나 피부가 건조하여 갈라지는 증상. 유방에 부착되는 오물, 분뇨 따위에 의해서 생긴다.

유방암(乳房癌)[유방암]명《의학》〈암〉유방에 생기는 암. 초기에는 통증이 없이 잘 움직이는 멍울이 만져지다가, 차츰 이 멍울이 피부에 유착하면서 외관의 변화가 일어나고, 더욱 진행하면 궤양과 통증이 따른다.〈유〉유선암, 유암 ¶우리나라 유방암 환자가 70년대에 비해 10배 이상 급증하여 연간 성인 여성의 2천 명 정도가 유방 절제 수술을 받고 있다고 한다.

유사 초과민 반응(類似超過敏反應)명구《의학》〈알레르기〉아나필락시스와 매우 유사하나 면역 글로불린 이가 관여하지 않는 상태.〈유〉거질 아나필락시스, 유사 아나필락시스 반응

유선(乳腺)[유선]명《의학》〈암〉유방 속에 있는, 젖이 나오는 샘. ¶폐경기 이후 여성의 유선은 퇴화한다.

유선암(乳腺癌)[유서남]명《의학》〈암〉유방에 생기는 암. 초기에는 통증이 없이 잘 움직이는 멍울이 만져지다가, 차츰 이 멍울이 피부에 유착하면서 외관의 변화가 일어나고, 더욱 진행하면 궤양과 통증이 따른다.〈유〉유방암 ¶유선암 바이러스는 호르몬 의존성 유선암을 일으킨다.

유섬유소 괴사(類纖維素壞死)명구《의학》〈알레르기〉'유리질 변성'의 전 용어.

유아 습진(乳兒濕疹)명구《의학》〈알레르기〉어린아이에게 발생하는 습진. 대부분이 아토피 피부염과 관련이 있다.

유암(乳癌)[유암]명《의학》〈암〉유방에 생기는 암. 초기에는 통증이 없이 잘 움직이는 멍울이 만져지다가, 차츰 이 멍울이 피부에 유착하면서 외관의 변화가 일어나고, 더욱 진행하면 궤양과 통증이 따른다.〈유〉유방암 ¶ 유암은 백인에게 많고 황색인·흑인에게는 적지만 우리나라에서도 최근 유암 발생률이 증가하고 있다. / 유암이 발생되기 쉬운 조건은 도시에 살면서 직장을 가진 독신 또는 출산 경험이 없는 여성으로, 초조(初潮)가 12세 이하이거나 폐경(閉經)이 50세 이후인 경우이다.

ㅇ

유암종(類癌腫)[유:암종] 명 《의학》〈암〉황색의 윤곽이 뚜렷한 종양. 소화관, 담관, 췌장, 기관지, 또는 난소 등에 존재하는 신경성 내분비 세포들에서 주로 발생한다. ¶대장암의 종류로는 선암, 림프종, 악성 유암종, 평활근육종 같은 것이 있다.

유착 심장막염(癒着心臟膜炎) 명구 《의학》〈심장 질환〉심장막 사이가 서로 붙어 버리는 심장막염.

유착성 관절낭염(癒着性關節囊炎) 명구 《의학》〈통증〉어깨관절을 이루는 조직 중에서 회전근개 관절 활액막, 상완이두근 및 주위 조직을 침범하는 퇴행성 변화의 결과로 심한 운동장애를 일으키는 질환. 〈유〉오십견(五十肩) ¶'오십견'이라 불리는 유착성 관절낭염은 어깨관절을 감싸고 있는 관절낭에 염증이 생겨 주변 조직이 딱딱해져 어깨가 굳고, 운동 범위가 줄어드는 질환이다.

유착성 심장막염(癒着性心臟膜炎) 명구 《의학》〈심장 질환〉두 개의 심장막 사이, 심장막과 심장 사이, 혹은 심장막과 주위 조직 사이에 유착을 보이는 심장막염.

유통(乳痛)[유통] 명 《한의》〈통증〉해산 후에 생기는 병의 하나. 젖이 아랫배까지 늘어지고 배가 몹시 아프다. 〈유〉유현증(乳懸症), 유장증(乳長症)

유행 위장염 바이러스(流行胃腸炎virus) 명구 《보건일반》〈위장병〉유행 위장염을 유발하는 아르엔에이 바이러스. 직경이 약 27나노미터(nm)이다.

유행성 간염(流行性肝炎) 명구 《의학》〈간 질환〉에이형(A型) 간염 바이러스의 경구 감염으로 일어나는 간염. 늦은 여름에 4~10세의 어린이에게 감염되며, 15~30일의 잠복기를 거쳐 식욕 부진, 발열, 황달, 간 비대, 복통 따위의 증상을 보인다. 집단적으로 발병하는 일도 있다. 〈유〉에이형 간염, 전염성 간염 ¶A형 간염은 일명 '유행성 간염'이라고 불린다.

유행성 감기(流行性感氣) 명구 《의학》〈폐렴〉인플루엔자 바이러스에 의하여 일어나는 감기. 고열이 나며 폐렴, 가운데귀염, 뇌염 따위의 합병증을 일으킨다. 〈유〉독감, 인플루엔자〈참〉돌림감기(돌림感氣) ¶일부 보건 당국 관계자들은 코로나19가 결국엔 유행성 감기처럼 될 것이라고 예상했다.

유황탕(硫黃湯)[유황탕]명《지구》〈당뇨〉1kg의 물 가운데에 2mg 이상의 황이 들어 있는 광천. 피부병, 신경통, 당뇨병 따위의 치료에 이용한다.〈유〉유황-샘(硫黃샘), 유황-천(硫黃泉) ¶공기마을 산책길 마지막에는 노천 족욕 유황탕이 있어 겨울철 산책과 등산으로 지치고 추위로 언 몸을 녹일 수 있다.

육아종 간염(肉芽腫肝炎)명구《의학》〈간 질환〉간에 육아종이 존재하는 상태. ¶육아종 간염에서는 간 기능 검사는 정상일 수 있으며, 간 생체 검사 혹은 스테로이드의 경험적 투여가 필요할 수 있다.

육종(肉腫)[육쫑]명《의학》〈암〉비상피성 조직에서 유래하는 악성 종양을 통틀어 이르는 말. ¶위암의 종류에는 비상피성 세포에서 유래하는 악성 종양인 육종이 있다.

융모암(絨毛癌)[융모암]명《의학》〈암〉표면의 생김새가 융털과 비슷한 암.〈유〉융털암 ¶폐렴·결핵 증상과 비슷하지만 생식기에 생기는 악성 종양인 '융모암'(choriocarcinoma)이 폐에서 발생하는 희귀 사례가 국내에서 발생했다.

융털암(絨털癌)[융터람]명《의학》〈암〉표면의 생김새가 융털과 비슷한 암.〈유〉융모암 ¶악성 생식세포 종양은 종양의 성질로 인해 난황낭종양, 태아성 종양, 미분화 배종, 정상피종양, 융털암 등등 몇 개의 종양으로 분류됩니다.

은진(癮疹)[은진]명《한의》〈알레르기〉'두드러기'를 전문적으로 이르는 말.

은통(隱痛)[은통]명《한의》〈통증〉은근히 아픔. 또는 그런 증상.

은통하다(隱痛하다)[은통하다]형《한의》〈통증〉은근히 아프다.

음경암(陰莖癌)[음경암]명《의학》〈암〉주로 포경(包莖)인 사람에게 중년 이후 많이 나타나는 피부암. 처음에는 음경의 귀두와 그 포피 안쪽에 생겨 점점 커지는데, 몇 달이 지나면 일부가 떨어져 나가기도 하며 나쁜 냄새를 낸다. ¶음경암은 남성의 암 중에서 1% 이하를 차지하는 비교적 드문 암이다.

음식물성 천식(飮食物性喘息)명구《의학》〈만성 하기도질환〉알레르기를 가지고 있는 사람이 특정 음식물이 원인이 되어 과민 반응이 나타나 유발된 천식.

음허(陰虛)[음허]명《한의》〈만성 하기도질환〉음액(陰液)이 부족한 증상. 손, 발, 가슴에 열이 나는데 특히 오후에만 열이 오르고 대변이 굳으며 입안이 건조하다.

음허천(陰虛喘)[음허천]명《한의》〈만성 하기도질환〉음허로 생기는 천식. 숨이 차고 동시에 식은땀이 난다.

의미성 치매(意味性癡呆)명구《의학》〈알츠하이머〉생활하는 중에 가치 및 의미를 경험하여 알지 못하는 것

이동 폐렴(移動肺炎)명구《의학》〈폐렴〉침범된 폐의 인접한 부분으로 염증이 퍼지는 폐렴. 아스페르길루스증에 의한 기관지 폐렴에서 보인다.〈유〉유주 폐렴(遊走肺炎)

이명(耳鳴)[이:명]명《의학》〈고혈압〉바깥 세계에 소리가 없는데도 귀에 잡음이 들리는 현상. 또는 그 증세. 귀의 질환이나 정신 흥분 등으로 인해 청신경에 병적 자극이 생겨 발생한다.〈유〉귀-울림, 귀-울음, 이명-증(耳鳴症) ¶이명은 청각은 물론 수면의 질, 집중력 저하, 우울감 등 삶의 질에도 악영향을 미칠 수 있어 이비인후과 치료와 정신건강 측면도 치료해야 한다고 한다.

이명증(耳鳴症)[이:명쯩]명《의학》〈고혈압〉몸 밖에 음원(音源)이 없는데도 잡음이 들리는 병적인 상태. 귓병, 알코올 의존증, 고혈압 따위가 그 원인이다.〈유〉귀-울림, 귀-울음, 이명(耳鳴) ¶이명증은 청력 기관의 이상 흥분에 의해서 생기는 소음감이다.

이상 식욕 항진(異常食慾亢進)명구《의학》〈당뇨〉비정상으로 식욕이 항진된 상태. 당뇨병 등에 볼 수 있는 대사성 병변에 의한 것과 신경성 식욕 부진증

의 경과 중 대상성으로 출현하는 이상 식욕 항진 현상 등이 있을 수 있다. ¶ 이상 식욕 항진을 앓게 되면, 매우 짧은 기간 동안 많은 양의 음식을 먹게 되며 한없이 먹고 싶은 느낌이 들어 행동을 통제할 수 없다.

이상 알레르기(異常Allergie)명구《의학》〈알레르기〉특수 항원에 대한 원래의 민감화 과정 후 비특이적 자극에 의하여 반응 소인이 생기는 알레르기.〈유〉파라알레르기

이상 체질(異常體質)명구《의학》〈알레르기〉어떤 물질에 대하여 보통 사람과는 달리 과민한 반응을 일으키는 체질. 특정한 종류의 약물이나 단백질, 특유한 이물질에 대한 감수성이 이상적으로 발달하여 나타난다.〈유〉특이 체질

이상 초과민(異常超過敏)명구《의학》〈알레르기〉개체에 특정 자극을 가함으로써 다른 자극에 과민한 반응을 일으키는 상태.〈유〉다가 알레르기

이심장체(二心臟體)[이:심장체]명《생명》〈심장 질환〉심장이 갈라진 틈새에 의하여 오른심장과 왼심장으로 나뉘어 있는 상태.

이앓이( )[이아리]명《의학》〈통증〉이가 아파서 통증(痛症)을 느끼는 증세.〈유〉치통(齒痛) ¶조 차장은 내가 이앓이를 핑계로 술잔을 밀쳐놓자 끌탕을 하며 핀잔을 주었다.

이자(李子)[이:자]명《한의》〈당뇨〉장미과에 속하는 자두나무의 생약명. 열매를 약용하며 청간, 생진, 이수(裏水)에 효능이 있어 '소갈', 복수를 치료한다. ¶오얏나무의 열매 이자는 맛이 달고 시며 약성은 평범하고 독성은 없으며 다종의 아미노산을 함유하여 자양강장 피로해소에 효과적이다.

이자(胰子)[이자]명《의학》〈암〉배 안의 뒤쪽에 가로로 길쭉하게 자리한 기관. 소화 효소를 포함한 이자액은 샘창자로 보내고 인슐린 따위의 호르몬을 분비한다. 오른쪽은 샘창자의 고리에 꽉 붙어 있고 왼쪽은 지라까지 뻗어 있다.〈유〉이장, 췌장 ¶이자는 소화효소와 함께 호르몬을 분비한다.

이자돌증(胰子돌症)[이자돌쯩]명《의학》〈당뇨〉이자 또는 이자의 배출관에

돌이 생긴 상태. 대개 이자의 외분비샘과 내분비샘의 기능 부족으로 일어나며, 지방변증, 몸무게 감소, 당뇨병을 동반한다. 〈유〉 췌장 결석증(膵臟結石症) ¶이자돌증은 심한 통증을 유발하여 환자들의 삶의 질을 매우 저하시킨다.

이자섬염(胰子섬炎)[이자섬념] (명)《의학》〈당뇨〉 림프구 침윤이 있는 랑게르한스섬의 염증. 바이러스 감염이 원인일 수 있으며, 면역 반응이나 감염으로도 생길 수 있다. 또한 이는 제1형 당뇨의 초기 병변일 수도 있다. ¶고용량의 비타민 D를 투여하면 제1형 당뇨병의 모델인 비만하지 않은 당뇨쥐에서 이자섬염과 당뇨의 발생을 억제한다는 보고도 있습니다.

이자암(胰子癌)[이자암] (명)《의학》〈암〉 이자에 생기는 악성 종양. 〈유〉 췌암, 췌장암 ¶이자암은 조기에 증상이 나타나지 않고 초발증상이 비특이적이며, 조기암에 유용한 판별법도 없기 때문에 조기 발견이 매우 어렵다.

이중 심장증(二重心臟症) (명구)《의학》〈심장 질환〉 중앙의 갈라진 틈에 의해 심장의 오른쪽과 왼쪽이 비정상적으로 나뉜 증상.

이질대공통(痢疾大孔痛)[이ː질대공통] (명)《한의》〈통증〉 이질이 심하여 항문이 벌어진 채 오므라들지 않고 아픈 증상.

이차 감염(二次感染) (명구)《의학》〈폐렴〉 어떤 병원체에 감염되어 신체의 저항력이 약하여졌을 때 다시 다른 병원체의 감염을 받는 일. 예를 들어, 유행성 감기에 걸렸을 때 세균에 의한 폐렴이 뒤따르는 경우를 이른다. 폐렴균, 화농성 구균, 대장균 따위가 있다. 〈참〉 일차 감염(一次感染)

이차성 고혈압( ) (명구)《의학》〈고혈압〉 대부분의 고혈압환자는 명확한 원인 없이 발생하는 본태성 고혈압인 데 반하여 명확한 원인 질환이 있고 이 질환에 의하여 고혈압이 발생할 때 이를 이차성 고혈압이라고 한다. ¶혈액 검사로 또한 신장 기능을 평가하며 전해질 불균형 여부를 확인함으로써 부신에 발생하는 기능성 종양에 의한 이차성 고혈압 유무를 의심할 수 있다.

이차성 치매(二次性癡呆) (명구)《의학》〈알츠하이머〉 다른 형태의 정신병이 원인이 되어 그것에 속발되는 치매.

이통(耳痛)[이ː통] 명 《의학》〈통증〉'귀통증'(-痛症)의 이전 말.

이해능 소실(理解能消失) 명구 《의학》〈알츠하이머〉광우병에 걸린 소의 고기를 먹은 사람에게 나타나는 병. 변형 단백질인 프리온(Prion)에 의해 발병한다. 광우병에 걸린 소와 마찬가지로 스펀지처럼 뇌에 구멍이 뚫려, 발병 초기에는 기억력 감퇴와 감각 부조화가 나타나고 이후 평형 감각 둔화와 치매로 발전하여 결국 움직이거나 말도 하지 못하다가 사망하게 된다.

이형 간염(E型肝炎) 명구 《의학》〈간 질환〉이형 간염 바이러스에 감염되어 발생되는 간염. 급성이며 보통 저절로 치유되는 질환이나 장기 이식을 받는 사람이나 면역 억제가 있는 사람의 경우에는 증상이 매우 심하게 나타날 수 있다. 미열, 복통, 황갈색 소변, 황달 따위의 증상을 보인다. 주로 위생 상태가 좋지 못한 저개발 국가에서 발생한다. ¶ E형 간염은 A형 간염처럼 발열, 피로, 구토, 복통, 황달, 짙은 갈색 소변 등의 증상이 나타나기도 하지만 대부분은 무증상이고 자연 치유된다.

이형 간염 바이러스(E型肝炎virus) 명구 《의학》〈간 질환〉주로 아시아와 아프리카에서 발생하는 비 에이(A), 비 비(B)형 간염의 장내 전염, 수인성, 전염병의 주요 원인이 되는 RNA바이러스. ¶E형 간염은 E형 간염 바이러스에 의해 발생하며 일반적으로 오염된 음식이나 물의 섭취를 통해 전염되며, 감염된 동물과의 접촉을 통해서도 전염될 수 있다.

이형 당뇨병(二型糖尿病) 명구 《의학》〈당뇨〉인슐린 분비량 저하와 인슐린 저항으로 인해 생기는 당뇨병. 인슐린 작용이 저하되면 과다한 당을 섭취하였을 때 일정한 혈당 수준을 유지하는 내당 능력이 감소하므로 혈당이 높아져, 당을 소변으로 배설하는 포도당 낭비 현상을 보인다. 고혈당이 지속됨에 따라 대사 변화가 초래된다. 〈유〉제이형 당뇨병(第二型糖尿病) ¶이형 당뇨병은 주로 30세 이상의 연령대에서 발병하며 비만 경향인 체형에 많이 나타난다. / 이형 당뇨병은 일형 당뇨병과 반대로 가족력이 많은 편으로, 우리나라 당뇨병 환자의 85%는 이형 당뇨병이다.

이형 폐렴(異型肺炎)(명구)《의학》〈폐렴〉경과, 증상, 병터가 정형적(定型的)이지 않은 폐렴. 38℃ 안팎의 열이 나고 기침이 잦으며, 결핵과 혼동하기 쉽다.〈유〉비정형 폐렴

인간 광우병(人間狂牛病)(명구)《의학》〈알츠하이머〉다른 형태의 정신병이 원인이 되어 그것에 속발되는 치매.

인공 심장(人工心臟)(명구)《의학》〈심장 질환〉제 기능을 다하지 못하는 심장 대신에 심장의 기능을 보조하거나 대신하도록 만든 장치.〈유〉기계 심장(機械心臟) ¶영국의 한 남자가 금속으로 된 인공 심장을 이식받은 후 스스로가 냉혈인으로 변했다고 제보해 화제가 되고 있다. / 그동안 국내외에서 개발된 이식형 인공 심장은 모두 심장을 직접 대체하는 방식으로 심장을 떼어낸 뒤 그 자리에 붙이는 가슴 내장형이었다. / 전문의들은 자동차 모델이 바뀌듯 인공 심장도 계속해서 개선품과 신소재가 나오고 있기 때문에 수명과 경제적인 문제도 빠르게 나아질 것이라고 전망한다.

인공 이자(人工胰子)(명구)《의학》〈당뇨〉당뇨병 환자에게 자동적으로 인슐린을 투여하는 장치.〈유〉인공 췌장(人工膵臟) ¶현재 실용화되고 있는 최신 치료법인 인슐린 펌프 요법은 환자가 기기를 조작해야 하고 주사 줄과 바늘을 교체해야 하므로 '완전 인공 이자'라고 부를 수는 없는 상태지만 제품의 개량이 거듭되면 '완전 이자'나 다름없게 될 것이다.

인산염성 당뇨병(燐酸鹽性糖尿病)(명구)《의학》〈당뇨〉신세뇨관에 의한 인산염의 재흡수 장애를 보이는 유전성의 당뇨병. ¶인산염성 당뇨병은 비타민D의 이용능력이 장애되어 있기때문에 생기는 것으로 보인다.

인슐린(insulin)(명)《생명》〈당뇨〉탄수화물 대사를 조절하는 호르몬 단백질. 이자에서 분비된다. 몸 안의 혈당량을 적게 하는 작용을 하므로 당뇨병의 대증약으로 쓰인다.〈참〉칼리크레인(callicrein) ¶엄격한 혈당 조절과 함께 식사, 운동 등 생활습관 개선을 통해 몸 상태가 좋아지면 꽤 많은 사람들에

서 하루에 필요한 인슐린 요구량이 줄어드는 현상을 경험하게 됩니다.

인슐린(insulin)명《생명》〈암〉탄수화물 대사를 조절하는 호르몬 단백질. 이자에서 분비된다. 몸 안의 혈당량을 적게 하는 작용을 하므로 당뇨병의 대증약으로 쓰인다. ¶췌장에서는 혈당 조절에 중요한 호르몬인 인슐린과 글루카곤이 분비된다.

인슐린 의존성 당뇨(insulin依存性糖尿)명구《의학》〈당뇨〉치료하는 데 인슐린을 필수적으로 투입해야 하는 당뇨병. 급작스러운 증상의 발현, 혈액 내 인슐린의 감소, 케톤증이 잘 일어나는 것이 특징이며 어느 연령대에서도 발병할 수 있다. 다음다갈증, 대식증, 체중 감소, 권태, 지각 이상, 시각 장애, 불안정성 따위가 수반되며 치료하지 않으면 구역질, 구토, 혼미, 혼수로 진행되어 사망에까지 이를 수 있다. ¶포도당이 세포 안에 들어가기 위해서는 췌장에서 분비하는 인슐린이 반드시 필요하나 췌장에서 인슐린을 제대로 생성하지 못하여 발행하는 당뇨병을 인슐린 의존성 당뇨라고 한다.

인식 불능증(認識不能症)명구《의학》〈알츠하이머〉감각 기관에는 이상이 없지만 뇌가 손상을 입어 대상물을 인식하지 못하는 병적인 증상.〈유〉실인증

인플루엔자(influenza)명《의학》〈폐렴〉인플루엔자 바이러스에 의하여 일어나는 감기. 고열이 나며 폐렴, 가운데귀염, 뇌염 따위의 합병증을 일으킨다.〈유〉유행성 감기

인플루엔자 폐렴(influenza肺炎)명구《의학》〈폐렴〉인플루엔자에 걸려 저항력이 약해졌을 때 기도에 있던 세균이 폐에 침입하여 일으키는 폐렴. 두통, 오한, 근육통 따위의 초기 증상 이후 기침과 객담이 심해지고 열이 높아지며 호흡 곤란이 일어난다.

인후통(咽喉痛)[인후통]명《한의》〈통증〉목구멍이 아픈 병이나 증세. ¶코로나19 환자에게서 강한 인후통, 기침, 근육통이 주된 증상으로 나타난다.

일과성 뇌허혈 발작(一過性腦虛血發作)명구《의학》〈뇌졸중〉뇌를 순환하는 혈액량의 감소로 24시간 이내에 소실(消失)되는 편마비(片麻痺), 저림, 실어

(失語) 등을 나타내는 발작. 뇌경색(腦梗塞)의 전조이다.

일과성 심장 정지(一過性心臟停止)명구《의학》〈심장 질환〉일시적으로 심장이 정지되었다가 다시 박동이 회복되는 증후. 정지는 단시간이면 예후의 걱정은 적으나 지연되면 죽음에 이를 위험이 있다.

일몰증(日沒症)[일몰쯩]명《의학》〈알츠하이머〉밤이 되면 방황, 과잉 정서 반응, 투쟁적 행동, 의심, 환각, 섬망 따위의 증상이 심해지는 진행성 치매.

일차성 고혈압( )명구《의학》〈고혈압〉혈압 상승을 가져올 만한 특정한 원인 질환이 발견되지 않은 고혈압으로, 어느 한 가지 요인이 아니라 여러 요인이 복합되어 고혈압이 발생했다는 의미이며, 전체 고혈압 환자의 90~95%가 해당한다.〈유〉본태성 고혈압 ¶일차성 고혈압의 원인은 명확하게 밝혀지지 않았지만 주로 적은 신체활동, 스트레스, 비만, 흡연, 알코올 섭취, 고령 등을 위험 요인으로 보고 있다.

일측성 대엽 폐기종(一側性大葉肺氣腫)명구《의학》〈만성 하기도질환〉폐쇄 기관지염이 한쪽에 심할 경우 폐에 흡입된 공기가 다시 밖으로 빠져나오지 못해 갇힌 상태. 방사선 촬영을 해 보면 폐의 한쪽 엽에만 방사선이 더 투과되어 다른 쪽 폐보다 검게 나타난다.

임신 고혈압(妊娠高血壓)명구《의학》〈고혈압〉임신으로 인하여 생기는 고혈압. 정상 혈압인 여자가 임신 중에 고혈압이 생기거나 고혈압 환자가 임신 중에 고혈압이 더욱 악화되는 것을 말한다.〈유〉임신성 고혈압(妊娠性高血壓) ¶임신 고혈압은 배우자 나이와 관계있다.

임신 당뇨병(妊娠糖尿病)명구《의학》〈당뇨〉임신 중에만 당대사의 이상 증상이 있고 분만한 뒤에는 당대사가 정상화되는 증상. 혈당 조절이 되지 않아 인슐린 쇼크가 잘 일어나며 혈당을 저하시키기 위하여 점차 인슐린양이 증가한다. 산모가 당뇨병을 가지고 있는 경우 태아의 출생 전 사망률이 높아지며 특히 임신 초기의 고혈당은 태아의 선천성 기형 가능성을 높인다.〈유〉임신 중 당뇨병(妊娠中糖尿病), 임신성 당뇨병(妊娠性糖尿病) ¶임신 당뇨병은 임신 이전에 이미 당뇨병이 있던 경우와 달리, 임신에 의해 유발되는 질환입니다.

임신 습진(妊娠濕疹)명구《의학》〈알레르기〉임신 중기에 나타나는 습진. 주로 얼굴, 목, 가슴, 사지의 접힘부에 습진 병터가 보이는 피부병과 구진이 나타나는 두 가지 형태가 있다. 아토피와 연관되는 경우가 많이 있다.〈유〉임신 아토피 발진

임신 아토피 발진(妊娠atopy發疹)명구《의학》〈알레르기〉임신 중기에 나타나는 습진. 주로 얼굴, 목, 가슴, 사지의 접힘부에 습진 병터가 보이는 피부병과 구진이 나타나는 두 가지 형태가 있다. 아토피와 연관되는 경우가 많이 있다.〈유〉임신 습진

임신 자간(妊娠子癎)명구《의학》〈고혈압〉주로 분만할 때 전신의 경련 발작과 의식 불명을 일으키는 질환. 임신 중독증 가운데 가장 중증인 형태로 사망률이 높다. 고도의 단백뇨, 부종, 고혈압 증상이 있는 고령의 초산부에게 많다.〈유〉자간(子癎) ¶가장 심각한 상태인 임신 자간은 임신부가 의식을 잃고 경련을 하는 것인데 이때 뇌졸중이 발생할 수 있고 심하면 생명을 잃기도 한다.

임신성 고혈압(妊娠性高血壓)명구《의학》〈고혈압〉임신으로 인하여 생기는 고혈압. 정상 혈압인 여자가 임신 중에 고혈압이 생기거나 고혈압 환자가 임신 중에 고혈압이 더욱 악화되는 것을 말한다.〈유〉임신 고혈압(妊娠高血壓) ¶엄마는 나를 임신 후 고혈압이 심해지셨는데 임신성 고혈압이었다.

입술암(입술癌)[입쑤람]명《의학》〈암〉입술에 생기는 암. 아랫입술 겉면이 하얗게 되기도 하며 응어리가 지면서 짓무르기도 하는데 50~70세 남성에게 발생하기 쉽다.〈유〉구순암,〈참〉구강암 ¶조직 내 방사선 조사는 입술암, 혀암, 피부암 따위에 쓴다.

ㅇ

한국어 질병 표현 어휘 사전

ㅈ

자가 민감 습진(自家敏感濕疹)명구《의학》〈알레르기〉한 부위에 습진과 같은 피부염이 오래 있은 후에, 그 피부 부위와 멀리 떨어진 곳에 급성 습진이 발생하는 상태. 정체 습진이 다리에 있다가 다른 부위에 피부염이 발생하는 경우가 대표적이다.〈유〉자가 민감 피부염

자가 민감 피부염(自家敏感皮膚炎)명구《의학》〈알레르기〉한 부위에 습진과 같은 피부염이 오래 있은 후에, 그 피부 부위와 멀리 떨어진 곳에 급성 습진이 발생하는 상태. 정체 습진이 다리에 있다가 다른 부위에 피부염이 발생하는 경우가 대표적이다.〈유〉자가 민감 습진

자가 알레르기(自家Allergie)명구《의학》〈알레르기〉자가 항체가 자신의 조직에 대항하여 생성되어, 보호 효과보다는 파괴를 일으키는 변화된 반응성.〈유〉자기 알레르기

자가면역성 간염(自家免疫性肝炎)명구《의학》〈간 질환〉신체의 면역체계가 간을 공격하여 염증과 간 손상을 일으키는 만성 질환. ¶1950년 처음 기술된 자가면역성 간염은 자신의 간 세포를 공격하는 항체와 면역 세포가 활성화되는 면역 반응이 일어나서 간 세포가 파괴되고, 섬유화를 동반한 염증 반응이 지속되는 만성 질환으로서, 간경변증이나 간부전으로 진행할 수 있다.

자간(子癎)[자간]명《의학》〈고혈압〉주로 분만할 때 전신의 경련 발작과 의식 불명을 일으키는 질환. 임신 중독증 가운데 가장 중증인 형태로 사망률이 높다. 고도의 단백뇨, 부종, 고혈압 증상이 있는 고령의 초산부에게 많다.〈유〉아운(兒暈), 아훈(兒暈), 임신 자간(妊娠子癎)

자궁암(子宮癌)[자궁암]명《의학》〈암〉자궁에 생기는 악성 종양. 발생 위치에 따라 자궁목 암과 자궁 몸통에 생기는 자궁 몸체 암으로 나뉜다. 처음에는 불규칙한 자궁 출혈을 일으키고 대하증이 생기며 나중에는 온몸이 쇠약해져 몹시 괴롭고 요독증이 생긴다. 여성에게 일어나는 암의 3분의 1을 차지하는데 초기에 발견하면 완치도 가능하다. ¶자궁암의 두 종류인 자궁경부암과 자궁체부암은 해부학상 발생 부위가 다를 뿐만 아니라 병의 원인,

증상 및 증후, 진행 양상, 병리조직학적 특성, 치료 방법 등에서 판이하게 다른 암종이다.

자극 결장(刺戟結腸)명구《의학》〈위장병〉정신적인 스트레스로 창자의 운동이 증가하여 설사나 변비가 생기고 아랫배가 아픈 만성 질환.〈유〉민감잘록창자

자기 알레르기(自己Allergie)명구《의학》〈알레르기〉자가 항체가 자신의 조직에 대항하여 생성되어, 보호 효과보다는 파괴를 일으키는 변화된 반응성.〈유〉자가 알레르기

자발성 뇌출혈(自發性腦出血)명구《의학》〈고혈압〉고혈압성 뇌출혈, 뇌동맥류, 뇌동정맥기형, 모야모야병, 뇌종양 출혈 등의 질환이 뇌출혈을 일으키는 것을 의미한다. 이 중 고혈압성 뇌출혈은 고혈압과 관련이 있는 경우가 많으며 전체 뇌졸중의 10%를 차지한다.

자발성 두개강 내 출혈(自發性頭蓋內出血)명구《의학》〈고혈압〉뇌의 안쪽에 있는 가느다란 혈관이 터져서 뇌 속에 피가 고이고, 이로 인해 뇌가 손상되는 것을 말하며 대부분 고혈압이 조절되지 않을 때 발생한다.

자통(刺痛)[자ː통]명〈통증〉찌르는 것 같은 아픔.

작열통(灼熱痛)[장녈통]명《의학》〈통증〉사지(四肢)에 외상(外傷)을 입었을 때에, 그 말단부(末端部)가 불에 타는 듯이 따갑고 아픈 통증. ¶제2 형인 작열통(causalgia)은 말초 신경 손상후에 발생하는 지역성 통증 증후군을 말한다. / 흔히 일어나는 감각 장애로는 저린감, 통각, 작열통 혹은 압통 등이 있다.

작은심장증(작은心臟症)[자근심장쯩]명《의학》〈심장 질환〉심장이 정상보다 작은 상태. 태아 때의 심장 발육 장애가 원인으로 발육 부진, 활동 장애가 따른다.

작은창자(작은창자)[자근창자]명《의학》〈위장병〉위(胃)와 큰창자 사이에 있는, 대롱 모양의 위창자관. 샘창자, 빈창자, 돌창자로 나뉜다.〈유〉소장

작은창자암(작은창자癌)[자근창자암]명《의학》〈암〉작은창자에 생기는 암. 샘창자 암, 빈창자 암, 돌창자 암 따위가 있는데 큰창자암에 비하여 발병률이 극히 낮다.〈유〉소장암 ¶크론병은 작은창자암으로 진행될 위험이 있으며, 큰창자암으로 진행될 가능성은 궤양성 대장염에 비해 낮다.

잘록창자( )[잘록창자]명《의학》〈암〉/〈위장병〉큰창자의 막창자와 곧창자 사이에 있는 부분. 오름잘록창자, 가로잘록창자, 내림잘록창자, 구불잘록창자로 나뉜다.〈유〉결장 ¶큰창자의 대부분을 차지하는 잘록창자는 주로 음식 찌꺼기의 수분을 흡수하며, 변이 나갈 때까지 저장하는 공간이다

잘록창자암(잘록창자癌)[잘록창자암]명《의학》〈암〉/〈위장병〉잘록창자에 생기는 암. 오른쪽 잘록창자암인 경우에는 가벼운 설사나 변비가 계속되기도 하고 아랫배에서 덩어리가 만져지기도 하며 복통, 식욕 부진, 전신 권태감, 체중 감소, 빈혈과 같은 증상이 나타난다. 왼쪽 잘록창자암인 경우에는 2~3일 간격으로 설사와 변비가 번갈아 일어나며, 혈액이나 점액이 대변에 섞이는 경우가 많고 아랫배에 통증이나 복부 팽만감도 있다.〈유〉결장암 ¶잘록창자암은 식생활의 서구화로 육류 및 동물성 지방의 섭취가 늘어나면서 발생률이 점차 높아지고 있습니다.

잠복성 알레르기(潛伏性Allergie)명구《의학》〈알레르기〉평소에는 증상이나 징후가 없으나 특정 알레르기 항원을 이용한 면역 검사에서는 증상이 발현되는 알레르기.

잠복암(潛伏癌)[잠복암]명《의학》〈암〉유기체의 일정한 조직 속에서만 자라고 있어 환자가 특별한 증상을 느끼지 못하는 암. ¶잠복암은 분명히 암이지만, 임상적으로 무증상인 것을 말하며, 전립선, 갑상샘 등 호르몬의 존성의 암이나 신경아종에서 많이 볼 수 있다.

잠재 당뇨병(潛在糖尿病)명구《의학》〈당뇨〉스트레스 당뇨병 또는 무증상 경증 당뇨병.

장 간 탈장(腸肝脫腸)명구《의학》〈간 질환〉어린이의 배꼽 헤르니아. 그 안에

장과 간이 있다. 〈유〉 창자 간탈출(창자肝脫出)

장 궤양(腸潰瘍)명구《의학》〈위장병〉장 점막에 염증으로 인한 조직 손실로 생긴 병터.

장 상피 화생(腸上皮化生)명구《의학》〈암〉특히 위에서 위 점막이 장의 샘 점막과 유사하게 변형되는 과정. 보통 융모는 없다. ¶만성 위축 위염, 장 상피 화생 등의 위암의 전구병변이 있는 경우에는 위내시경 검사를 더욱 주기적으로 받아야 합니다.

장 통증(腸痛症)명구《의학》〈위장병〉장의 지속적인 수축에 의해 일어나는 심한 복통. 〈유〉 창자 통증

장 협착(腸狹窄)명구《의학》〈위장병〉창자 안이 좁아진 상태. 창자 결핵, 창자 유착, 종양 따위가 원인이 되어 일어나며 배가 붓고 구토, 복통 따위의 증상을 보인다. 원인이나 증상이 창자막힘증과 비슷하지만 그 정도가 가벼운 상태를 이른다. 〈유〉 창자협착

장간염(腸肝炎)[장:가념]명《의학》〈간 질환〉장과 간을 동시에 침범하는 염증. 〈유〉 창자 간염(창자肝炎)

장감(長感)[장감]명《한의》〈폐렴〉오래된 감기로 생기는 증상. 기침과 오한이 심하고 폐렴이 되기 쉽다.

장결장염(腸結腸炎)[장:결짱념]명《의학》〈위장병〉소장과 결장을 동시에 침범하는 염증.

장겹침증(腸겹침症)[장:겹침쯩]명《의학》〈위장병〉창자관의 일부가 그것에 이어지는 창자 안으로 빠져 듦으로써 막힘을 일으키는 병. 돌창자와 잘록창자에 잘 생기고 영아에게 많이 나타난다. 발작성 구토와 복통, 점혈변(粘血便) 따위가 일어난다. 〈유〉 장중첩증, 창자겹침증

장관 유착(腸管癒着)명구《의학》〈위장병〉장이 들러붙어서 이동하기 힘들어지는 일. 복막염을 치료한 뒤에 볼 수 있으며 복통, 변비 따위가 생긴다. 〈유〉 장 유착증

장병(臟病)[장병]명《의학》〈위장병〉오장(五臟)에 생긴 병. 또는 오장과 관련된 병.

장아토니증(腸atony症)명《의학》〈위장병〉위 근육의 수축력이 약해지고 연동(蠕動) 운동이 감퇴하는 병. 과음·과식·자극 약제 남용 따위가 원인이며, 가슴이 따갑고 쓰리거나 구역질·변비 따위의 증상이 나타난다.〈유〉위근 무력증, 위근 쇠약증

장암(腸癌)[장:암]명《의학》〈암〉장에 생기는 악성 종양. 곧창자, 잘록창자에서 많이 발생하며 변통(便通) 이상이나 출혈 따위의 증상을 일으킨다.〈유〉창자암(창자癌) ¶암이면서 제2형 당뇨 환자인 경우 모든 원인에 의한 사망은 53% 더 높았고, 당뇨가 없는 사람과 비교해 장암 사망 위험은 29% 높게 나타났다.

장액 심장막염(漿液心臟膜炎)명구《의학》〈심장 질환〉맑은 삼출액이 심장막 공간에 고이는 심장막염.

장염(腸炎)[장:념]명《의학》〈위장병〉창자의 점막이나 근질(筋質)에 생기는 염증. 세균 감염이나 폭음·폭식 따위로 인하여 복통, 설사, 구토, 발열 따위가 나타난다. 급성과 만성이 있는데, 대개 급성이다. ¶위산 분비가 많아지면 장 속에 있는 이로운 세균의 증식이 억제되고 반대로 몸에 해로운 병균이 잘 자라 장염 등을 일으킬 수 있다.

장염 비브리오(腸炎vibrio)명구《보건일반》〈위장병〉한 가닥의 편모가 있는 그람 음성 간균(杆菌). 3% 식염수에서 가장 잘 발육하며 일반적으로 바닷속에서 생육한다. 어패류를 매개로 사람에게 감염되어 세균 식중독을 일으키는 병원균이다.〈유〉장염 비브리오균

장염 비브리오 식중독(腸炎vibrio食中毒)명구《의학》〈위장병〉장염 비브리오로 말미암아 일어나는 세균 식중독. 생선류나 조개류를 여름철에 날것으로 먹으면 12~24시간 뒤에 발생한다. 복통, 구토, 설사, 미열 따위의 증상을 나타낸다.〈유〉호염균 식중독

장염균(腸炎菌)[장:념균] 명《보건일반》〈위장병〉독일의 세균학자 게르트너가 발견한 간균(杆菌). 가축이나 야생 동물에 옮아 널리 퍼지며 집단 식중독이나 심한 창자염을 일으킨다.〈유〉게르트너-균

장염전(腸捻轉)[장:념전] 명《의학》〈위장병〉창자가 창자 사이막을 축으로 하여 뒤틀리거나 서로 꼬이는 병.〈유〉장염전증, 창자꼬임, 창자꼬임증, 축염전증 ¶"위경련이나 장염전 같은 건 아니구 어쩌면 급성맹장염인지 모르겠는데." 하고 낭패를 당한 것 같은 얼굴을 했다. / 부산에 사는 한 40대 여성이 장염전 진단을 받았지만 부산지역 내에서 응급 수술을 해 줄 병원을 찾지 못해 진주까지 넘어가서야 수술을 받을 수 있었다.

장위(腸胃)[장:위] 명《의학》〈위장병〉1. 위(胃)와 창자를 아울러 이르는 말. 2. 입에서 항문까지의 소화 기관을 이르는 말.

장중적증(腸重積症)[장:중적쯩] 명《의학》〈위장병〉장관(腸管)의 일부가 그에 이어지는 장관 속으로 빠져서 장관이 막히고 혈액의 순환이 방해받는 상태. 어린아이들에게 많이 나타나며, 구토와 복통 따위가 일어난다.

장폐색(腸閉塞)[장:폐색/장:페색] 명《의학》〈암〉/〈위장병〉창자의 일부가 막혀 통과 장애 증상을 나타내는 질환. 창자 안이 외부 압박, 유착, 염전, 마비, 종양 따위에 의하여 막힘 또는 협착 상태가 되어 나타나며 복통, 복부 팽만, 구토, 가스 배출 정지 따위의 증상을 일으킨다.〈유〉창자막힘증(창자막힘症) ¶대장암 수술 후 발생 가능한 합병증으로는 문합부 누출, 출혈, 장폐색 등이 있다.

재통(再痛)[재:통] 명《한의》〈통증〉나았던 병이 다시 도져서 앓는 일.

재통하다(再痛하다)[재:통하다] 동《한의》〈통증〉나았던 병이 다시 도져서 앓다.

저레닌 본태성 고혈압(低레닌本態性高血壓症) 명구〈고혈압〉원인불명의 고혈압증 중에서 혈장레닌활성의 낮은 수치를 나타내는 것을 말한다. 병인(病因)으로 미지의 무기질스테로이드호르몬의 분비과잉, 레닌분비기구의 이

상 등이 생각되고 있으나, 분명하지 않다.

저리다( )[저리다]동형〈통증〉(근육이나 뼈마디가) 오래 눌리거나 추위로 인해 피가 잘 통하지 못하여, 감각이 둔하고 아리며 움직이기가 거북하다. / (근육이나 뼈마디가) 오래 눌리거나 추위로 인해 피가 잘 통하지 못하여, 감각이 둔하고 아리며 움직이기가 거북한 느낌이 들다. ¶나는 수갑을 찬 채로 고개를 푹 숙이고 앉아 있으면서도, 다리가 저리고 아파서 몸을 자주 뒤틀면서 자세를 바로잡곤 하였다. / 두 팔로 온몸을 지탱하고 있다. 손가락 마디가 저린다.

저릿하다( )[저리타다]형〈통증〉(몸이나 몸의 일부가) 피가 잘 돌지 못하거나 전기가 통하여 감각이 무디고 아린 느낌이 있다. ¶어제 과로를 했는지 온몸이 나른하고 저릿하다.

저장 진드기(貯藏진드기)명구《동물》〈만성 하기도질환〉집먼지진드기 가운데 유럽형과 아메리카형이 아닌 진드기. 주로 식품 저장소나 가축 사료, 건어물, 곡물 창고에 많이 서식한다. 상대 습도 60~70%가 최적의 서식 조건이며 60% 미만이 되면 죽는다. 기관지 천식이나 알레르기성 비염의 원인으로 확인된 바 있다. ¶반려동물의 사료나 밥그릇에서 저장 진드기가 발견될 수 있으므로 사료봉투나 먹다 남은 간식의 보관에 주의를 기울여야 한다

저칼슘 혈증(低calcium血症)명구《의학》〈암〉혈장의 칼슘 농도가 비정상적으로 떨어진 상태. 깊은 힘줄 반사가 항진되고 근육이나 배가 아프고 손발에 경련이 생긴다. ¶졸레드론산은 저칼슘 혈증을 가지고 있는 환자나 임산부 또는 수유부에게는 투여할 수 없다.

저항증(抵抗症)[저:항쯩]명《의학》〈알츠하이머〉사지(四肢)의 수동 운동에 대한 의도하지 않은 저항. 심인성 치매, 뇌의 퇴행병에서 나타난다.

저혈압(低血壓)[저:혀랍]명《의학》〈고혈압〉혈압이 정상 수치보다 낮은 증상. 최저 혈압이 90mmHg에 미치지 아니하는 경우이다. 의학적으로는 혈압이 낮아서 동맥피가 충분히 장기(臟器)로 순환되기 어려운 상태를 이른

다. 피로감, 나른함, 두통, 어깨 결림 따위가 나타난다. 〈유〉 저혈압-증(低血壓症) ¶나는 저혈압이어서 헌혈을 할 수 없다. / 저혈압인 나는 가끔씩 두통과 구토, 그리고 무력증에 시달렸다. / 그는 현대인들이 당뇨병과 동맥 경화, 고혈압, 저혈압 등의 퇴행성 질병에 시달리는 점을 주목했다.

적랭복통(積冷腹痛)[정냉복통] 명 《한의》 〈통증〉 배 속에 찬 기운이 몰려 배가 찌르듯이 아픈 증상.

적색 경색(赤色梗塞) 명구 《생명》 〈뇌졸중〉 혈액 장애에 의해 생긴 괴사 조직 부위에 적혈구가 누출되어 붉은빛을 내는 경색.

전(체)성 실어(全(體)性失語) 명구 《의학》 〈알츠하이머〉 회화(會話)와 의지전달을 형성하는 모든 기능이 장애된 실어증.

전격간염(電擊肝炎)[전:격까념] 명 《의학》 〈간 질환〉 급성 황달, 고열, 의식 장애, 출혈 따위 증상을 나타내며 혼수를 일으키는 바이러스 간염.

전격성 졸중(電擊性卒中) 명구 《의학》 〈뇌졸중〉 뇌출혈로 환자가 돌연히 쓰러지고 그대로 의식을 잃은 졸중.

전당뇨병(前糖尿病)[전당뇨뼝] 명 《의학》 〈당뇨〉 자가 면역 질병이나 장애가 있는 탄수화물 대사 반응의 초기 증상. 이후에 진성 당뇨병으로 진행된다. 〈유〉 당뇨병 전기(糖尿病前期) ¶전당뇨병은 사람의 혈당이 비정상적으로 높지만, 실제 당뇨병을 나타낼 정도로는 충분히 높지 않음을 의미한다. / 전당뇨병은 특히 치료하지 않을 때 성인기 발병 당뇨병으로 진행될 수 있다.

전리 방사선(電離放射線) 명구 《물리》 〈암〉 물질을 통과할 때에 이온화를 일으키는 엑스선, 알파선, 감마 입자, 양성자, 중성자 따위의 방사선. 〈유〉 이온화 방사선 ¶위암의 위험 요인으로는 탄 음식, 흡연, 음주, 전리 방사선 등이 있다.

전립샘 비대증(前立샘肥大症) 명구 《의학》 〈암〉 전립샘이 병적으로 비대한 상태. 고령의 남자에게 많으며 전립샘암과 함께 일어나는 수도 있다. 빈뇨, 배뇨 곤란, 식욕 부진 따위의 증상이 나타나며 진행하여 요독증, 요성 패혈증에 이르게 된다. ¶전립선 결석, 전립샘염, 전립샘 비대증과 전립선암을 잘 감별하는 것이 필요하다.

전립샘암(前立샘癌)[절립쌔맘]명《의학》〈암〉전립샘에 생기는 암종. 성호르몬의 균형이 무너지면서 발생하고 진행이 촉진되는 것으로 보이며 50세 이상의 남자에게 많다. 배뇨 장애, 콩팥 기능 장애, 신경통 따위가 생기며 뼈에 전이되기 쉽다. ¶명일엽을 녹즙으로 마시면 대장암, 유방암, 전립샘암에 효과가 있다는 보고도 있다.

전립샘염(前立샘炎)[절립쌤념]명《의학》〈암〉전립샘에 생기는 염증. 방광염, 요도염, 편도염 따 따위 다른 부위에 생긴 염증으로 인하여 발생하며, 국부에 동통이 있고 오줌이 잦아진다. ¶전립선 결석, 전립샘염, 전립샘 비대증과 전립선암을 잘 감별하는 것이 필요하다.

전립선(前立腺)[절립썬]명《의학》〈암〉남성 생식 기관의 요도가 시작되는 부위를 둥글게 둘러싸는 장기. 정액의 액체 성분을 이루는 유백색의 액체를 요도로 분비하여 정자의 운동을 활발하게 한다. ¶전립선 치료 후에는 성호르몬 결핍에 따른 남성 폐경의 하나로 골다공증이 수반되기 쉽다.

전립선암(前立腺癌)[절립써남]명《의학》〈암〉전립샘암의 전 용어. ¶과도한 체중이 전립선암 재발 위험을 높이는 것으로 나타났다.

전산화 단층 촬영(電算化斷層撮影)명구《의학》〈암〉인체의 횡단면을 촬영하여 각 방향에서의 상을 컴퓨터로 처리하는 의료 기기. 방사선 이외에 입자선, 초음파 따위와 컴퓨터를 조합한 것이다.〈유〉시티(CT) ¶대부분의 암은 전산화 단층 촬영을 통해 진단할 수 있다.

전색증(栓塞症)[전색쯩]명《한의》〈뇌졸중〉'뇌중풍'을 한방에서 이르는 말.〈유〉졸중풍

전신 정맥 고혈압(全身靜脈高血壓)명구《의학》〈고혈압〉전신 정맥의 혈압이 올라가 있는 상태. 이는 정맥의 압력이 증가되어 오른쪽 심방으로 이어지고, 오른쪽 심장 질환이나 심장막 질환을 일으킨다. 때로는 대정맥의 한쪽

또는 양쪽이 막혀서 생길 수도 있으며, 대부분 목정맥을 면밀하게 살펴보면 알 수 있다.

전신성 건망(증)(全身性健忘(症))명구《의학》〈알츠하이머〉한 개체의 생애 전체에 대한 기억상실증.

전암(前癌)[저남]명《의학》〈암〉암은 아니지만 내버려 두면 암이 될 확률이 비교적 높은 병적인 상태. 간암에 대한 간경화, 위암에 대한 위축 위염 따위가 있다.〈유〉전암 상태 ¶비소 각화증은 전암 상태로, 의료용으로 사용하는 비소의 섭취로 발생한다.

전암 병터(前癌病터)명구《의학》〈암〉암의 선구 증상으로 볼 수 있는 조직 병변을 나타내는 질환. 암의 조기 진단, 조기 치료에 중요하다.〈유〉전암 질환 ¶대장 내시경 검사는 다른 검사에 비해 정확할 뿐만 아니라, 대장암으로 진행할 수 있는 전암 병터(전암성 병변)인 용종을 검사하면서 즉시 제거할 수 있다.

전암 상태(前癌狀態)명구《의학》〈암〉암은 아니지만 내버려 두면 암이 될 확률이 비교적 높은 병적인 상태. 간암에 대한 간경화, 위암에 대한 위축 위염 따위가 있다.〈유〉전암 ¶전암 상태에 있는 사람은 정상인보다 암이 발생하는 위험성이 높은데, 이때 세포핵이 불규칙하고 세포분열이 증가하며 이상 분화 등이 동반된다.

전암 질환(前癌疾患)명구《의학》〈암〉암의 선구 증상으로 볼 수 있는 조직 병변을 나타내는 질환. 암의 조기 진단, 조기 치료에 중요하다.〈유〉전암 병터 ¶가장 흔한 전암 질환에는 대장암으로 진행할 수 있는 대장 샘종(선종), 자궁 경부암으로 진행할 수 있는 자궁 경부 형성장애(자궁 경부 이형성증) 등이 있다.

전암성(轉癌性)[저ː남썽]명《의학》〈암〉암으로 되기 쉬운 성질.

전암성 병변(前癌性病變)명구《의학》〈암〉전암 병터의 전 용어. ¶많은 환자에게 위암은 전암성 병변으로 시작하여 점차 암으로 진행되기 때문에 환자의 예후와 삶의 질을 위해서는 전암기의 진단과 치료가 중요하다.

전암성 질환(前癌性疾患)명구《의학》〈암〉전암 질환의 전 용어. ¶전암성 질환의 감소로 이 치명적인 질병 치료에 있어 의미 있는 개선이 이루어졌고, 이로 인해 여성의 건강 증진에 한 걸음 더 나아갈 수 있게 되었습니다.

전염성 간염(傳染性肝炎)명구《의학》〈간 질환〉에이형(A型) 간염 바이러스의 경구 감염으로 일어나는 간염. 늦은 여름에 4~10세의 어린이에게 감염되며, 15~30일의 잠복기를 거쳐 식욕 부진, 발열, 황달, 간 비대, 복통 따위의 증상을 보인다. 집단적으로 발병하는 일도 있다.〈유〉유행성 간염 ¶전격성 간염은 간질환의 병력이 없는 건강한 사람에게서 심한 간 기능 손상이 빠르게 발생하는 특징이 있습니다.

전이암(轉移癌)[저ː니암]명《의학》〈암〉처음 발생한 부위에서 혈관, 림프관을 통하여 다른 부위로 전이하여 생긴 암종. ¶피부암은 피부에서 발생하는 원발암과 다른 장기의 암으로부터 전이돼 발생하는 전이암으로도 나뉜다.

전장염(全腸炎)[전장념]명《의학》〈위장병〉작은창자와 큰창자에 생기는 염증.〈유〉온창자염

전정통(巓頂痛)[전정통]명《한의》〈통증〉정수리가 몹시 아픈 증상.

전지 요법(轉地療法)명구《의학》〈알레르기〉날씨가 몸에 미치는 영향을 이용하여 질병을 치료하는 방법. 일반적으로 산악 기후는 빈혈이나 결핵에 적합하고, 해안 기후는 알레르기 질환·류머티즘성 질환·구루병 따위에 적합하다고 한다.〈유〉기후 요법

전층 심장염(全層心臟炎)명구《의학》〈심장 질환〉심장 근육, 심장 내막 및 심장막에 동시에 일어나는 염증.〈유〉전층 심염(全層心炎)

점막 장염(粘膜腸炎)명구《의학》〈위장병〉창자의 점막에 생기는 염증.〈유〉점막 창자염

점막암(粘膜癌)[점마감]명《의학》〈암〉점막에 생기는 암. 위암, 식도암, 대장암 따위의 초기 상태이다. ¶조직 검사 결과는 점막암으로 확인되었습니다.

점액(粘液)[저맥]명〈암〉끈끈한 성질이 있는 액체. ¶심한 스트레스가 반복되면 위벽의 점액 분비 상태가 나빠지고 위액이 과다하게 되어 위궤양이 생긴다.

점액변(粘液便)[저맥뼌]명《의학》〈암〉소장염이나 점액성 결장염에서 나타나는, 많은 양의 점액을 포함한 분변. ¶대장암의 증상에는 설사, 변비, 혈변, 점액변 등이 있다.

접촉 과민증(接觸過敏症)명구《의학》〈알레르기〉항원 또는 어떤 화학 물질이 피부에 접촉할 때 생기는 과민증.〈유〉접촉 알레르기

접촉 알레르기(接觸 Allergie)명구《의학》〈알레르기〉항원 또는 어떤 화학 물질이 피부에 접촉할 때 생기는 과민증. 항체가 관여하는 즉시형(卽時型)과 관여하지 않는 지연형(遲延型)이 있다.〈유〉접촉 과민증

접촉물(接觸物)[접총물]명《의학》〈알레르기〉지연형 과민 반응의 증상을 유발하는 여러 가지 다양한 알레르겐 집단.

정두통(正頭痛)[정:두통]명《한의》〈통증〉두통의 하나. 머리 전반이 아픈 것을 말한다.《동의보감(東醫寶鑑)》에 정두통은 수족육양경맥(手足六陽經脈)과 궐음경맥(厥陰經脈)·독맥(督脈)·소음경(少陰經)에 병이 있을 때 생긴다. 머리가 치받치는 것같이 아프고 눈이 빠지는 것 같으며 목덜미가 빠지는 것 같은 통증이 있다.

정맥류 기관지 확장증(靜脈瘤氣管支擴張症)명구《의학》〈만성 하기도질환〉정맥류를 닮은, 불규칙한 수축의 모양을 한 원통형 기관지 확장증. ¶기관지 확장증은 확장 모양에 따라 원통형 기관지 확장증, 정맥류 기관지 확장증, 낭포형 기관지 확장증으로 구분되지만, 환자의 치료나 예후의 차이가 없으므로 임상적인 의미는 별로 없다.

정맥류 습진(靜脈瘤濕疹)명구《의학》〈알레르기〉정맥의 흐름이 정체되어 정맥이 혹처럼 확장된 후 그 주위에 이차적으로 생기는 습진.

정상 당뇨(正常糖尿)명구《의학》〈당뇨〉탄수화물 식사를 섭취한 후 소변에 포

도당 성분이 정상적으로 증가하는 상태.

정식통(停食痛)[정식통] 명 《한의》〈통증〉음식이 체하여 명치 밑이 묵직하면서 아픈 증상.

정중 심장증(正中心腸症) 명구 《의학》〈심장 질환〉심장의 위치가 흉곽의 중심부에 있는 상태. 이 위치는 태아 시기에는 정상적이나 출생 후에는 비정상적이다.〈유〉가운데 심장, 가운데 심장증, 정중 심장(正中心腸)

정체 습진(停滯濕疹) 명구 《의학》〈알레르기〉혈관 정체에 의하여 악화되거나 혈관 정체가 원인이 되어 발생하는 습진성 발진.

젖꼭지 젖꽃판 습진(젖꼭지젖꽃판濕疹) 명구 《의학》〈알레르기〉특별한 이유 없이 젖꼭지와 젖꽃판 주위 피부에 발생하는 습진. 접촉 피부염, 파젯병, 까짐유두 샘종증과 감별이 필요하다.

젖산 칼슘(젖酸calcium) 명구 《약학》〈알레르기〉젖산을 탄산 칼슘으로 중화하여 얻는 약. 알레르기 질환, 출혈, 구루병, 경련 따위를 치료하는 데에 쓴다.

젖은기침 [저즌기침] 명 《의학》〈폐렴〉기관지염, 기관지 폐렴, 폐 고름집 따위의 후기에 나타나는 가래가 섞인 기침.〈유〉습성 기침〈참〉마른기침, 밭은기침

제분직공 천식(製粉職工喘息) 명구 《의학》〈만성 하기도질환〉/〈알레르기〉곡물가루에 과민하게 반응하여 일어나는 천식. 제분업에 종사하는 사람에게서 많이 발생하는 질환이다.

제사 심장음(第四心臟音) 명구 《의학》〈심장 질환〉심방이 수축되고 심실에 혈액이 가득 찬 상태에서 나타나는 심장 소리. 소리가 낮고 짧다.

제삼 심장음(第三心臟音) 명구 《의학》〈심장 질환〉방실판의 개방으로 심방에서 심실로 혈액이 급격하게 유입될 때 거의 끝에 들리는 심장 소리. 아이와 젊은 사람들에게서 들리는 것은 정상이지만, 이외의 사람들에게서 들리면 비정상이다.〈유〉제삼 심음(第三心音)

제암 물질(制癌物質) 명구 《의학》〈암〉항암제의 전 용어. ¶간장으로 숙성한 토

하젓에는 제암 물질이 다량 함유되어 있다.

제암제(制癌劑)[제:암제]명《의학》〈암〉암세포의 발육이나 증식을 억제하는 물질. 또는 그러한 약. 주로 세포의 디엔에이(DNA) 합성과 대사를 저해하는 물질로, 종양 세포만을 선택적으로 파괴하는 것이 곤란하기 때문에 부작용이 강하다.〈유〉항암제 ¶치료는 성인과 마찬가지로 수술이나 방사선 조사 제암제에 의한 화학요법 등을 병행한다.

제한 심근 병증(制限心筋病症)명구《의학》〈심장 질환〉심실 벽이 단단해져서 유연성이 결핍된 심장 근육의 병. 수축 기능은 거의 정상이나 이완 기능에 장애가 있다. 심장의 혈색소증, 아밀로이드증 따위가 원인이다.〈유〉제한 심근병(制限心筋病) ¶수술을 받은 환아는 2016년 7월생의 만 1세 남아로 출생 후 별다른 문제가 없이 지내다가 생후 3개월 경부터 배가 부풀어 오르는 증상으로 내원했고, 최종 특발성 제한 심근 병증을 진단받았다.

제한성 심근 병증(制限性心筋病症)명구《의학》〈심장 질환〉확장기 충만 기능이 제한되는 증상이 특징적으로 나타나는 다양한 질환의 군. 좌심실의 크기와 수축 기능은 유지되지만 좌심실 확장기 압력이 증가하여 일차적으로 호흡 곤란 증상이 나타나고, 우심실 부전 징후가 현저하게 나타나기도 한다. ¶제한성 심근 병증에서 수축 능력이 비교적 보존되기 때문에 일부 환자들은 초기에는 특별한 증상이 없을 수 있다.

조기 발병 알츠하이머병(早期發病Alzheimer病)명구《의학》〈알츠하이머〉65세 이전에 발병하는 알츠하이머병.

조기 중재(早期仲裁)명구《보건일반》〈알레르기〉아토피 피부염, 영아 천식, 알레르기 비염 따위의 소아 알레르기 질환이 알레르기 행진 또는 성인 알레르기 질환으로 진행되는 것을 막기 위해 조기에 진단하고 치료하는 일.

조기암(早期癌)[조:기암]명《의학》〈암〉진전이 국소에 머물러 있어 근본적인 치료의 가능성이 높은 초기의 암. ¶그는 초음파 내시경을 통해 조기암을 정확하게 진단해 낸다.

조발성 치매(早發性癡呆)명구《의학》〈알츠하이머〉'정신 분열병'의 전 용어.

조발암 물질(助發癌物質)명구《의학》〈암〉발암 촉진물의 전 용어. ¶단백질, 지방 또는 콜레스테롤이 장내 세균에 의해 발암물질(조암 물질) 또는 발암 물질의 작용을 강력히 조장하는 물질(조발암 물질)을 만들어낼 가능성이 있다.

조암 물질(造癌物質)명구《의학》〈암〉발암 물질의 전 용어. ¶단백질, 지방 또는 콜레스테롤이 장내 세균에 의해 발암 물질(조암 물질) 또는 발암물질의 작용을 강력히 조장하는 물질(조발암 물질)을 만들어낼 가능성이 있다.

조위(調胃)[조위]명《한의》〈위장병〉위장병(胃臟病)을 조절하여 고치는 일.

조위하다(調胃하다)동《한의》〈위장병〉위장병(胃臟病)을 조절하여 고치다.

조잡(증)(嘈雜(症))[조잡쯩]명《한의》〈위장병〉속이 편하지가 않고 부글부글한 증상. 열로 인하여 염증이 생겨서 속이 답답하고 헛배가 부르며, 트림이 나고 구토의 기미가 있으며 점차로 위가 아프다.〈유〉조잡

조절 기능 질병(調節機能疾病)명구《보건일반》〈고혈압〉사람이나 가축에게 생기는, 체내 항상성 유지에 관련된 기능 이상 질병. 고혈압, 당뇨 따위가 있다.

족심통(足心痛)[족씸통]명《한의》〈통증〉발바닥의 한가운데가 아픈 증상〈유〉각심통(脚心痛)

족통(足痛)[족통]명〈통증〉발이 아픈 증세.

졸심통(卒心痛)[졸씸통]명《한의》〈통증〉갑자기 가슴이나 명치 밑이 아픈 증상.

졸중(卒中)[졸쭝]명《한의》〈뇌졸중〉'뇌중풍'을 한방에서 이르는 말.〈유〉졸중풍 ¶성인병 중에서 졸중(卒中)이나 고혈압 등은 소금의 섭취량과 밀접한 관련이 있다.

졸중 증후군(卒中症候群)명구《의학》〈뇌졸중〉뇌의 어떤 부분에 혈액 공급량이 줄어들거나, 또는 뇌출혈에 의하여 생기는 증후군. 출혈, 색전, 혈전, 동

맥류 파열 따위와 같은 뇌의 급성 혈관 병변에 의하여 급성으로 발병하여 뇌경색을 보인다. 몸의 한쪽이나 양쪽 모두가 일시적 또는 영구히 마비되며, 말하거나 음식을 먹기도 힘들어지고 몸을 마음대로 움직일 수 없게 된다. 〈유〉 뇌출혈 발작 증후군, 중풍 증후군

졸중풍(卒中風)[졸쭝풍] ⓜ《한의》〈뇌졸중〉'뇌중풍'을 한방에서 이르는 말. 〈유〉 격부증, 졸중, 폭부

종격동(縱隔洞)[종격똥] ⓜ《의학》〈암〉양쪽 폐 사이의 공간으로 심장, 기관, 식도, 대동맥 등이 위치함. ¶소세포 폐암은 전반적으로 악성도가 높아서, 발견 당시에 이미 림프관 또는 혈관을 통하여 다른 장기나 반대편 폐, 종격동으로 전이되어 있는 수가 많습니다.

종격동 폐기종(縱隔洞肺氣腫) 명구《의학》〈만성 하기도질환〉종격 조직에 비정상적인 공기가 있는 증상. 폐 간질 공기종, 공기집의 파열, 경부 혹은 흉부의 식도나 기도의 파열, 종격 감염, 복부 내장의 천공 따위의 여러 원인으로 발생한다. 〈유〉 세로칸 폐 공기증 ¶종격동 폐기종의 증상은 흉골 아래의 통증, 쇼크, 얕은 호흡에서부터 무의식, 호흡 부전 및 청색증에 이르기까지 다양합니다.

종물(腫物)[종:물] ⓜ《일반》〈암〉피부의 털구멍 따위로 화농성 균이 들어가서 생기는 염증. ¶대장암의 일반적 증상으로는 설사, 변비, 식욕부진, 소화불량, 그리고 복부종물 등이 있다.

종양(腫瘍)[종:양] ⓜ《의학》〈암〉조절할 수 없이 계속 진행되는 세포 분열에 의한 조직의 새로운 증식이나 증대. 주위 장기로의 전이가 없는 양성 종양과 전이가 있는 악성 종양으로 크게 나눌 수 있다. 〈유〉 멍울, 혹 ¶종양 제거 수술만 성공하면 살 수 있나요?

좌섬 요통(挫閃腰痛) 명구《한의》〈통증〉뼈마디를 다치거나 접질려서 일어나는 요통 〈유〉 염좌 요통(捻挫腰痛) ¶좌섬 요통을 예방하기 위해서 평소에 허리가 유연하고 순환이 잘 되는 상태를 유지하고 관리하는 것이 필요하다.

좌실 비대(左室肥大)명구《의학》〈고혈압〉좌심실이 비대한 상태. 흉부 엑스선, 심전도, 심장 초음파로 진단하는 경우가 많다. 고혈압, 대동맥판 질환, 승모판 폐쇄 부전인 경우에 나타난다. ¶최근 개최된 중의협 총회에서는 투석 환자의 운동 한계 능력이 만성 폐쇄성 폐질환 및 심장 질환 환자와 동일한 정도로 장애가 있다는 점이 강조됐으며, 투석 환자가 운동을 하지 않는 것은 좌실 비대 및 저 영양과 같은 정도의 사망 위험을 높인다는 점도 지적됐다.

좌심장 부전(左心臟不全)명구《의학》〈심장 질환〉좌심실이 순환 혈액의 부하를 견디지 못하는 현상. 폐울혈, 폐부종 따위가 발생한다.

좌심장증(左心臟症)[좌:심장쯩]명《의학》〈심장 질환〉심장의 위치가 정상인과 달리 흉곽 중심의 왼쪽으로 옮겨져 있는 상태.

죄어들다 [죄어들다/줴여들다]동〈통증〉안으로 바싹 죄어 오그라들다.〈유〉조여들다 ¶하루 종일 고단한 업무로 등이 딱딱하게 굳어 있을 때 심호흡을 해 보면 갈비뼈 부근의 근육이 죄어드는 것 같은 통증이 발생하기도 한다.

주머니 모양 기관지 확장증(주머니模樣氣管支擴張症)명구《의학》〈만성 하기도 질환〉기관지가 주머니 모양 또는 불규칙한 모양을 이루는 기관지 확장증. ¶주머니 모양 기관지 확장증은 가장 심한 형태의 기관지 확장증이다.

주부 습진(主婦濕疹)명구《의학》〈알레르기〉손에 잘 발생하는 습진. 물을 많이 다루는 주부에게서 주로 생기므로 이렇게 이른다.〈유〉지장-각피증 ¶주부 습진은 양 손에 골고루 발생하는 반면 손 무좀은 한쪽 손에만 발생한다.

주의 감퇴증(主意減退症)명구《의학》〈알츠하이머〉주의가 집중되지 아니하고 자꾸 산만해지는 병.〈유〉주의산만증

주폐포자충 폐렴(주肺胞子蟲肺炎)명구《의학》〈폐렴〉주폐포자충이라는 일종의 기생충에 의한 폐 감염.

주피추창(走皮趨瘡)[주피추창]명《한의》〈알레르기〉급성 습진의 하나. 목과 뺨이 헐면서 차차 두 귀에까지 퍼진다.

죽상 동맥 경화증(粥狀動脈硬化症)명구《의학》〈고혈압〉동맥의 벽에 콜레스테롤이 침착하여 죽종이 생기고, 이로 인하여 동맥이 좁아지고 딱딱해지는 병. ¶혈관 벽에 콜레스테롤이 끼어 혈관이 좁아져 피의 흐름이 원활하지 못하면 죽상 동맥 경화증이 발병한다. / 죽상 동맥 경화증은 심장 질환의 주원인이다.

중간형 과민 반응(中間型過敏反應)명구《약학》〈알레르기〉어떤 물질에 노출된 후에 1~72시간 안에 생기는 알레르기 반응. 두드러기, 후두 부종, 혈관 신경성 부종 따위와 같은 반응이 나타난다.

중격 주위 폐기종(中隔周圍肺氣腫)명구《의학》〈만성 하기도질환〉폐 주변부의 폐포관과 꽈리 주머니를 포함하는 폐기종의 한 형태. ¶중격 주위 폐기종은 폐 상부에 더 중점적으로 분포하게 된다.

중금속(重金屬)[중:금속]명《화학》〈암〉비중이 4 이상인 금속을 통틀어 이르는 말. 철, 금, 백금 따위가 있다. ¶황사에는 미세먼지, 꽃가루, 중금속을 포함한 각종 오염 물질 등 알레르기 물질을 다량 함유하고 있다.

중독 간염(中毒肝炎)명구《의학》〈간 질환〉약제나 독물의 중독으로 일어나는 간염. ¶중독성 간염은 급성 세포괴사와 관련되며 질병이 매우 빨리 진행되며 열이 오르고 진피하 출혈과 함게 심한 구토가 일어납니다.

중소(中消)[중소]명《한의》〈당뇨〉소갈(消渴)의 하나. 비위(脾胃)에 열이 성하여 많이 먹지만, 배가 쉽게 고프고 도리어 몸은 여위며, 대변이 굳고 소변이 자주 마렵다. ¶중소라는 것은 위와 연관되어 생기는 병이다. 이때에는 목이 마르면서 음식을 많이 먹고, 소변은 붉은색을 띠든가 아니면 노랗다.

중심 소엽성 폐기종(中心小葉性肺氣腫)명구《의학》〈만성 하기도질환〉폐기종이 이차적으로 중심 세기관지 주변 폐 소엽의 중심 부위를 침범한 병증. 흡입된 먼지나 세기관지 염증과 관련이 있다. 〈유〉중심 소엽성 폐 공기증(中心小葉性肺空氣症) ¶폐기종은 중심 소엽성, 전소엽성, 말초성으로 분류되는데, 이 가운데 중심 소엽성 폐기종이 흡연과 가장 밀접한 연관성이 있으며, 전소엽성 폐기종에 비해 중증의 소기도폐쇄를 보인다는 사실이 알려져 있다.

중심성 폐암(中心性肺癌)명구《의학》〈암〉기관지에 생기는 폐암. ¶흡연자는 '중심성 폐암'이 많습니다.

중통(重痛)[중:통]명〈통증〉심하게 병을 앓음. ¶산후에 중통을 하고 난 그의 아내는 발치 목에서 어린애 젖을 빨리고 있다가….

중통하다(重痛하다)[중:통하다]동〈통증〉심하게 병을 앓다. ¶사흘 동안이나 중통한 장군은 겨우 정신을 수습해 일어나자 다시 진을 어란포로 옮겼다.

중풍(中風)[중풍]명《한의》〈뇌졸중〉뇌혈관의 장애로 갑자기 정신을 잃고 넘어져서 구안괘사, 반신불수, 언어 장애 따위의 후유증을 남기는 병.〈유〉중풍병, 중풍증 ¶봄의 봄바람 꽃샘추위로 인한 갑작스러운 기온 차이는 중풍의 발생률을 높인다.

중풍 증후군(中風症候群)명구《의학》〈뇌졸중〉뇌의 어떤 부분에 혈액 공급량이 줄어들거나, 또는 뇌출혈에 의하여 생기는 증후군. 출혈, 색전, 혈전, 동맥류 파열 따위와 같은 뇌의 급성 혈관 병변에 의하여 급성으로 발병하여 뇌경색을 보인다. 몸의 한쪽이나 양쪽 모두가 일시적 또는 영구히 마비되며, 말하거나 음식을 먹기도 힘들어지고 몸을 마음대로 움직일 수 없게 된다.〈유〉뇌출혈 발작 증후군, 졸중 증후군

중풍병(中風病)[중풍뼝]명《한의》〈뇌졸중〉뇌혈관의 장애로 갑자기 정신을 잃고 넘어져서 구안괘사, 반신불수, 언어 장애 따위의 후유증을 남기는 병.〈유〉중풍, 중풍증 ¶지붕이 걷어지고 거기서 중풍병 환자가 들것에 담긴 채 방바닥으로 내려온 것이다. / 기표 아버지가 중풍으로 드러누운 폐인이래요. / 남의 일이니까 삼 년이 잠깐이지 중풍 들린 홀시아버지 시중 삼 년이 수월해?

중풍증(中風症)[중풍쯩]명《한의》〈뇌졸중〉뇌혈관의 장애로 갑자기 정신을 잃고 넘어져서 구안괘사, 반신불수, 언어 장애 따위의 후유증을 남기는 병.〈유〉중풍, 중풍병 ¶옹이의 마디로 일을 시작하자마자 중풍증으로 드러

눕게 되니….

중풍질(中風質)[중풍질]명《한의》〈고혈압〉중풍에 걸리기 쉬운 체질. 몸이 비대하여 조금만 움직여도 숨이 차고 혈압이 높은 경우 따위를 이른다. ¶엄마께서 내 체질은 중풍질이라고 어려서부터 운동을 많이 시키셨다.

쥐 나다( )동구〈통증〉(신체나 그 일부가, 또는 신체나 그 일부에) 경련이 일어나서 곧아지다. ¶운동을 너무 심하게 했더니 다리 근육이 긴장되어 쥐가 났다. / 그는 자다가 다리에 쥐가 나는 바람에 잠에서 깼다.

쥐어뜯다( )[쥐어뜯따/쥐여뜯따]동〈통증〉(사람이 신체의 일부분을) 손으로 쥐고 뜯어내듯이 당기거나 마구 꼬집다. ¶어머니는 병실에 누워 답답해서 못 견디겠다는 듯이 두 손으로 가슴을 쥐어뜯으며 괴로운 숨을 토하셨다.

쥐어짜다( )[쥐어짜다/쥐여짜다]동〈통증〉억지로 쥐어서 비틀거나 눌러 액체 따위를 꼭 짜내다. ¶속이 쥐어짜듯 아파 죽겠어요.

즉시 알레르기(卽時 Allergie)명구《의학》〈알레르기〉민감화 개체에서 알레르기 항원에 접촉된 지 몇 분 안에 반응이 명확하게 나타나고 1시간 정도면 반응이 정점에 도달하는 알레르기 반응.

즉시형 과민 반응(卽時型過敏反應)명구《생명》〈알레르기〉알레르기 질환을 일으키는 면역 반응의 한 유형. 감작이 된 개체가 항원 자극을 받은 후 과민 반응이 나타나기까지의 시간 경과가 수분에서 수 시간으로 짧은 경우를 가리킨다.

즉시형 알레르기(卽時型 Allergie)명구《생명》〈알레르기〉비만 세포에 있는 항체에 특이 항원이 결합함으로써, 히스타민, 세로토닌, 프로스타글란딘과 같은 화학 전달 인자가 빠른 시간 내에 방출되어 비교적 짧은 시간 내에 병의 증상이 나타나는 반응.

증상 반응(症狀反應)명구《의학》〈알레르기〉원래의 반응과 유사한 알레르기 반응. 이는 알레르기 항원 혹은 아토피 항원을 검사에 사용할 경우, 또는 치료 용량을 투여할 경우 나타나는 반응이다.

증후성 고혈압증(症候性高血壓症)명구《의학》〈고혈압〉본태성 고혈압증이 아니고 어느 특정한 질환이나 병상에 수반하여 이차적으로 나타난 고혈압증. 신장, 내분비 질환, 폐색성 동맥 질환이 있는 것에 기인하는 고혈압증.

지골피(地骨皮)[지골피]명《의학》〈당뇨〉구기자나무 뿌리의 껍질을 한방에서 이르는 말. 열이 나고 가슴이 답답한 증상과 해수, 객혈, 소갈증 따위에 쓴다. ¶구기자나무의 뿌리는 땅 속 깊이까지 들어가고 껍질 또한 매우 두꺼우며, 효능이 뼈에까지 도달하므로 지골피라고 부른다.

지근덕거리다( )[지근덕꺼리다]동〈통증〉성가실 정도로 끈덕지게 자꾸 귀찮게 굴다.〈유〉지근덕대다 ¶내 동생에게 지근덕거리는 놈이 있으면 어떤 놈이든 가만있지 않을 테다./요즘 학교 주변에서 폭력배가 학생들을 지근덕거려 돈을 뜯어내는 사례가 늘고 있다.

지근덕대다( )[지근덕때다]동〈통증〉성가실 정도로 끈덕지게 자꾸 귀찮게 굴다.〈유〉지근덕거리다 ¶그가 자주 친구에게 지근덕대는구나 생각하니 울화가 치밀었다./불량배가 행상들을 지근덕대어 돈을 뜯어내었다.

지끈거리다( )[지끈거리다]동〈통증〉(몸이나 머리가) 자꾸 몹시 쑤시듯 크게 아프다.〈유〉지끈지끈하다, 지끈대다 ¶며칠 동안 잠을 제대로 못 잤더니 머리가 몹시 지끈거린다. / 비닐우산을 개어 접으면서 그녀는 어깨를 들어 올리고 숨을 깊이 들이쉬었다. 관자놀이가 지끈거리고 숨이 가빠졌다.

지끈대다( )[지끈대다]동〈통증〉머리가 자꾸 쑤시듯 아프다.〈유〉지끈지끈하다, 지끈거리다〈참〉지근대다 ¶너무 신경을 써서 그런지 머리가 몹시 지끈댄다. / 지끈대는 두통 때문이라기에는 너무나 상습적이었다.

지끈지끈하다( )[지끈지끈하다]〈통증〉머리가 쑤시듯 자꾸 아프다.〈유〉지끈거리다, 지끈대다〈참〉지근지근하다

지남력 장애(指南力障礙)명구《의학》〈알츠하이머〉시간, 장소, 환경 따위를 정확하게 파악하는 능력이 없는 일. 의식 장애, 낮은 지능 따위가 원인이다.

지라( )[지라]명《생명》〈암〉척추동물의 림프 계통 기관. 위(胃)의 왼쪽이나

뒤쪽에 있으며, 오래된 적혈구나 혈소판을 파괴하거나 림프구를 만들어 내는 작용을 한다. 〈유〉 만화, 비, 비장 ¶백혈구는 골수, 지라, 림프샘에서 만들어진다.

지망막하 출혈 (蜘網膜下出血) 명구 《의학》 〈뇌졸중〉 거미막과 연막(軟膜) 사이에 일어나는 출혈. 갑작스러운 두통과 구토에서 시작하여 의식 장애, 경련 등이 일어난다. 출혈하는 원인은 뇌동맥류와 뇌정맥의 기형적 파열 때문이다. 〈유〉 거미막하 출혈

지방 간경화증 (脂肪肝硬化症) 명구 《의학》 〈간 질환〉 간이 지방 변화로 커져 있고 가벼운 섬유화를 동반하고 있는 초기의 영양 간경화 증상. 알코올 중독자에게서 볼 수 있다.

지방 위축성 당뇨병 (脂肪萎縮性糖尿病) 명구 《의학》 〈당뇨〉 체내에 있는 저장 지방의 부족 또는 결여 증상이 특징적으로 나타나는 당뇨병. ¶난치병으로 알려진 지방 위축성 당뇨병이 지방세포에서 분비되는 호르몬인 '렙틴'의 결핍으로 유발된다는 사실이 밝혀졌다.

지방간 (脂肪肝) [지방간] 명 《의학》 〈간 질환〉 간에 중성 지방이 비정상적으로 축적된 상태. 알코올 지방간, 과영양 지방간, 당뇨병 지방간 따위가 있다. ¶지방간은 음식물 등을 통하여 섭취한 지방질을 원활하게 처리하지 못하면서 발생합니다.

지붕 없는 심장 정맥굴 증후군 (지붕없는心臟靜脈竇症候群) 명구 《의학》 〈심장 질환〉 심장 정맥굴과 왼심방 사이의 공통 벽의 일부 또는 전부가 없는 심장 기형.

지속성 건망(증) (持續性健忘(症)) 명구 《의학》 〈알츠하이머〉 일정 시기 이후 현재까지 연속적으로 일어난 모든 일에 대한 기억의 상실.

지속열 (持續熱) [지송녈] 명 《의학》 〈폐렴〉 38~39℃ 범위 안에서 하루 체온의 고저 차가 1℃ 이내로 계속 유지되는 열. 장티푸스, 수막염, 폐렴 따위에서 볼 수 있다. 〈유〉 계류열

지연 발병 알츠하이머병(遲延發病Alzheimer病)명구《의학》〈알츠하이머〉65세 이후에 발병하는 알츠하이머병.

지연성 심장 수축(遲延性心臟收縮)명구《의학》〈심장 질환〉심장의 수축이 정상보다 지연되는 상태.〈유〉조기-수축(早期收縮), 주기 외 수축(週期外收縮)

지연형 과민 반응(遲延型過敏反應)명구《생명》〈알레르기〉항원에 노출된 후 약 2~3일이 될 때까지 면역 반응이 나타나지 않는 상태. 티 세포에 의해 일어나는 반응으로 세포·매개성 면역의 한 종류이다.〈유〉지연 과민 반응

지연형 알레르기(遲延型Allergie)명구《생명》〈알레르기〉면역 세포 중 하나인 티 세포의 이상으로 발생하는 자연 면역 반응.

지장각피증(指掌角皮症)[지장각피쯩]명《의학》〈알레르기〉물을 많이 다루어 손바닥이 벌겋게 되며 벗어지는 증상. 심하면 지문이 지워지며, 피부가 갈라지고 딱딱해진다. 중성 세제(中性洗劑)의 남용이 원인이다.〈유〉주부 습진

지절통(肢節痛)[지절통]명《한의》〈통증〉온몸의 뼈마디가 아프고 쑤시는 증상. 한습(寒濕), 담음(痰飮), 어혈(瘀血)이 경락을 막아서 생긴다.

지주막(蜘蛛膜)[지주막]명《의학》〈뇌졸중〉뇌나 척수를 덮고 있는 세 층의 수막(髓膜) 가운데 중간의 얇고 거의 투명한 막.〈유〉거미막

지주막하 출혈(蜘蛛膜下出血)명구《의학》〈뇌졸중〉뇌척수액이 차 있는 거미막 밑 공간으로 혈액이 새 나가는 것. 갑자기 머리가 아프고 토하거나 의식을 잃고 경련을 일으키는 따위의 뇌중풍과 비슷한 증상이 나타난다.〈유〉거미막하 출혈

지주막하강(蜘蛛膜下腔)[지주마카강]명《의학》〈뇌졸중〉거미막과 연질막(軟質膜) 사이에 뇌척수액이 들어 있는 공간.〈유〉거미막밑공간, 거미막하공간

지통(止痛)[지통]명〈통증〉통증이 멈춤.

지통(至痛)[지통]명〈통증〉고통이 매우 심함. 또는 그런 고통.

지통되다(止痛되다)[지통되다/지통뒈다]동〈통증〉통증이 멈추게 되다.

지통하다(止痛하다)[지통하다]동〈통증〉통증이 멈추다.

지통하다(至痛하다)[지통하다]형〈통증〉고통이 매우 심하다. ¶부모로서 자식의 죽음을 지켜보아야 하는 것이 지통하다. / 연산에게 금삼의 피를 전하고 쓰러져야, 맺히고 맺힌 폐비의 지통한 한을 풀어 줄 것이다.

지형 간염 바이러스(G型肝炎virus)명구《의학》〈간 질환〉플라비바이러스에 속하는 바이러스. 만성 간염을 일으키는 것으로 추정되었으나 현재는 간염을 유발하지 않는 것으로 알려져 있다.

직업성 알레르기(職業性Allergie)명구《의학》〈알레르기〉특정 노동 환경에서 취급하는 물질이 원인이 되어 나타나는 알레르기 반응. 비염, 천식, 과민 폐렴, 피부염, 기관지염 따위의 증상을 일으킨다. ¶대표적인 알레르기 질환으로 기관지 천식, 만성 기침, 알레르기 비염, 아토피 피부염, 비용종, 두드러기, 알레르기 결막염이 있고 그 외 약물 알레르기, 음식물 알레르기, 직업성 알레르기 질환 등이 있다.

직업성 천식(職業性喘息)명구《의학》〈만성 하기도질환〉/〈알레르기〉직장에서 알레르기성 물질이나 다른 자극적인 물질에 노출되어 유발되는 천식. ¶직업성 천식은 산업화된 국가에서 직업성 호흡기 질환 중 가장 흔한 질환으로서, 근로 연령에 속한 성인 천식 환자의 9~15%가 직업성 천식이라는 보고도 있었다.

직업암(職業癌)[지거밤]명《의학》〈암〉어떤 직업에 일정 기간 이상 종사하는 사람에게 많이 생기는 암. 다루는 재료에 들어 있는 발암 물질을 장기간 접하는 것이 원인이다.〈유〉환경암 ¶음낭암은 직업암의 한 종류로 과거 굴뚝 청소부에게서 자주 볼 수 있었으며, 발암성 성분이 포함된 타르, 석유 따위가 많은 곳에 장기간 노출됨으로써 발생한다.

직장(直腸)[직짱]명《의학》〈암〉큰창자 가운데 구불잘록창자와 항문 사이 부분. 길이는 12cm이며 이름과 같이 곧지 않다. ¶직장은 대변을 보관하는 역할을 하는 동시에 연동운동을 통해 대변을 항문으로 이동시키는 역할을 한

ㅈ

다.

직장암(直腸癌)[직짱암] 명 《의학》〈암〉곧창자에 생기는 암종. 〈유〉곧창자암 ¶식이 섬유 섭취량을 증가시키면 직장암과 유방암의 발생을 줄일 수 있다.

진균성 위장염(眞菌性胃腸炎) 명구 《의학》〈위장병〉버섯이나 곰팡이 같은 진균류에 감염되어 구토와 산통 따위를 유발하는 위장염.

진두통(眞頭痛)[진두통] 명 《한의》〈통증〉두통의 하나. 머리가 심하게 아프며 골속까지 통증이 미치고 손발이 싸늘하여진다. ¶진두통의 증상은 머리가 다 아프면서 손발의 뼈마디까지 차고 손톱이 푸르다.

진성 당뇨병(眞性糖尿病) 명구 《의학》〈당뇨〉이자의 인슐린 생성 장애로 인하여 생기는 당뇨병. ¶진성 당뇨병이란 당뇨병의 하나로 신체 내 탄수화물의 신진대사 이상(異常)을 일으키는 증세를 보인다.

진심통(眞心痛)[진심통] 명 《한의》〈통증〉심장 부위에 발작적으로 생기는 심한 통증. 가슴이 답답하며 땀이 몹시 나고 팔다리가 시리면서 피부가 푸르게 변한다. ¶'진심통'은 현대의 심근경색으로 조선시대에는 '아침에 생기면 저녁에 죽고, 저녁에 생기면 다음 날 아침에 죽는다'는 얘기가 전해질 정도로 무서운 병이었다.

진애 천식(塵埃喘息) 명구 《의학》〈알레르기〉티나 먼지를 흡입함으로써 일어나는 천식. 〈유〉먼지 천식

진통(陣痛)[진통] 명 《의학》〈통증〉해산할 때에, 짧은 간격을 두고 주기적으로 반복되는 배의 통증. 분만을 위하여 자궁이 불수의적(不隨意的)으로 수축함으로써 일어난다. 〈유〉산통(産痛) ¶임신부가 진통을 시작하여 병원으로 옮겼다. / 아내는 새벽부터 진통을 시작하더니 오후에 예쁜 딸을 낳았다.

진통(鎭痛)[진:통] 명 《의학》〈통증〉아픔이나 통증을 가라앉힘. ¶이 약은 진통 효과가 탁월하다. / 이 주사는 진통 효과가 있으니 곧 통증이 가라앉을 겁니다.

진통계(陣痛計)[진통계/진통게]명《의학》〈통증〉진통의 세기를 재는 장치. 자궁 수축에 따른 단단함의 변화를 기록하는 외부 측정법과 자궁 내압(內壓)의 변화를 기록하는 내부 측정법이 있다.

진통제(鎭痛劑)[진:통제]명《약학》〈통증〉중추 신경에 작용하여 환부의 통증을 느끼지 못하게 하는 약. 마약성 진통제와 해열성 진통제로 나뉘며, 수면제·마취제·진경제(鎭痙劑) 따위가 보조적으로 배합된다. ¶수술 과정에서 진통제를 너무 많이 쓰면 회복이 더디다. / 그녀는 두통이 잦아서 항상 진통제를 챙겨 가지고 다닌다.

진통하다(陣痛하다)[진통하다]동《의학》〈통증〉해산할 때에 짧은 간격으로 반복되는 배의 통증을 겪다.

질통(疾痛)[질통]명〈통증〉병으로 인한 아픔.

집 먼지 알레르기(집먼지 Allergie)명구《의학》〈알레르기〉아토피 체질인 사람이 실내진(室內塵)을 흡입하여 생기는 호흡기의 과민증 반응. 주요 알레르겐은 유럽 집먼지진드기이다. 알레르기성 비염이나 천식 따위가 있다.

짜릿하다( )[짜리타다]형〈통증〉(몸이나 몸의 일부가) 피가 잘 돌지 못하거나 전기가 통하여 감각이 몹시 무디고 아린 느낌이 있다.〈참〉자릿하다, 쩌릿하다, 찌릿하다 ¶바늘처럼 날카로운 냉기가 발등을 타고 가슴속까지 짜릿하게 파고들었다.

쩌릿쩌릿하다( )[쩌릳쩌리타다]형〈통증〉(몸이나 몸의 일부가) 피가 잘 돌지 못하여 몹시 감각이 무디고 자꾸 아주 세게 아린 느낌이 있다.〈참〉저릿저릿하다, 짜릿짜릿하다 ¶왼편 엉덩이 아래쪽이 뻐근하면서 그 통증이 발목까지 뻗어 내려와 발을 디딜 적마다 쩌릿쩌릿했다.

쩌릿하다( )[쩌리타다]형〈통증〉(몸이나 몸의 일부가) 피가 잘 돌지 못하거나 전기가 통하여 몹시 감각이 무디고 아린 느낌이 있다.〈참〉저릿하다, 짜릿하다 ¶무릎을 꿇고 오래 앉아 있었더니 종아리가 쩌릿하다.

찌르르하다( )[찌르르하다]형〈통증〉뼈마디나 몸의 일부가 조금 저린 데가 있다. ¶종일 들일을 하고 돌아오신 어머니는 허리가 찌르르하시다며 아랫목에 누우셨다.

찌릿찌릿하다( )[찌릳찌리타다]형〈통증〉(몸이나 몸의 일부가) 피가 잘 돌지 못하여 몹시 감각이 무디고 자꾸 아주 세게 아린 느낌이 있다. ¶발과 발가락의 신경이 손상되면서 따끔거리거나 화끈거리는 느낌이 들기도 하고 전기 충격이 오듯 찌릿찌릿하기도 한다.

찌뿌드드하다( )[찌뿌드드하다]형〈통증〉몸살이나 감기 따위로 몸이 무겁고 거북하다. ¶눈 아픈 일본 글이나 영자 글을 읽다가 머리가 고달프고 몸이 찌뿌드드하면 반드시 콧소리를 하고 휘파람을 불었다.

한국어 질병 표현 어휘 사전
ㅊ

착어(著語)[차거]명《의학》〈알츠하이머〉음운(音韻)을 틀리게 발음하거나 말뜻에 어긋나게 말하는 병. 단독으로 생기거나 언어 상실증에 잇따라 일어난다.〈유〉착어증, 말이상증

착어증(錯語症)[차거쯩]명《의학》〈알츠하이머〉중추병변에 의해서 자기생각을 표현하지 못하는 것.〈유〉언어부당배열(言語不當配列), 문장구성장애(文章構成障礙)

착통증(錯痛症)[착통쯩]명《의학》〈통증〉'통각 착오증(痛覺錯誤症)'의 이전 말.

참통(磣痛)[참통]명《한의》〈통증〉눈에 모래가 들어간 것처럼 깔깔하면서 아픈 증상.

창백 고혈압(蒼白高血壓)명구《의학》〈고혈압〉창백한 피부를 가진 고혈압. 말초 혈관의 두드러진 수축을 보이는 심한 형태이다.

창상성 심낭염(創傷性心囊炎)명구《수의》〈심장 질환〉사료 따위에 섞인 쇠줄, 못, 바늘 따위에 찔려 가축의 심장막에 생기는 염증. 주로 소에 많이 생긴다.

창자( )[창자]명《의학》〈위장병〉큰창자와 작은창자를 통틀어 이르는 말. ¶ 창자가 꼬이다.

창자 가스(창자gas)명구《의학》〈위장병〉음식물이나, 장내 공기와 세균 발효소의 작용에 의하여 창자 안에 생기는 가스. 탄수화물, 메탄, 황화 수소 따위로 되어 있다.〈유〉장 가스

창자 가스 소리(창자gas소리)명구《의학》〈위장병〉창자의 내용물이 부패·발효하면서 생긴 가스와 액체가 섞인 내용물이 이동할 때에 배를 울리며 내는 꾸르륵꾸르륵하는 소리.

창자 간염(창자肝炎)명구《의학》〈간 질환〉창자와 간을 동시에 침범하는 염증.〈유〉장간-염(腸肝炎)

창자 결핵(창자結核)명구《의학》〈위장병〉창자 점막에 일어나는 결핵. 대개

폐결핵에 따른 이차 감염으로, 주로 작은창자의 끝부분에 생긴다.〈유〉장결핵

창자 곰팡이증(창자곰팡이症)명구《의학》〈위장병〉균이나 곰팡이에 의해 생기는 장 질환.〈유〉장 진균증

창자 낭종(창자囊腫)명구《의학》〈위장병〉창자벽에 발생하는 낭성 종양.

창자 독소(창자毒素)명구《생명》〈위장병〉장에서 번식한 세균이 만드는 독소.

창자 독소 혈증(창자毒素血症)명구《의학》〈위장병〉창자에서 만들어진 독소가 혈액 중에 출현하는 것을 특징으로 하는 증상.〈유〉장독소 혈증, 장독혈-증, 장성 독혈증

창자 마비(창자痲痺)명구《의학》〈위장병〉창자의 운동이 약하여서 창자 안에 가스가 가득 차는 증상. 복막염에서 주로 보이며 개복 수술 뒤에도 가끔 일어난다. 창자막힘증의 원인이 되는 수도 있다.〈유〉장마비

창자 샛길 조성술(창자샛길造成術)명구《의학》〈위장병〉창자의 어떤 부분에 장애가 있을 때에, 창자의 내용물을 외부로 내보내기 위하여 그 윗부분에 구멍을 뚫어 직접 배벽을 개방하는 방법.

창자 세척(창자洗滌)명구《의학》〈위장병〉창자 마비에 걸렸을 때에 변을 제거하기 위하여, 또는 장 검사를 하기 전에 항문에서 장관(腸管) 안으로 관장액을 넣어서 씻어 내는 일.〈유〉장세척

창자 연결술(창자連結術)명구《의학》〈위장병〉창자의 한 부분에 병이 생겼을 때에, 그 부분을 절제한 후 딴 부분과 접합하여 서로 통하게 하는 수술.〈유〉장문합술

창자 천공(창자穿孔)명구《의학》〈위장병〉창자벽의 모든 층을 관통하는 구멍이 생기는 병. 궤양 외에 외상, 악성 종양, 창자겹침증 따위에 이어서 일어나며 창자 내용물이 새어 나와 때때로 복막염을 일으킨다.〈유〉장 천공

창자 출혈(창자出血)명구《의학》〈위장병〉궤양, 악성 종양 따위로 인하여 장관(腸管)에서 일어나는 출혈. 장티푸스, 창자 결핵, 창자암 따위에서 나타나

는 증상으로, 혈변이나 하혈이 보인다. 〈유〉 장 출혈

창자 통증(창자痛症)명구《의학》〈위장병〉창자의 지속적인 수축에 의해 일어나는 심한 복통. 〈유〉 장 통증

창자 협착(창자狹窄)명구《의학》〈위장병〉창자 안이 좁아진 상태. 창자 결핵, 창자 유착, 종양 따위가 원인이 되어 일어나며 배가 붓고 구토, 복통 따위의 증상을 보인다. 원인이나 증상이 창자막힘증과 비슷하지만 그 정도가 가벼운 상태를 이른다. 〈유〉 장 협착

창자간막(창자間膜)[창자간막]명《의학》〈위장병〉위창자관을 배벽에 고정하는 두 겹의 복막. 혈관과 신경 따위가 두 겹 사이를 지난다. 〈유〉 장간막

창자간막 경색증(창자間膜梗塞症)명구《의학》〈위장병〉창자간막 동맥의 폐쇄, 심장 질환 이상, 순환 혈액량 감소 따위에 의해 창자간막에 생기는 응고 괴사. 〈유〉 장간막 경색증

창자간막 동맥 혈전증(창자間膜動脈血栓症)명구《의학》〈위장병〉창자간막 동맥에 혈전이 발생하는 질환. 혈전이 발생하면 혈전 부위 주위에 창자 운동이 멈추어 창자가 막히는 증상이 일어난다.

창자간막 림프절염(창자間膜lymph節炎)명구《의학》〈위장병〉창자간막 림프절에 염증이 생기거나 창자간막 림프절이 확대되어 복통, 발열이 동반되는 질병. 때로는 충수염으로 오진되기도 한다.

창자간막염(창자間膜炎)[창자간마겸]명《의학》〈위장병〉위창자관을 배벽에 고정하는 두 겹의 복막인 창자간막에 생기는 염증.

창자겹침증(창자겹침症)[창자겹침쯩]명《의학》〈위장병〉창자관의 일부가 그것에 이어지는 창자 안으로 빠져 듦으로써 막힘을 일으키는 병. 돌창자와 잘록창자에 잘 생기고 영아에게 많이 나타난다. 발작성 구토와 복통, 점혈변(粘血便) 따위가 일어난다. 〈유〉 장겹침증

창자귀(창자귀)명《방언》〈위장병〉'창자'의 방언(경기).

창자기(창자기)명《방언》〈위장병〉'창자'의 방언(경기).

창자꼬임증(창자꼬임症)[창자꼬임쯩]명《의학》〈위장병〉창자가 창자 사이막을 축으로 하여 뒤틀리거나 서로 꼬이는 병.〈유〉장염전, 장염전증, 창자꼬임

창자돌(창자돌)[창자돌]명《의학》〈위장병〉막창자의 끝부분에 생기는 굳은 내용물 덩어리. 막창자꼬리염 또는 막창자꼬리의 굴절, 만곡 때문에 내강(內腔)의 일부가 좁아지거나 막혔을 때에 끝부분에 머무른 내용물이 굳어지고 석회염이 침전하여 생긴다.〈유〉장결석

창자막힘증(창자막힘症)[창자마킴쯩]명《의학》〈암〉/〈위장병〉창자의 일부가 막혀 통과 장애 증상을 나타내는 질환. 창자 안이 외부 압박, 유착, 염전, 마비, 종양 따위에 의하여 막힘 또는 협착 상태가 되어 나타나며 복통, 복부 팽만, 구토, 가스 배출 정지 따위의 증상을 일으킨다.〈유〉장폐색, 장폐색증, 창자막힘

창자벽 공기낭증(창자壁空氣囊症)명구《의학》〈위장병〉창자 점막에 공기낭이 발생하는 현상이 특징적으로 나타나는 증상. 창자 폐쇄를 일으킬 수 있는데, 원인은 정확하게 알려지지 않았다.〈유〉장벽 공기낭증

창자벽 탈장(창자壁脫腸)명구《의학》〈위장병〉창자벽의 일부분만 빠져나오는 탈장.〈유〉장벽 헤르니아

창자암(창자癌)[창자암]명《의학》〈암〉/〈위장병〉장에 생기는 악성 종양. 곧창자, 잘록창자에서 많이 발생하며 변통(便通) 이상이나 출혈 따위의 증상을 일으킨다.〈유〉장암 ¶장 출혈은 장티푸스, 창자 결핵, 창자암 따위에서 나타나는 증상으로, 혈변이나 하혈이 보인다.

창자염(창자炎)[창자염]명《의학》〈위장병〉창자의 점막이나 근질(筋質)에 생기는 염증. 세균 감염이나 폭음·폭식 따위로 인하여 복통, 설사, 구토, 발열 따위가 나타난다. 급성과 만성이 있는데, 대개 급성이다.〈유〉장염

척수 매독 불완전 마비(脊髓梅毒不完全痲痺)명구《의학》〈알츠하이머〉음운(音韻)을 틀리게 발음하거나 말뜻에 어긋나게 말하는 병. 단독으로 생기거나

언어 상실증에 잇따라 일어난다. 〈유〉 착어증, 말이상증

천급(喘急)[천:급] 명《한의》〈만성 하기도질환〉 심한 천식. ¶천급(喘急)이라는 것은 기에 화가 몰려 걸쭉한 담(稠痰)이 폐와 위에 생겨서 된 것이다.

천기(喘氣)[천:기] 명〈만성 하기도질환〉 천식 기운이 있는 증세. ¶천기를 가라앉히려면 건조해진 폐를 촉촉하게 하고 가래를 없애야 한다.

천식(喘息)[천:식] 명《의학》〈만성 하기도질환〉/〈알레르기〉 기관지에 경련이 일어나는 병. 숨이 가쁘고 기침이 나며 가래가 심하다. 기관지성, 심장성, 신경성, 요독성(尿毒性) 따위로 나눈다. 지역에 따라 '천징'이라고 쓰기도 한다. ¶처음에는 이따금씩, 그리고 조용조용히 들리다가 나중에는 숨이 넘어가게 자지러지는 소리로 기침을 했다. 천식의 증세가 꽤 깊은 상태임이 분명했다. / 겨울은 차가운 공기로 인해 천식이 악화되기 쉽다.

천식 기관지염(喘息氣管支炎) 명구《의학》〈만성 하기도질환〉/〈알레르기〉 천식과 증상이 비슷한 기관지염. 어린이가 감기에 걸리면 기관지 내강이 좁으므로 쉽게 쌕쌕거리는 소리가 들린다. 자연히 낫는 일이 많다. ¶처음부터 천식으로 발병하는 경우도 있지만 이렇게 천식 기관지염으로부터 이행된 천식도 상당히 많이 있습니다.

천식 악화(喘息惡化) 명구《의학》〈알레르기〉 천식의 증상이 더 나빠지는 상태. 천식이 악화되면 급격한 호흡 곤란을 겪게 된다.

천식 중적 상태(喘息重積狀態) 명구《의학》〈만성 하기도질환〉/〈알레르기〉 천식이 갑자기 심해져서 지속되며, 호흡 곤란과 극도의 피로 및 허탈에 빠져 통상의 치료에 반응하지 않게 된 상태. ¶만성형 천식 중 가장 심한 것을 천식 중적 상태라고 한다.

천식 중적증(喘息重積症) 명구《의학》〈만성 하기도질환〉/〈알레르기〉 천식 증상이 치료로 완화되지 않고 오랫동안 지속적으로 유지되고 있는 상태. 〈유〉 천식 지속(喘息持續), 천식 지속 상태(喘息持續狀態), 천식 지속증(喘息持續症) ¶천식 중적증의 치료적 처치는 우선 고용량의 산소를 흡입하는 것이다.

천식 지속 상태(喘息持續狀態)명구《의학》〈알레르기〉천식이 오래되고 심한 상태.〈유〉천식 중적증, 천식 지속, 천식 지속증

천식 지속(증)(喘息持續(症))명구《의학》〈알레르기〉천식 증상이 치료로 완화되지 않고 지속적으로 유지되고 있는 상태.〈유〉천식 중적증, 천식 지속, 천식 지속 상태

천식 치료(喘息治療)명구《의학》〈알레르기〉약물 요법, 회피 요법, 면역 요법 따위를 적용하여 천식을 치료하는 일.

천식 치료제(喘息治療劑)명구《약학》〈알레르기〉기관지 천식을 치료하는 약. 주로 기관지 민무늬근의 경련성 수축에 의한 잦은 기침을 멎게 한다.〈유〉천식약 ¶천식 치료제는 먹는 약보다 흡입하는 약이 훨씬 효과적이나 많은 환자의 경우 부정확하게 사용하는 경우가 많으며 이것이 치료 실패의 가장 큰 원인이다. / 뉴질랜드의 경우 성인 9명당 1명꼴, 소아들 또한 7명당 1명꼴로 천식 치료제를 처방받아 복용하는 것으로 알려져 있을 정도다.

천식산(喘息散)[천ː식싼]명《약학》〈만성 하기도질환〉/〈알레르기〉천식을 치료하기 위하여 먹는 가루약. ¶의사는 그에게 천식산 45포를 처방했다.

천식성 양진(喘息性痒疹)명구《의학》〈알레르기〉아토피 체질인 사람에게 생기는 습진 모양의 피부 질환의 하나. 유아기에는 얼굴이나 머리에 습진성 병변이 생기고 심하게 가렵다. 어린아이는 팔꿈치나 오금의 피부가 두꺼워지면서 까칠까칠해지고 가렵다.

천식약(喘息藥)[천ː싱냑]명《약학》〈알레르기〉기관지 천식을 치료하는 약. 주로 기관지 민무늬근의 경련성 수축에 의한 잦은 기침을 멎게 한다.〈유〉천식 치료제

천증(喘證)[천쯩]명《한의》〈폐렴〉숨결이 가쁜 상태로 숨쉬기 가빠하면서 헐떡거리고 숨결이 잦으며 입을 벌리고 어깨를 들먹이며 몸과 배를 움직이고 흔드는 병증.

천촉(喘促)[천ː촉]명《한의》〈폐렴〉숨이 몹시 차서 가쁘고 헐떡거리며 힘없

는 기침을 잇따라 하는 병. 천급(喘急), 천급상역(喘急上逆), 천촉증(喘促症)

철통(掣痛)[철통]명《한의》〈통증〉경련이 일어 끌어당기는 듯이 아픈 증상.

청각성 실어(증)(聽覺性失語(症))명구《의학》〈알츠하이머〉뇌의 청각중추질환에 의한 실어증.

청간화(淸肝火)[청간화]명《한의》〈간 질환〉맛이 쓰고 성질이 찬 약을 써서 간화(肝火)가 오르는 것을 내리게 하는 치료법.〈유〉사간

체질 간기능 이상(體質肝機能異常)명구《의학》〈간 질환〉혈장 내 비결합 빌리루빈의 양 증가로 인한 가벼운 황달, 복부팽만, 구역질, 이유없는 피로감 등이 생기는 현상.

체하다(滯하다)[체하다]동〈통증〉(먹은 음식이) 잘 소화되지 아니하고 배 속에 답답하게 처져 있다. ¶점심 먹은 게 체했는지 영 속이 안 좋아요. / 체하거나 할 때면 손가락 사이에 침을 놓아 종구는 이따금 아이들 병을 보아 왔었다.

초로 치매(初老癡呆)명구《의학》〈알츠하이머〉중년부터 시작하는 원인불명의 치매. 피질위축과 이차성 뇌실확장(腦室擴張)을 특징으로 하고 있다.〈유〉초로기 치매

초로성 치매(初老性癡呆)명구《의학》〈알츠하이머〉'초로 치매'의 전 용어.

초음파 심장 검사법(超音波心臟檢查法)명구《의학》〈심장 질환〉초음파의 반향에 의하여 심장의 세부 구조나 심장 벽, 주변 조직의 위치와 운동 따위를 기록하여 심장의 기능을 알아보는 방법. ¶특히 이번 총회에서는 나빈 난다 회장과 하베이 교수가 '초음파 심장 검사법의 최근 기술 동향'과 '디지털 초음파 심장 검사법'을 각각 발표, 심초음파분야의 최신 동향을 예측, 소개했다.

초자질증(硝子質症)[초자질쯩]명《의학》〈알레르기〉유리질이 변성되는 증상. 비교적 광범위한 정도로 변질되는 것을 이른다.〈유〉유리질증

초통하다(楚痛하다)[초통하다]형〈통증〉몹시 아프고 괴롭다.

촬통(撮痛)[촬통]명《한의》〈통증〉졸라매는 것처럼 아픈 증상.

최고 혈압(最高血壓)명구《의학》〈고혈압〉심장이 수축하였을 때 혈관 벽에 작용하는 혈액의 압력. 15~30세에는 보통 120mmHg 정도인데 나이와 함께 점점 높아지며 운동, 수면, 질병 따위의 상태에 따라 변한다. ¶최고 혈압이 높다는 것은 심장이 혈액을 온몸으로 펌프질해 보내기 위해 보통보다 더 힘들게 일해야 하는 상태임을 나타내는 것이다.

최고 호기 유량(最高呼氣流量)명구《보건일반》〈만성 하기도질환〉최대 노력 호출을 할 때 최대 들숨 위치에서 날숨 시작 직후의 최대 호기량. 노력 호출 곡선의 가장 높은 값을 나타내며, 피검자의 호출 노력의 크기에 좌우된다. 천식 증상인 기도의 협착 정도를 객관적으로 파악하는 지표이다. ¶최근 천식의 치료 방침을 결정하는데 있어 최고 호기 유량 측정의 중요성을 강조하고 있다.

최대 혈압(最大血壓)명구《의학》〈고혈압〉심장이 수축하여 혈액이 심장 밖으로 나갈 때 혈관 벽에 미치는 피의 압력. ¶연구 결과, 최대 혈압이 심장마비나 뇌졸중의 가장 강력한 위험 인자인 것으로 증명된 한편 최소 혈압이 최대 혈압과 함께 동시에 높을 경우 발병 위험이 크게 증가하는 것으로 나타났다.

최소 혈압(最小血壓)명구《의학》〈고혈압〉심장이 확장되었을 때의 혈압. ¶최대 혈압뿐만 아니라 최소 혈압도 높으면 심장마비나 뇌졸중 위험을 높일 수 있다는 연구 결과가 나왔다.

최저 혈압(最低血壓)명구《의학》〈고혈압〉가장 낮은 혈압. 심장이 확장하여 혈액이 심장 안에 가득 찼을 때의 혈압으로, 보통 성인의 최저 혈압은 70~80mmHg이다. ¶최저 혈압인 이완기 혈압이 너무 낮아도 심장이 손상될 수 있다.

최통(膗痛)[최통/췌통]명《한의》〈통증〉피부에 옷이나 손이 닿으면 아파하는 증상.

춘계 결막염(春季結膜炎)(명구)《의학》〈알레르기〉눈꺼풀 안쪽에 구진(丘疹)이 생기고, 삼출액이 나타나며 가렵고 눈이 부시는 결막염. 봄부터 여름에 걸쳐 증상이 심하고 몇 년 동안 반복된다. 초등학교 정도의 소년기에 많다.〈유〉봄철 결막염

출산 후 심근 병증(出産後心筋病症)(명구)《의학》〈심장 질환〉분만 전후에 심장의 확장이나 울혈 심부전을 보이는 병적 상태. ¶심부전을 일으키는 원인으로 드물지만 출산 전후에 원인 미상의 심부전이 발생하는 출산 후 심근 병증도 있다.

출혈 기관지염(出血氣管支炎)(명구)《의학》〈만성 하기도질환〉스피로헤타에 의한 염증으로 인한 만성 기관지염. 기침과 혈성 가래가 특징이다. ¶갑자기 가래에 피가 섞여 나오면 출혈 기관지염을 의심해 볼 수 있으며, 며칠 이상 지속되면 흉부 검사를 받는 것이 좋다.

출혈 망막 병증(出血網膜病症)(명구)《의학》〈고혈압〉망막의 출혈로 인하여 발생하는 망막 병증. 당뇨, 고혈압, 중심 정맥의 혈전 따위에서 나타날 수 있는 망막의 증상이다.

출혈 심장막염(出血心臟膜炎)(명구)《의학》〈심장 질환〉삼출액에 혈액 성분이 섞여 있는 심장막염. 세균 감염이나 암 따위에서 나타난다.

출혈성 대장염(出血性大腸炎)(명구)《의학》〈위장병〉대장균 오일오칠에 의해 감염되는 대장염. 복통, 물 설사 따위의 증상을 보이며 진행되면 출혈 설사가 관찰된다. 보통은 잘 낫지만 간혹 용혈 요독 증후군이 합병증으로 나타날 수 있다.〈유〉출혈성 큰창자염

출혈성 장염(出血性腸炎)(명구)《의학》〈위장병〉출혈을 동반하는 장염. 장 점막에 적색의 반상 또는 미만성을 띠고, 장관강(腸管腔) 내에 대량의 출혈이 있다.

충교심통(蟲咬心痛)[충교심통](명)《한의》〈통증〉기생충으로 인하여, 명치 밑이 꾹꾹 찌르듯이 아프며 메스껍고 구토 증상이 있는 병.〈유〉충심통(蟲心痛)

충복통(蟲腹痛)[충복통]명《한의》〈통증〉회충 때문에 생기는 배앓이.〈유〉회복통(蛔腹痛), 회통(蛔痛), 횟배(蛔배), 횟배앓이(蛔배알이)

충수암(蟲垂癌)[충수암]명《의학》〈암〉막창자의 아래쪽에 있는 막창자꼬리에 생기는 악성 종양.〈유〉막창자꼬리암 ¶폐색 충수염은 대변덩이나 충수암으로 막힌 충수 내강의 뒷부분에 남아 있는 분비물이 감염되어 발생하는 급성 충수염이다.

충식치통(蟲蝕齒痛)[충식치통]명《한의》〈통증〉충치로 인하여 생기는 치통.〈유〉충식통(蟲蝕痛)

충식통(蟲蝕痛)[충식통]명《한의》〈통증〉충치로 인해 아픈 증세.〈유〉충식치통(蟲蝕齒痛)

충심통(蟲心痛)[충심통]명《한의》〈통증〉기생충으로 인하여, 명치 밑이 꾹꾹 찌르듯이 아프며 메스껍고 구토 증상이 있는 병.〈유〉충교심통(蟲咬心痛)

충통(蟲痛)[충통]명《한의》〈통증〉기생충으로 인하여 배가 아픈 증상.

췌암(膵癌)[췌:암]명《의학》〈암〉이자에 생기는 악성 종양.〈유〉이자암 ¶그의 아버지는 췌암으로 고생하시다가 돌아가셨다.

췌액(膵液)[췌:액]명《의학》〈암〉이자에서 분비하는 소화 효소를 포함한 맑은 알칼리 액체. 이자관을 통해 샘창자로 나간다. ¶췌장은 췌관을 통해 십이지장으로 췌액을 보내는 외분비 기능과 호르몬을 혈관 내로 투입하는 내분비 기능을 함께 지니고 있다.

췌장(膵臟)[췌:장]명《의학》〈암〉배안의 뒤쪽에 가로로 길쭉하게 자리한 기관. 소화 효소를 포함한 이자액은 샘창자로 보내고 인슐린 따위의 호르몬을 분비한다. 오른쪽은 샘창자의 고리에 꽉 붙어 있고 왼쪽은 지라까지 뻗어 있다. ¶내 옆 병상에는 췌장을 수술한 환자가 누워 있었다. / 췌장은 알코올 섭취로 인해 손상되는 주요 장기 중 하나이다.

췌장암(膵臟癌)[췌:장암]명《의학》〈암〉이자에 생기는 악성 종양.〈유〉이자암 ¶과식, 폭식, 식탐자들이 가장 잘 걸리는 질병이 당뇨나 췌장암이다.

췌장염(膵臟炎)[췌ː장념]명《의학》〈암〉이자에 생기는 염증. 이자 괴사와 출혈이 따르며 몹시 배가 아프다. 쓸갯돌증, 알코올 과다 복용 따위가 원인이다. ¶췌장암의 위험 요인으로는 흡연, 비만, 당뇨, 만성 췌장염, 나이, 음주, 식이 등이 있다. / 세계 소화기 내시경학 저널에 발표된 연구에 따르면 만성적 과음이 췌장염 사례의 약 70%를 차지한다.

측뇌실(側腦室)[층뇌실/층눼실]명《의학》〈뇌졸중〉좌우 대뇌 반구의 내부에 각각 하나씩 있어, 투명한 뇌척수액이 가득 차 있는 부분.〈유〉가쪽 뇌실

치매(癡呆)[치매]명《의학》〈알츠하이머〉대뇌 신경 세포의 손상 따위로 말미암아 지능, 의지, 기억 따위가 지속적·본질적으로 상실되는 병. 주로 노인에게 나타난다.〈유〉치매증 ¶어머님은 치매에 걸리신 후 어린아이처럼 구신다. / 경훈이네 할아버지는 치매에 걸려 자기 손자도 제대로 알아보지 못할 때가 많았다. / 몇 년 전에 차 사고로 뇌와 척추를 다치고 나서 하반신마비에다 치매까지 된 거였어요.

치매증(癡呆症)[치매쯩]명《의학》〈알츠하이머〉대뇌 신경 세포의 손상 따위로 말미암아 지능, 의지, 기억 따위가 지속적·본질적으로 상실되는 병. 주로 노인에게 나타난다.〈유〉치매 ¶그녀는 고혈압으로 쓰러진 후 치매증을 보이고 있다. / 그 젊은 부부가 치매증이 있는 노모를 직접 모시고 산대.

치매하다(癡呆하다)[치매하다]형《의학》〈알츠하이머〉말씨나 행동이 느리고 정신 작용이 완전하지 못하다.

치은종통(齒齦腫痛)[치은종통]명《한의》〈통증〉잇몸이 붓고 아픈 증상.〈유〉치은통(齒齦痛)

치은통(齒齦痛)[치은통]명《한의》〈통증〉잇몸이 붓고 아픈 증상.〈유〉치은종통(齒齦腫痛)

치통1(痔痛)[치통]명〈통증〉치질 때문에 생기는 통증.

치통2(齒痛)[치통]명《의학》〈통증〉이가 아파서 통증(痛症)을 느끼는 증세.〈유〉이앓이 ¶영경이는 썩은 이 때문에 심한 치통을 앓았다. / 치통은 흔

히 있는 질환으로 그것으로 생명에 치명적인 영향을 주거나, 절망적인 불구의 몸이 될 염려는 없다.

치통수(齒痛水)[치통수]명《약학》〈통증〉장뇌(樟腦), 박하, 페놀 따위를 알코올에 녹여 만든 물약. 진통 억제 및 살균 작용이 있어서, 작은 약솜에 묻혀 아픈 이 사이에 끼워 물어 치통을 멎게 하는 데 쓴다.

침강성 폐렴(移動肺炎)명구《의학》〈폐렴〉체중이 실리는 부위에 침범되는 폐렴. 기관지 분비물이 배출되지 못하여 염증 부위의 환기가 줄어드는 폐렴이며, 특히 움직이지 못하는 노년층에서 오랜 기간 같은 위치에 폐렴이 남아 있게 되는 경우를 가리킨다.

침묵의 장기(沈默의臟器)명구《일반》〈암〉바이러스, 술, 지방, 약물 등의 공격을 받아 전체의 70~80%가 파괴돼도 위험 신호를 보내지 않는 특징 때문에 간에 붙여진 별명. ¶간은 침묵의 장기다.

침샘염(침샘炎)[침샘념]명《의학》〈암〉침샘에 생기는 염증. ¶갑상선암의 치료 부작용으로 침샘염, 침분비장애 등이 생길 수 있다.

침음창(浸淫瘡)[치:믐창]명《의학》〈알레르기〉급성 습진의 하나. 처음에 조그맣게 헐어서 가렵고 아프다가 점차 퍼지면서 살이 짓무르는 피부병이다.

침향(沈香)[침향]명《한의》〈만성 하기도질환〉침향나무의 목재에 함유된 수지(樹脂). 성질이 따뜻하며 맛이 맵고 써서, 기(氣)를 내려 주고 배를 덥혀 주는 작용을 하여 천식이나 구토, 복통 따위에 쓴다.

한국어 질병 표현 어휘 사전
ㅋ

카나마이신 (kanamycin) 명 《약학》 〈폐렴〉 방선균류(放線菌類)에서 뽑아낸 아미노글리코사이드계 항생 물질. 포도상 구균, 폐렴 쌍구균, 임균, 적리균, 대장균, 장티푸스균, 디프테리아균 따위와 결핵균을 치료하는 데에 효과가 있으며, 독성과 부작용이 적다.

카르타게너 증후군 (Kartagener症候群) 명구 《의학》 〈만성 하기도질환〉 기관지 확장증과 만성 코곁굴염이 동반된 전체 자리 바뀜증. 호흡 상피에서 섬모 운동 이상과 섬모 점액 운반의 결함이 있다. 보통 염색체 열성 유전이다. ¶ 소아과 의사는 흉부 엑스레이와 폐의 전산화 단층 촬영을 통해 카르타게너 증후군을 진단할 수 있다.

카복시메틸 시스테인 (carboxymethylcysteine) 명구 《약학》 〈만성 하기도질환〉 급·만성 기관지염, 기관지 천식, 기관지 확장증, 인두염, 비인두염에서 객담 배출 곤란, 만성 부비강염, 삼추성 및 장액성 중이염을 치료하는 데 쓰이는 약물.

카타르기 (catarrh期) 명 《의학》 〈폐렴〉 기관(氣管)의 점막이 부어서 기침이 몹시 나는 시기. 폐렴 따위의 초기에 나타난다.

카타르성 장염 (catarrh性腸炎) 명구 《의학》 〈위장병〉 심낭염, 장의 점막 상피의 괴사, 염증에 의한 많은 양의 점액 분비와 설사 따위의 병변 소견을 보이는 증상. 각종 전염병, 독물 섭취 및 기생충 감염증에서 볼 수 있다.

칼리크레인 (callicrein) 명 《생명》 〈당뇨〉 혈장 및 조직에 널리 존재하고 시토키닌 생성에 관여하는 단백질 가수 분해 효소. 〈참〉 인슐린(insulin)

칼모틴 (Calmotin) 명 《약학》 〈만성 하기도질환〉 냄새가 없는 흰색의 결정성 가루. 진정·최면 작용이 있어서, 불면증·신경 쇠약·구토·천식 따위를 치료하는 데 쓰인다. 브롬발레릴 요소의 상품명이다.

케브라초피 (quebracho皮) 명 《약학》 〈만성 하기도질환〉 협죽도과의 나무껍질을 건조한 물질. 인돌계의 알칼로이드 따위의 케브라코알칼로이드, 탄닌을 포함하고 있어 천식약으로 이용된다. 〈유〉 케브라-피(←quebracho皮) ¶케브라초피가 의학적으로 안전한지에 대해서는 아직 충분한 증거가 모이지 않았다.

케이라스 유전자(K-RAS遺傳子)명구《의학》〈암〉세포의 성장, 성숙, 죽음을 조절하는 세포 신호전달경로에 관여하는 케이라스(KRAS)라고 불리는 단백질을 만드는 유전자. 이 유전자의 자연적이고 변하지 않은 형태를 야생형 K-RAS라고 하며, 돌연변이 형태는 비소세포 폐암, 대장암, 췌장암을 포함한 일부 암에서 발견된다. 이러한 변화들은 암세포가 몸 안에서 자라고 퍼지는 데 도움을 줄 수 있다. 환자의 종양이 야생형인지 돌연변이 K-RAS 유전자를 가지고 있는지를 아는 것은 암치료를 계획하는 데 도움이 ¶K-Ras(케이라스)라는 유전자 변형이 췌장암의 90% 이상에서 발견되었다는 사실은 주목할 만하다.

케토산 혈증(keto酸血症)명구《의학》〈당뇨〉혈중에 다량의 케톤체가 형성되어 생기는 산증. 당뇨병이나 굶주림에 의하여 생긴다.〈유〉당뇨병성 케톤산증(Diabetic ketoacidosis) ¶케토산 혈증을 치료하기 위해서는 수액 보충, 인슐린과 전해질 공급을 통한 대사 장애의 교정, 유발 인자 치료가 가장 중요하다.

케토치펜 푸말산염(ketotifenfumaric酸鹽)명구《약학》〈만성 하기도질환〉천식을 치료하고 알레르기를 억제하는 약. 옅은 황백색에서 회황색에 이르는 결정성 분말로, 히스타민 유리 작용을 억제할 뿐만 아니라 히스타민 작동성 히스타민 수용체를 차단하여 항히스타민 작용을 나타낸다. 기관지 천식, 알레르기성 비염 따위에 경구 투여한다. 녹는점은 약 190℃.〈유〉케토티펜 푸마르산염 ¶케토치펜 푸말산염을 경구 투여시 중추신경저하제, 항히스타민, 알코올의 작용을 강화시킬 수 있으며, 경구 다이어트약과 병용은 혈소판의 가역적인 저하를 유발할 수 있다.

코곁굴(코곁窟)[코곁꿀]명《의학》〈암〉머리뼈에 있는 공기 구멍. 위턱굴·이마굴 따위로, 얇은 끈끈막으로 싸여 있다.〈유〉부비강(副鼻腔) ¶코곁굴은

콧구멍이 인접해 있는 뼈 속 공간으로 굴처럼 만들어져 공기로 차 있다.

코르티솔(cortisol)명《의학》〈알레르기〉부신 겉질에서 분비되는 호르몬의 하나. 항염증 작용이 있어 각종 염증성·알레르기 질환 따위에 이용한다.〈유〉히드로코르티손

코염(코炎)[코염]명《의학》〈알레르기〉코안 점막에 생기는 염증을 통틀어 이르는 말. 급성 코염·만성 코염·알레르기성 코염 따위가 있는데, 코가 막히고 콧물이 흐르며 두통과 기억력 감퇴를 가져오기도 한다.〈유〉비염, 비카타르

콜레스테롤 심장막염(cholesterol心臟膜炎)명구《의학》〈심장 질환〉콜레스테롤의 결정이 들어 있는 삼출액과 이로 인해 염증이 발생하는 심장막염.

콜록( )[콜록]부〈만성 하기도질환〉감기나 천식 따위로 가슴 속에서 울려 나오는 기침 소리. ¶감기에 걸린 어린아이가 콜록 기침을 한다. / 당신이 강의한 철학 개론은, 콜록, 잘, 콜록, 들었소….

콜록거리다( )[콜록꺼리다]동〈만성 하기도질환〉감기나 천식 따위로 가슴 속에서 울려 나오는 기침 소리가 잇따라 나다. 또는 그런 소리를 잇따라 내다. ¶그는 연방 콜록거리면서도 곰방대의 연기를 빨아 깊숙이 삼켰다가 내뿜곤 하였다. / 노인은 마른기침을 콜록거렸다.

콩닥( )[콩닥]부〈심장 질환〉심리적인 충격을 받아 가슴이 세차게 뛰는 소리. 또는 그 모양.〈참〉쿵덕 ¶피를 본 순간 가슴이 콩닥 뛰었다.

콩닥거리다( )[콩닥꺼리다]동〈심장 질환〉심리적인 충격을 받아 가슴이 자꾸 세차게 뛰다.〈유〉콩닥대다, 콩닥콩닥하다 ¶전화벨 소리만 나도 놀란 가슴은 계속 콩닥거리고, 얼굴은 화끈거렸다.

콩닥대다( )[콩닥때다]동〈심장 질환〉심리적인 충격을 받아 가슴이 자꾸 세차게 뛰다.〈유〉콩닥거리다, 콩닥콩닥하다

콩닥콩닥하다( )[콩닥콩다카다]동〈심장 질환〉심리적인 충격을 받아 가슴이 자꾸 세차게 뛰다.〈유〉콩닥거리다, 콩닥대다 ¶조급한 동민은 심장이 콩닥

콩닥했다.

콩팥 고혈압(콩팥高血壓)명구《의학》〈고혈압〉콩팥 질환으로 생기는 이차적인 고혈압, 또는 콩팥 실질 허혈을 일으키는 요소를 가진 콩팥 질환과 연관된 고혈압.

콩팥 고혈압증(콩팥高血壓症)명구《의학》〈고혈압〉콩팥에 병이 있어 콩팥으로 흘러 들어오는 혈액의 양이 감소함으로써 생기는 고혈압.

콩팥 혈관 고혈압(콩팥血管高血壓)명구《의학》〈고혈압〉콩팥 혈관이 좁아지거나 막혀서 발생하는 고혈압. 〈유〉신장 혈관 고혈압(腎臟血管高血壓) ¶콩팥 혈관 고혈압을 일으키는 콩팥동맥 협착의 원인으로는 죽상경화, 섬유근육형성이상, 대동맥염증후군 등이 있으며, 그중에서도 죽상경화가 가장 많다.

콩팥성 고혈압(콩팥性高血壓)명구《의학》〈고혈압〉'콩팥 고혈압증'의 전 용어.

콩팥염(콩팥炎)[콩판념]명《의학》〈고혈압〉콩팥에 생기는 염증. 급성, 만성, 위축 콩팥 따위의 세 가지가 있는데, 급성 콩팥염과 만성 콩팥염은 부기, 단백뇨, 혈뇨, 고혈압 따위의 증상을 보이며 위축 콩팥은 소변의 양이 증가한다. 〈유〉신염(腎炎), 신장-염(腎臟炎) ¶편도선염이나, 기관지염, 장염 등의 증상이 콩팥염 증상이 있기 전에 나타나는 경우가 많다.

콩팥염성 망막염(콩팥炎性網膜炎)명구《의학》〈고혈압〉만성 콩팥염 때문에 망막에 이상이 나타나고, 시력이 떨어지는 병. 악성 고혈압 환자의 혈액 속에 있는 알 수 없는 독소가 원인이 되므로, 만성 콩팥염 환자에게 이 병이 생기면 악성 고혈압의 발생을 알려 주는 일이 된다.

쿠싱 증후군(Cushing症候群)명구《의학》〈고혈압〉뇌하수체의 이상으로 부신겉질에서 분비되는 코르티솔이 너무 많아서 생기는 병. 몸에 지방이 축적되어 털 과다증, 무력증, 고혈압 따위가 나타나며 얼굴이 둥글어지고 목이 굵어진다. 미국 보스턴의 외과 의사인 쿠싱(Cushing, H.)이 발견하였다. 〈유〉쿠싱-병(Cushing病) ¶쿠싱 증후군은 치료하지 않으면 혈압 상승, 지질수치 상승, 당뇨병, 골다공증, 심혈관 질환 등이 발생할 수 있습니다.

쿠싱병(Cushing病)[쿠싱뼝]명《의학》〈고혈압〉뇌하수체의 이상으로 부신 겉질에서 분비되는 코르티솔이 너무 많아서 생기는 병. 몸에 지방이 축적되어 털 과다증, 무력증, 고혈압 따위가 나타나며 얼굴이 둥글어지고 목이 굵어진다. 미국 보스턴의 외과 의사인 쿠싱(Cushing, H.)이 발견하였다.〈유〉쿠싱 증후군(Cushing症候群) ¶쿠싱병은 여성에서 발병률이 약 3배 높은데 무월경도 쿠싱병의 증상 중 하나다.

쿡쿡거리다( )[쿡쿡꺼리다]동〈통증〉감정이나 감각을 세게 자꾸 자극하다. ¶상처가 자꾸 쿡쿡거리며 쑤신다.

쿨룩( )[쿨룩]부〈만성 하기도질환〉감기나 천식 따위로 가슴 속에서 깊이 울려 나오는 기침 소리. ¶갑례가 들어오자 윤 생원은 공연히 쿨룩 기침을 한번 했다.

쿵쿵( )[쿵쿵]부〈심장 질환〉심리적으로 충격을 받아서 가슴이 자꾸 세차게 뛰는 소리. 또는 그 모양. ¶쿵쿵 울리는 심장. / 그는 그의 놀란 심장이 쿵쿵 뛰는 소리를 들었다.

크레올라 소체(creola小體)명구《의학》〈만성 하기도질환〉일부 천식 환자의 가래에서 발견되는, 밀집된 섬모 원주 세포의 큰 군집.

크로이츠펠드·야코프병(Creutzfeldt-Jakob病)명《의학》〈알츠하이머〉40~50대에 증상이 나타나서 인격 파괴와 치매가 빠르게 진행되는 병. 떨림, 경련, 마비 따위의 신경 계통 운동 장애가 따르고 1년 안에 죽는 일이 많다. 독일의 크로이츠펠트와 야코프가 보고하였다.〈유〉아급성 해면 모양 뇌 병증

크론병(Crohn病)명《의학》〈암〉〈위장병〉입에서 항문까지의 위장관 어디에서나 염증이 드문드문 나타나는 것이 특징인 염증 창자병. ¶복부에서 덩어리가 만져질 경우 대장암이나 게실증, 크론병, 결핵, 아메바증 등을 의심할 수 있다.

크롬 친화성 세포종(Chrom親和性細胞腫)명구《의학》〈고혈압〉에피네프린과 노르아드레날린의 분비 과다로 인하여 비정상적인 고혈압을 유발하는 종

양. 대부분 양성이다.

큰창자암(큰창자癌)[큰창자암]명《의학》〈암〉큰창자에 생기는 암. 변비와 설사를 되풀이하고 대변에 혈액이나 점액이 섞여 나온다.〈유〉대장암 ¶큰창자암의 발생 위험을 줄일 수 있는 식이 인자로는 식이 섬유, 과일과 채소의 섭취 증가, 고기와 철의 섭취 감소가 있다.

클렌부테롤 염산염(clenbuterol鹽酸鹽)명구《약학》〈만성 하기도질환〉기관지 확장제. 흰색 또는 연한 노란색의 결정성 분말로 녹는점은 174~175.5℃. 물에 약간 녹기 쉽다. 교감 신경 베타 투(β2) 수용체에 선택적으로 작용하여 기관지 확장 작용을 한다. 기관지 천식, 기관지염, 폐 공기증에 경구 투여한다.

키스·플랙의 결절(Keith-Flack結節)명구《의학》〈심장 질환〉위대정맥의 오른심방 개구부에 있는 특수한 심장 근육 세포군. 특수한 심장 근육 섬유가 망상으로 이어져 있으며, 심장 수축의 흥분을 일으키고 심장 전체의 박동 리듬을 지배한다.〈유〉동방 결절(洞房結節)

키아리 증후군(Chiari症候群)명구《의학》〈고혈압〉심한 간 비대가 동반된 간정맥의 혈전증 및 곁 혈관의 지나친 발달과 치료가 안 되는 복수 및 심한 문맥 고혈압을 나타내는 증상.〈유〉버드·키아리 증후군(Budd-Chiari症候群)

ㅋ

한국어 질병 표현 어휘 사전

ㄹ

타목시펜(tamoxifen)명《약학》〈암〉약물의 하나. 불임 환자의 배관 자극이나 폐경기 이후에 진행된 유방암 환자를 치료하는 데에 사용한다. ¶유방암 치료제인 타목시펜은 안면 홍조, 불규칙한 생리, 질의 분비물 등의 부작용이 있다.

탄분 규폐증(炭粉硅肺症)명구《의학》〈폐렴〉탄소나 규산 입자를 들이마심으로써 생기는 만성 폐렴.

탈감수성(脫感受性)[탈:감수썽]명《약학》〈알레르기〉어떤 항원(抗原)에 대하여 과민 상태에 있는 개체의 과민성을 없애는 처치. 알레르기의 원인이 되는 물질인 알레르겐의 양을 조금씩 점차 늘리면서 정기적으로 주사하는데, 기관지 천식·두드러기·알레르기 코염 따위의 치료에 쓴다.〈유〉민감 소실, 탈민감

탈민감(脫敏感)[탈민감]명《의학》〈알레르기〉어떤 항원(抗原)에 대하여 과민 상태에 있는 개체의 과민성을 없애는 처치. 알레르기의 원인이 되는 물질인 알레르겐의 양을 조금씩 점차 늘리면서 정기적으로 주사하는데, 기관지 천식·두드러기·알레르기 코염 따위의 치료에 쓴다.〈유〉민감 소실, 탈 감수성

태선(苔癬)[태선]명《의학》〈알레르기〉피부 주름이 두꺼워지는 현상. 피부를 지속적으로 긁을 경우 많이 발생하며 만성 습진의 대표적 증상이다.

태선 모양 습진(苔癬模樣濕疹)명구《의학》〈알레르기〉습진에서 피부 주름이 항진되어 피부가 비후한 상태.

태시그·빙 증후군(Taussig-Bing症候群)명구《의학》〈고혈압〉대동맥이 우심실에서 일어나는 완전한 대동맥의 자리 바뀜 증상. 심한 심실 사이막 결손, 우심실 비대, 폐성 고혈압 따위의 증상이 나타난다.

태음병(太陰病)[태음뼝]명《한의》〈위장병〉추위로 인하여 소화가 되지 않고 헛배가 부르며, 구토와 설사가 있고, 맥이 느리고 힘이 없는 병.

터부탈린(terbutaline)명《약학》〈만성 하기도질환〉기관지 확장제의 하나. 기관지 천식에 사용한다. ¶터부탈린은 도핑 검사에서 양성 반응을 보일 수

있다.

토사곽란(瀉癨亂)[토:사광난]명《한의》〈위장병〉위로는 토하고 아래로는 설사하면서 배가 질리고 아픈 병. 지역에 따라 '말벵'이라고 쓰기도 한다.〈유〉곽기 ¶물기가 거의 다 빠져 뼈에 가죽만 남았고 가죽에도 탄력이라곤 없어 허깨비처럼 가볍건만도 쌀뜨물 같은 토사곽란은 멎지 않고 있었다.

토악질(吐악질)[토:악찔]명《의학》〈위장병〉먹은 것을 게워 냄. 또는 그런 일.〈유〉구토, 구역질, 욕지기질 ¶아우가 곧 무릎을 꿇고 도랑 옆에 앉아 어지럽게 토악질을 시작했다.

톡소포자충(Toxo胞子蟲)명《보건일반》〈폐렴〉포자충류의 한 부류. 뇌염, 폐렴 따위의 감염증을 일으키기도 한다. 톡소플라스마

톡소플라스마(toxoplasma)명《보건일반》〈폐렴〉포자충류의 한 부류. 뇌염, 폐렴 따위의 감염증을 일으키기도 한다. 톡소포자충

통각기(痛覺器)[통:각끼]명《의학》〈통증〉피부 표면에 퍼져 있어 자극을 받으면 아픔을 느끼는 감각점.〈유〉통각점(痛覺點), 통점(痛點) ¶신체 각 부분에 널리 분포하는 피부감각 기관의 하나인 통각기(통점)가 자극을 받아 통증의 감각이 발생한다.

통각점(痛覺點)[통각쩜]명《의학》〈통증〉피부 표면에 퍼져 있어 자극을 받으면 아픔을 느끼는 감각점.〈유〉통각기(痛覺器), 통점(痛點)

통경(痛經)[통:경]명《한의》〈통증〉여성의 월경 기간 전후에 하복부와 허리에 생기는 통증.

통년 알레르기 비염(通年Allergie鼻炎)명구《의학》〈알레르기〉알레르기 반응으로 코점막에 염증이 연중 발생하는 질환.〈유〉통년성 알레르기 비염

통점(痛點)[통:쩜]명《의학》〈통증〉피부 표면에 퍼져 있으면서, 자극을 받으면 아픔을 느끼게 하는 점.〈유〉통각기(痛覺器), 통각점(痛覺點)

통증(痛症)[통:쯩]명〈통증〉몸에 아픔을 느끼는 증세. ¶통증이 오기 시작한다. / 진통제를 먹었더니 통증이 조금 가셨다.

통처(痛處)[통:처]명〈통증〉상처나 병으로 인해서 아픈 곳.

통초하다(痛楚하다)[통:초하다]형〈통증〉(몸이나 마음이) 몹시 아프고 괴롭다.

통태(痛胎)[통:태]명《한의》〈통증〉임신 초기에 배가 아픈 증상.

통풍(痛風)[통:풍]명《의학》〈통증〉팔다리 관절에 심한 염증이 되풀이되어 생기는 유전성 대사 이상 질환. 관절 속이나 주위에 요산염이 쌓여서 일어나며, 열이 나고 피부가 붉어지며 염증이 생긴 관절에 통증이 있다. ¶예로부터 통풍은 '제왕의 병'이라고 일컬어졌다.

투석 치매(透析癡呆)명구《의학》〈알츠하이머〉만성투석환자에서 볼 수 있는 합병증의 하나로 언어장애, 경련, 실행증 등의 정신신경증 상의 출현을 말한다. 많은 예에서 이들의 증상은 진행성에 악화한다. 원인은 아직 모르나, 알루미늄 중독성이 유력하다.

트릿하다( )[트리타다]형〈통증〉(뱃속이) 먹은 음식이 소화가 잘되지 않아 거북하다. ¶배가 고파서 밥을 너무 빨리 먹었더니 뱃속이 트릿하다. / 오늘은 더구나 속이 트릿해서 몸이 비비 꼬이는 것 같다.

특발 심장막염(特發心臟膜炎)명구《의학》〈심장 질환〉특별한 원인을 알 수 없는 심장막염. ¶가장 흔한 것은 바이러스 감염으로 대부분의 특발 심장막염의 원인이 됩니다.

특이 체질(特異體質)명구《의학》〈알레르기〉어떤 물질에 대하여 보통 사람과는 달리 과민한 반응을 일으키는 체질. 특정한 종류의 약물이나 단백질, 특유한 이물질에 대한 감수성이 이상적으로 발달하여 나타난다.〈유〉이상 체질 ¶특이 체질인 사람은 페니실린 쇼크를 일으켜 죽는 경우가 있으므로 주사하거나 약을 먹기 전에 반드시 그 반응을 검사해 보아야 한다.

특이질(特異質)[특이질]명《의학》〈알레르기〉보통 사람에게는 반응을 일으키지 않는 어떤 물질에 대하여 이상적(異常的)으로 과민한 반응을 일으키는 체질. 특정한 종류의 약물이나 단백질, 특유한 이물질에 대한 감수성이

ㅌ

이상적으로 발달하여 나타난다. 〈유〉 이상 체질

티오트로피움 (tiotropium) 명 《약학》 〈만성 하기도질환〉 무스카린성 아세틸콜린 수용체에 길항 작용을 나타내는 항콜린 약물. 기관지 평활근의 확장 작용이 우수하여 천식 치료와 만성 폐쇄성 폐 질환 치료에 사용한다. 이프라트로피움에 비해 작용 지속 시간이 길다. ¶2015년판 GINA 가이드라인에 따르면, "연무흡입기를 통한 티오트로피움이 천식 악화 경험이 있는 10세 이상 성인 환자에서 천식 치료 4·5단계의 새로운 추가요법으로 포함됐다.

티엔엠(TNM) 병기체계 (TNM病期體系) 명구 《의학》 〈암〉 티엔엠(TNM) 체계를 사용하여 환자의 신체에서 암의 침범과 확산 정도를 단계적으로 기술하는 체계. T는 종양의 크기와 주변 조직으로 암의 확산을 의미하며, N은 인근 림프절로의 암의 확산을 말하며, M은 전이를 의미한다. 이 체계는 미국합동암위원회(American Joint Committee on Cancer, AJCC)와 국제암관리위원회(Union for International Cancer Control, UICC)에 의해 작성되었으며 개정되었다. ¶TNM 병기체계를 통해 암의 정도를 분류할 수 있다.

한국어 질병 표현 어휘 사전
ㅍ

파라 결핵성 장염균(para結核性腸炎菌)명구《수의》〈위장병〉소, 양, 염소 따위의 가축에 만성 장염이나 요네병을 일으키는 세균. 사람에게는 병원성이 없다.

파라알레르기(Parallergie)명《의학》〈알레르기〉특수 항원에 대한 원래의 민감화 과정 후 비특이적 자극에 의하여 반응 소인이 생기는 알레르기.〈유〉이상 알레르기

파이프관 간경화증(pipe管肝硬化症)명구《의학》〈간 질환〉간경화증에서 볼 수 있는, 주로 간문 주위 손가락 같은 섬유증을 동반한 간경변.

파탄성 출혈(破綻性出血)명구《의학》〈고혈압〉/〈뇌졸중〉혈관 벽이 터져서 생기는 출혈. 고혈압으로 뇌의 혈관 벽이 터져서 생기는 뇌출혈 따위가 이에 속한다. ¶뇌출혈은 파탄성 출혈에 속한다.

판막 심장병(瓣膜心臟病)명구《의학》〈심장 질환〉심장의 판막에 이상이 생겨 기능 장애를 일으키는 병.

판막염(瓣膜炎)[판망념]명《의학》〈심장 질환〉심장의 판막에 생기는 염증.〈유〉심장 판막염(心腸瓣膜炎) ¶항응고요법, 새로운 경구용 항응고제(NOAC), 와파린 투여환자에서의 판막염 운동 감소 발생률은 각각 3.6%, 2.8%, 4.3%로 나타난 반면, DAPT와 단일 항혈소판 요법은 각각 14.9%와 15.6%로 약 5배 가량 높게 발생했다.

패혈 폐렴(敗血肺炎)명구《의학》〈폐렴〉고름 형성과 허파 조직 파괴를 일으키는 모든 폐렴을 통틀이 이르는 말. 고름집을 일으킨다.

팽만감(膨滿感)[팽만감]명〈암〉몸의 한 부분이 부풀어 터질 듯한 느낌. ¶견딜 수 없는 팽만감이 하복부를 압박했다.

팽진 반응(膨疹反應)명구《의학》〈알레르기〉알레르기 피부 반응에서 관찰되는 특징적인 즉시 반응. 항원을 주사한 지 10~15분 내에 불규칙하고 창백하게 부풀어 오르는 증상이 나타난다.〈유〉두드러기 반응

페니실린(penicillin)명《약학》〈폐렴〉푸른곰팡이를 배양하여 얻은 항생 물질.

화학적 구조의 차이에 따라 F·G·K·X 따위의 종류가 있는데, 세포벽의 합성을 저해하여 증식하는 세균을 죽이는 성질이 있으며, 폐렴·임질·단독(丹毒)·패혈증·매독 따위를 치료하는 데 쓴다.

페니실린 알레르기(penicillin Allergie)명구《의학》〈알레르기〉페니실린에 대한 과민증. 흔히 두드러기, 피부 발진 따위의 증상을 나타낸다. 쇼크로 즉사하는 경우도 있다.

편두통(偏頭痛)[편두통]명《의학》〈통증〉갑자기 일어나는, 발작성의 머리가 아픈 증세. 한쪽 머리에 주기적으로 나타나며, 원인은 두부(頭部) 혈관의 수축에 의한 뇌의 국소적(局所的) 빈혈(貧血)이다. 구토, 귀울림, 권태 따위를 동반하고 젊은이, 특히 여자와 두뇌 노동자에게 많다. 〈유〉변두풍(邊頭風) ¶그녀는 가끔 편두통 증세를 호소하고는 했다. / 스트레스로 인한 편두통에는 진통제(鎭痛劑)보다는 마음의 안정이 더욱 중요하다.

편평상피세포암(偏平上皮細胞癌)[편평상피세포암] 명《의학》〈암〉표피의 각질 형성 세포에서 유래한 악성 종양으로, 종류로는 태양에 손상된 피부에서 발생된 편평상피세포암, 만성 염증성 질환 및 반흔(흉터)에서 발생한 편평상피세포암, 비소 유발 편평상피세포암, 방사성 유발 편평상피세포암, 드노보(De novo) 편평상피세포암, 사마귀양 암종이 있다. ¶각화성편평세포 암종은 편평상피세포암에서 조직학적으로 각화가 많이 일어나는 유형이다.

평간(平肝)[평간]명《한의》〈간 질환〉간기(肝氣)가 몰리거나 치밀어 오르거나 간양이 왕성한 것을 정상으로 회복하게 하는 치료 방법.

평위산(平胃散)[평위산]명《한의》〈위장병〉식중독이나 위장병 따위에 쓰는 가루약. ¶그날 하루 온종일 비를 맞구 와서는 그만 명치가 꼭 맥혀서 평위산 한첩 못 써보구 작고했수.

평활근 육종(平滑筋肉腫)명구《의학》〈암〉민무늬 근육에 생기는 악성 종양. 복막 뒤 공간에 자주 발생하지만 다리에 생길 수도 있다. 유사 분열 중인 근육원섬유를 통해 확진할 수 있다. 피부 밑 조직이나 그보다 더 깊은 조직에 있

ㅍ

는 단단한 종양으로서 성장 속도가 다양하다. 50%는 혈행 전이를 일으킨다. ¶대장암의 종류에는 샘암, 림프종, 악성 유암종, 평활근 육종 등이 있다.

폐(肺)[폐ː/페ː] 명《의학》〈폐렴〉가슴 안의 양쪽에 있는, 원뿔을 반 자른 것과 비슷한 모양의 호흡을 하는 기관.〈유〉허파 ¶NBC 종군기자 데이비드 블룸도 4월 바그다드에서 취재 중 폐 내부의 혈액 응고로 의식을 잃은 뒤 숨졌다.

폐 고혈압(肺高血壓) 명구《의학》〈고혈압〉폐동맥에서 상승한 혈액의 압력.〈유〉폐성 고혈압(肺性高血壓) ¶폐 고혈압은 적절히 조치하지 않으면 일반 고혈압보다 훨씬 치명적이다.

폐 고혈압증(肺高血壓症) 명구《의학》〈고혈압〉명확한 원인 없이 폐 순환 내의 압력이 증가되는 증상. '자가 면역 질환'이나 유전 소인과 관계된 것으로 보이며, 수축기에는 압력이 30mmHg 이상이고, 확장기에는 12mmHg 이상이다.

폐 기허증(肺氣虛證) 명구《한의》〈폐렴〉기(氣)의 화생(化生)이 부족하여 폐기(肺氣)가 허약해지거나 구천구해(久喘久咳)로 폐기를 손상하여 선발(宣發)과 숙강(肅降) 기능을 상실한 증상. 해수무력(咳嗽無力), 단기(短氣) 등 폐(肺)의 기능이 쇠약한 증상과 일반적 기허(氣虛) 증상이 동시에 나타난다. ¶폐기허증(肺氣虛症)은 헛땀이 흐르고 숨이 차면서 감기 같은 호흡기 질환에 쉽게 노출된다.

폐 섬유증(肺纖維症) 명구《의학》〈암〉/〈폐렴〉폐에 섬유 결합 조직이 증식한 상태. 대개 폐렴의 하나인 간질 폐렴이 원인이며, 폐 기능이 떨어진다.〈참〉사르코이드-증(sarcoid症) ¶만성 폐쇄성 폐질환과 폐 섬유증 등 폐질환을 가지고 있는 경우도 폐암의 발병과 연관된다.

폐 심장증(肺心臟症) 명구《의학》〈심장 질환〉폐순환계의 저항이 커져서 오른 심실에 부담이 늘어난 상태.〈유〉폐-성심(肺性心)

폐감(肺疳)[폐:감/페:감] 명 《한의》〈폐렴〉어린아이의 수태음폐경에 생기는 감병. 기침이 나고 숨이 막히며 입과 코가 헌다.〈유〉기감

폐기종(肺氣腫)[폐:기종/페:기종] 명 《의학》〈만성 하기도질환〉폐 내의 공기 공간의 크기가 정상보다 커지는 병. 폐포 벽의 파괴가 따르며 기침, 호흡 곤란 따위가 나타난다.〈유〉폐 공기증(肺空氣症) ¶실제로 작가 올라프는 폐기종을 앓고 있어 코로나19에 더욱 취약하다. / 이미 발생한 폐기종은 이전으로 회복되지 않아 완치가 목적이 아닌 병이기 때문에 더 이상의 악화를 막는 것이 치료의 목표다.

폐동맥 고혈압(肺動脈高血壓) 명구 《의학》〈고혈압〉폐동맥의 혈압이 증가하는 증상.

폐렴(肺炎)[폐:렴/페:렴] 명 《의학》〈폐렴〉폐에 생기는 염증. 폐렴 쌍구균, 바이러스, 미코플라스마 따위가 감염되어 일어나며 화학 물질이나 알레르기로 말미암아 일어나기도 한다. 오한, 고열, 가슴쓰림, 기침, 호흡 곤란 따위의 증상을 보인다. ¶데카르트는 스웨덴 크리스티나 여왕의 초청으로 철학을 가르치기 위해 북국에 갔다가 폐렴에 걸려 사망했다.

폐렴 간균(肺炎杆菌) 명구 《보건일반》〈폐렴〉폐렴의 원인이 되는 병원균의 하나. 1883년에 프리들랜더(Friedlander, M.)가 폐렴 환자로부터 분리한 그람 음성(Gram陰性)의 짧은 간균이다.

폐렴 구균(肺炎球菌) 명구 《보건일반》〈폐렴〉엽폐렴의 병원균. 1886년에 독일의 의사 프랑켈(Frankel, A.)이 폐렴 환자의 가래 속에서 발견한 그람 양성(Gram陽性)의 구균으로, 보통 두 개씩 짝을 지어 배열하여 존재한다. 지역에 따라 '폐렴알균'이라고 쓰기도 한다.〈유〉폐렴 쌍구균

폐렴 구균 감염증(肺炎球菌感染症) 명구 《보건일반》〈폐렴〉폐렴 구균의 의한 감염으로 보통 열과 몸살을 유발하고, 감염 부위에 따라 그 외의 다른 증상들을 동반한다. ¶많은 합병증을 일으켜 사망까지 이르게 하는 '침습성 폐렴 구균 감염증'은 적기 예방접종을 통해 최대 80%까지 예방할 수 있어 무엇보

ㅍ

다 접종이 중요하다.

폐렴 구균 수막염(肺炎球菌髓膜炎)(명구)《보건일반》〈폐렴〉그램 양성 구균 박테리아인 폐렴 연쇄구균(폐렴구균)으로 인해 뇌와 척수를 덮고 있는 조직에서 발생하는 급성 염증. 지역에 따라 '폐렴알균수막염'이라고 쓰기도 한다.¶폐렴 구균 수막염의 경우 치사율이 10% 내외에 달하며, 생존하는 환자의 20~30%는 감각 신경 난청을 비롯해 마비, 뇌전증, 실명, 지적 장애 등의 심한 후유증이 남을 수 있다. / 방글라데시에서 진행된 폐렴구균 수막염 환자 대상 단기·장기 코호트 추적관찰 연구에 따르면, 단기 추적 코호트 환자군의 49%에서 정신운동 지연, 41%에서 정신장애, 33%에서 난청, 8%에서 시력 손실이 나타났으며 장기 추적군에서도 전체 환자 10명 중 4명 이상에서 정신장애(41%)가 발견된 바 있다.

폐렴 막대균(肺炎막대菌)(명구)《의학》〈폐렴〉호기성 세균과 거의 닮은 세균. 대부분 원내 감염의 원인이 된다. 보통 소아나 노약자, 알코올중독 환자, 면역 저하 상태에서 잘 발생하며, 특히 백혈구 감소증 환자에서 잘 발생한다. 다른 폐렴과 마찬가지로 증상은 기관지폐렴으로 나타나며, 혈액이 섞인 젤리 같은 점액성 가래를 배출한다. 초기에 고름집형성과 함께 조직괴사를 일으켜 치명적인 경과를 취한다.〈유〉폐렴간균

폐렴 바이러스(肺炎virus)(명구)《의학》〈폐렴〉호흡기 세포융합 바이러스를 포함한 바이러스로 유아에게 심각한 하부 호흡기 질환을 유발한다.

폐렴 쌍구균(肺炎雙球菌)(명구)《보건일반》〈폐렴〉엽폐렴의 병원균. 1886년에 독일의 의사 프랑켈(Frankel, A.)이 폐렴 환자의 가래 속에서 발견한 그람 양성(Gram陽性)의 구균으로, 보통 두 개씩 짝을 지어 배열하여 존재한다. 지역에 따라 '폐렴 쌍알균'이라고 쓰기도 한다.〈유〉폐렴 구균, 폐렴 연쇄균

폐렴 연쇄 구균(肺炎連鎖球菌)(명구)《보건일반》〈폐렴〉사람의 호흡기에 정상적으로 존재하며 가장 흔하게 엽폐렴을 일으키는 연쇄 구균. 지역에 따라 '폐렴 사슬알균'이라고 쓰기도 한다.

폐렴 연쇄균(肺炎連鎖菌)명구《보건일반》〈폐렴〉엽폐렴의 병원균. 1886년에 독일의 의사 프랑켈(Frankel, A.)이 폐렴 환자의 가래 속에서 발견한 그람 양성(Gram陽性)의 구균으로, 보통 두 개씩 짝을 지어 배열하여 존재한다.〈유〉폐렴 쌍구균

폐렴 창자염(肺炎창자炎)명구《의학》〈폐렴〉소장염의 원인균이 공기를 생산하여 장벽에 공기를 가지고 있는 염증.〈유〉공기 장염(空氣腸炎)

폐렴 클라미디아(肺炎Chlamydia)명구《의학》〈폐렴〉클라미디아의 일종으로 폐렴, 기관지염, 코뿔소염, 인두염의 흔한 원인으로 알려진 세균. ¶폐렴 원인균이 폐렴 연쇄상구균, 폐렴 미코플라스마, 폐렴 클라미디아, 헤모필루스 인플루엔자균 등의 경우는 외래 치료도 가능하다.

폐렴 흑사병(肺炎黑死病)명구《의학》〈폐렴〉빠르게 진행되고 종종 치명적인 형태로 나타나는 흑사병으로 오한, 옆구리 통증, 고열 등의 증상으로 나타나며 인간 대 인간 전염의 가능성이 있다.

폐렴균(肺炎菌)[폐ː렴균/폐ː렴균]명《보건일반》〈폐렴〉폐렴을 일으키는 병원균을 통틀어 이르는 말.

폐상(肺傷)[폐ː상]명《한의》〈폐렴〉폐가 상(傷)한 병증. 주로 몸을 차게 하고 찬 것을 마실 때 나타나고, 폐창증(肺脹證), 폐위증(肺痿證) 그리고 폐옹증(肺癰證)이 있다.

폐성 고혈압(肺性高血壓)명구《의학》〈고혈압〉폐동맥에서 상승한 혈액의 압력.〈유〉폐 고혈압(肺高血壓)

폐성 심장(肺性心臟)명구《의학》〈심장 질환〉폐의 울혈 때문에 우심실에 큰 부하가 걸려 그 기능이 저하된 상태.〈유〉허파 심장증 ¶폐성 심장을 앓고 있는 80세 무호적자 할머니가 화성시 무한돌봄 북부네트워크팀(팀장 이정희)의 정성어린 무한돌봄으로 80년 만에 첫 주민등록증을 발급받고 대한민국 국민으로 새롭게 태어나 현재 치료받고 있다.

폐쇄 세기관지 기질화 폐렴(閉鎖細氣管支器質化肺炎)명구《의학》〈폐렴〉기질

화된 폐렴의 합병증으로 발생하는 섬유 폐쇄 세기관지염.

폐쇄 쓸개 간경화증(閉鎖쓸개肝硬化症)명구《의학》〈간 질환〉담도의 결석이나 종양에 의해 발생하는 간 경변.

폐암(肺癌)[폐ː암/페ː암]명《의학》〈암〉폐에 생기는 암. 흔히 기관지의 점막 상피에 생긴다. 고질적인 기침, 가래, 가슴 통증 따위의 증상이 나타나지만 발생 부위에 따라 상당히 진행되어도 증상이 보이지 않는 수도 있다. ¶폐암과 흡연의 상관관계는 부인하기 어렵다.

폐엽(肺葉)[폐ː엽/페ː엽]명《의학》〈암〉포유류의 허파를 형성하는 부분. 사람의 경우 오른쪽 허파는 상엽·중엽·하엽으로, 왼쪽 허파는 상엽·하엽으로 나누어진다. ¶폐엽은 엽간열에 의해 나누어진다.

폐울혈(肺鬱血)[폐ː울혈/페ː울혈]명《의학》〈고혈압〉허파 순환 계통에 울혈이 생긴 상태. 심장 판막증, 심근 경색, 고혈압, 만성 폐 질환, 영양실조 따위가 원인이다. 호흡이 곤란하고 기침이 심하며 작은 핏덩이가 섞인 짙은 가래가 나온다. ¶할머니께서 가래가 나와 병원에 갔더니 폐울혈이었다.

폐창(肺脹)[폐ː창/페ː창]명《한의》〈만성 하기도질환〉/〈폐렴〉'천식'을 한방에서 이르는 말. 기침이 나고 기가 치밀어 오르며 번조(煩躁)하면서 숨찬 병증. ¶폐기(肺氣)가 창만해서 기침을 하고 가슴이 답답하며 숨이 찬 것이 폐창의 증상이다.

폐포(肺胞)[폐ː포/페ː포]명《의학》〈폐렴〉허파로 들어간 기관지의 끝에 포도송이처럼 달려 있는 자루. 호흡할 때에 가스를 교환하는 작용을 한다.〈유〉허파 꽈리 ¶지금 밤 저쪽에서 낚시 안내 관광선을 몰고 들어오고 있는 그는 그 어둠 때문에 간이 찌들고, 허파의 폐포가 썩고, 심장의 심근이 빼드러지고 있다고 생각했다. / 담배를 피우지 않던 사람이 갑자기 피우면 기관지에서 폐포로 연결되는 모세기관지가 자극되어 경련을 일으킨다.

폐포 저환기(肺胞低換氣)명구《의학》〈만성 하기도질환〉폐포 환기량이 비정상적으로 감소한 상태. 호흡 중추의 감수성 저하에 의한 호흡 운동의 억제,

비만, 그 외의 원인에 의한 횡격막 운동의 제한, 폐기종증, 울혈성 심부전, 신경계 질환에 의한 호흡근 마비 등으로 나타난다. 〈유〉 허파 꽈리 저환기(허파꽈리低換氣) ¶환기장애 즉 만성 폐포 저환기를 동반하는 질환은 심폐 질환 이외에도 여러 가지가 있으며 수면 무호흡 증후군은 환기장애를 일으키는 중요한 원인 중의 하나이다.

폐포성 천식(肺胞性喘息) 명구 《의학》 〈만성 하기도질환〉 폐포가 확장되고 발작성 호흡 곤란이 되풀이되는 병.

포도 구균성 폐렴(葡萄球菌性肺炎) 명구 《의학》 〈폐렴〉 포도상 구균에 의하여 일어나는 폐렴.

포도알균 폐렴(葡萄알菌肺炎) 명구 《의학》 〈폐렴〉 황색포도상구균에 의한 폐렴으로 보통 기관지폐렴으로 시작하여 종종 폐 조직의 증식과 파괴로 이어진다. 〈유〉 포도 구균 폐렴(葡萄球菌肺炎), 포도상 구균 폐렴(葡萄狀球菌肺炎)

포진(疱疹)[포진] 명 《의학》 〈알레르기〉 바이러스의 감염으로 피부 또는 점막에 크고 작은 물집이 생기는 피부병을 통틀어 이르는 말. 입술과 음부 따위에 생기는 단순 포진과 신체의 한쪽에 신경통과 함께 발진이 생기는 대상(帶狀) 포진이 있다. 〈유〉 헤르페스 ¶포진이 발생한 유방 부위에 아기의 입이 닿지 않도록 주의하십시오.

폭부(暴仆)[폭뿌] 명 《한의》 〈뇌졸중〉 '뇌중풍'을 한방에서 이르는 말. 〈유〉 졸중풍

폰 히펠린다우 증후군(vonHippel-Lindau症候群) 명구 《의학》 〈암〉 상염색체우성으로 유전되며 여러 장기 중 특히 중추신경계 및 신장에 발생하는 악성 및 양성 종양을 특징으로 하는 질환. ¶혈액 투석 등의 기존 질환이 있는 환자나 유전적 요인의 폰 히펠-린다우 증후군 등의 가족력이 있는 사람은 정기적인 검진이 필요하다.

표준 혈압(標準血壓) 명구 《의학》 〈고혈압〉 건강한 사람의 기준이 되는 혈압의 수치. 보통 자기 나이에 90을 더한 수를 이르며, 건강한 어른의 경우 110~

ㅍ

120mmHg이다. ¶건강검진에서 표준 혈압이 나와 다행이다.

표현 실어(증)(表現失語(症))명구《의학》〈알츠하이머〉피질중추의 병변에 의하여 말하거나 쓰는 능력이 장애된 실어증. 환자는 듣는 말과 쓴 글을 이해하여 하고 싶은 말도 알고 있으나, 실제로 말이 나오지 않는 것.〈유〉표현-인지실어(증)

풍감(風疳)[풍감]명《한의》〈간 질환〉젖이나 음식의 조절이 잘못된 어린아이가 간의 경락에 열을 받아 생기는 병. 눈이 깔깔하고 가려워서 자주 비비며, 얼굴색이 푸르고 누르스름해지고 몸이 여위며 헛배가 부른다.

풍감창(風疳瘡)[풍감창]명《한의》〈알레르기〉몸에 습진이 겹쳐서 온몸으로 퍼지는 피부병. 가렵고 진물이 난다.

풍랭치통(風冷齒痛)[풍냉치통]명《한의》〈통증〉충치가 생기거나 잇몸이 붓지 아니하였는데도 이가 아프고 흔들리는 병.〈유〉풍랭통(風冷痛)

풍랭통(風冷痛)[풍냉통]명《한의》〈통증〉충치가 생기거나 잇몸이 붓지 아니하였는데도 이가 아프고 흔들리는 병.〈유〉풍랭치통(風冷齒痛)

풍심통(風心痛)[풍심통]명《한의》〈통증〉감기로 인하여 심장(心臟) 부위가 아프면서 옆구리가 켕기고 가슴이 그득한 병.

풍열치통(風熱齒痛)[풍열치통]명《한의》〈통증〉외부의 풍사(風邪)와 내부의 열이 서로 부딪쳐 생기는 치통. 잇몸이 붓고 고름이 나오는 따위의 증상이 있다.〈유〉풍열통(風熱痛)

풍열통(風熱痛)[풍열통]명《한의》〈통증〉외부의 풍사(風邪)와 내부의 열이 서로 부딪쳐 생기는 치통. 잇몸이 붓고 고름이 나오는 따위의 증상이 있다.〈유〉풍열치통(風熱齒痛)

풍온(風溫)[풍온]명《한의》〈폐렴〉봄철에 풍사(風邪)가 침입하여 생기는 급성 열병. 열이 나고 기침을 하며 가슴이 답답하고 목이 마르는 증상이 있다.

풍요통(風腰痛)[풍요통]명《한의》〈통증〉감기로 인하여 허리가 아픈 병. 아픈 자리가 일정하지 않고 양다리가 뻣뻣하다. ¶풍요통은 허리디스크 증상과 가장 유사하다.

풍한천(風寒喘)[풍한천]명《한의》〈폐렴〉감기가 들어 숨이 차고 호흡이 곤란한 병.

풍협통(風脇痛)[풍협통]명《한의》〈통증〉풍(風)으로 옆구리가 아픈 증세.〈유〉협풍통(脇風痛)

피가래 [피가래]명〈만성 하기도질환〉/〈폐렴〉피가 섞여 나오는 가래. 기관지 확장증, 폐암, 폐결핵, 폐렴 따위에 걸렸을 때 나오는 가래이다.〈유〉혈담(血痰), 적담(赤痰) ¶기부족증이 부쩍 도져서 피가래까지 나오니. 토질이 아닌가요. / 가르랑가르랑 피가래를 끓이기 사흘 만에 눈을 감았다.

피내 검사(皮內檢查)명구《의학》〈알레르기〉피부에 의심이 가는 알레르기 항원을 소량 주사하여 과민 반응이나 알레르기를 확인하는 시험.〈유〉진피 내 검사, 피내 반응 검사

피부 반사성 천식(皮膚反射性喘息)명구《의학》〈만성 하기도질환〉특정한 피부 자극이 원인이 되어 반사적으로 발생하는 천식.

피부 반응 검사(皮膚反應檢查)명구《의학》〈알레르기〉피부에 알레르기 항원을 바르거나 항원을 접종하여 유도된 민감도를 측정하는 방법. 특이 항원에 대해 유도된 민감도는 즉시 반응과 지연 반응 중 하나로 나타난다.

피부암(皮膚癌)[피부암]명《의학》〈암〉피부에 생기는 악성 종양. 햇볕을 많이 받는 부위에 생기기 쉽고 백인에게 많다. ¶피부암의 발병 원인은 다양하지만 가장 중요한 위험인자는 '자외선'이다.

한국어 질병 표현 어휘 사전
ㅎ

하어복질(河魚腹疾)[하어복찔]명〈위장병〉'물고기는 배부터 상한다'라는 뜻에서 나온 말로, 배앓이나 설사를 비유하는 고사성어이다. 중국 춘추시대의 신숙전(申叔展)과 환무사(還無社)의 고사(故事)에서 유래되었다.

하어지질(河魚之疾)[하어지질]명〈위장병〉'복통'을 달리 이르는 말.〈유〉복통

하이덴하인 증후군(Heidenhain症候群)명구《의학》〈알츠하이머〉겉질 시각 상실, 노년 전 치매, ~~조화운동불능~~, 조화 장애, 온몸 경직 따위가 나타나며 빨리 진행되는 퇴행병.

한랭 고혈압(寒冷高血壓)명구《의학》〈고혈압〉춥고 찬 날씨 때문에 피부 표면에 분포하는 모세 혈관이 수축하고, 이로 인해 모세 혈관 저항이 증가하여 혈압이 정상 수치보다 상승하는 현상.

한랭 알레르기(寒冷Allergie)명구《의학》〈알레르기〉추위에 노출되면 알레르기 신체 증상이 나오는 것.

한복통(寒腹痛)[한복통]명《한의》〈통증〉추위로 인해 배가 상하거나 배를 차게 했을 때 생기는 배앓이.

한수(寒嗽)[한수]명《한의》〈폐렴〉한사(寒邪)에 폐가 상하여 생긴 기침.

한심통(寒心痛)[한심통]명《한의》〈통증〉명치 부위가 은은히 아프면서 그 통증이 등에까지 뻗치고 손발이 찬 병.〈유〉냉심통(冷心痛)

한요통(寒腰痛)[하뇨통]명《한의》〈통증〉찬 기운으로 인하여 허리가 아픈 증상. ¶한요통의 대표 증상은 허리에 통증과 함께 시린 느낌이 드는 것이다.

한통(寒痛)[한통]명《한의》〈통증〉찬 기운으로 인하여 아픈 것.

한포(汗疱)[한:포]명《의학》〈알레르기〉손바닥, 발바닥, 손가락의 표피 내에 쌀알만 한 크기로 작은 수포가 생기는 질환. 보통 가려움증이 동반되지만 증상이 없는 경우도 있다. 국소 땀 과다증과 동반되기도 한다.〈유〉한포진, 물집 습진

한포진(汗疱疹)[한:포진]명《의학》〈알레르기〉손바닥, 발바닥, 손가락의 표피 내에 쌀알만 한 크기로 작은 수포가 생기는 질환. 보통 가려움증이 동반

되지만 증상이 없는 경우도 있다. 국소 땀 과다증과 동반되기도 한다. 〈유〉 물집 습진, 한포

할로탄 간염(halothane肝炎)명구《의학》〈간 질환〉할로탄 마취로 생기는 간세포 손상.

항알레르기(抗Allergie)명《의학》〈알레르기〉알레르기 반응을 억제하거나 완화함. ¶DHA는 동물 실험을 통해 학습·기억 능력을 향상시킬 뿐만 아니라 치매증의 예방이나 콜레스테롤의 저하, 항알레르기 등에도 효과가 있는 것으로 밝혀졌다. / 이밖에 씀바귀가 항스트레스, 항암, 항알레르기 효과가 높은 것으로 조사됐다.

항알레르기 진통제(抗Allergie鎭痛劑)명구《약학》〈알레르기〉알레르기는 항원 항체 반응에 의해 생성되거나 방출되는 생리 활성 물질의 작용에 의하여 여러 가지 장해를 일으키는데, 이 생리 활성 물질에 길항하거나 시상·시상 하부·대뇌변연계에 진정 효과가 있는 약물.

항알레르기성(抗Allergie性)명〈알레르기〉알레르기 반응을 억제하거나 완화하는 성질. ¶증상이 심할 때는 항알레르기성의 약을 같이 먹는다. / 눈물 안약으로도 증세 완화에 효과를 보지 못한다면 소염제나 항알레르기성 안약도 함께 처방 받아 점안해 줍니다.

항알레르기약(抗Allergie藥)명《의학》〈알레르기〉주로 아이(I)형 알레르기의 증상을 개선하는 약물을 통틀어 이르는 말.

항암성 항생 물질(抗癌性抗生物質)명구《의학》〈암〉항암 작용이 있는 항생 물질. 미토마이신 시(C), 블레오마이신 따위가 있다. ¶미토톡신 C는 항종양 효과는 뛰어나면서도 독성이 낮았기 때문에, 항암성 항생 물질로 임상 응용되었고, 오늘날까지 이어지고 있다.

항암제(抗癌劑)[항암제]명《의학》〈암〉암세포의 발육이나 증식을 억제하는 물질. 또는 그러한 약. 주로 세포의 디엔에이(DNA) 합성과 대사를 저해하는 물질로, 종양 세포만을 선택적으로 파괴하는 것이 곤란하기 때문에 부작

용이 강하다. 〈유〉 제암제, 항종양제 ¶생약 성분만을 이용한 항암제가 개발되었다.

항천식제(抗喘息劑)[항:천식쩨] 명 《약학》 〈알레르기〉 천식을 방지하거나 완화시키는 약물.

항치매(抗癡呆)[항:치매] 명 《의학》 〈알츠하이머〉 치매를 유발하는 세포를 죽이거나 그 세포 증식을 억제함. ¶'오수유'라는 한약재에서 항치매 효능을 가진 물질을 찾아냈고, 여드름이나 류머티즘 관절염 같은 감염 질환의 치료에 쓰이는 약이 치매 치료에도 효과가 있다는 사실을 새롭게 밝혀냈다.

항히스타민제(抗histamine劑) 명 《약학》 〈만성 하기도질환〉/〈알레르기〉 항원 항체 반응에 의하여 몸 안에 생긴 과잉 히스타민에 길항 작용을 하여 히스타민의 작용을 억제하는 약. 코염·기관지 천식·두드러기·화분증 따위의 각종 알레르기 질환과, 멀미나 초기 감기를 치료하는 데 쓴다. 〈유〉 에이치 원 대항제(H one對抗劑), 에이치 원 수용체 대항제(H-one受容體對抗劑), 항히스타민 약제(抗histamine藥劑), 히스타민 차단제(histamine遮斷劑) ¶항히스타민제 복용으로 발생한 내성은 시간이 지나면 사라지기 때문에 크게 걱정할 필요가 없다.

해마(海馬)[해:마] 명 《의학》 〈알츠하이머〉 대뇌 반구의 일부를 이루며 다른 대뇌 겉질과는 전혀 다른 구조로 이루어진 부분. 측두부(側頭部)의 밑에서 내측벽(內側壁)에 걸쳐 돌출하여 있는데, 후각과 관련되며 인간은 다른 포유류보다 덜 발달되어 있다. ¶감각 기관이 보내온 정보를 뇌에 단기 저장하는 역할은 해마가 담당한다. / 해마는 서술 기억을 처리하는 중요한 기능을 하는 것으로 알려졌다.

해산물 알레르기(海產物 Allergie) 명구 《의학》 〈알레르기〉 해산물을 섭취하거나 피부에 닿거나, 조리 과정에 발생하는 기체를 흡입하였을 때 나타나는 알레르기 현상. 해산물로는 생선 및 해삼·멍게 등의 극피동물, 게·새우 등의 갑각류 절지동물, 오징어·조개·굴 등의 연체동물 등 다양하다. ¶해산물 알레르기는 땅콩 알레르기와 마찬가지로 평생 지속될 확률이 높고, 목구멍이나 기도 부종으로 인한 호흡 곤란 등 심각한 반응이 나타날 가능성도 큽니다. / 새우나 조개, 오징어 등 해산물 알레르기도 여름철에 특히 조심해야 한다.

해수(咳嗽)[해수]명《한의》〈폐렴〉기도나 기관지의 점막이 자극을 받아 반사적으로 일어나는 세찬 호흡 운동. 갑작스럽게 거친 숨이 목구멍에서 터져 나오거나 그것이 반복되어 나타나는 병적인 현상이다.

해역(解㑊)[해:역]명《한의》〈당뇨〉인체가 피로를 느끼고 팔다리와 뼈가 나른해지는 증상. 소갈병, 만성 소모성 질병, 열성병 따위에서 나타난다. ¶대체로 이질을 앓고 난 뒤에 해역이 생기는 것은 중기(中氣)가 허약하기 때문이다.

해천증(咳喘症)[해천쯩]명《한의》〈만성 하기도질환〉기침과 천식을 아울러 이르는 말.〈유〉해천(咳喘) ¶폐가 건조해져서 일어난 해천증에는 행인배즙액(杏仁梨汁液)을 처방한다.

햇빛 알레르기(햇빛Allergie)명구《의학》〈알레르기〉햇볕에 과민한 사람들에게서 발생하는, 가려움을 동반한 여러 형태의 피부 발진. 피부가 붉은색을 띠거나, 약간 솟아오르는 등 여러 형태로 나타나며 주로 여름철에 발생한다.〈유〉다형 광 발진, 다형태 광선 발진, 여러 형태 빛 발진, 여러형 광 발진 ¶특히 어린이들은 피부가 약하기 때문에 햇빛 알레르기에 의한 각종 피부 질환을 일으킬 수 있고, 심한 경우에는 경미한 화상으로까지 이어질 수 있다.

행인(杏仁)[행:인]명《한의》〈만성 하기도질환〉살구씨를 한방에서 이르는 말. 기침, 천식, 변비 따위에 쓴다.〈유〉살구-씨 ¶행인에는 지질이 35%, 아미그달린이 약 3% 들어 있어 약효를 낸다.

향일규근(向日葵根)[향일규근]명《한의》〈당뇨〉국화과에 속하는 해바라기의 생약명. 뿌리를 약으로 사용하며 타박상, 위장 흉통, 소갈로 인해 물을 자주 마시는 증상 따위를 치료한다. ¶《사천중약지》에 따르면, 향일규근은 맛이 달고 성질은 따뜻하며 독이 없다고 한다.

허탈(虛脫)[허탈]명《의학》〈만성 하기도질환〉온몸의 힘이 쭉 빠져 빈사지경에 이름. 또는 그런 상태. 얼굴이 창백하여지고 동공이 커지며 의식이 흐려지고 식은땀이 나는 따위의 증상이 나타난다. ¶탈수는 허탈의 중요한 요인으로 보이지 않으며 오히려 수분 과잉이 치명적인 허탈의 한 원인일 수 있다.

허파 고혈압(허파高血壓)명구《의학》〈고혈압〉폐순환 내의 압력이 수축기 30mmHg 이상, 확장기 12mmHg 이상으로 증가한 상태. 원인 불명이고 자가 면역 질환이나 유전 소인과 관계될 것으로 보인다.〈유〉허파 동맥 고혈압(허파動脈高血壓)

허파 동맥 고혈압(허파動脈高血壓)명구《의학》〈고혈압〉폐순환 내의 압력이 수축기 30mmHg 이상, 확장기 12mmHg 이상으로 증가한 상태. 원인 불명이고 자가 면역 질환이나 유전 소인과 관계될 것으로 보인다.〈유〉허파 고혈압(허파高血壓)

허파 심장증(허파心臟症)명구《의학》〈심장 질환〉허파의 구조나 기능에 영향을 주는 병 때문에 이차적으로 오른심실이 커지는 심장 질환. 폐성 심장(肺性心臟)

허혈성 장염(虛血性腸炎)명구《의학》〈위장병〉허혈로 인하여 생긴 장의 염증.〈유〉허혈 장염

허혈 뇌졸중(虛血腦卒中)명구《의학》〈뇌졸중〉뇌의 특정 동맥이 막혀 혈액의 흐름이 감소되어 발생하는 뇌졸중.

허혈 심장 질환(虛血心臟疾患)명구《의학》〈심장 질환〉심장 근육에 생긴 허혈로 말미암아 일어나는 심장병. 심장 동맥 장애에 따른 일차성과 그 밖의 원인에 따른 이차성이 있다.〈유〉국소 빈혈성 심장 질환(局所貧血性心臟疾患), 허혈 심장병(虛血心臟病), 허혈성 심장 질환(虛血性心臟疾患) ¶○○○는 백신 접종 후 22시간 만에 허혈 심장 질환으로 숨졌다.

허혈 심장병(虛血心臟病)명구《의학》〈심장 질환〉심장 근육에 생긴 허혈로 말미암아 일어나는 심장병. 심장 동맥 장애에 따른 일차성과 그 밖의 원인에 따른 이차성이 있다.〈유〉국소 빈혈성 심장 질환(局所貧血性心臟疾患), 허혈 심장 질환(虛血心臟疾患), 허혈성 심장 질환(虛血性心臟疾患) ¶허혈 심장병은 갑자기 무리하게 운동을 하거나 무더위 속에서 힘들게 일하면서 땀을 많이 흘렸는데 물을 적게 혹은 마시지 못했을 때 또는 정신적으로 스트레스를 많이 받았을 때 발병한다.

허혈성 심장병(虛血性心臟病)명구《의학》〈심장 질환〉'허혈 심장병'의 전 용어. ¶허혈성 심장병은 크게 협심증과 급성 심근경색증 두 가지로 나눈다.

허혈성 심질환(虛血性心疾患)명구《의학》〈심장 질환〉'허혈 심장 질환'의 전 용어. ¶허혈성 심장질환을 앓고 있는 환자 10명 중 9명은 50대 이상 중년층인 것으로 나타났다.

헌팅턴 무도병(Huntington舞蹈病)명구《의학》〈알츠하이머〉무도병과 치매를 특징으로 하는, 30~40대 발병의 신경계 퇴행 질환. 병리학적으로는 조가비핵과 꼬리핵의 머리 부분이 양측성으로 현저한 위축을 보인다. 보통 염색체 우성 유전 질환이다.

헛배 ( )[헏빼]명〈위장병〉음식을 먹지 아니하고도 부른 배. 흔히 소화 불량으로 배에 가스가 차거나 하여 더부룩하게 느껴지는 것을 이른다. ¶소화기관에 울혈이 생겨 헛배가 부르고 변비가 계속되었다. / 먹은 것도 없는데 헛배가 부풀어 거북하고 불편하기 이를 데 없어요.

헛배가 부르다( )형구〈통증〉음식을 먹지 않았는데도 이유 없이 배가 부르다 ¶소화 기관에 울혈이 생겨 헛배가 부르고 변비가 계속되었다. / 담창이 생겼는지 자꾸 헛배가 부르다.

헤르페스(herpes)명《의학》〈알레르기〉바이러스의 감염으로 피부 또는 점막에 크고 작은 물집이 생기는 피부병을 통틀어 이르는 말. 입술과 음부 따위에 생기는 단순 포진과 신체의 한쪽에 신경통과 함께 발진이 생기는 대상

(帶狀) 포진이 있다. 〈유〉 포진

헤르페스 모양 습진 (herpes模樣濕疹) 명구 《의학》 〈알레르기〉 발열을 동반한 헤르페스 제1형 바이러스가 원인으로, 피부에 씨뿌림 형태로 발진이 광범위하게 나타나며 잔물집이 배꼽 모양으로 함몰되는, 헤르페스 모양의 고름 물집이 특징인 질환. 주로 이전에 피부염이 있었던 어린이에게서 많이 발생한다.

헤르페스 습진 (herpes濕疹) 명구 《의학》 〈알레르기〉 소아에 흔한 열성 질환. 헤르페스바이러스 1형이 피부에 감염되어 광범위한 수포와 함몰된 농포를 형성한다.

헥소프레날린 (hexoprenaline) 명 《약학》 〈만성 하기도질환〉 기관지 천식, 만성 기관지염, 진폐증에서 기도 폐쇄성 장애에 의한 호흡 곤란 따위의 증상 완화에 사용되는 아드레날린 베타 투 수용체 작용약. 〈유〉 헥소프레날린 황산염(hexoprenaline黃酸鹽) ¶헥소프레날린은 미국 식품의약국(FDA)의 승인을 받지 못했으며, 임산부와 태아에게 심각한 심혈관 부작용을 유발함에 따라 국내에서 경구제의 사용은 금지되었고 주사제 사용에도 제한 조치가 내려진 바 있다.

헬리코박터균 (helicobacter菌) 명 《의학》 〈암〉 위장 내에 기생하는 세균으로 위 점막층과 점액 사이에 서식한다. 이 세균은 우리나라에 비교적 높은 빈도로 분포하는 것으로 알려져 있으며 한 조사에 따르면 어린이의 20%, 중년층의 70%, 그리고 노년층의 경우 90%가 감염되어 있는 것으로 나타났다. 이들은 위염, 위궤양, 위암 등의 위험인자로 분류되어 있다. ¶젊은 위암 환자의 가족이 헬리코박터균에 감염될 확률이 상당히 높다는 연구 결과가 나왔다.

혀암 (혀癌) [혀암] 명 《의학》 〈암〉 충치의 자극, 흡연, 혀의 만성 궤양 따위로 인해 발생하는 암종(癌腫). 혀의 점막 상피나 점막선, 또는 혀 표면이나 내면에 생기며, 40세 이상의 남자에게서 많이 볼 수 있다. 〈유〉 설암 ¶혀암은 주로 50~60대에 많이 발생하며 여성보다는 남성환자가 더 많은 특징을 보이고 있다.

현성 당뇨병(顯性糖尿病)명구《의학》〈당뇨〉임신 전부터 발병하여 임신 후에도 산모에게 지속되는 당뇨 질환. ¶현성 당뇨병은 태아와 산모에게 심각한 합병증을 초래하여 임신 예후에 중요한 영향을 미친다.

혈관 운동 비염(血管運動鼻炎)명구《의학》〈알레르기〉알레르기성 비염과 같은 증상을 나타내는 비(非)알레르기성 비염. 주로 혈관 운동 긴장도와 투과성 변화에 따라 나타난다.〈유〉혈관 운동 코염

혈관 운동 코염(血管運動코炎)명구《의학》〈알레르기〉알레르기성 비염과 같은 증상을 나타내는 비(非)알레르기성 비염. 주로 혈관 운동 긴장도와 투과성 변화에 따라 나타난다.〈유〉혈관 운동 비염

혈관성 치매(血管性癡呆)명구《의학》〈알츠하이머〉혈관성 원인으로 생기는 지능 및 운동 장애. 뇌동맥 경화, 뇌졸중, 마음탓 뇌경색 따위로 발생하며, 기억 장애가 뚜렷하지 않을 수 있고 수행 기능의 소실 등 피질하 기능 저하가 현저하게 나타난다. ¶다행히 이 혈관성 치매는 예방이 가능하고 조기에 발견해 치료하면 더 진행되는 것을 막을 수도 있다.

혈뇨(血尿)[혈료]명《의학》〈암〉오줌에 피가 섞여 나오는 병. ¶전립선암은 초기에는 증상이 없으나 어느 정도 진행되면 각종 배뇨 문제(야간뇨, 혈뇨, 빈뇨, 주저뇨) 등이 발생한다.

혈담(血痰)[혈땀]명《의학》〈폐렴〉피가 섞여 나오는 가래. 기관지 확장증, 폐암, 폐결핵, 폐렴 따위의 병에서 나타난다.〈유〉피가래 ¶할아버지는 어젯밤 한 요강 쏟아 놓다시피했다는 그 혈담이 아무래도 걱정스러웠던지 강의술을 향하여 이렇게 묻는다.

혈류(血瘤)[혈류]명《한의》〈암〉피가 한곳에 뭉쳐서 된 혹.〈유〉혈혹 ¶거미독은 분자량이 너무 커 위를 통해 혈류로 흡수되기 어렵기 때문에 정맥 주사를 통해 주입하는 방법을 사용했다.

혈변(血便)[혈변]명《일반》〈암〉피가 섞여 나오는 똥. ¶대장암의 증상에는

설사, 변비, 혈변, 점액변 등이 있다.

혈심통(血心痛)[혈씸통] 명 《한의》〈통증〉어혈(瘀血)로 명치 부위가 아픈 증상.

혈압(血壓)[혀랍] 명 《의학》〈고혈압〉심장에서 혈액을 밀어낼 때, 혈관 내에 생기는 압력. 일반적으로는 동맥 혈압을 가리킨다. ¶할아버지께서는 혈압이 높아서 충격을 받지 않도록 늘 조심하신다. / 엄마는 혈압이 200이 넘었단 소릴 자랑스럽게 되풀이했다.

혈압 강하제(血壓降下劑) 명구 《약학》〈고혈압〉병적인 고혈압을 혈관 확장에 의하여 내리게 하는 약. 〈유〉강압-제(降壓劑)

혈압 항진증(血壓亢進症) 명구 《의학》〈고혈압〉혈압이 정상 수치보다 높은 증상. 최고 혈압이 150~160mmHg 이상이거나 최저 혈압이 90~95mmHg 이상인 경우인데, 콩팥이 나쁘거나 갑상샘 또는 부신 호르몬에 이상이 있어 발생하기도 하고 유전적인 원인으로 발생하기도 한다. 〈유〉고-혈압(高血壓), 고혈압-증(高血壓症)

혈압(을) 높이다( ) 관용 〈고혈압〉(어떤 사람이 다른 사람을) 화나게 하다. ¶내가 동생을 약올려서 동생의 혈압을 높였다.

혈압(이) 오르다( ) 관용 〈고혈압〉(사람이) 몹시 화가 나다. ¶나를 짜증나게 하는 놈 때문에 혈압이 오르는 느낌이다.

혈액 가슴막 폐렴 증후군(血液가슴膜肺炎症候群) 명구 《의학》〈폐렴〉발열, 객혈, 숨가쁨 등의 증상으로 나타나는 호흡기 증후군. 〈유〉혈액 흉막 폐렴 증후군

혈액 심장막증(血液心臟膜症) 명구 《의학》〈심장 질환〉심장막 안에 피가 고이는 병. 심장 대동맥, 심장 동맥 따위가 터져서 생기며 쇼크와 심장 압박 증상이 나타난다. 〈유〉심낭 혈종(心囊血腫)

혈액 투석(血液透析) 명구 《의학》〈암〉인공 콩팥 따위의 콩팥 기능 대행 장치를 이용한 콩팥 기능 부족 치료법. 혈액을 체외로 꺼내어 노폐물을 제거하

고 필요한 전해질 따위를 보급한 다음 체내로 되돌려보낸다. 약물 중독이나 심한 부종 따위에도 쓴다.〈유〉인공 투석 ¶혈액 투석 등의 기존 질환이 있는 환자나 유전적 요인의 폰 히펠-린다우 증후군 등의 가족력이 있는 사람은 정기적인 검진이 필요하다.

혈어통(血瘀痛)[혀러통] 명 《한의》〈통증〉어혈로 인하여 생기는 통증.

혈전(血栓)[혈쩐] 명 《생명》〈뇌졸중〉생물체의 혈관 속에서 피가 굳어서 된 조그마한 핏덩이. ¶이러다 생사람 잡겠는데, 출혈인지 혈전인지 그것도 아직 모르다니, 큰 병원에서 그게 말이나 되냐 말이야.

혈전 심장 내막염(血栓心臟內膜炎) 명구 《의학》〈심장 질환〉심장의 특정 부위에 손상이 생겨서 내막에 혈전이 나타나는 염증. ¶후천성 심장 질환들은 주로 판막 침범과 기능 장애를 일으키며 이러한 질환으로는 류마티스열, 승모판 탈출증, 대동맥판막협착증, 승모판 윤상 석회화, 카르시노이드 심장 질환 등이 있고, 판막에 증식(vegetation)이 일어나는 감염 심장 내막염, 비세균성 혈전 심장 내막염, 전신 홍반 루푸스 심장내막염(Libman-sack 심장내막염) 등이 있다.

혈청 간염(血淸肝炎) 명구 《의학》〈간 질환〉에이치비 바이러스의 감염에 의한 간염. 성인은 성교나 수혈을 통해서 감염되고 일과성 감염의 경과를 거치지만, 신생아나 소아는 지속적으로 감염되는 일이 많다.〈유〉비형 간염, 수혈 감염 ¶B형 간염은 수혈이나 혈청 주사 후에 생기므로 혈청 간염이라고 합니다.

혈청병(血淸病)[혈청뼝] 명 《의학》〈알레르기〉이종(異種) 혈청을 주사하였을 때에 나타나는 과민성 반응. 아나필락시스 따위의 쇼크 증상과 발열, 두통, 전신 권태감, 발진 따위의 증상으로 나뉜다.〈참〉혈청성 쇼크

혈청성 쇼크(血淸性shock) 명구 《의학》〈알레르기〉몸속에 이종(異種) 단백질을 넣음으로써 심한 쇼크 증상처럼 과민하게 나타나는 항원 항체 반응.

협심증(狹心症)[협씸쯩] 명 《의학》〈심장 질환〉심장부에 갑자기 일어나는 심

한 동통(疼痛)이나 발작 증상. 심장벽 혈관의 경화, 경련, 협착(狹窄), 폐색 따위로 말미암아 심장 근육에 흘러드는 혈액이 줄어들어 일어난다. 때로는 심장 마비의 원인이 된다. 〈유〉가슴 조임증, 관상 연축성 협심증(冠狀攣縮性狹心症) ¶협심증으로 찾아오는 환자가 없다 보니 전문 치료제를 준비해 둘 필요가 없어요. / 심장병이나 협심증이 있는 사람에게는 담배가 무조건 적으로 해롭다. / 협심증이나 대동맥에 병이 있을 때는 가슴의 한가운데에 통증이 수반된다.

협착 심장막염(狹窄心腸膜炎)명구《의학》〈심장 질환〉심장막에 염증이 생긴 후에 심장막이 비대해지고 흉터가 생겨 심방실의 협착을 일으키는 증상. 급성, 아급성, 만성이 있다. ¶또한 협착 심장막염은 무증상에서부터 기침, 호흡곤란, 전신 정맥울혈에 의한 부종 및 복부 팽창, 폐부종 등으로 다양하게 나타날 수 있습니다. / 만성 협착 심장막염의 치료는 심장막 절제술을 시행하여 심장을 강하게 압박하고 있는 두꺼운심장막을 제거하는것이다.

협통(脇痛)[협통]명《한의》〈통증〉갈빗대 있는 곳이 결리고 아픈 병.

협풍통(脇風痛)[협풍통]명《한의》〈통증〉풍(風)으로 옆구리가 아픈 증세. 〈유〉풍협통(風脇痛)

형성 저하 심장(形成低下心臟)명구《의학》〈심장 질환〉심장이 형성될 때 조직이나 기관이 제대로 성장하지 못한 상태. ¶영국 피터버러에 사는 벤자민 레이너는 태어나자마자 심장 왼쪽에 형성 저하 심장(hypoplastic heart) 증상을 보였다.

호르몬(hormone)명《생명》〈암〉동물의 내분비샘에서 분비되는 체액과 함께 체내를 순환하여, 다른 기관이나 조직의 작용을 촉진, 억제하는 물질을 통틀어 이르는 말. 〈유〉내분비물 ¶신장의 기능 중에는 여러 호르몬과 비타민을 생성하여 다른 장기의 기능을 조절하는 중요한 기능을 담당하고 있다.

호산구 식도염(好酸球食道炎)명구《의학》〈알레르기〉식도 점막에 호산구 침윤이 유발되고 만성적인 면역매개 상태가 되어 식도의 기능 이상이 초래가 되

ㅎ

는 상태. 천식이나 알레르기성 비염과 같은 아토피 질환과의 연관성이 알려져 있다.

호산구 위장염(好酸球胃腸炎)명구《의학》〈위장병〉신체 조직 내에 호산구의 침윤이 많이 나타나는 위장염. 말초 혈액 내에 호산구가 증가하며, 복통, 흡수 장애 따위의 증상을 보인다.

호산구 폐렴(好酸球肺炎)명구《의학》〈폐렴〉폐조직의 말초혈액에 호산구 또는 호산구균이 침투하는 방사선학적 증거로 특징지어지는 질환.

호염균 식중독(好鹽菌食中毒)명구《의학》〈위장병〉장염 비브리오로 말미암아 일어나는 세균 식중독. 생선류나 조개류를 여름철에 날것으로 먹으면 12~24시간 뒤에 발생한다. 복통, 구토, 설사, 미열 따위의 증상을 나타낸다.〈유〉장염 비브리오 식중독

호흡 곤란(呼吸困難)명구《의학》〈폐렴〉힘쓰지 아니하면 숨쉬기가 어렵거나 숨 쉬는 데 고통을 느끼는 상태. 이물질이 차 있거나 천식, 폐렴인 경우에 일어난다.

호흡 부전(呼吸不全)명구《의학》〈만성 하기도질환〉호흡 기능의 장애로 숨쉬기가 힘든 상태. 기관지 천식, 만성 기관지염, 폐 섬유증 따위의 병이나 가슴막 유착이 심하거나 기관지 안에 분비물이 차 있을 때에 일어난다.〈유〉호흡 기능 상실(呼吸機能喪失) ¶호흡 부전 증상으로 입원한 환자에게 신속한 기관 내 삽관, 원인 검사를 시행하지 않은 병원이 환자의 유족에게 위자료를 지급해야 한다는 판결이 나왔다.

호흡 산증(呼吸酸症)명구《의학》〈폐렴〉허파의 기능 장애로 이산화 탄소가 많아지는 병. 기관지 협착, 폐렴, 가슴막염, 심장병 따위가 원인이다.

혼망(昏忘)[혼망]명《의학》〈알츠하이머〉정신이 흐릿하여 잘 잊어버림. ¶늙은이 혼망 다스리는 데는 가감고본환이 비방이지. / 한 달 간격으로 부모님의 장례식을 치른 정수는 삶의 의욕이 사라져서 가끔 혼망을 겪기도 한다고 말했다

혼망하다(昏忘하다)[혼망하다]동〈알츠하이머〉정신이 흐릿하여 잘 잊어버리다. ¶제가 혼망하는 습관이 있어서 조심하려고 노력해요.

홍반 습진(紅斑濕疹)명구《의학》〈알레르기〉광범위한 부위에 홍반과 비늘 벗음이 나타나는 습진의 마른 형태.

홑칸 심장(홑칸心臟)명구《의학》〈심장 질환〉하나의 심방과 하나의 심실로 구성된 심장. ¶내 심장은 다른 아이들과 다른 홑칸 심장이다.

화끈거리다( )[화끈거리다]동〈통증〉(몸이나 쇠 따위가) 뜨거운 기운을 받아 자꾸 갑자기 달아오르다.〈유〉화끈대다, 화끈화끈하다〈참〉후끈거리다 ¶나의 발은 동상과 물집으로 부어오르고 얼굴은 전체가 불에 데인 듯 화끈거린다. / 감기 기운인지 온몸이 자꾸 화끈거린다.

화끈대다( )[화끈대다]동〈통증〉(몸이나 쇠 따위가) 뜨거운 기운을 받아 자꾸 갑자기 달아오르다.〈유〉화끈거리다, 화끈화끈하다〈참〉후끈대다 ¶뜨거운 햇볕에 등짝이 화끈댔다./삔 허리에 파스를 붙였더니 화끈댔다.

화끈화끈하다( )[화끈화끈하다]동〈통증〉(몸이나 쇠 따위가) 뜨거운 기운을 받아 자꾸 갑자기 달아오르다.〈유〉화끈거리다, 화끈대다〈참〉후끈후끈하다 ¶지금 나는 오한 때문에 온몸이 화끈화끈하여 꼼짝도 할 수 없어. / 덴 곳은 화기로 화끈화끈하더니 잠시 후 물집이 생겼다.

화농 간염(化膿肝炎)명구《의학》〈간 질환〉고름을 형성하는 간염. 때로는 아메바가 원인이 되는 경우도 있다.

화농 심장막염(化膿心臟膜炎)명구《의학》〈심장 질환〉심장막 공간의 삼출액에 고름이 섞여 있는 심장막염. 보통 세균 감염으로 일어나고 유착이 잘 일어난다.

화농균(化膿菌)[화ː농균]명《의학》〈폐렴〉화농성 염증의 원인이 되는 세균을 통틀어 이르는 말. 외상을 입은 피부나 각종 장기(臟器) 등에 고름이 생기게 하는 균으로, 포도상 구균이나 연쇄상 구균 같은 것 이외에 폐렴 쌍구균, 임균(淋菌), 결핵균, 장티푸스균, 녹농균(綠膿菌) 등이 있다.〈유〉고름균 ¶알

렉산더 플레밍이 우연히 페니실리움 노타툼이라는 푸른곰팡이가 화농균을 물리치는 기막힌 능력을 가지고 있다는 사실을 발견하고, 푸른곰팡이로부터 '페니실린'이라는 신비의 항생제를 성공적으로 분리해 냈다.

화농성(化膿性)[화:농썽] 명 〈폐렴〉상처나 종기 따위가 곪아서 고름이 생길 성질. ¶황색 포도상 구균은 식중독이나 화농성 질환을 일으키며, 국내 병원 감염 원인의 약 17%를 차지하는 세균이다.

화농성 심장막염(化膿性心臟膜炎) 명구 《의학》〈심장 질환〉대개 세균 감염에 의한, 고름을 동반한 심장막의 염증. 〈유〉화농성 심막염(化膿性心膜炎) ¶화농성 심장막염은 전 세계적으로 매우 드물고 사망률이 높은 질환이다.

화분 과민증(花粉過敏症) 명구 《의학》〈알레르기〉바람을 타고 대기 중에 날아다니는 꽃가루를 흡입하였을 때 일어나는 과민 면역 반응성 비염, 결막염, 기관지 천식 따위의 질병. 매년 일정한 계절이 되면 재채기, 콧물, 안구 충혈 따위의 증상이 나타난다. 〈유〉꽃가루 알레르기

화분병(花粉病)[화분뼝] 명 《의학》〈알레르기〉꽃가루가 점막을 자극함으로써 일어나는 알레르기. 결막염, 코염, 천식 따위의 증상이 나타난다. 〈유〉화분증

화분증(花粉症)[화분쯩] 명 《의학》〈알레르기〉꽃가루가 점막을 자극함으로써 일어나는 알레르기. 결막염, 코염, 천식 따위의 증상이 나타난다. 〈유〉건초열, 고초열, 꽃가룻병, 화분병

화상 울혈 심장 기능 상실(火傷鬱血心臟機能喪失) 명구 《의학》〈심장 질환〉화상 후 수초 내에 반사적으로 심장박출량이 감소하고 빠른맥이 생기며, 심장 근육의 수축력이 약해져서 평균 혈압, 중심 정맥압, 말초 혈관 저항이 현저히 증가하는 현상. 심장 혈관 계통의 변동 정도는 화상의 정도에 비례하는데, 대체로 체표 면적의 30~40% 이상 화상을 입었을 때 최고의 변동이 나타난다. 빠른 회복을 위해 다량의 수분과 전해질을 빠른 속도로 주입하면 순환에 부담을 주어 울혈 심장 기능 상실과 심한 부기를 일으킬 수 있고, 대치해

주더라도 화상 후 18~24시간이 경과할 때까지 정상화되지 않는다.

화학적 식중독(化學的食中毒)명구《의학》〈위장병〉유독성 화학 물질에 오염된 식품을 섭취함으로 일어나는 식중독. 구역, 구토, 복통 따위의 증상이 있다.〈유〉화학성 식중독 ¶그는 "학생들은 특히 세균·바이러스에 의한 식중독에서 나타나는 복통이나 설사 등 전형적인 증세를 보이지 않았다."라며 "독성에 의한 화학적 식중독일 가능성이 높다."라고 덧붙였다. / 원인에 따라 세균성·자연 독·화학적 식중독 등으로 크게 나뉘고 바이러스가 원인이 되는 바이러스성 장염이 더해질 수 있다.

확장 심근 병증(擴張心筋病症)명구《의학》〈심장 질환〉좌심실의 기능이 감소하고 좌심실의 확장이 동반되는 질환. 보통 울혈성 소견과 함께 낮은 심박출량 상태를 시사하는 피로와 같은 전반적인 심부전의 징후가 나타난다.〈유〉확장 심장 근육 병증(擴張心臟筋肉病症), 확장성 심근증(擴張性心筋症), 확장성 심장 근육 병증(擴張性心臟筋肉病症), 확장형 심장 근육 병증(擴張型心臟筋肉病症)

확장 폐기종(擴張肺氣腫)명구《의학》〈만성 하기도질환〉허파 꽈리의 확장 부위에 생기는, 기도의 폐쇄성 질병.〈유〉확장 공기증(擴張空氣症), 확장 기종(擴張氣腫)

확장기 고혈압(擴張期高血壓)명구《의학》〈고혈압〉확장기 혈압이 상승하고 있는 고혈압을 말하며 일반적으로는 수축기 혈압의 상승도 수반하고 있는 경우가 많다.

확장성 심근증(擴張性心筋症)명구《의학》〈심장 질환〉좌심실의 기능이 감소하고 좌심실의 확장이 동반되는 질환. 보통 울혈성 소견과 함께 낮은 심박출량 상태를 시사하는 피로와 같은 전반적인 심부전의 징후가 나타난다.〈유〉확장 심근 병증(擴張心筋病症), 확장성 심장 근육 병증(擴張性心臟筋肉病症), 확장형 심장 근육 병증(擴張型心臟筋肉病症) ¶확장성 심근증 진단에 가장 정확한 검사는 심장초음파입니다.

환경암(環境癌)[환경암]명《의학》〈암〉어떤 직업에 일정 기간 이상 종사하는 사람에게 많이 생기는 암. 다루는 재료에 들어 있는 발암 물질을 장기간 접하는 것이 원인이다.〈유〉직업암 ¶혈액암은 대표적인 환경암으로 알려져 있다.

황달(黃疸)[황달]명《한의》〈간 질환〉/〈암〉담즙이 원활하게 흐르지 못하여 온몸과 눈 따위가 누렇게 되는 병. 온몸이 노곤하고 입맛이 없으며 몸이 여위게 된다.〈유〉기달, 달기, 달병, 달증, 황달병, 황병 ¶빌리루빈의 양 자체가 많거나 간에서 대사 및 배설에 장애가 생기면 우리 몸에 축적되어 황달이 발생합니다.

황달 간염(黃疸肝炎)명구《의학》〈간 질환〉심한 황달을 동반한 간장의 염증.〈유〉황달성 간염(黃疸性肝炎)

황달 출혈병(黃疸出血病)명구《의학》〈간 질환〉스피로헤타의 일종인 황달 출혈성 렙토스피라에 의한 급성 전염병. 쥐의 오줌에 있는 병원체가 피부나 점액을 통하여 전염되며, 처음에는 높은 열이 나고 점차 황달, 심장 기능 상실 따위의 증상을 보인다. 1886년 독일의 바일(Weil, A.)이 처음으로 보고하였다.〈유〉바일병

황달병(黃疸病)[황달뼝]명《한의》〈간 질환〉담즙이 원활하게 흐르지 못하여 온몸과 눈 따위가 누렇게 되는 병. 온몸이 노곤하고 입맛이 없으며 몸이 여위게 된다.〈유〉황달

황병(黃病)[황병]명《한의》〈간 질환〉담즙이 원활하게 흐르지 못하여 온몸과 눈 따위가 누렇게 되는 병. 온몸이 노곤하고 입맛이 없으며 몸이 여위게 된다.〈유〉황달

회결장염(回結腸炎)[회결짱념/훼결짱념]명《의학》〈위장병〉회장과 결장을 동시에 침범하는 염증.〈유〉돌잘록창자-염, 회장 결장염

회복통(蛔腹痛)[회복통/훼복통]명《한의》〈통증〉회충 때문에 생기는 배앓이.〈유〉거위배, 충복통(蟲腹痛), 회통(蛔痛), 횟배(蛔배), 횟배앓이(蛔배앓

이) ¶회복통에는 장을 따뜻하게 하는 안회탕을 먼저 써서 안정시킨 후 구충제를 쓰는 것이 순서다.

회장염(回腸炎)[회장념/훼장념]명《의학》〈위장병〉작은창자의 한 부분인 돌창자에 생기는 염증. 장 속에 있는 세균이 원인이며 알레르기와 밀접한 관련이 있다. 발작적인 복통이 있고 물 같은 설사와 구토, 경련이 자주 일어나며 식욕과 체중이 준다. 〈유〉돌창자염

회통(蛔痛)[회통/훼통]명《한의》〈통증〉회충으로 인한 배앓이. 〈유〉거위배, 충복통(蟲腹痛), 횟배(蛔배), 횟배앓이(蛔배앓이)

회피 요법(回避療法)명구《의학》〈만성 하기도질환〉/〈알레르기〉비비염이나 천식 같은 알레르기를 유발하는 물질을 제거하거나 그러한 물질과 접촉을 피함으로써 알레르기 질환을 치료하거나 예방하는 방법. 일상생활에서 꽃가루, 집먼지진드기, 기타 특정 물질 따위 알레르기 유발 인자에 노출되는 것을 피해야 하지만, 완전한 회피는 매우 어렵다. ¶알레르기 비염 환자들의 졸림, 약물내성에 대한 우려가 커지면서 가장 안전한 치료법인 회피 요법에 관심이 쏠리고 있다.

횡설수설 실어(증)(횡설수설失語(症))명구《의학》〈알츠하이머〉의미불명의 착어(錯語).

후각성 건망(증)(嗅覺性健忘(症))명구《의학》〈알츠하이머〉후각에 대한 기억의 소실.

후끈거리다( )[후끈거리다]동〈통증〉(몸이나 쇠 따위가) 뜨거운 기운을 받아 자꾸 몹시 달아오르다. 〈유〉후끈후끈하다, 후끈대다 ¶불에 덴 자리가 후끈거린다. / 모닥불이 최고로 타오를 때는 온몸이 후끈거려 뒤로 물러나야 했다.

후끈대다( )[후끈대다]동〈통증〉(몸이나 쇠 따위가) 뜨거운 기운을 받아 자꾸 몹시 달아오르다. 〈유〉후끈거리다, 후끈후끈하다〈참〉화끈거리다, 화끈대다.

후끈후끈하다( )[후끈후끈다]동〈통증〉(몸이나 쇠붙이 따위가) 뜨거운 기운을 받아 자꾸 몹시 달아오르다.〈유〉후끈거리다, 후끈대다〈참〉화끈화끈하다.

후두암(喉頭癌)[후두암]명《의학》〈암〉후두에 생기는 암종. 여자보다 남자에게 많다. 쉰 목소리가 나며 심하면 호흡이 곤란해진다. ¶후두암은 다른 암에 비해 사망률이 낮다.

후발 뇌졸중(後發腦卒中)명구《의학》〈뇌졸중〉외상을 받은 후 수일이 지난 후에 일어나는 뇌졸중.

후복통(後腹痛)[후ː복통]명《한의》〈통증〉해산한 뒤에 생기는 배앓이.〈유〉훗배앓이(後배앓이)

후비루(後鼻淚)[후ː비루]명《의학》〈알레르기〉콧물이 코 인두 부분에서 입인두로 흐르는 현상. 비염이나 부비강염 때문에 생긴다.〈유〉비후방적 주법, 코 뒤 흐름

후진통(後陣痛)[후ː진통]명《의학》〈통증〉해산한 다음에 이삼일 동안 가끔 오는 진통. 임신으로 커진 자궁이 줄어들면서 생긴다.〈유〉산후통(産後痛), 산후진통(産後陣痛)

후천 면역 결핍 증후군 치매 복합(後天免疫缺乏症候群癡呆複合)명구《의학》〈알츠하이머〉아급성 또는 만성 사람 면역 결핍 바이러스-1 뇌염, 인체 면역 결핍 바이러스 감염의 후기 단계에서 나타나는 신경계 합병증. 임상적으로 운동 장애와 동반된 진행 치매로 나타난다.

후향 심장 부전(後向心臟不全)명구《의학》〈심장 질환〉우심의 확장압이 상승하여 전신 정맥계에 피가 고임으로써 생기는 심부전.〈유〉뒤쪽 심장 기능 상실

훗배알이(後배앓이)[후ː빼아리/훋ː빼아리]명《한의》〈통증〉해산한 뒤에 생기는 배앓이.〈유〉후복통(後腹痛)

휴일 심장 증후군(休日心臟症候群)명구《의학》〈심장 질환〉휴가나 일이 없는 주말에 술을 많이 마신 후 일어나는 심장 부정맥. 대개 일시적이다. ¶휴일

심장 증후군은 사회적 활동이 왕성해 술자리가 많은 35~55세 정도에서 발병률이 가장 높다. 또한 습관성 과음이 10년 이상 지속된 사람들에게 흔하다.

흉강(胸腔)[흉강]명《의학》〈암〉목과 가로막 사이의 부분. 심장, 허파 등이 있다.〈유〉가슴안 ¶혈흉은 흉강 내에 혈액이 괸 상태를 말한다.

흉막 심장막 잡음(胸膜心臟膜雜音)명구《의학》〈심장 질환〉심장막 부위에서 들리는 가슴막 마찰음으로, 심장의 활동과 동시에 들리는 소리. 이는 심장막 잡음과 같아 보인다.

흉막 심장막염(胸膜心臟膜炎)명구《의학》〈심장 질환〉흉막과 심장막에 동시에 일어나는 염증.

흉복통(胸腹痛)[흉복통]명《의학》〈통증〉가슴속이 쓰리고 켕기며 아픈 병. 위염이나 신경 쇠약 따위로 일어난다.〈유〉가슴앓이 ¶유배 이후 섭생이 부실하고 활동이 적다 보니, 어쩌다 술을 마시거나 고기라도 먹게 되면 꼭 체증이 와서 흉복통이 뒤따랐다.

흉부 외상(胸部外傷)명구《의학》〈심장 질환〉심장, 폐 따위의 가슴안 장기가 외과적 손상을 입는 일. 또는 그 손상. 흉부의 타박, 압박, 찔린상처, 총알상처 따위가 원인이다. ¶흉부 외상은 교통사고, 추락사고, 흉기에 의한 손상 등이 원인이 되어, 늑골골절, 흉골 골절, 혈흉, 기흉, 종격동기종, 피하기종, 대동맥박리, 심낭압전, 식도손상, 횡격막 탈장 등을 일으킵니다.

흉비(胸痞)[흉비]명《한의》〈통증〉가슴이 그득하고 답답한 병. ¶동의보감에 의하면 흉비는 음복양축(陰伏陽畜), 즉 음양의 기운이 잘 소통되지 않기 때문에 생긴다고 한다.

흉통(胸痛)[흉통]명《한의》〈통증〉가슴의 경맥 순환이 안 되어 가슴이 아픈 증상. ¶피부와 사지에 부스럼이 있을 뿐이 아니라 복통과 두통과 흉통과….

흉통(胸痛)[흉통]명《한의》〈심장 질환〉가슴의 경맥 순환이 안 되어 가슴이 아픈 증상. ¶보통 성인들의 흉통을 유발하는 가장 흔한 원인은 가슴의 근육이나 인대가 늘어나거나 심리적인 원인에 의한 것이다. / 협심증은 심장 동맥벽에 노폐물이 쌓여 혈관이 좁아진 상태로 심장에 혈액 공급이 감소하여 흉통이 생기는 병이다.

흉협통(胸脇痛)[흉협통]명《한의》〈심장 질환〉/〈통증〉가슴과 옆구리가 아픈 증상.

흑안통(黑眼痛)[흐간통]명《한의》〈통증〉눈의 검은자위가 아픈 증상.

흘게( )명〈만성 하기도질환〉'천식'의 옛말.

흡연(吸煙)[흐변]명《일반》〈암〉담배를 피움. ¶흡연은 심장 박동을 증가시키고 혈압을 상승시키며 혈전을 유발한다.

흡인성 폐렴(吸引性肺炎)명구《의학》〈폐렴〉구강 분비물이나 위에 있는 내용물 등의 이물질이 기도로 흡인되면서 폐에 염증이 발생하는 질환. 치매, 두부 손상, 경련, 알코올 중독 등 의식 저하가 있는 상황에서 흡인이 일어날 위험이 높다. ¶잘못 삽입된 비위관을 통해 들어간 약물이 환자 C씨의 폐로 흘러 들어갔고, 이로 인해 C씨는 흡인성 폐렴으로 해를 넘기지 못하고 사망했다.

흡입(吸入)[흐빕]명《의학》〈폐렴〉약물을 증기 형태로 코와 입을 통하여 들이마시게 하여 치료하는 방법. 폐렴 또는 후두·기관·기관지 병 따위의 호흡기병을 치료하는 데 쓴다.〈유〉흡입 요법

흡입 요법(吸入療法)명구《의학》〈폐렴〉약물을 증기 형태로 코와 입을 통하여 들이마시게 하여 치료하는 방법. 폐렴 또는 후두·기관·기관지 병 따위의 호흡기병을 치료하는 데 쓴다.〈유〉흡입 ¶산소 흡입법도 흡입 요법의 일종이다.

흡입 유발 검사(吸入誘發檢查)명구《의학》〈만성 하기도질환〉의심되는 항원이나 약물 등을 묻혀서 기관지에 흡입시키고 난 후 폐활량을 측정하는 검사법. 천식의 원인 물질을 규명하는 데에 사용된다.

흡입성 폐렴(吸入性肺炎)명구《의학》〈폐렴〉음식을 삼키는 근육이 약화되면

서 음식이 식도로 넘어가지 않고 폐로 들어가서 발생하는 기관지 폐렴증. 노인 인구에 집중적으로 발생하는 질병 중 하나이다. ¶실제 뒤늦게 고열이 계속돼 병원을 찾은 고령의 폐렴 환자 중에는 연하장애로 인한 흡입성 폐렴인 경우가 적지 않다.

흥통(興痛)[흥통] 명 《한의》〈통증〉 염증으로 곪으면서 아픈 증상.

히드로코르티손(hydrocortisone) 명 《의학》〈알레르기〉 부신 겉질에서 분비되는 호르몬의 하나. 항염증 작용이 있어 각종 염증성·알레르기 질환 따위에 이용한다. 〈유〉 코르티솔

한국어 질병 표현 어휘 사전

부록

부록1 / 출처

〈사전류〉

고려대한국어대사전(2009) https://dic.daum.net/index.do?dic=kor

네이버 지식백과 간호학대사전

암용어사전(2019), 국립암센터

우리말샘 https://opendic.korean.go.kr/main

의학대사전

표준국어대사전(2008) https://stdict.korean.go.kr/main/main.do

한국민족문화대백과사전 http://encykorea.aks.ac.kr/

〈기타 인용 매체〉

MSD매뉴얼일반인용 https://www.msdmanuals.com/ko-kr/%ED%99%88

https://www.amc.seoul.kr/asan/healthinfo/easymediterm/easyMediTermSub main.do

건강다이제스트 http://www.ikunkang.com/

과학문화포털 사이언스올 https://www.scienceall.com/

https://terms.naver.com/list.naver?cid=60408&categoryId=55558

뉴스1 https://www.news1.kr/

대한부정맥학회 https://www.k-hrs.org:4433/main.asp

대한심장학회 https://www.circulation.or.kr:4443/

대한한의학회 표준한의학용어집2.1 https://cis.kiom.re.kr/terminology/search.do

데일리메디 https://www.dailymedi.com/

동아일보 https://www.donga.com/

디지털타임스 http://www.dt.co.kr/

매경헬스 http://www.mkhealth.co.kr/

매일경제 https://www.mk.co.kr/

머니투데이 https://www.mt.co.kr/

메디컬 옵저버 http://www.monews.co.kr/

메디컬타임즈 https://www.medicaltimes.com/Main/

메디컬투데이 http://www.mdtoday.co.kr/

문화일보 http://www.munhwa.com/

민족문화연구원 말뭉치 http://riksdb.korea.ac.kr/

베리타스알파 http://www.veritas-a.com/

서울대학교병원 의학정보 http://www.snuh.org/intro.do

서울아산병원 의료정보 알기 쉬운 의학용어

세계일보 https://www.segye.com/

약업신문 https://www.yakup.com/

약학정보원 https://www.health.kr/

연세말뭉치 https://ilis.yonsei.ac.kr/corpus/#/search/TW

연합뉴스 https://www.yna.co.kr/

부록2 / 질병 표현 어휘 관련 논저 목록(가나다 순)

강현숙(1983), 「복부통증환자의 동통어휘 및 동통평가척도를 위한 조사 연구」, 서울대학교 석사학위논문.

김간우(1998), 「관절통을 경험한 도서지역 여성의 체험연구」, 『류마티스건강학회지』5(2).

김근애·김양진(2022), "한국어 통증표현 어휘의 낱말밭 연구", 『한국사전학』 40.

김선자(1985), 「수술환자의 통증지각정도에 관한 연구」, 이화여자대학교 석사학위논문.

김양진(2021), "코로나 시대의 언어 v.2", 『한인교육연구』 36.

김양진(2021), "〈조선왕조실록〉 속 의료 관련 어휘군 연구", 『우리말연구』 66.

김양진 외(2022), 『출산의 인문학』, 모시는사람들.

김양진·염원희(2020), 『화병의 인문학-전통편』, 모시는사람들.

김재현(2016), 「한국어 통증 표현 어휘 콘텐츠 구축 및 제시 방안 연구」, 배재대학교 석사학위논문.

김정선(1991), 「소화성궤양환자의 통증표현양상에 관한 연구」, 이화여자대학교 석사학위논문.

김준희(2019), 「국어의 통증 표현 연구」, 『한말연구』52.

박명희·백선희·김남초·송혜향(2002), 「호스피스병동에 입원한 말기 암 환자의 암성 통증 표현 양상」, 『임상간호연구』8-1.

송승훈 외 4인(2014), 「다양한 신경병증통증에서 보이는 한국어 통증 표현」, 『대한통증·자율신경학회지』3-2.

유경희(1985), 「흉부외과환자를 대상으로 한국어어휘통증척도의 타당도 검증에 관한 연구」, 서울대학교 석사학위논문.

윤귀옥·박형숙(1996), 「악성종양 환자의 통증 및 통증관리에 관한 연구」, 『기본간호학회지』3-2.

이선우 외(2013),「통증 표현 형용사의 낱말밭 연구」,『의미자질 기반 현대 한국어 낱말밭 연구』, 한국문화사.

이숙희(1986),「일반인에게서 국어 어휘를 이용한 통증척도의 타당성 조사」, 서울대학교 석사학위논문.

이은옥(1981),「한국인의 동통양상 및 완화방법」,『대한간호』20-5.

이은옥·윤순녕·송미순(1983a),「동통반응평가도구 개발을 위한 연구(Ⅰ)」,『최신의학』26-8.

이은옥·송미순(1983b),「동통 평가도구 개발을 위한 연구-한국 통증 어휘별 강도 순위의 유의도 및 신뢰도 검사-」,『대한간호학회지』8-1.

이은옥·윤순녕·송미순(1984),「통증어휘를 이용한 통증비율척도의 개발연구」,『대한간호학회지』14-2.

이은옥·이숙희(1986),「정상성인에서의 한국어 어휘를 이용한 통증척도의 타당도 연구」,『간호학회지』16-2.

이은옥 외(1987),「요통환자의 통증행위에 대한 조사 연구」,『간호학회지』17-3.

이은옥 외(1988),「관절통 환자의 통증정도와 통증연관행위에 관한 연구」,『간호학회지』18-2.

이혜연(2014),「여성결혼이민자를 위한 병원·약국 어휘망 구축」, 상명대학교 석사학위논문.

장세권 외(2003),「표준형성인 암성통증 평가도구 개발을 위한 암성통증어휘 조사」,『한국호스피스완화의료학회지』6-1.

장순연(2006),「수술 후 통증표현어휘와 통증강도 ; 산부인과 수술환자를 중심으로」, 고려대학교 교육대학원 석사학위논문.

전효심(1987),「국어 어휘통증척도의 타당도 연구」, 한양대학교 석사학위논문.

정영조·김영훈(1981),「정신과환자의 통증호소에 관한 임상적 고찰」,『최신의학』24-3.

조금숙(1984),「수술환자의 통증양상에 관한 탐색적 연구」, 연세대학교 교육대학원 석사학위논문.

최호철(2013),『의미 자질 기반 현대 한국어 낱말밭 연구』, 한국문화사.

한국어 질병 표현 어휘 사전—주요 사망원인 질병 표현을 중심으로

등록 1994.7.1 제1-1071
1쇄 발행 2023년 4월 20일

엮은이 김양진
펴낸이 박길수
편집장 소경희
편 집 조영준
관 리 위현정
디자인 이주향
펴낸곳 도서출판 모시는사람들
03147 서울시 종로구 삼일대로 457(경운동 수운회관) 1207호
전 화 02-735-7173, 02-737-7173 / 팩스 02-730-7173

인 쇄 피오디북(031-955-8100)
배 본 문화유통북스(031-937-6100)
홈페이지 http://www.mosinsaram.com/

값은 뒤표지에 있습니다.
ISBN 979-11-6629-162-3 91710

이 저서는 2019년 대한민국 교육부와 한국연구재단의 지원을 받아 수행된 연구임(NRF-2019S1A6A3A04058286).